3ª Edição

Cartas dos Mahatmas Para A.P. Sinnett

Volume I

CB055459

Cartas dos Mahatmas Para A.P. Sinnett

Escritas pelos Mahatmas M. e K. H.

Transcritas e compiladas
por A.T. Barker

Volume I

Em seqüência cronológica.

Editadas por Vicente Hao Chin, Jr. conforme a cronologia estabelecida por George E. Linton e Virginia Hanson no livro *Reader's Guide to the Mahatma Letters*. Com notas e comentários de Virginia Hanson, e incluindo Anexos com outras cartas para A.P. Sinnett e A.O. Hume.

Tradução:
Murillo Nunes de Azevedo e
Carlos Cardoso Aveline

Coordenação Editorial:
Carlos Cardoso Aveline

EDITORA TEOSÓFICA
Brasília-DF

Edições em inglês
1ª edição, Londres, dezembro de 1923
2ª edição, março de 1926
3ª edição, T.P.H. Índia, 1962
4ª edição (cronológica), T.P.H., Filipinas, 1993

Edição em português
EDITORA TEOSÓFICA, Sociedade Civil
SIG – Quadra 6 – Lt. 1235
70.610-460 – Brasília, DF.
Tel.: (61) 3322-7843
E-mail: editorateosofica@editorateosofica.com.br
Site: www.editorateosofica.com.br

Cartas dos Mahatmas Para A.P. Sinnett
Escritas pelos Mahatmas M. e K. H.
A. Trevor Barker (Comp.)

S 615 Edição em dois volumes

Brasília, DF, 3ª edição/2021
Volume I ISBN 85-85961-67-8

1. Ocultismo
2. Teosofia
3. Discipulado

CDD 141

Capa:
Fernando Lopes
Diagramação:
Reginaldo Alves Araújo
Coordenação Editorial e Notas da Edição Brasileira:
Carlos Cardoso Aveline

Sumário do Volume I

Prefácio da Edição Cronológica 9
Introdução à Edição Cronológica 11
Notas Introdutórias 17
Prefácio à Edição em Língua Portuguesa 21
Guia de Leitura da Edição Cronológica 27
Abreviaturas 28

As Cartas dos Mahatmas

As cartas estão numeradas de acordo com sua ordem cronológica. Os números entre parênteses, precedidos das letras *ML*, reproduzem a numeração usada nas três primeiras edições.

Carta nº 1 .... (ML-1) .... 17 de outubro de 1880 35
Carta nº 2 .... (ML-2) .... Recebida em 19 de outubro de 1880 42
Carta nº 3A .... (ML-3A) .... Recebida em 20 de outubro de 1880 47
Carta nº 3B .... (ML-3B) .... Recebida em 20 de outubro de 1880 48
Carta nº 3C .... (ML-3C) .... Recebida em 20 de outubro de 1880 50
Carta nº 4 .... (ML-143) .... Recebida em 27 de outubro de 1880 51
Carta nº 5 .... (ML-4) .... Recebida em 3 de novembro de 1880 52
Carta nº 6 .... (ML-126) .... Recebida em 3 de novembro de 1880 61
Carta nº 7 .... (ML-106) .... Recebida entre 3 e 20 de novembro de 1880 61
Carta nº 8 .... (ML-99) .... Recebida em 20 de novembro de 1880 62
Carta nº 9 .... (ML-98) .... Recebida em 1º de dezembro de 1880 ou mais tarde 66
Carta nº 10 .... (ML-5) .... Recebida depois de 1º de dezembro de 1880 67
Carta nº 11 .... (ML-28) .... Recebida em dezembro de 1880 73
Carta nº 12 .... (ML-6) .... Recebida em 10 de dezembro de 1880 85
Carta nº 13 .... (ML-7) .... 30 de janeiro de 1881 88
Carta nº 14A .... (ML-142A) .... Recebida antes de 20 de fevereiro de 1881 90

Prefácio da Edição Cronológica

É um privilégio e uma honra escrever este prefácio para um livro que me parece abrir uma nova etapa na história editorial de *Cartas dos Mahatmas Para A.P. Sinnett,* uma das obras mais importantes da literatura teosófica.

Inicialmente, devo prestar uma homenagem a Vicente Hao Chin, Jr., presidente da Sociedade Teosófica nas Filipinas, por sua iniciativa, por sua determinação e pelo enorme volume de trabalho que ele realizou para tornar possível esta obra.

A minha contribuição a esta nova edição das *Cartas* consiste de notas compiladas enquanto dirigia diversos seminários sobre o tema na Escola Krotona de Teosofia em Ojai, Califórnia, EUA. Após o término desses cursos, ocorreu-me que seria útil, na promoção de um estudo mais amplo das Cartas, redigir as minhas anotações de aula de maneira mais adequada e mandar cópias delas para as principais bibliotecas teosóficas. Isso foi feito.

Entre os que receberam as anotações estava Vicente Hao Chin, Jr., que imediatamente sentiu que elas deveriam ser publicadas visando uma distribuição ainda mais ampla. Ao mesmo tempo, ele estava pensando na possibilidade de publicar as Cartas em ordem cronológica, em vez de usar a divisão temática, como foi feito nas três edições anteriores.

Os estudantes das *Cartas* são profundamente gratos a George E. Linton pela cronologia que ele desenvolveu com base em extenso estudo das cartas originais expostas no Museu Britânico e que foi usada no livro *Reader's Guide to the Mahatma Letters to A.P. Sinnett* (George E. Linton e Virginia Hanson, T.P.H., 2ª ed., 1988). Foi feito um cuidadoso estudo de algumas cronologias desenvolvidas anteriormente, mas acreditamos que esta disposição é a mais correta possível.

Como todo estudante das *Cartas* sabe, elas raramente eram datadas. A.P. Sinnett, a quem a maioria delas foi endereçada, anotava freqüentemente a data de recebimento, mas mesmo isto era, de vez em quando, esquecido, e é evidente que às vezes as datas eram inseridas depois de transcorrido muito tempo. Sinnett comentou que, se tivesse ficado claro desde o início que a correspondência iria se desenvolver como ocorreu, ele teria feito registros mais cuidadosos. A sua esposa, Patience Sinnett, manteve um diário que chegou a 37 volumes com o correr dos anos, mas lamentavelmente estes volumes desapareceram. Supõe-se que eles podem ter sido destruídos em bombardeios durante a 1ª Guerra Mundial. As cartas originais, contudo, foram conservadas em segurança no Museu Britânico, para o qual foram doadas com a condição de entrega irrevogável. Foram tomadas medidas para preservá-las. Além disso, George Linton fez com que elas fossem microfilmadas, e estes filmes estão arquivados em diversos lugares, inclusive na sede central da seção norte-americana da Sociedade Teosófica.

Cabe, sem dúvida, uma palavra final de reconhecimento a Vicente Hao Chin, Jr. É de esperar-se que esta edição seja a mais amplamente usada e estudada no futuro.

Virginia Hanson

Introdução à Edição Cronológica

I

Esta edição foi preparada para atender uma necessidade sentida há muito tempo por estudantes das *Cartas dos Mahatmas,* devido a duas dificuldades: 1) As cartas são difíceis de acompanhar nas edições anteriores porque os assuntos e acontecimentos mencionados nelas não aparecem em seqüência adequada. O leitor perde, freqüentemente, o sentido das palavras dos Mahatmas; 2) Muitas vezes, o leitor não entende as circunstâncias que envolvem as cartas, além do fato de que muitos nomes e referências são obscuros para os leitores de hoje em dia.

Em conseqüência, relativamente poucos teosofistas tiveram o ânimo necessário para estudar as *Cartas dos Mahatmas.* É uma pena, porque esta é uma das fontes literárias teosóficas mais importantes.

A publicação do *Reader's Guide to the Mahatma Letters (Guia de Leitura das Cartas dos Mahatmas),* de George Linton e Virginia Hanson, ajudou muito a preencher esta lacuna. E somos muito gratos a ambos por seus valiosos esforços. Entretanto é incômodo ler as *Cartas dos Mahatmas* consultando constantemente um ou dois livros diferentes. Daí a necessidade de uma edição cronológica com anotações.

Nesta edição, as cartas estão numeradas e dispostas de acordo com a provável data de recebimento. O número das edições anteriores está colocado entre parênteses, ao lado do número cronológico, logo após as iniciais ML (de *Mahatma Letters*). Pequenas anotações foram também acrescentadas antes de cada carta para colocar o leitor a par dos acontecimentos e circunstâncias que envolvem a carta.

Estas anotações foram escritas por Virginia Hanson, que devotou muitos anos de estudo às *Cartas dos Mahatmas* e escreveu alguns livros sobre o assunto, principalmente *Masters and Men (Mestres e Homens),* o *Reader's Guide* (com George Linton), e *Introduction to the Mahatma Letters.* Em 1986, após dirigir durante muitos anos cursos sobre as *Cartas dos Mahatmas,* a sra. Hanson reuniu as suas inúmeras anotações sobre as cartas, dando-lhes o título "Notas sobre as Cartas dos Mahatmas Para A.P. Sinnett". Este editor conversou com ela sobre o uso das "Notas" numa edição cronológica das cartas dos Mahatmas. Ela apoiou firmemente a idéia e deu permissão para se usar qualquer parte das suas "Notas" com essa finalidade. As novas notas de pé de página desta edição (identificadas por "Ed. C.", de "edição cronológica" – baseiam-se essencialmente nestas "Notas". Algumas delas baseiam-se no livro *Reader's Guide to the Mahatma Letters,* compilado por George Linton e Virginia Hanson. As notas que precedem as cartas nos Anexos foram, entretanto, elaboradas por este editor.

O texto das cartas nesta edição reproduz o da terceira edição de *Mahatma Letters to A.P. Sinnett* (editada por Christmas Humphreys e Elsie Benjamin), inclusive as notas de pé de página. Nenhuma mudança foi feita com a exceção, obviamente, de erros tipográficos. Fora isso, esta edição segue fielmente toda a grafia e pontuação da terceira edição.

Nesta edição foram adotados os seguintes formatos de texto:

(a) As cartas não escritas pelos Mahatmas estão sem negrito para distingui-las das enviadas por eles. Em edições anteriores foram usados tipos iguais, o que, às vezes, pode causar confusão.

(b) Às vezes, os Mahatmas sublinham certas palavras em cartas escritas por outros. Isso é repetido na atual edição, em vez de se usar tipos negritos como em edições anteriores.

(c) As notas de pé de página das edições anteriores que se referem a números de cartas, páginas ou estilos tipográficos foram corrigidas nesta edição de modo a ficarem de acordo com o formato revisado e a paginação da nova edição. Estas correções são sempre colocadas entre colchetes.

Foram acrescentados novos anexos a fim de incluir outras cartas e notas dirigidas a A.P. Sinnett ou A.O. Hume, que não haviam sido incluídas em *Cartas dos Mahatmas*. São os seguintes: (a) a primeira carta do Mahatma K.H. para Hume, reimpressa de *Combined Chronology (Cronologia Combinada),* de Margaret Conger (Theosophical University Press, Pasadena); (b) cartas contidas em *Cartas dos Mestres de Sabedoria*, Série I, editadas por C. Jinarajadasa[1], e (c) as contidas em *Letters of H.P. Blavatsky to A.P. Sinnett, (Cartas de H.P. Blavatsky Para A.P. Sinnett)*, transcritas e compiladas por A.T. Barker (Theosophical University Press, Pasadena).

II

Uma breve história das edições anteriores

Depois que o sr. Alfred Percy Sinnett faleceu em 1921, a sua testamenteira, srta. Maud Hoffman, acertou com o sr. A. Trevor Barker que ele editaria e publicaria as cartas dos Mahatmas. O livro foi colocado à venda em dezembro de 1923, e uma edição revisada apareceu em 1926.

Em seu prefácio, o sr. Barker afirma:

---

[1] A edição brasileira exclui estes textos porque elas já fazem parte do volume *Cartas dos Mestres de Sabedoria,* Editora Teosófica, Brasília, 1996. (N. ed. bras.)

"O leitor deve ter em mente que, com exceção de uma ou duas cartas, nenhuma delas foi datada pelos seus autores. Em muitas delas, contudo, as datas e os lugares de recebimento foram anotados com a caligrafia do sr. Sinnett e aparecem em tipo pequeno logo após os números das cartas.

Deve ficar claro, exceto nos casos em que se afirme de outro modo, que:

1. Cada carta foi transcrita diretamente do original.

2. Todas as cartas foram escritas para A.P. Sinnett.

3. Todas as notas de pé de página são cópias de notas que aparecem e pertencem às próprias cartas, a não ser quando assinaladas com a inscrição 'Ed.'. Nestes casos foram acrescentadas pelo compilador".

O sr. Barker escreve também: "pede-se ao leitor que creia que o trabalho de transcrição foi feito com o máximo cuidado; todos os manuscritos foram conferidos palavra por palavra com os originais, e foi feito todo o possível para evitar erros. Entretanto, é provavelmente excessiva a expectativa de que o livro impresso não contenha erro algum. Eles são quase inevitáveis".

Em 1962, uma terceira edição foi publicada conjuntamente por Christmas Humphreys e Elsie Benjamin. A terceira edição implicou uma meticulosa revisão da transcrição das edições anteriores. A edição contou com a inestimável assistência do sr. C. Jinarajadasa, ex-presidente da Sociedade Teosófica, do sr. James Graham, e do sr. Boris de Zirkoff, compilador dos *Collected Writings (Escritos Reunidos)* de H.P. Blavatsky.

Como esta edição cronológica está essencialmente baseada na terceira edição, é necessário citar o sr. Humphreys e a sra. Benjamin no que se refere à transcrição feita por eles, como relatado no prefácio daquela edição:

"A idéia de transcrever o material exatamente como ele surgiu foi, de imediato, abandonada. Uma razão apenas bastou: a de que Trevor Barker já fizera muitas correções na ortografia, pontuação, etc., e decidiu-se, portanto, produzir um livro de maior valor para os estudantes e que, ao mesmo tempo, fosse fiel às idéias presentes no original.

Entretanto, no passado, foram levantadas fortes argumentações em relação a alterações feitas em edições posteriores de obras dos primeiros escritores teosóficos. Assim, é importante que se declare, como agora se faz, que: (a) nesta obra, nem uma só palavra foi acrescentada, a não ser dentro de colchetes, para tornar o sentido mais claro; e (b) nem uma só palavra foi omitida, salvo uns poucos casos onde a sua presença significava um erro gramatical óbvio."

O sr. Humphreys e a sra. Benjamin também declararam que o tratamento do texto seguiu os seguintes princípios:

> *"A grafia de palavras como nomes, lugares e frases não inglesas foi revisada, e procurou-se sistematizar mais o uso de letras maiúsculas e em itálico. As citações de livros e de frases estrangeiras foram corrigidas quando se acharam erros.*
>
> *Nenhuma tentativa foi feita para se conseguir concordância no uso de sinais diacríticos. Quando usados, permaneceram, mas nenhum foi acrescentado.*[2] *A grafia dos Mestres em palavras sânscritas é, às vezes, uma variação, adotada no norte da Índia, da grafia clássica, e não foi mudada.*
>
> *Houve numerosas alterações na pontuação. Na maior parte dos casos, as correções foram melhorias óbvias e, em caso algum, trouxeram qualquer alteração possível no sentido. Algumas vezes, contudo, era muito difícil entender uma frase, até que o acréscimo de uma vírgula, ou a sua remoção, subitamente esclarecia o sentido. Em todos esses casos, uma mudança como essa somente foi feita após todas as pessoas envolvidas terem concordado que ela era necessária para esclarecer o sentido".*

Como está no mesmo prefácio, os editores da terceira edição também pensaram cuidadosamente na reordenação das cartas em ordem cronológica. Eles estudaram seis ordens cronológicas conhecidas – a da srta. Mary K. Neff, da sra. Margaret G. Conger, da sra. Beatrice Hastings, do sr. James Arthur, do sr. G.N. Slyfield e do sr. K.F. Vania – e decidiram abandonar a idéia devido à divergência nas ordens propostas pelas diferentes listas. Também decidiram contra a inclusão de outras cartas conhecidas para Sinnett e Hume porque seria difícil decidir em que ponto este acréscimo deveria cessar.

A terceira edição excluiu o apêndice do sr. Barker a respeito da controvérsia sobre "Marte e Mercúrio", como também a maior parte da introdu-

---

[2] Na edição em língua portuguesa, não reproduzimos os sinais diacríticos do sânscrito. (N. ed. bras.)

ção feita por ele na primeira e na segunda edição, considerando que consistia basicamente de comentários e não cabia inseri-los na compilação.

III

O editor deseja agradecer à sra. Virginia Hanson a sua inestimável atuação e apoio na preparação desta edição; e a George Linton, Joy Mills, Radha Burnier, Adam Warcup e Daniel Caldwell pelas suas sugestões e apoio. O texto foi cuidadosamente composto e revisado por Pia Dagusen. Ela também preparou o abrangente índice remissivo desta edição cronológica em inglês. O texto foi examinado e revisado por Eugenia Tayao e Roselmo Doval-Santos. A ele e outros que ajudaram, expressamos a nossa profunda gratidão.

Vicente Hao Chin, Jr.

Notas Introdutórias

Cartas dos Mahatmas Para A.P. Sinnett é considerada uma das obras mais difíceis da literatura teosófica. Ela aborda muitas situações complexas e contém muitos conceitos profundos, que se tornam mais obscuros porque, na época em que elas foram escritas, não havia sido desenvolvida uma nomenclatura por meio da qual os Mahatmas pudessem comunicar a sua filosofia – profundamente oculta – a pessoas de idiomas ocidentais. Apesar disso, a obra tem um poder e uma percepção interna tremendos, e reflete o drama humano da aspiração, do êxito e do fracasso. Ela conta uma história ocorrida no tempo, mas a sua mensagem é eterna, quer a consideremos como narrativa, como filosofia oculta ou como revelação.

O que é um Mahatma?

Em um artigo de H.P. Blavatsky intitulado *Mahatmas e Chelas* (*The Theosophist*, julho de 1884), ela nos dá o significado do termo:

> *"Um Mahatma é um personagem que, por meio de educação e treinamento especiais, desenvolveu aquelas faculdades superiores e atingiu aquele conhecimento espiritual que a humanidade comum adquirirá depois de passar por séries inumeráveis de encarnações durante o processo de evolução cósmica, desde que, naturalmente, neste meio tempo, ela não vá contra os propósitos da Natureza..."*.

Ela prossegue com uma discussão sobre o que é que encarna e de que modo este processo é usado como um fator da evolução, resultando na conquista do Adeptado.

Em uma carta escrita para um amigo em 1º de julho de 1890, H.P.B. disse outras coisas interessantes sobre os Mahatmas:

"Eles são membros de uma Fraternidade oculta [mas] de nenhuma escola indiana em particular. Esta Fraternidade", acrescentou ela, "não se originou no Tibete, mas a maioria dos seus membros e alguns dos mais elevados entre eles estão e vivem constantemente no Tibete."

Depois, falando dos Mahatmas, ela diz: "São *homens vivos*, não 'espíritos', nem mesmo *Nirmanakayas*[1] . . . O seu conhecimento e erudição são imensos, e a santidade da sua vida pessoal é maior ainda – entretanto, eles são homens mortais e nenhum deles tem a idade de 1.000 anos, ao contrário do que algumas pessoas imaginam."

Em uma conversa em 1887 com o escritor Charles Johnston (marido da sobrinha de H.P.B., Vera), quando ele perguntou a H.P.B. sobre a idade do Mestre dela (o Mahatma Morya), ela respondeu: "Meu querido, não posso dizer exatamente, porque não sei. Mas conto-lhe o seguinte. Eu o encontrei pela primeira vez quando tinha vinte anos. Ele era um homem no auge de sua força, na época. Agora, sou uma mulher velha, mas ele não parece nem um dia mais velho. Ele ainda está no auge da sua força. Isto é tudo o que posso dizer. Tire suas próprias conclusões". Quando o sr. Johnston insistiu e perguntou se os Mahatmas haviam descoberto o elixir da vida, ela respondeu seriamente: "Isso não é um mito. É apenas o véu que esconde um processo oculto real, o afastamento da velhice e da dissolução durante períodos que pareceriam fabulosos, e por isso não os mencionarei. O segredo é o seguinte: para todo ser humano há um climatério, quando ele deve se aproximar da morte. Se ele desperdiçou as suas forças vitais, não há escapatória, mas se ele viveu de acordo com a lei, pode atravessar esse período e assim continuar no mesmo corpo quase indefinidamente".[2]

Como as Cartas vieram a ser escritas?

Os autores das cartas são os Mahatmas Koot Hoomi e Morya, geralmente designados simplesmente pelas suas iniciais.

O Mahatma K.H. era um brâmane de Cachemira, mas na época em que nos deparamos com ele nas cartas, ele tinha relações estreitas com a corrente Guelupa ou "gorro amarelo" do Budismo tibetano. Ele se refere a si próprio nas cartas como um "morador de cavernas de aquém e além dos Himalaias". H.P.B. diz em *Ísis Sem Véu* que a doutrina de Aquém dos Himalaias é uma doutrina ariana muito antiga, às vezes chamada bramânica, mas que na verdade nada tem a ver com o bramanismo tal como nós o entendemos agora. A doutrina de Além dos Himalaias é uma doutrina esotérica tibetana, o Budismo puro ou "antigo". Ambas doutrinas, de Aquém e Além dos

---

[1] Aquele que não mais encarna, mas que decidiu renunciar ao Nirvana por solidariedade e para ajudar os seres menos evoluídos. (N. ed. bras.)

[2] *Collected Writings,* Vol.VIII, p. 392.

Himalaias, vêm originalmente de uma só fonte – a Religião de Sabedoria universal.

O nome "Koot Hoomi" é um nome místico que ele usou em relação à correspondência com A.P. Sinnett. Ele falava e escrevia em francês e inglês fluentemente.

Há afirmações na literatura teosófica no sentido de que o Mahatma K.H. estudou na Europa. Ele estava familiarizado com os hábitos e o modo de pensar dos europeus. Era muito erudito e, às vezes, escrevia passagens de grande beleza literária.

O Mahatma Morya era um príncipe rajput – os rajputs formavam a casta governante do norte da Índia na época. Ele era "um gigante, de quase dois metros de altura, e de um porte magnífico; um tipo esplêndido de beleza masculina".[3]

É bastante conhecido o episódio da fundação da Sociedade Teosófica em Nova Iorque, em 1875. Em 1879, os dois principais fundadores da Sociedade, H.P. Blavatsky e o coronel Henry Steel Olcott, transferiram a sede da Sociedade para Bombaim, na Índia e, em 1882, para Adyar, Madras (atual Chennai), no sul da Índia, onde permanece.

Morava na Índia, na época, um inglês culto e muito refinado, chamado Alfred Percy Sinnett. Ele era editor de *The Pioneer,* o principal jornal inglês, publicado em Allahabad. Ele se interessou pela filosofia exposta pelos dois teosofistas e estava curioso a respeito dos acontecimentos notáveis que pareciam sempre ocorrer na presença de H.P.B.

Em 25 de fevereiro de 1879, nove dias após a chegada dos fundadores a Bombaim, Sinnett escreveu ao coronel Olcott expressando o desejo de conhecer H.P.B. e ele, e afirmando que estava disposto a publicar quaisquer fatos interessantes a respeito da missão deles na Índia.

Em 27 de fevereiro de 1879, Olcott respondeu esta carta. Começou assim o que Olcott chamaria de "um vínculo produtivo e uma amizade agradável". Os fundadores foram convidados a visitar os Sinnett em Allahabad, o que ocorreu em dezembro de 1879. Nessa visita os Sinnett filiaram-se à Sociedade Teosófica, e os fundadores encontraram outros visitantes que iriam cumprir um papel na vida da Sociedade: A.O. Hume e sua esposa Moggy, de Simla, e a sra. Alice Gordon, esposa do tenente-coronel W. Gordon, de Calcutá.

No ano seguinte, os fundadores visitaram os Sinnett na sua residência de verão, em Simla, naquela época a capital de verão da Índia. Lá, eles ficaram conhecendo melhor o casal Hume e sua filha, Marie Jane (usualmente

---

3 *Collected Writings*, vol. III, p. 399.

chamada de Minnie). O passatempo favorito de Hume era o estudo de pássaros, e ele mantinha um museu ornitológico em sua espaçosa casa, que chamava de Castelo Rothney, na colina Jakko, em Simla; também publicava uma revista sobre ornitologia, *Stray Feathers*. Profissionalmente, ele era, havia algum tempo, membro influente do governo.

Foi em Simla que aconteceram os fatos que resultaram nas cartas publicadas na obra *Cartas dos Mahatmas Para A.P. Sinnett.* H.P.B. realizava alguns fenômenos surpreendentes e os atribuía aos Mahatmas, com quem ela estava em contato psíquico mais ou menos constante. Sinnett estava convencido da veracidade desses fenômenos, e em seu livro *O Mundo Oculto* fez um vasto trabalho para comprovar a sua autenticidade.

Ele tinha também uma mentalidade prática e científica, e desejava saber mais a respeito das leis que governavam essas manifestações. Queria, especificamente, saber mais sobre aqueles seres poderosos que H.P.B. chamava de "Mestres" e que, segundo ela, eram os responsáveis pelos fenômenos. Ele lhe perguntou se seria possível entrar em contato com eles e receber instruções.

H.P.B. disse-lhe que não era muito provável, mas que tentaria. De início, ela consultou o seu Mestre, o Mahatma Morya, com quem ela estava estreitamente ligada através do treinamento oculto a que se submetera anteriormente no Tibete, mas ele se recusou categoricamente a comprometer-se com essa tarefa. (Mais tarde, entretanto, chegou a assumir a correspondência durante alguns meses, devido a circunstâncias muito especiais.)

Aparentemente, H.P.B. tentou o mesmo com vários outros, sem sucesso. Finalmente, o Mahatma Koot Hoomi concordou em manter uma correspondência limitada com Sinnett.

O sr. Sinnett endereçou uma carta "ao Irmão Desconhecido" e entregou-a a H.P.B. para que a transmitisse. Na verdade, ele estava tão ansioso por defender o seu ponto de vista de modo convincente que escreveu uma segunda carta antes de receber uma resposta à primeira. Seguiu-se, então, uma série de cartas notáveis, e a correspondência continuou por vários anos, tendo como um dos seus vários resultados de longo prazo a publicação das cartas em forma de livro.

Virginia Hanson

Prefácio à Edição em Língua Portuguesa

Diversas religiões da humanidade preservam uma tradição segundo a qual uma coletividade de grandes sábios inspira e conduz, silenciosamente, a nossa humanidade no caminho que leva à paz e à sabedoria. O taoísmo menciona estes sábios como Imortais, e o hinduísmo usa o termo Rishis. Para o budismo, eles são Arhats. Outros os chamam de Mahatmas, raja iogues, mestres de sabedoria, Adeptos ou, simplesmente, Iniciados. Segundo a filosofia esotérica, estes seres atingiram o Nirvana e libertaram-se inteiramente do estágio atual do reino humano, mas permanecem ligados à humanidade por laços de compaixão e solidariedade.

A coletividade destes sábios, que tem ramificações em vários continentes, aprovou e promoveu, em 1875, a criação da Sociedade Teosófica. Assim surgiu um núcleo da fraternidade universal sem distinção de classe, nacionalidade, raça, casta, credo, sexo ou cor. Dois destes Mahatmas participaram de modo mais específico e direto do esforço teosófico. A presente edição reúne a correspondência entre estes instrutores e Alfred Sinnett, um dos principais líderes teosóficos dos primeiros tempos.

Do ponto de vista teosófico, as *Cartas dos Mahatmas Para A.P. Sinnett* são textos de importância incomparável na literatura de todos os tempos. Pela primeira vez, sábios que completaram a etapa atual da evolução humana colocaram seus ensinamentos no papel, abrindo, durante alguns anos, uma exceção à regra milenar pela qual grandes Adeptos e instrutores nada escrevem. São, pois, documentos de um valor inestimável. Pouco a pouco, à medida que passa o tempo, passam a ser conhecidos e discutidos mais abertamente entre os estudantes da filosofia esotérica em todo o mundo.

Ao mesmo tempo, o estudo das cartas apresenta dificuldades e desafios significativos. Por um lado, elas foram escritas em situações históricas e humanas muito específicas, em grande parte desconhecidas do cidadão do século 21. Por outro lado, ao escreverem, os Mahatmas não tiveram em vista a publicação das suas cartas. Não se preocuparam com a forma externa, nem com as normas de cortesia mundana, mas, ao contrário, usaram de total franqueza. Além disso, a verdade é que o ensinamento vindo diretamente deles contraria de modo radical muitas opiniões convencionais a que estamos acostumados em diversos assuntos. Outro fator é que a dificuldade natural dos temas abordados torna necessário que o estudante use a intuição e a capacidade de conviver com o desconhecido. Do ponto de vista da redação das Cartas, algumas frases, longas e que abordam temas complexos, não são fáceis de entender. Para muitos estudantes, no entanto, os desafios tornam o estudo mais estimulante.

Duas dificuldades para a compreensão das Cartas dos Mahatmas devem ser analisadas com mais detalhe, do ponto de vista do leitor de língua portuguesa. A primeira delas diz respeito às críticas ao cristianismo.

As cartas dos Mahatmas devem ser vistas como documentos históricos e em seu contexto. As críticas dos Mahatmas se referem ao aspecto dogmático, imperial e autoritário do cristianismo. Não ao seu aspecto místico e de sabedoria. Os teosofistas, com sua perspectiva ecumênica e inter-religiosa e sua proposta de liberdade de pensamento, eram uma ameaça para os dogmas de várias religiões. Assim, missionários cristãos tentaram abafar e mais tarde atacaram frontalmente a Sociedade Teosófica. É neste contexto que surgem as críticas mais francas e duras dos Mahatmas ao cristianismo dogmático.

Para que se tenha uma idéia das mudanças de mentalidade ocorridas desde o século 19, basta lembrar que os movimentos socialistas, na época, eram radicalmente críticos ao cristianismo: afirmavam que "a religião é o ópio do povo". Mas, desde então, a religião iniciou uma nova caminhada. A obra de autores cristãos de vanguarda como Teillard de Chardin, Anthony de Mello, Leonardo Boff e Madre Teresa de Calcutá, para citar apenas quatro nomes, tem aspectos essenciais em comum com a Teosofia. Hoje existe a teologia da libertação. Até certo ponto, as críticas dos Mahatmas ao Vaticano anteciparam em um século o livro "Igreja, Carisma e Poder", do conhecido teólogo brasileiro Leonardo Boff. A crise atual da igreja dogmática é um fato reconhecido. A igreja progressista deseja mudanças, e a aproximação entre movimentos sociais e igrejas cristãs é notável em muitas partes do mundo. Em vários sentidos, portanto, houve transformações significativas no cristianismo a partir da segunda metade do século 20.

Os Mahatmas são imparciais em relação a todas as religiões. Não criticam só o cristianismo, mas todas elas, no que possuem de supersticioso e ilusório. Isto fica claro, por exemplo, nas Cartas 88 e 90. Especificamente, eles não poupam o hinduísmo, a principal religião da Índia, conforme se verifica ao ler a Carta 30. Na verdade, os Mahatmas são tão imparciais que, durante a crise da Loja teosófica de Londres, em 1883, defenderam a minoria que havia adotado como prioridade o cristianismo esotérico, em detrimento da maioria dos membros da Loja que, liderada por Sinnett, seguia os ensinamentos esotéricos transmitidos por eles próprios. A liberdade de pensamento e a autonomia do aprendiz são partes centrais e indispensáveis do método de ensino dos Mahatmas. Nas Cartas, fica claro que eles combatem o dogmatismo com igual vigor dentro e fora do movimento teosófico.

Vale a pena mencionar, neste contexto, as duras críticas feitas nas Cartas aos jesuítas. Até hoje, no dicionário Aurélio da língua portuguesa, o significado da palavra "jesuíta" é definido, entre outras acepções, como "sujeito dissimulado, astucioso, fingido, hipócrita". Uma das acepções do adjetivo "jesuítico" no mesmo dicionário é, também, "dissimulado, astucioso". Portanto, os Mahatmas não estavam sozinhos ao descrever como desonestos os métodos da hierarquia católica do século 19. Isto, porém, não nega a contribuição cultural positiva que muitos jesuítas deram, em diversos casos, à cultura ocidental. E é claro que os jesuítas mudaram muito desde então. Hoje, este e outros setores do cristianismo têm um pensamento moderno, aberto, democrático e ecumênico diante das grandes questões éticas e sociais do nosso tempo.

A segunda dificuldade a ser analisada mais especialmente diz respeito às críticas dos Mahatmas ao movimento espírita. Aqui, também, é importante ter uma perspectiva histórica dos fatos. A intenção inicial dos fundadores do movimento teosófico foi trabalhar em conjunto e em harmonia com o movimento espírita. Depois de algum tempo, ficou claro que isso não seria possível na época. Durante algumas décadas, as relações foram tensas, e é neste contexto que foram escritas as cartas a seguir. Mas a partir da segunda metade do século 20, e especialmente no Brasil, a aproximação entre os dois movimentos tem sido visível. Hoje é grande o número de espíritas que são teosofistas, e de teosofistas que são simpáticos a muitos aspectos do espiritismo. A principal crítica teosófica ao espiritismo se refere à mediunidade, que os Mahatmas condenam. Eles explicam detalhadamente os motivos nas cartas a seguir. O espiritismo tem evoluído muito e, no futuro, a meta inicial de franca simpatia e cooperação entre teosofistas e espíritas será cada vez mais fácil, do mesmo modo como são fraternos os laços que ligam o movimento teosófico a budistas, jainistas, hinduístas, judeus, muçulmanos, e a seguidores de diversas filosofias e religiões, ou de nenhuma delas. Buscar a verdade onde ela esteja, com bom senso e equilíbrio, é uma idéia central para o movimento teosófico.

Deve-se levar em conta que as cartas eram documentos absolutamente confidenciais, e que os Mahatmas deixaram claro que jamais aprovariam a sua publicação na íntegra. A publicação acabou ocorrendo longo tempo depois do término da correspondência e do afastamento deles em relação às atividades visíveis da Sociedade Teosófica. No início da década de 1920, o editor A. Trevor Barker julgou que, para evitar mal-entendidos, era necessário dar a conhecer a todos, com total transparência, os pontos de vista expressados diretamente pelos Mahatmas em relação à vida, às religiões, ao cristianismo, à filosofia esotérica e ao aprendizado espiritual.

O movimento teosófico não tem dogmas. Seu lema é "não há religião superior à verdade". Assim, estas Cartas dos Mahatmas não são objetos de fé cega para ninguém. Porém, a importância do seu conteúdo parece inegável no mundo todo para muitos estudantes da sabedoria divina, afiliados ou não a instituições filosóficas ou religiosas. Por isso, desde a sua publicação em Londres em dezembro de 1923, as edições das Cartas dos Mahatmas se multiplicam em diferentes países e idiomas, assim como sempre surgem novos livros com estudos e pesquisas sobre elas. O conteúdo essencial das cartas dos Mahatmas não só permanece atual e válido para o dia de hoje, mas é um instrumento insubstituível para compreender o futuro.

É conveniente ter em conta, ao ler as cartas, que nelas os Mahatmas renunciam à consciência nirvânica para discutir detalhes, comentando situações de intenso conflito humano e espiritual, e não demonstram qualquer preocupação com a manutenção de uma imagem de sábios. O que escrevem é sempre verdadeiro, mas só mostra uma parte da verdade multidimensional e da visão completa que eles possuem da realidade, e que seria completamente impossível colocar em palavras. Sua franqueza pode parecer dura, assim como parecem demasiado severos os métodos dos mestres do zen-budismo, por exemplo. Eles tampouco se ajustam aos nossos padrões ocidentais de cortesia, freqüentemente acompanhados de falsidade e hipocrisia. O caráter confidencial das cartas protegia o seu estilo, que poderia parecer duro para pessoas estranhas.

Por outro lado, o leitor deve levar em conta que o caráter externamente fragmentário do ensinamento faz parte do esquema pedagógico dos Mahatmas. Espera-se que o aprendiz realize com perseverança e autonomia a tarefa de ir reunindo aqui e ali elementos aparentemente esparsos do grande esquema evolutivo da vida, segundo a filosofia esotérica clássica. A intuição despertará no decorrer deste processo. Como escreveu Alfred Sinnett em *O Mundo Oculto* (p.227), "estas revelações dispersas (...) foram quebradas e espalhadas de propósito, de modo que só fosse possível chegar a uma convicção completa sobre o Adeptado depois de uma certa quantidade de trabalho empregado na tarefa de reunir as provas dispersas".

Há duas maneiras principais de ler as Cartas. A primeira delas é abordar o texto em seu contexto histórico e tentar compreender as circunstâncias específicas em que ele foi escrito. A segunda maneira é ler o texto como se fosse diretamente dirigido a cada um de nós. Neste caso, aplicamos às nossas vidas tudo o que, de algum modo, faz sentido para nós, e deixamos de lado o que ignoramos dos temas abordados, marcando e separando as frases profundas e as verdades universais que aparecem a cada instante no texto, misturadas a discussões de fatos de curto prazo do movimento teosófico da década de 1880. Uma das perguntas que podemos fazer-nos ao ler o livro é como agiríamos, concretamente, nas situações descritas. Outra pergunta é: qual o significado deste ensinamento para nossa vida real, no momento presente? O significado pode ser imenso, renovador, revolucionário.

♦♦♦

Esta edição é uma transcrição literal das Cartas, e por isso não fazemos uma sistematização editorial no uso de letras maiúsculas ou itálico. No caso do sânscrito, não usamos sinais diacríticos. Para maior comodidade do leitor leigo, há notas de pé de página explicando termos como Tripitaka, dak, Khudakapatha e outras palavras dos idiomas tibetano, latim, francês, hindi, páli ou sânscrito. Também fazemos a ligação entre diversos trechos das Cartas e os avanços da ciência ao longo do século 20, como é o caso da descoberta de Plutão em 1930, da teoria do Big Bang, dos buracos negros, da física quântica e dos avanços recentes na Biologia. Ocorre que, para um Mahatma, o futuro e o passado longínquos são vistos como parte do tempo presente, e os processos cósmicos estão perfeitamente ao alcance da sua consciência espacial. Em conseqüência disso, é natural que as Cartas – escritas entre 1880 e 1885 – contenham várias indicações e antecipações sobre o progresso da ciência e o avanço da humanidade ao longo dos séculos 20 e 21, e também em séculos e milênios futuros. Não é por acaso que o Mahatma K.H. escreveu na Carta 65: "A ciência moderna é o nosso melhor aliado".

Todas as notas de pé de página, independentemente da sua origem, estão numeradas carta por carta. As notas de pé de página escritas pelos Mahatmas estão em negrito.

Durante o trabalho de tradução, levamos em conta as edições francesa e espanhola das Cartas, e consultamos toda a bibliografia disponível hoje internacionalmente sobre estes documentos históricos de importância incalculável.

Queremos agradecer o trabalho voluntário e altruísta de muitas pessoas que ajudaram em uma ou outra etapa da produção destes dois volumes. Entre elas estão Radha Burnier, Christina Zubelli, Joy Mills, Dilza Braga Rosa, Maria Elizabeth de Oliveira, Alcyr Anísio Ferreira, Valéria Marques de Oliveira, Wanisa Costa Lins, Edilson de Almeida Pedrosa, Ivana Campêlo Gonçalves, e outros que leram e comentaram diversas cartas durante o processo de tradução e revisão. Ângela Maria Hartmann prestou uma ajuda de grande valor ao empreendimento, revisando os textos e colaborando ativamente do início ao fim do trabalho.

Brasília, 22 de abril de 2001.

Carlos Cardoso Aveline
Coordenador da Edição em Língua Portuguesa

Guia de Leitura

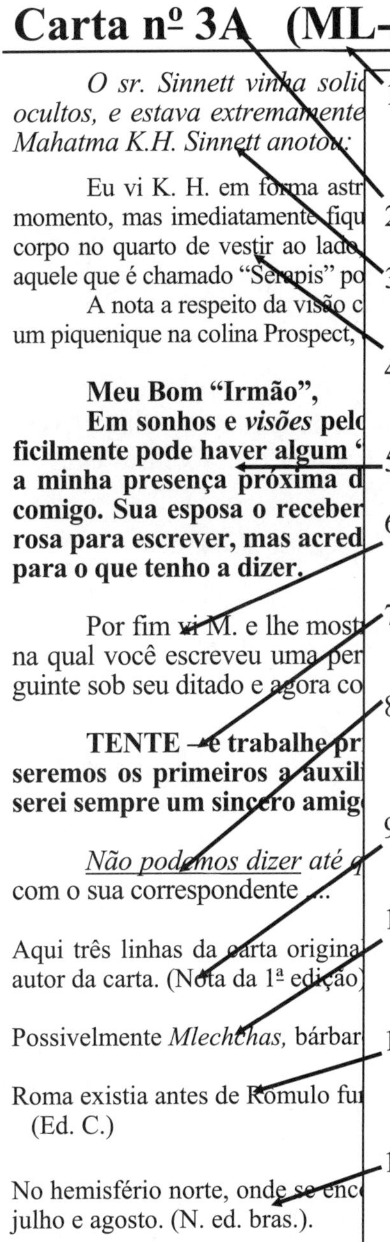
Carta nº 3A (ML-3A) Rec. em 20 de outubro de 1880
O sr. Sinnett vinha soli
ocultos, e estava extremamente
Mahatma K.H. Sinnett anotou:
Eu vi K. H. em forma astr
momento, mas imediatamente fiqu
corpo no quarto de vestir ao lado
aquele que é chamado "Serapis" po
A nota a respeito da visão c
um piquenique na colina Prospect,
Meu Bom "Irmão",
Em sonhos e visões pel
ficilmente pode haver algum
a minha presença próxima d
comigo. Sua esposa o receber
rosa para escrever, mas acred
para o que tenho a dizer.
Por fim vi M. e lhe most
na qual você escreveu uma per
guinte sob seu ditado e agora co
TENTE – e trabalhe pr
seremos os primeiros a auxil
serei sempre um sincero amig
Não podemos dizer até
com o sua correspondente ...
Aqui três linhas da carta origina
autor da carta. (Nota da 1ª edição)
Possivelmente Mlechchas, bárbar
Roma existia antes de Rômulo fu
(Ed. C.)
No hemisfério norte, onde se enc
julho e agosto. (N. ed. bras.).

1. O número original da carta, nas três primeiras edições das *Cartas dos Mahatmas,* precedido das letras *ML* (*Mahatma Letters*).

2. O número da carta por ordem cronológica.

3. Notas de Virginia Hanson sobre as cartas (em itálico).

4. Anotações originais de A.P. Sinnett (em letra menor).

5. O texto da carta do *Mahatma* (em negrito).

6. Todas as cartas que não provêm de um *Mahatma* estão publicadas sem negrito.

7. Comentários feitos por *Mahatmas* sobre as cartas (em negrito).

8. *As palavras sublinhadas* em cartas que não provêm de um *Mahatma* foram sublinhadas por um *Mahatma,* ao lê-las.

9. Notas de rodapé de A.T. Barker terminam com "(Nota da 1ª ed.)".

10. Notas de rodapé de Christmas Humphreys e E. Benjamin terminam com "(N. da 3ª edição)".

11. Notas de rodapé do editor da edição cronológica, feitas com base nas *Notas* de Virginia Hanson, terminam com "(Ed.C.)".

12. Notas de rodapé da edição brasileira, escritas por Carlos C. Aveline, terminam com "(N. ed. bras.)".

Abreviaturas

A.O.H.	Allan O. Hume
A.P.S.	Alfred Percy Sinnett
D.K. ou Dj.K.	Djual Khul ou Djual Khool
H.P.B.	Helena Petrovna Blavatsky
H.S.O.	Henry Steel Olcott
Ísis	*Ísis Sem Véu,* obra de H.P. Blavatsky
K.H.	Mahatma Koot Hoomi
LBS	*Letters of H.P. Blavatsky to A.P. Sinnett (Cartas de H.P. Blavatsky Para A.P. Sinnett),* transcritas e compiladas por A.T. Barker (Theosophical University Press, 1973).
L.L. ou L.L.T.S.	Loja de Londres da Sociedade Teosófica
M.	Mahatma Morya
ML	*Mahatma Letters to A.P. Sinnett (Cartas dos Mahatmas Para A.P. Sinnett),* transcritas e compiladas por A.T. Barker
ODL	*Old Diary Leaves (Folhas de um Velho Diário),* de Henry Steel Olcott
S.T.	Sociedade Teosófica

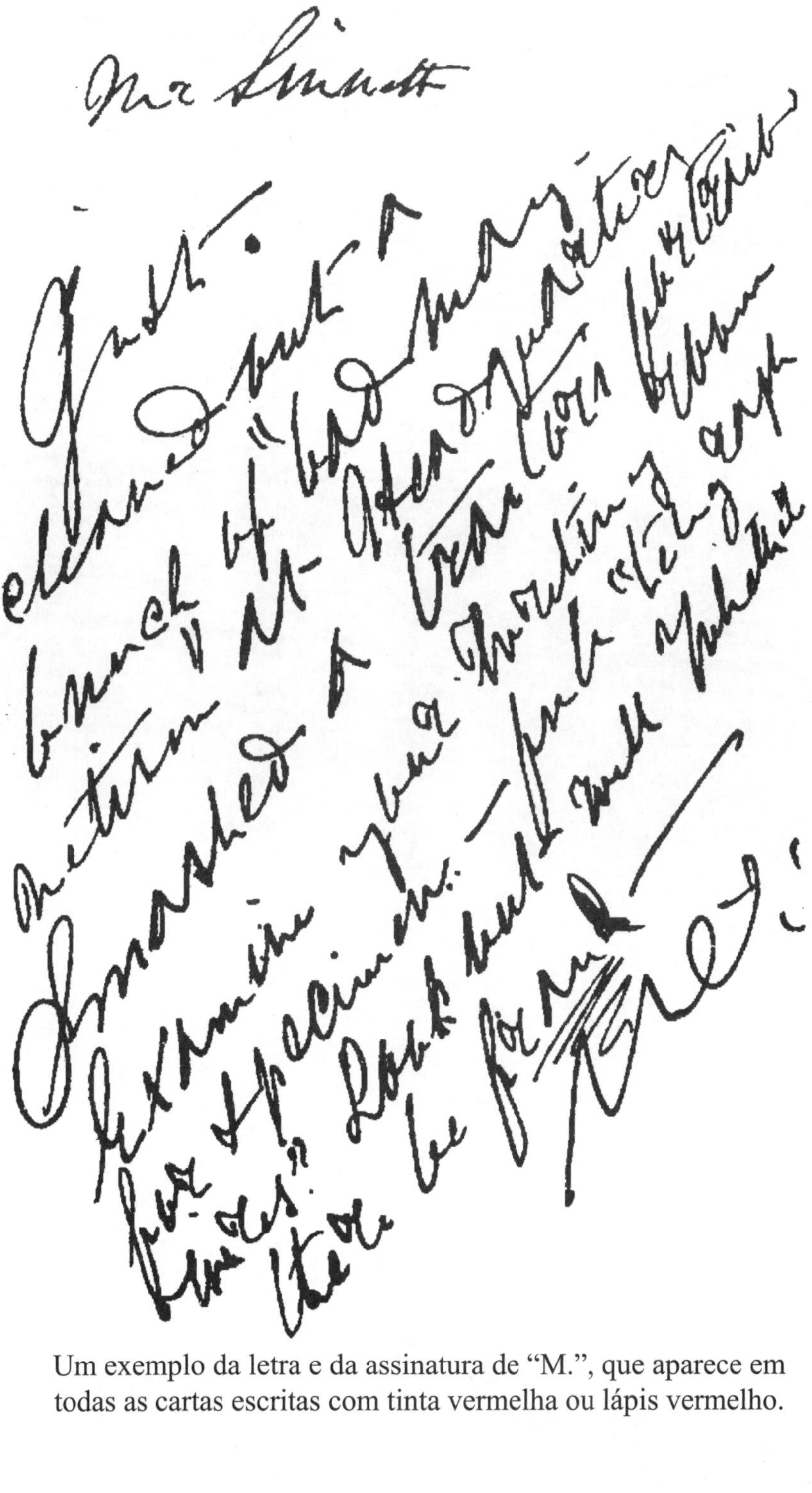

Um exemplo da letra e da assinatura de “M.”, que aparece em todas as cartas escritas com tinta vermelha ou lápis vermelho.

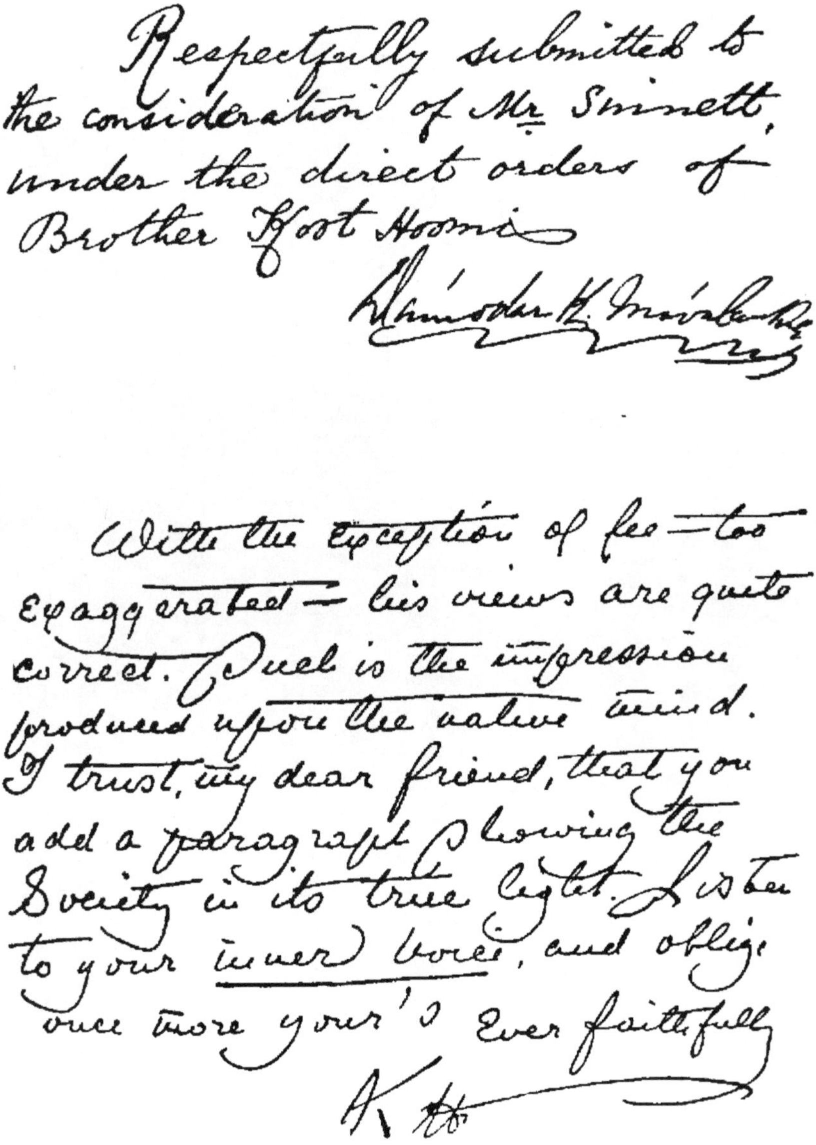
Respectfully submitted to
the consideration of Mr Sinnett,
under the direct orders of
Brother Koot Hoomi
Damodar K. Mavalankar

With the exception of few — too
exaggerated — his views are quite
correct. Such is the impression
produced upon the native mind.
I trust, my dear friend, that you
add a paragraph showing the
Society in its true light. Listen
to your inner voice, and oblige
once more your's Ever faithfully
K.H.

Um exemplo da letra de “K.H.”, precipitada em cor azul, sob uma nota de Damodar K. Mavalankar. A maior parte das cartas de “K.H.” está escrita com tinta azul ou por lápis azul.

I

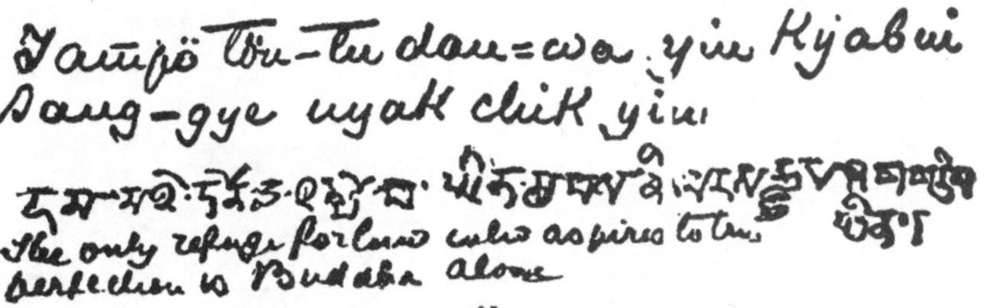

II

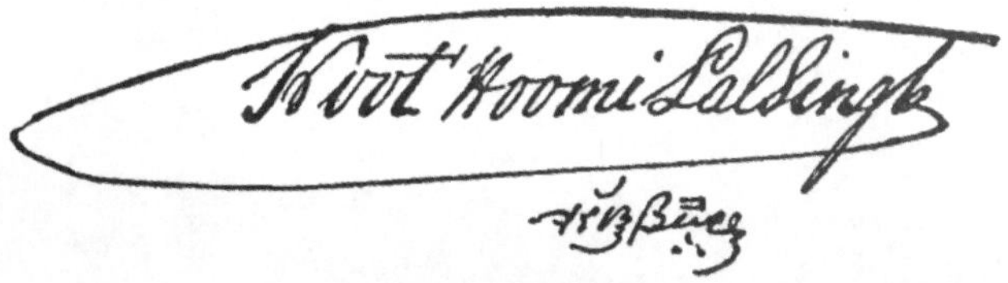

III

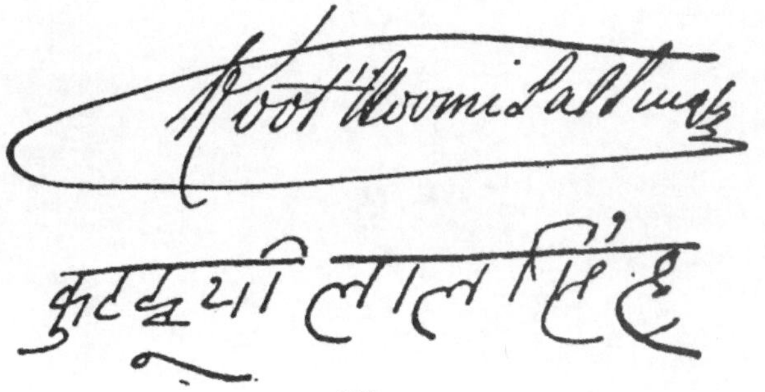

IV

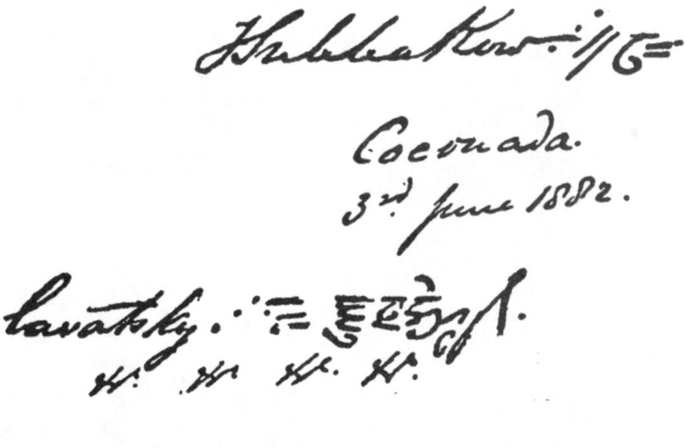

I – Fragmento encontrado no envelope da carta nº 96 (ML-92).
II, III, IV – Reproduções das assinaturas das cartas nº 1 (ML-1), nº 5 (ML-4), e nº 59 (ML-132), respectivamente.

AS CARTAS DOS MAHATMAS

Carta nº 1 (ML-1) 17 de outubro de 1880

Em O Mundo Oculto,[1] *pp. 98-99, A.P. Sinnett explica o que escreveu em sua primeira carta ao Mahatma e por que a escreveu. Apesar de não ter dúvidas da autenticidade dos fenômenos realizados por H.P.B. durante o verão de 1880 em Simla, ele sentia que os fenômenos nem sempre eram rodeados das garantias necessárias e que não seria muito difícil para um cético radical levantar dúvidas quanto à sua validade. Ele estava ansioso pela produção de alguns fenômenos que, como dizia, "não deixassem possibilidade alguma de pensar em embuste". Ele pensava que os próprios "Irmãos" talvez não compreendessem a necessidade de tornar os seus fenômenos sempre incontestáveis em cada mínimo detalhe.*

Assim Sinnett decidiu sugerir em sua primeira carta para o Mahatma um teste que, ele tinha certeza, seria uma prova completa e não poderia deixar de convencer até o maior cético. Esse teste era a aparição simultânea em Simla (na presença do grupo de lá) de um exemplar do mesmo dia das edições do London Times *e de* The Pioneer.

Naquela época havia entre Londres e Índia uma demora de comunicação de pelo menos um mês, com a exceção do telégrafo, e teria sido obviamente impossível telegrafar todo o conteúdo do Times, *para a Índia, antes de sua publicação em Londres, e fazê-lo aparecer impresso na Índia ao mesmo tempo que em Londres. Além disso, um fato como esse só poderia ser feito chamando a atenção de todo o mundo.*

Depois de escrever a carta e entregá-la a H.P.B., transcorreu um dia, mais ou menos, antes que ele tivesse alguma notícia a respeito. Finalmente, H.P.B. disse que ele iria receber uma resposta. Isso o deixou tão animado que ele escreveu uma segunda carta, achando que, talvez, não tivesse sido suficientemente incisivo na primeira para convencer o seu correspondente. Um dia depois ele achou em sua escrivaninha, durante a tarde, a primeira carta do Mahatma K.H. Ela respondia às duas cartas de Sinnett.

---

[1] Ed. Teosófica, Brasília, 2000, 233 pp. (N. ed. bras.)

Recebida em Simla em torno de 15 de outubro de 1880.

Prezado Irmão e Amigo,

Justamente porque o teste com o jornal de Londres fecharia a boca dos céticos – ele é impensável. Entenda isto como quiser – mas o mundo ainda está no seu primeiro *estágio* de libertação, se não de desenvolvimento, portanto – despreparado. É verdade que nós trabalhamos usando leis e meios naturais e não sobrenaturais. Mas como de um lado a Ciência se veria incapaz (no seu *estágio* atual) de explicar as maravilhas feitas em seu nome, e de outro lado as massas ignorantes ainda veriam o fenômeno como se fosse um milagre, qualquer um que testemunhasse a ocorrência ficaria desequilibrado, e os resultados seriam deploráveis. Acredite-me, isso é o que ocorreria – especialmente para você, que teve a idéia, e para a devotada mulher que tão tolamente corre em direção à ampla porta aberta que leva à notoriedade. Essa porta, mesmo aberta por mãos tão amigas quanto as suas, se transformaria em pouco tempo em uma armadilha – e, na verdade, uma armadilha fatal para ela. E esse não é, certamente, o seu objetivo.

Loucos são aqueles que, especulando apenas sobre o presente, fecham voluntariamente os olhos para o passado, quando já são naturalmente cegos para o futuro! Longe de mim a idéia de incluir você entre esses – portanto tentarei explicar a situação. Se cedêssemos ao seu desejo, você sabe realmente quais seriam as conseqüências? A inexorável sombra que segue todas as inovações humanas se movimenta e, no entanto, poucos são aqueles que estão, de algum modo, conscientes de sua aproximação e de seus perigos. O que poderiam esperar aqueles que gostariam de oferecer ao mundo uma inovação que, devido à ignorância humana, se fosse considerada autêntica, certamente seria atribuída àqueles poderes das trevas em que dois terços da humanidade acreditam com temor? Você diz que metade de Londres seria convertida se você pudesse entregar ao público de lá o jornal *Pioneer* no mesmo dia da sua publicação. Permita-me dizer que, se as pessoas acreditassem que a coisa era verdadeira, elas o matariam antes que pudesse dar uma volta no *Hyde Park,* e se elas não acreditassem, o mínimo que poderia acontecer seria a perda da sua reputação e de seu bom nome, por propagar tais idéias.

O êxito de uma tentativa do tipo que você propõe tem que ser calculado e baseado num profundo conhecimento das pessoas à sua volta. A atitude das pessoas diante dessas questões mais profundas e misteriosas que podem sensibilizar a mente humana – os poderes *deíficos* no

homem e as possibilidades contidas na Natureza – depende inteiramente das suas condições sociais e morais. Quantos, mesmo entre os seus melhores amigos, daqueles que o rodeiam, têm mais que um interesse superficial nesses assuntos tão complexos? Você poderá contá-los nos dedos da sua mão direita. A sua raça se orgulha de ter libertado no seu século o gênio há tanto tempo aprisionado na estreita garrafa do dogmatismo e da intolerância – o gênio do conhecimento, da sabedoria e do livre pensamento. E diz que o preconceito ignorante e o fanatismo religioso colocados numa garrafa como um velho gênio maligno, e lacrados nela pelos Salomões da ciência, repousam no fundo do mar e nunca mais poderão escapar para a superfície, e reinar sobre o mundo como fizeram no passado; que a opinião pública está completamente livre, em resumo, e pronta para aceitar qualquer verdade que seja demonstrada. Ah, sim, mas isso é realmente verdade, meu respeitável amigo? O conhecimento experimental não surgiu em 1662, quando Bacon, Robert Boyle e o Bispo de Rochester transformaram, mediante uma autorização real, o seu Colégio Invisível numa sociedade para a promoção da ciência experimental. Eras antes da existência da *Royal Society* se tornar uma realidade, sob o plano de um Esquema Profético, um anseio inato pelo oculto, um amor apaixonado pela Natureza e seu estudo levaram homens de várias gerações a experimentar e mergulhar nos seus segredos de modo mais profundo que os seus contemporâneos. *Roma ante Romulum fuit*[2] – este é um axioma que nos foi ensinado em suas escolas inglesas. As pesquisas abstratas dos problemas mais complexos não surgiram no cérebro de Arquimedes como um assunto espontâneo e até então inédito, mas sim como um reflexo de investigações anteriores feitas na mesma direção por homens tão anteriores à época dele quanto o grande siracusano[3] é anterior à época de você – e muito mais. O *vril* de "A Raça Futura"[4] foi propriedade comum de raças agora extintas. A própria existência dos nossos ancestrais gigantescos é agora questionada, embora nos *Himavats*[5], no próprio território controlado por vocês, haja uma caverna cheia de esqueletos desses gigantes, e as suas enormes carcaças, quando forem encontradas, serão invariavelmente consideradas aberrações isoladas da Natureza. Do mesmo modo o *vril* ou *Akas*,[6] como nós o chamamos, é olhado como uma impossibilidade, um mito. E

---

[2] Roma existia antes de Rômulo fundá-la. (Ed. C.)

[3] Arquimedes. (Ed. C.)

[4] Referência ao livro *A Raça Futura (The Coming Race),* de Edward Bulwer Lytton, autor também do romance ocultista *Zanoni.* (N. ed. bras.)

[5] Himalaias. (N. ed. bras.)

[6] *Akasha.* (N. ed. bras.)

sem o completo conhecimento do *Akas*, de suas combinações e propriedades, como pode a Ciência encarar tais fenômenos? Não duvidamos que os homens da sua ciência estejam abertos a novas evidências. No entanto, os fatos têm que ser em primeiro lugar demonstrados a eles; devem primeiro tornar-se propriedade deles, comprovando que são compatíveis com os seus próprios modos de investigação, antes que estejam dispostos a aceitá-los como fatos. Basta você olhar o prefácio do texto "Micrografia" para descobrir nas sugestões de Hooke[7], que as relações internas dos objetos tinham, do seu ponto de vista, menos importância que a ação externa deles sobre os sentidos – e as excelentes descobertas de Newton encontraram nele o seu maior oponente. Os modernos Hooke são muitos. Assim como esse homem erudito mas ignorante em relação a épocas anteriores, os seus modernos homens da ciência estão menos dispostos a sugerir uma conexão física dos fatos, que lhes poderia revelar muitas das forças ocultas na natureza, do que a produzir uma cômoda "classificação das experiências científicas", de modo que a qualidade mais essencial de uma hipótese não é a de que ela deva ser *verdadeira* mas apenas *plausível* – na opinião deles.

Até aqui sobre Ciência – com base no que conhecemos dela. Quanto à natureza humana em geral, ela é igual agora a como era há um milhão de anos atrás: preconceito baseado no egoísmo; uma resistência generalizada a renunciar à ordem estabelecida das coisas em função de novos modos de vida e de pensamento – e o estudo oculto requer tudo isso e muito mais –; orgulho e uma teimosa resistência à Verdade, quando ela abala as suas noções prévias das coisas – tais são as características da sua época, especialmente nas classes inferiores e médias. Quais seriam, portanto, os resultados dos fenômenos mais surpreendentes, supondo que tivéssemos concordado com a sua produção? Por mais bem-sucedidos que fossem, o perigo cresceria na proporção direta do êxito. Em pouco tempo, não haveria alternativa exceto continuar, sempre num *crescendo*, ou cair numa luta infindável com o preconceito e a ignorância e ser destruído por suas próprias armas. Um teste após o outro seriam solicitados e teriam de ser feitos; e se esperaria que cada fenômeno fosse mais maravilhoso que o anterior. Você diz todos os dias que não se pode esperar de alguém que acredite, a não ser que seja uma testemunha ocular. Seria suficiente o tempo de vida de um homem para satisfazer um mundo inteiro de céticos? Pode ser fácil elevar o número

---

[7] Robert Hooke (1635-1703), físico experimental inglês, membro da *Royal Society*. Investigou a gravitação universal e formulou, embora de modo imperfeito, a teoria ondulatória da luz. *Micrographia* (1665) é um dos seus primeiros escritos. (N. ed. bras.)

original de crentes em Simla para centenas e milhares. Mas o que dizer das centenas de milhões de pessoas que não poderiam ser testemunhas oculares? O ignorante – incapaz de atingir os operadores invisíveis – poderia algum dia extravasar sua cólera nos agentes visíveis do trabalho; as classes mais altas e cultas continuariam a não acreditar como sempre, reduzindo vocês a nada, como até agora. Vocês, como muitos outros, nos culpam pela nossa grande reserva. Todavia, nós conhecemos algo da natureza humana, porque aprendemos com a experiência acumulada ao longo de séculos – sim, eras. E sabemos que, enquanto a ciência tiver algo a aprender, e enquanto restar uma sombra de dogmatismo religioso no coração das multidões, os preconceitos do mundo têm que ser vencidos passo a passo, sem atropelos. Assim como o passado remoto teve mais de um Sócrates, o vago futuro verá o nascimento de mais de um mártir. A emancipada ciência desprezou a opinião de Copérnico, quando ele renovou as teorias de Aristarco de Samos[8] – que afirmou que "a Terra se move circularmente ao redor do seu próprio centro" – anos antes que a Igreja quisesse sacrificar Galileu como um holocausto à Bíblia. O melhor matemático da corte de Eduardo VI – Robert Recorde – foi deixado passar fome na prisão pelos seus colegas, que riam do seu *Castle of Knowledge*[9], declarando que as suas descobertas eram "vãs fantasias". William Gilbert de Colchester, médico da rainha Isabel, morreu envenenado, somente porque esse verdadeiro fundador da ciência experimental na Inglaterra teve a audácia de antecipar Galileu, apontando a falácia de Copérnico quanto ao "terceiro movimento", que era seriamente apresentado como explicando o paralelismo do eixo de rotação da Terra! O enorme conhecimento dos Paracelso, dos Agrippa[10] e dos Dee[11] foi sempre contestado. Foi a ciência que colocou a sua mão sacrílega sobre as grandes obras *De Magnete*[12], *The Heavenly White Virgin*[13] (*Akas*) e outras. E foi o ilustre Chanceler da Inglaterra e da Natureza – lorde Bacon de Verulam – que, depois de receber o título

---

8 Aristarco de Samos, astrônomo grego ativo ao redor de 270 a.C., foi um dos primeiros a defender a tese de que a Terra gira ao redor do Sol. (N. ed. bras.)

9 Castelo de Conhecimento. (N. ed. bras.)

10 Heinrich Cornelius Agrippa (1486-1535), médico, soldado, escritor e ocultista alemão. Entre suas principais obras está *Da Filosofia Oculta* (cerca de 1510). (N. ed. bras.)

11 John Dee (1527-1608), matemático e astrólogo inglês, favorito da rainha Elizabeth I e contemporâneo de Francis Bacon. (N. ed. bras.)

12 "Do magnetismo". (N. ed. bras.)

13 "A Branca Virgem Celeste". (N. ed. bras.)

de pai da filosofia indutiva, permitiu-se falar de homens como os mencionados acima, chamando-os de "Alquimistas da filosofia fantástica".

"Tudo isso é história antiga", pensará você. É verdade; mas as crônicas dos dias modernos não diferem muito das suas antecessoras. Basta lembrar as recentes perseguições de médiuns na Inglaterra, a queima de supostas feiticeiras e bruxos na América do Sul, Rússia e na fronteira da Espanha – para confirmar a nós mesmos que a única salvação para os verdadeiros conhecedores das ciências ocultas é o ceticismo do público; os charlatões e os prestidigitadores são os escudos naturais dos "adeptos". A segurança pública só é mantida porque mantemos secretas as terríveis armas que poderiam ser usadas contra ela, e que, como já foi dito a você, seriam mortais nas mãos dos perversos e dos egoístas.

Concluo lembrando a você que os fenômenos pelos quais anseia foram sempre reservados como uma recompensa àqueles que dedicaram suas vidas para servir a deusa Saraswati – a nossa Ísis ariana. Se eles fossem oferecidos aos profanos, o que restaria para os que são fiéis a nós? Muitas das suas sugestões são altamente razoáveis e serão atendidas. Eu ouvi atentamente a conversa que houve na casa do sr. Hume. Os argumentos dele são perfeitos do ponto de vista da sabedoria exotérica. Mas, quando chegar o momento e ele puder ter um relance completo do mundo do *esoterismo*, com as suas leis baseadas em cálculos matematicamente corretos do futuro – os resultados necessários das causas que sempre temos liberdade para criar e modelar à nossa vontade, mas cujas conseqüências somos incapazes de controlar, e as quais, desta forma, se tornam nossos mestres – só então tanto ele como você compreenderão por que, para o não-iniciado, nossos atos freqüentemente parecem pouco sábios, ou tolos, de fato.

Não poderei responder por completo sua próxima carta sem me aconselhar com aqueles que lidam, normalmente, com os místicos europeus. Além disso, a presente carta deve satisfazê-lo em muitos pontos que você definiu melhor em sua última; mas também irá desapontá-lo, sem dúvida. Quanto à produção dos fenômenos recentemente imaginados e ainda mais surpreendentes que foram pedidos a ela[14] e que seriam realizados com nossa ajuda, você, como um homem que conhece estratégia bastante bem, deve ficar satisfeito com a reflexão de que pouco adianta conquistar novas posições até que as que já foram alcançadas estejam seguras, e que os seus inimigos estejam perfeitamente conscientes do seu direito à posse delas. Em outras palavras, você presenciou uma variedade maior de fenômenos, produzidos para você e seus ami-

[14] H.P.B. (N. ed. bras.)

gos, do que muitos neófitos viram em vários anos. Primeiro, comunique ao público a materialização do bilhete, da xícara e dos diversos experimentos feitos com papéis de cigarros, e deixe que isto seja digerido[15]. Faça-os trabalhar na busca de uma explicação. E como eles – a menos que usem a acusação direta e absurda de fraude – jamais serão capazes de explicar alguns dos experimentos, enquanto os céticos estão completamente satisfeitos com a atual hipótese deles sobre a materialização do broche – você terá então feito um verdadeiro bem para a causa da verdade, e terá feito justiça para com uma mulher que sofre por causa disso tudo. Tratado isoladamente como está sendo no *Pioneer*, o caso se torna pior que inútil – passa a ser positivamente prejudicial para todos vocês – tanto para você, como editor do jornal, como para os outros, se me perdoa por dar-lhe algo que parece um conselho. Não é justo nem para você nem para ela que, devido ao fato de que o número de testemunhas oculares não parece suficiente para chamar a atenção do público, o seu testemunho e o de sua esposa sejam considerados inúteis. Com vários casos combinados para fortalecer a sua posição como uma testemunha confiável e inteligente dos vários acontecimentos, cada um deles lhe dá um direito adicional de afirmar o que sabe. Isso impõe a você o dever sagrado de educar o público e prepará-lo para possibilidades futuras, abrindo gradualmente sua visão para a verdade. A oportunidade não deve ser perdida pelo fato de que sua confiança em seu próprio direito individual de fazer afirmações não seja tão grande como o de *sir* Donald Stewart. Uma testemunha cujo caráter é bem conhecido tem mais peso que dez estranhos; e se há alguém na Índia respeitado pela sua confiabilidade, é o editor do *Pionner*. Lembre-se de que há somente uma mulher histérica que alega ter estado presente na suposta ascensão[16], e que o fenômeno nunca foi corroborado por sua repetição. Entretanto, durante quase 2000 anos, incontáveis milhões de pessoas depositaram sua fé no testemunho daquela mulher – e ela não tinha extrema credibilidade.

TENTE – e trabalhe primeiro com o material que você tem, e então nós seremos os primeiros a auxiliá-lo a obter novas evidências. Até lá, creia-me, serei sempre um sincero amigo seu,

Koot' Hoomi Lal Singh.

---

[15] A descrição destes fenômenos pode ser encontrada no Capítulo 4 do livro *O Mundo Oculto,* de A.P. Sinnett. (Ed. C.)

[16] O mestre se refere à ressurreição de Jesus que, segundo a Bíblia, foi presenciada por Maria Madalena. Em João, 20:17, Jesus diz a Maria Madalena: "Não me retenhas, pois ainda não subi ao Pai. Vai, porém, a meus irmãos, e diz-lhes que subo a meu Pai e a vosso Pai, a meu Deus e a vosso Deus." (N. ed. bras.)

Carta nº 2 (ML-2) Recebida em 19 de outubro de 1880

A primeira carta recebida do Mestre K.H. foi escrita no Mosteiro de Toling, no Tibete, a uma distância relativamente pequena da fronteira. Quando a segunda foi escrita (ou precipitada), o Mahatma havia deixado o Mosteiro de Toling e estava em algum ponto do vale de Cachemira, viajando para consultar o Maha-Chohan a respeito da carta que recebera de A.O. Hume.

Como Sinnett explicou em O Mundo Oculto, *Hume havia lido a primeira carta vinda do Mahatma, ficara entusiasmado com as possibilidades dessa correspondência e decidira escrever pessoalmente a K.H. Em sua carta ele se propusera a abandonar tudo e a entrar em retiro, se pudesse ser treinado em ocultismo com o objetivo de retornar ao mundo e demonstrar a sua realidade.*[1]

Após receber a primeira carta do Mahatma, o sr. Sinnett escreveu-lhe novamente, dizendo que, na verdade, a mente européia era menos obstinada do que K.H. pensava, e estabelecendo certas condições sob as quais ele estaria disposto a trabalhar pela causa dos Mestres. Também fez uma sugestão, que ele e Hume haviam imaginado, de que fosse formada uma seção separada da Sociedade Teosófica, a ser chamada de Loja Anglo-Indiana, que não ficaria subordinada, de modo algum, a H.P.B. e ao cel. Olcott, mas seria conectada diretamente à Fraternidade, com os Mahatmas dando suas instruções e seus ensinamentos diretamente aos membros do grupo. Parece que também Hume, em sua carta ao Mahatma, havia argumentado em favor desta sugestão.

Recebida em Simla, 19 de outubro de 1880.

Prezado Senhor e Irmão,

Não poderemos entender-nos, em nossa correspondência, enquanto não ficar completamente claro que a ciência oculta tem os seus próprios métodos de pesquisa, tão arbitrários e fixos como são, à sua maneira, os da ciência física, sua antítese. Se esta última possui as suas máximas, a ciência oculta também as possui; e aquele que quiser cruzar os limites do mundo invisível não poderá determinar por si mesmo como há de progredir no seu caminho, do mesmo modo como quem pretende penetrar nos recessos internos dos subterrâneos de Lhasa, a abençoada,

---

[1] Veja a resposta do Mahatma K.H. a Hume no Anexo I, volume 2 desta edição. (N. ed. bras.)

não pode mostrar o caminho ao seu guia. Os mistérios nunca puderam e jamais poderão ser colocados ao alcance do público em geral; não, pelo menos, até o dia tão esperado em que nossa filosofia religiosa se torne universal. Em todas as épocas somente uma escassa minoria de homens possuiu os segredos da natureza, embora multidões tenham testemunhado as evidências práticas da possibilidade de sua posse. O adepto é a rara eflorescência de uma geração de buscadores; e para converter-se num deles é preciso obedecer ao impulso interno da alma sem levar em conta as cautelosas considerações da ciência ou da inteligência mundanas. O seu desejo é entrar em comunicação direta com um de nós, sem a intervenção da sra. B. ou de qualquer intermediário. Sua idéia seria, se eu a compreendo, obter tais comunicações por cartas – como a presente – ou por palavras audíveis, de modo que você seja guiado por um de nós na administração e, principalmente, na instrução da Sociedade. Você quer tudo isso, e todavia, como você mesmo diz, ainda não encontrou até agora "razões suficientes" para abandonar nem mesmo os seus "modos de vida" que são diretamente hostis a tal tipo de comunicação. Isto é pouco razoável. Aquele que quiser erguer alto a bandeira do misticismo e proclamar que o seu reino está próximo tem que dar o exemplo aos outros. Ele deve ser o primeiro a mudar os *seus próprios* modos de vida; e, com relação ao fato de que o estudo dos mistérios ocultos é o degrau mais alto da escada do Conhecimento, tem que proclamar isso em voz alta, apesar da ciência exata e da oposição da sociedade. O Reino do Céu é obtido pela força, dizem os místicos cristãos. É somente com uma arma na mão e disposto a vencer ou morrer que o místico moderno pode ter a expectativa de alcançar seu objetivo.

Minha primeira resposta cobriu, pensei, a maior parte das questões da sua segunda e mesmo as da sua terceira carta. Tendo expressado nela a minha opinião, de que o mundo em geral não está ainda maduro para nenhuma comprovação demasiado impactante de poderes ocultos, resta-nos apenas tratar com os indivíduos isolados que buscam, como você, ir além do véu da matéria até o mundo das causas primárias, ou seja, só precisamos considerar agora o seu caso e o do sr. Hume. Esse senhor fez-me também a grande honra de dirigir-se a mim pessoalmente, fazendo algumas perguntas e estabelecendo as condições sob as quais estaria disposto a trabalhar seriamente para nós. Mas como as suas motivações e aspirações são de natureza diametralmente opostas, e levam, portanto, a resultados diferentes, tenho que responder separadamente a cada um de vocês.

O primeiro e principal fator que determina nossa decisão de aceitar ou rejeitar sua oferta está na motivação interna que o leva a buscar as nossas instruções e, em certo sentido, a nossa orientação. Esta última é buscada, em todo caso, com certas reservas – tal como eu entendo, e portanto fica como uma questão independente de tudo o mais. Agora vejamos, quais são as suas motivações? Tentarei defini-las nos seus aspectos gerais, deixando os detalhes para considerações posteriores. Elas são: (1) O desejo de receber provas concretas e incontestáveis de que existem realmente forças na natureza das quais a ciência nada sabe; (2) A esperança de apropriar-se delas algum dia – quanto antes melhor, porque você não gosta de esperar – de modo a capacitar-se para (a) demonstrar a sua existência a umas poucas e escolhidas mentes ocidentais; (b) contemplar a vida futura como uma realidade objetiva construída sobre a rocha do Conhecimento, não da fé; e (c) finalmente saber – talvez a mais importante entre todas as suas motivações, embora seja a mais oculta e a melhor guardada – toda a verdade acerca de nossas Lojas e sobre nós; para ter, em resumo, uma clara certeza de que os "Irmãos" – sobre os quais todos tanto ouvem falar e vêem tão pouco – são entidades reais, e não ficções de um cérebro alucinado e desordenado. Essas, vistas em seu melhor aspecto, nos parecem ser as suas motivações quando se dirige a mim. E eu respondo no mesmo espírito, esperando que a minha sinceridade não seja mal interpretada nem atribuída a um ânimo inamistoso.

Para nós, estas motivações, sinceras e dignas de toda consideração do ponto de vista mundano, parecem – *egoístas*. (Você tem que me perdoar pelo que possa ver como linguagem agressiva, se o seu desejo realmente é o que você diz – aprender a verdade e obter instrução de nós – que pertencemos a um mundo completamente diferente daquele em que você se movimenta.) Estas motivações são egoístas porque você deve saber que o principal objetivo da S.T. não é tanto satisfazer aspirações individuais, e sim servir aos nossos semelhantes; e o valor real da palavra "egoístas", que pode soar mal aos seus ouvidos, tem para nós um significado peculiar que pode não existir para você; portanto, em primeiro lugar, você não deve entender a palavra de outra forma a não ser no sentido acima. Talvez compreenda melhor o nosso significado ao saber que, do nosso ponto de vista, as mais elevadas aspirações pelo bem-estar da humanidade ficam manchadas pelo egoísmo se na mente do filantropo ainda houver uma sombra de desejo de autobenefício ou uma tendência para fazer injustiça, mesmo quando ele é inconsciente disso. No entanto, você sempre argumentou contra a idéia da Fraternidade Universal, questionou a sua utilidade e propôs uma reestruturação

da S.T. tendo como princípio a idéia de uma escola para o estudo especial do ocultismo. Isso, meu respeitado e prezado amigo e irmão – nunca ocorrerá!

Tendo abordado os "motivos pessoais", vamos examinar as "condições" que você coloca para ajudar-nos a fazer o bem para o mundo. Em termos gerais, essas condições são: *primeiro,* que uma Sociedade Teosófica Anglo-Indiana independente seja fundada através dos seus amáveis serviços, sobre cuja direção não terá influência nenhum dos nossos atuais representantes; e, *segundo*, que um de nós tome o novo corpo "sob sua proteção", permaneça "em comunicação livre e direta com os seus líderes", e lhes proporcione "a prova direta de que ele realmente possui um conhecimento superior das forças da natureza e qualidades da alma humana que possam inspirar-lhes uma adequada confiança na sua liderança." Eu copiei as suas próprias palavras a fim de evitar imprecisão ao definir o posicionamento.

Do seu ponto de vista, essas condições podem parecer tão razoáveis que não provocariam resistência; e, na verdade, a maior parte dos seus compatriotas – e talvez dos europeus – poderia ter a mesma opinião. O que poderia ser mais razoável, dirá você, do que pedir que o instrutor, ansioso para disseminar seu conhecimento, e o discípulo – oferecendo-se para ajudar nisso, se encontrem face a face, e que o instrutor dê ao outro provas experimentais de que as suas instruções são corretas? Como homem do mundo, que vive e simpatiza plenamente com ele, você tem toda a razão, sem dúvida. Mas os homens deste nosso outro mundo, que não foram treinados na sua maneira de pensar, e que podem, às vezes, achar muito difícil segui-la e apreciá-la, dificilmente podem ser criticados por não responderem às suas sugestões com tanto entusiasmo quanto você pensa que deveriam. A primeira e mais importante das nossas objeções está em nossas *Regras*. É verdade que temos as nossas escolas e instrutores, nossos neófitos e *shaberons* (adeptos superiores), e a porta é sempre aberta quando o homem certo bate nela. E damos sempre boas-vindas ao recém-chegado; apenas, em vez de nós irmos até ele, ele tem de vir até nós. Mais do que isso: a menos que ele tenha atingido aquele ponto da senda do ocultismo em que é impossível retornar, tendo-se comprometido irreversivelmente com a nossa associação, nós nunca o visitamos nem mesmo cruzamos a sua porta em aparência visível – exceto em casos raríssimos.

Estará algum de vocês tão ansioso por conhecimento e pelos poderes benéficos que ele confere, que se disponha a deixar o seu mundo e vir para o nosso? Então que ele venha; mas não deve pensar em retornar, até que o sigilo dos mistérios tenha fechado seus lábios contra

qualquer possibilidade de fraqueza ou indiscrição. Que ele venha decididamente, como o discípulo vai ao Mestre, e sem condições; ou que ele espere, como tantos outros fazem, e fique satisfeito com as migalhas do conhecimento que possam cair no seu caminho.

E suponhamos que vocês venham até nós – como ocorreu com dois dos seus compatriotas – como a sra. B. fez, e o sr. O. fará; supondo que vocês abandonassem tudo pela verdade, lutassem arduamente durante anos para subir a íngreme e perigosa estrada, sem temer nenhum obstáculo, firmes contra toda tentação, mantendo fielmente nos seus corações os segredos que lhes fossem confiados em caráter de teste; trabalhassem com toda energia e altruisticamente para difundir a verdade e fazer os homens pensarem e viverem corretamente – vocês considerariam justo que, depois de todos os seus esforços, nós concedêssemos à sra B. ou ao sr. O., dois "estranhos", as condições que agora pedem para vocês mesmos? Destes dois, um já nos deu três quartas partes de sua existência; o outro seis anos da fase de pleno vigor de sua vida, e ambos seguirão trabalhando assim até o fim das suas vidas. Embora tendo sempre trabalhado para a sua merecida recompensa, nunca a reclamaram, nem se queixaram quando desapontados. Ainda que eles realizassem muito menos trabalho do que fazem, não seria uma clara injustiça ignorá-los, como foi proposto, num campo importante do esforço teosófico? A ingratidão não está entre os nossos defeitos, nem imaginamos que vocês queiram aconselhá-la a nós...

Nenhum dos dois tem a menor disposição para intrometer-se na direção da imaginada loja anglo-indiana, nem interferir na escolha dos seus dirigentes. Mas a nova sociedade, se vier a ser formada, deve ser de fato (embora tendo uma denominação própria), uma loja da Sociedade Matriz, como o é a Sociedade Teosófica inglesa em Londres, e contribuir com sua vitalidade e utilidade para promover a idéia básica de uma fraternidade universal, e de outras formas práticas.

Embora os fenômenos tenham sido mal apresentados, alguns deles – como você mesmo admite – são incontestáveis. As "batidas na mesa, quando ninguém a toca", e "os sons de sino no ar", foram, você diz, "sempre considerados satisfatórios", etc., etc. Disso você conclui que bons "fenômenos de teste" podem ser facilmente multiplicados *ad infinitum*. Isto é verdade – em qualquer lugar onde as nossas condições magnéticas e outras estejam constantemente presentes; e onde não tenhamos que agir com e através de um corpo feminino enfraquecido no qual, poderíamos dizer, reina um ciclone vital a maior parte do tempo. Mas, por mais imperfeita que seja a nossa agente visível – e freqüentemente ela é imperfeita e insatisfatória ao extremo – ela é o que há de melhor no

momento atual, e seus fenômenos têm assombrado e desconcertado algumas das mentes mais inteligentes da época atual durante quase meio século. Mesmo ignorando a "etiqueta jornalística" e as exigências da ciência física, nós temos uma intuição sobre os processos de causa e efeito. Já que você não escreveu nem mesmo sobre os próprios fenômenos que corretamente considera tão convincentes, temos o direito de deduzir que muita energia preciosa pode ser desperdiçada sem bons resultados. Em si mesmo, o caso do broche é – aos olhos do mundo – completamente inútil, e o tempo provará que tenho razão. A sua boa intenção não deu fruto algum.

Para concluir: estamos dispostos a continuar esta correspondência caso a visão do estudo oculto que é dada acima lhe pareça adequada. Cada um de nós, seja qual for seu país ou raça, passou pela provação descrita. Enquanto isso, esperando pelo melhor, atenciosamente como sempre,

Koot' Hoomi Lal Singh.

Carta nº 3A (ML-3A) Recebida em 20 de outubro de 1880

O sr. Sinnett vinha solicitando alguma manifestação direta de fenômenos ocultos, e estava extremamente ansioso por algum tipo de contato pessoal com o Mahatma K.H. Sinnett anotou:

Eu vi K. H. em forma astral na noite de 19 de outubro de 1880 – acordei por um momento, mas imediatamente fiquei inconsciente de novo (no corpo) e consciente fora do corpo no quarto de vestir ao lado, onde vi um outro Irmão, mais tarde identificado como aquele que é chamado "Serapis" por Olcott – "o mais jovem dos *Chohans"*.

O bilhete a respeito da visão chegou na manhã seguinte, e durante esse dia, 20, fomos a um piquenique na colina Prospect, onde ocorreu o "episódio da almofada".

Meu Bom "Irmão",

Em sonhos e *visões* pelo menos, quando corretamente interpretados, dificilmente pode haver algum "elemento de dúvida"... Espero poder comprovar a minha presença próxima de você, na última noite, graças a algo que levei comigo. Sua esposa o receberá de volta na colina. Eu não tenho papel cor de rosa para escrever, mas acredito que um modesto branco será igualmente bom para o que tenho a dizer.

Koot' Hoomi Lal Singh.

Carta nº 3B (ML-3B) Recebida em 20 de outubro de 1880

O Mahatma sabia que os Sinnett e alguns convidados e amigos estavam planejando um piquenique naquele dia, no topo de uma colina próxima. Pouco antes de sair para o piquenique, Sinnett escreveu um bilhete e o entregou a H.P.B. para que o transmitisse.

Enquanto o grupo se servia do lanche no piquenique, H.P.B. subitamente pareceu estar escutando algo inaudível para os demais. Ela lhes disse, então, que o Mestre estava perguntando onde eles gostariam de achar o objeto que ele havia levado consigo na noite passada.

Sinnett salienta em O Mundo Oculto *que ele nada havia dito para H.P.B. sobre a experiência da noite anterior nem sobre o bilhete que ele achara na mesa da sala. Não houvera nenhuma conversa com ela sobre isso. Mais ainda, ela não saíra de perto dele nem por um momento, nem de perto da sra. Sinnett, até que o grupo saiu para o piquenique. Na verdade, ela havia estado com a sra. Sinnett na sala de visitas a manhã toda porque fora instruída ocultamente para ir e permanecer lá. Ela resmungou por causa disso (e nunca deixava de resmungar quando recebia ordens de fazer alguma coisa que não compreendia), mas obedeceu.*

No piquenique, depois de repetir a pergunta do Mahatma, ela não participou da conversa, nem fez sugestão alguma quanto ao local em que eles poderiam pedir para encontrar o objeto.

De modo totalmente espontâneo, o sr. Sinnett, após um momento de reflexão, disse que gostaria de achar esse objeto dentro de uma almofada na qual uma das senhoras estava recostada. Ele comenta em O Mundo Oculto *que, em vista de sua experiência anterior, uma escolha mais natural poderia ter sido uma árvore ou enterrado na terra, mas seu olhar caiu sobre a almofada e pareceu-lhe que essa poderia ser uma boa escolha.*

A sra. Sinnett imediatamente disse, "Oh! não, que esteja dentro da minha almofada!" O sr. Sinnett compreendeu que esta era uma escolha excelente, dado que ela sabia que a almofada estivera na sala de visitas a manhã toda e assim, sempre sob a vista dela.

H.P.B., então, perguntou ao Mahatma, por seus próprios métodos, se poderia ser assim, e recebeu uma resposta afirmativa. Deste modo, vê-se que houve completa liberdade de escolha e nada poderia ter sido planejado com antecedência.

Foi dito a Patience Sinnett que colocasse a almofada sob o seu cobertor de viagem, o que ela fez pessoalmente. Depois de um minuto, H.P.B.

disse que a almofada podia ser aberta. H.P.B. não estivera perto dela nem a tocara de nenhum modo.

Não foi fácil abrir a almofada. Sinnett o fez com o seu canivete, o que levou um certo tempo, porque a almofada estava firmemente costurada em toda volta e teve que ser aberta ponto por ponto. Quando um lado da capa foi aberto, viu-se que havia outro envoltório no qual as penas estavam amontoadas. Este também estava costurado em todos os lados.

Finalmente, a almofada foi aberta, e Patience procurou entre as penas. A primeira coisa que achou foi um pequeno bilhete em um papel dobrado em três, na escrita bem conhecida do Mahatma (Carta nº 3B, ML-3B). Enquanto Sinnett o lia, ela procurou mais ainda entre as penas e achou o broche ao qual o bilhete se referia – o objeto que o Mahatma tinha levado durante a noite anterior (chamado de broche nº 2 para distingui-lo de um fenômeno anterior, no qual um broche perdido pela sra. Hume foi recuperado. (Veja O Mundo Oculto, *Cap. 4.)*

Este broche pertencia a Patience Sinnett; era muito antigo e familiar. Ela geralmente o deixava em cima de sua penteadeira quando não estava sendo usado. Curiosamente, ele tinha inscritas agora as iniciais do nome do Mahatma.

A referência à "dificuldade de que você falou na noite passada" indica que o Mahatma havia escutado a conversa na mesa de jantar no anoitecer do dia anterior, quando Sinnett havia expressado preocupação quanto à troca de correspondência depois que H.P.B. deixasse Simla.

Meu "Caro Irmão",

Este broche, nº 2, é colocado neste lugar bastante estranho apenas para mostrar-lhe como é fácil produzir um fenômeno real e como é ainda mais fácil suspeitar da sua autenticidade. Pense o que quiser, e pode supor até que utilizei cúmplices.

Tentarei superar a dificuldade de que você falou na noite passada, com relação ao nosso intercâmbio de cartas. Um dos nossos discípulos visitará Lahore e N.W.P.[1] em breve, e um endereço será dado a você e sempre poderá usá-lo; a não ser que, na verdade, você realmente prefira corresponder-se através de almofadas. Repare, por favor, que a presente não é mandada de uma "Loja", mas de um vale em Cachemira.

Atenciosamente, mais do que nunca,

Koot' Hoomi Lal Singh.

[1] N.W.P.: Província do Noroeste na Índia britânica. (N. ed. bras.)

Carta nº 3C (ML-3C) Recebida em 20 de outubro de 1880

Antes de voltar do piquenique, Sinnett escreveu algumas linhas de agradecimento ao Mahatma e entregou o bilhete para H.P.B. Ele e a sra. Sinnett foram embora antes, de modo que ele não tinha idéia de quando ou como ela entregou esse bilhete. Mesmo assim ele estava se sentindo um pouco decepcionado porque o Mahatma não respondera ao seu bilhete antes que o grupo saísse para o piquenique.

No entanto, naquela noite, quando os Sinnett e os seus convidados sentaram-se para o jantar, Sinnett desdobrou o seu guardanapo – e a Carta nº 3C caiu dele. A referência ao fato de ele estar desapontado relaciona-se, naturalmente, àquele bilhete anterior, e K.H. explica por que foi desnecessário respondê-lo.

O "major afetuoso" mencionado no final do bilhete era o major Philip D. Henderson. Ele estava presente na ocasião do fenômeno da xícara e do pires, e ajudou a desenterrá-los. Ele se filiou à S.T. naquele dia, e o seu diploma de filiação apareceu fenomenicamente no local. Entretanto, no dia seguinte, ele teve suspeitas e renunciou, e depois disso juntou-se aos críticos de H.P.B.

Umas poucas palavras mais: por que você ficou decepcionado por não ter recebido uma resposta direta ao seu último bilhete? Eu o recebi em minha sala cerca de meio minuto depois que as correntes[1] para a produção do *dak*[2] da almofada já tinham sido estabelecidas e estavam em plena operação. E a não ser para assegurar a você que um homem com a sua disposição de ânimo não necessita ter medo de ser "enganado" – não havia necessidade de uma resposta. Certamente lhe pedirei um favor, agora que você – a única pessoa a quem alguma coisa foi prometida – não tem mais dúvidas. Faça um esforço para esclarecer o major afetuoso e mostrar a ele sua grande tolice e injustiça.

Atenciosamente,

Koot' Hoomi Lal Singh.

---

[1] *Currents*, no original em inglês: correntes astrais. (N. ed. bras.)

[2] *Dak* – "correio" ou "entrega de correio" no idioma hindi. (N. ed. bras.)

Carta nº 4 (ML-143) Recebida em 27 de outubro de 1880

Esta é uma carta muito curta e uma das poucas em que os dois lados da correspondência são mostrados.

O cel. Olcott e H.P.B. deixaram Simla em 21 de outubro, indo para Amritsar e para um giro pelo noroeste da Índia. Os Sinnett retornaram a Allahabad, a sua residência permanente, em 24 de outubro.

O fenômeno da almofada parecia tão perfeito ao sr. Sinnett, como prova, que antes de deixar Simla ele escreveu uma pequena nota perguntando ao Mahatma se ele desejava que a história fosse descrita em The Pioneer. *A resposta chegou quando os Sinnett já estavam em Allahabad.*

O Mahatma aprovou a publicação da narrativa "em consideração à nossa amiga tão maltratada" (H.P.B.), que havia sido muito criticada depois da publicação do relato sobre o broche nº 1. E também como resultado de outro episódio em que houve um excesso de zelo por parte do cel. Olcott, e que será examinado mais adiante.

Sinnett diz em O Mundo Oculto *que as pessoas que inundaram a imprensa com comentários. Ele os chama de "simples comentários", querendo dizer naturalmente "comentários estúpidos", porque alguns deles eram totalmente sem sentido, e ele menciona que muitos deles nada puderam dizer a respeito do "episódio da almofada".*

Você gostaria que o fenômeno da almofada fosse descrito no jornal? Terei prazer em seguir sua sugestão.

Atenciosamente,

A.P. Sinnett

Certamente esta seria a melhor coisa a fazer, e eu pessoalmente me sentiria sinceramente agradecido a você, em consideração à nossa amiga tão maltratada. Você está autorizado a mencionar meu primeiro nome se isso lhe for de alguma utilidade.

Koot Hoomi Lal Sing.

Carta nº 5 (ML-4) Recebida em 3 de novembro de 1880

Olcott pensava que Sinnett deveria publicar imediatamente em The Pioneer *relatos de todos os fenômenos de Simla. Como isto não aconteceu, ele escreveu um artigo intitulado* Um Dia com a sra. Blavatsky, *no qual descrevia alguns daqueles fenômenos. No artigo ele mencionava os nomes de vários ingleses notáveis que tinham estado presentes nessas ocasiões. Ele mandou o relato para Bombaim, aos cuidados de Damodar Mavalankar, que estava encarregado da sede central durante a ausência dos fundadores, para ser reproduzido e circulado entre os membros locais da Sociedade Teosófica.*

Infelizmente, o Times *da Índia conseguiu de algum modo uma cópia e a publicou, junto com alguns comentários injuriosos. Damodar escreveu um protesto que o* Times *recusou-se a publicar. Contudo, o jornal* Gazette *de Bombaim publicou uma vigorosa resposta de H.P.B.*

As pessoas cujos nomes o cel. Olcott mencionou em seu artigo ficaram extremamente perplexas e descontentes com a publicidade e, naturalmente, tudo acabou se voltando contra H.P.B. Ela ficou muito tensa e pediu auxílio ao Mahatma K.H. Ela e o coronel estavam em Amritsar na ocasião.

Naquele momento, o Mahatma K.H. viajava – em seu corpo físico – através de Ladakh, de volta da sua visita ao Maha-Chohan para consultá-lo a respeito de algumas questões mencionadas no primeiro parágrafo da Carta nº 5 (ML-4), como também sobre a carta que ele (K.H.) tinha recebido de Hume. Quando ele ouviu o frenético pedido de auxílio de H.P.B., decidiu mudar sua rota e ir vê-la.

Enquanto isso, Sinnett, antes de deixar Simla, mandava uma carta registrada para H.P.B. em Amritsar, para ser entregue ao Mahatma K.H. (Esta era um complemento à curta nota a respeito do "episódio da almofada" que constitui, cronologicamente, a Carta nº 4 (ML-143).

H.P.B. recebeu a carta registrada em 27 de outubro e a mandou imediatamente para K.H. por meios ocultos; o horário de 14h foi fixado pelo registro postal. O Mahatma K.H. estava viajando a bordo de um trem (em território do atual Paquistão), para vê-la.

Ele recebeu a carta às 14h05min, perto de Rawalpindi. Na estação seguinte (Jhelum) ele desceu do trem, foi ao posto de telégrafo e mandou um telegrama para Sinnett comunicando o recebimento da carta, o qual foi, é claro, datado e arquivado pelo agente do telégrafo.

O Mestre também instruiu H.P.B. a devolver a Sinnett o envelope no qual a carta tinha sido recebida e que mostrava a data e a hora de registro. De início, Sinnett não entendeu por que ele devia aproveitar este envelope usado, mas o guardou, e mais tarde viu a relação: a data e hora do registro da carta e a data e a hora de remessa do telegrama mostravam que a carta não podia ter sido entregue ao Mahatma exceto por meios ocultos. Mais tarde o Mahatma pediu a Sinnett para requisitar a cópia manuscrita do telegrama, o que finalmente Sinnett fez, e ela está entre as Cartas dos Mahatmas no Museu Britânico. Assim, Sinnett ficou ciente de que H.P.B. tinha conseguido uma transmissão muito rápida de sua carta ao longo de algumas centenas de milhas.

Deste modo, parece que o Mahatma K.H. desejava dar a Sinnett mais uma prova da sua existência e de seus poderes. O episódio todo é uma das comprovações mais convincentes que há.

[1]Recebida, aparentemente, em 5 de novembro.

A senhora[2] e o coronel O. chegaram à nossa casa, Allahabad, no dia 1º de dezembro de 1880. O coronel O. foi para Benares no dia 3 – a senhora juntou-se a ele no dia 11. Ambos retornaram a Allahabad no dia 20 e permaneceram até o dia 28.

Amrita Saras[3], 29 Out.

Meu Caro Irmão,

Certamente eu não poderia fazer nenhuma objeção à postura que você amavelmente adotou ao dirigir-se a mim pelo meu nome, pois é, como diz, o resultado de uma consideração pessoal ainda maior do que a que eu tinha recebido até agora de você. As convenções do mundo vazio, fora dos nossos "ashrams"[4] isolados, sempre têm muito pouca importância para nós; principalmente agora, quando buscamos homens e não mestres de cerimônia, devoção e não a mera observância de regras. Cada vez mais um formalismo morto está ganhando terreno, e eu estou verdadeiramente feliz em encontrar um aliado inesperado num setor em que, até agora, não houve muitos – entre as classes cultas da sociedade inglesa. Uma crise, num certo sentido, está agora diante de nós, e temos que enfrentá-la. Eu poderia dizer duas crises – uma na Sociedade, outra no Tibete. Pois posso dizer-lhe, em confiança, que a Rússia está concentrando gradualmente suas forças para uma futura invasão naquele país, sob o pretexto de uma guerra contra a China. Se isso não ocorrer, será graças a nós; e, neste caso, pelo menos, mereceremos a sua gratidão. Você vê, então, que temos questões de mais peso do que os problemas de pequenas sociedades para enfrentar; a S.T., no entanto, não deve ser negligenciada. O assunto tomou um impulso que, se não for bem guiado, poderá produzir péssimos resultados. Lembre das avalanches dos seus admiráveis Alpes, em que você tem pensado

---

1 Anotações de A.P. Sinnett no alto da Carta. (N. ed. bras.)

2 H.P. Blavatsky. (N. ed. bras.)

3 Em inglês, usualmente, "Amritsar". (N. da 3ª edição)

4 Locais de retiro dos Adeptos e de seus discípulos diretos. (N. ed. bras.)

freqüentemente, e recorde que, no começo, a sua massa é pequena e sua velocidade pouca. Você pode dizer que é uma comparação banal, mas não consigo pensar em uma imagem melhor do que esta quando vejo a reunião gradual de eventos banais transformando-se numa ameaça para o destino da Soc. Teos. Isto me ocorreu com grande força quando, um dia destes, eu descia os desfiladeiros do Kouenlun – que vocês chamam Karakorum – e vi desabar uma avalanche. Eu tinha ido pessoalmente até o nosso chefe para submeter a ele a importante oferta do sr. Hume, e estava cruzando o desfiladeiro em direção a Ladakh na volta para casa. Não posso precisar que outras especulações poderiam ter ocorrido depois dessa. Mas exatamente quando eu estava desfrutando a tranqüilidade impressionante que geralmente se segue a esse cataclisma, para obter uma visão mais clara da situação atual e da disposição dos "místicos" de Simla, fui bruscamente chamado aos meus sentidos. Uma voz familiar, tão estridente como a que é atribuída ao pavão de Saraswati – que, se podemos acreditar na tradição, amedrontou e espantou o Rei dos Nagas – gritava, ao longo das correntes[5]: "Olcott criou novamente um inferno!... Os ingleses estão ficando loucos... Koot Hoomi, *venha mais rápido* e me ajude!" – e na sua excitação, ela esquecia que estava falando em inglês. Devo admitir que os telegramas da "Velha Senhora" nos atingem como pedras lançadas por uma catapulta![6]

O que eu poderia fazer se não ir? Discutir através do espaço com alguém que está em total desespero, e num estado de caos mental, é inútil. Então decidi abandonar o retiro de muitos anos e passar algum tempo com ela para confortá-la do modo como pudesse. Mas a nossa amiga não tem a resignação filosófica de um Marco Aurélio. O destino nunca escreveu que ela poderia dizer: "É algo nobre ouvir falar mal de si mesmo quando se está fazendo o bem"... Vim para passar alguns dias, mas agora vejo que não posso suportar por mais tempo o magnetismo sufocante dos meus próprios compatriotas. Vi alguns dos nossos velhos e orgulhosos *Sikhs*[7] bêbados e cambaleando sobre o pavimento de mármore do seu templo sagrado. Eu ouvi um *Vakil*[8], falando em inglês, declarar-se contra a *Yog Vidya*[9] e a Teosofia, consideradas como uma ilusão e uma mentira, e declarar que a

---

[5] Correntes astrais. (N. ed. bras.)

[6] *Catapulta* – Engenho de guerra da antigüidade, usado para lançar pedras a longa distância. (N. ed. bras.)

[7] *Sikhas* – Seguidores do Sikhismo, religião indiana que combina elementos do hinduísmo e do islamismo. Foi fundada no final do século 15 por Nanak, o seu primeiro guru. (N. ed. bras.)

[8] *Vakil* – Um advogado nativo que fala em inglês; presumivelmente uma pessoa de alguma cultura. (Ed.C.)

[9] *Yog Vidya* – Sabedoria do Ioga. (N. ed. bras.)

ciência inglesa os emancipara dessas "superstições degradantes", dizendo que era um insulto contra a Índia afirmar que aqueles iogues e saniasis sujos conheciam qualquer coisa sobre os mistérios da natureza; ou que qualquer homem vivo possa ou tenha podido alguma vez realizar quaisquer fenômenos! Volto para casa amanhã.

A entrega dessa carta pode atrasar alguns dias, devido a causas que não interessará a você que eu especifique. Enquanto isso, porém, telegrafei a você agradecendo-lhe por ter satisfeito amavelmente os meus desejos nos assuntos a que você alude em sua carta do dia 24. Vejo com satisfação que você não deixou de me apresentar ao mundo como um possível "aliado"[10]. Isto faz com que já sejamos *dez*[11], eu creio? Mas devo dizer que a sua promessa foi cumprida bem e lealmente. Sua carta foi recebida em Amritsar no dia 27 do corrente, às duas horas da tarde, chegou cerca de cinco minutos mais tarde às minhas mãos, cerca de 48 km além de Rawalpindi, e telegrafei de Jhelum acusando o recebimento, às quatro horas da mesma tarde. Nossos modos de entrega acelerada e comunicações rápidas não são, como vê, desprezíveis do ponto de vista do mundo ocidental, ou mesmo dos *vakils* arianos e céticos que falam inglês.

Eu não poderia esperar uma atitude mental mais sensata, em um aliado, do que aquela que agora você começa a adotar. Meu Irmão, você já mudou sua atitude em relação a nós de maneira bem nítida: o que poderia impedir um perfeito entendimento mútuo algum dia?

A proposta do sr. Hume foi devida e cuidadosamente considerada. Ele irá, certamente, comunicar-lhe os resultados tal como foram expressos por mim em carta para ele. Se ele julgará ou não a nossa "maneira de agir" de modo tão justo como você – essa é outra questão. O nosso *Maha* (o "Chefe") autorizou-me a manter correspondência com ambos, e até mesmo – caso seja formada uma loja anglo-indiana, entrar algum dia em contato pessoal com ela. Agora depende inteiramente de vocês. Eu *não posso* dizer nada mais. Você tem toda razão quanto à melhora material da situação dos nossos amigos do mundo anglo-indiano em função da visita a Simla; e também é verdade, embora você modestamente evite dizê-lo, que devemos agradecer isso principalmente a você. Mas, deixando completamente de lado os episódios infelizes das publicações de Bombaim, *não é possível* que exista ali, no melhor dos casos, mais do que uma neutralidade benevolente do seu povo para com o nosso. É tão pequeno o ponto de contato entre as duas civilizações que as publicações represen-

---

[10] "Aliado" – *confederate* no original em inglês. (N. ed. bras.)

[11] Referência ao episódio do broche nº 1 e ao fato de que 9 pessoas haviam assinado a declaração pública em favor da sua autenticidade *(O Mundo Oculto*, cap. 4). No relato feito por Sinnett do incidente, ele havia mencionado a possível ajuda do Mahatma K.H., assim fazendo com que os presentes fossem dez. (Ed. C.)

tam, que poderíamos dizer que elas não se tocam em absoluto. E não chegam a tocar-se a não ser pelos poucos – poderia dizer, excêntricos? – que têm, como você, sonhos mais belos e audazes do que os outros; e que, ao estimularem o pensamento, aproximam as duas civilizações graças à sua própria admirável audácia. Não ocorreu a você que as duas publicações de Bombaim foram estimuladas ou, pelo menos, não foram impedidas por aqueles que o poderiam ter feito, porque viram a necessidade de toda aquela agitação para causar o duplo resultado, depois da "bomba" do broche, de distrair necessariamente a atenção do seu impacto e, talvez, de testar a força do seu interesse pessoal pelo ocultismo e pela teosofia? Não digo que isto *foi* assim; apenas pergunto se a idéia alguma vez ocorreu à sua mente. Fiz com que fosse sugerido a você que, se os detalhes dados na carta roubada tivessem sido antecipados no *Pioneer*, um lugar muito mais apropriado, e onde poderiam ter sido colocados de maneira mais favorável, não teria valido a pena que alguém furtasse esse documento para o *Times of India* e, conseqüentemente, *nenhum nome* teria sido publicado.

O coronel Olcott está, sem dúvida alguma, "fora do ritmo[12] com os sentimentos dos ingleses" das várias classes sociais; mas, mesmo assim, está mais sintonizado *conosco* do que qualquer um deles. Podemos confiar nele em *quaisquer circunstâncias*, e ele dedica a nós o seu esforço tanto no êxito como na derrota. Meu caro irmão, minha voz é o eco da justiça imparcial. Onde podemos encontrar devoção igual? Ele é uma pessoa que nunca questiona, mas obedece; que pode cometer inúmeros erros devido ao seu excesso de zelo, mas está sempre pronto para reparar seus equívocos, mesmo à custa da maior humilhação pessoal; que considera o sacrifício do conforto pessoal, e mesmo da vida, como algo que deve ser arriscado com alegria, sempre que necessário; capaz de comer qualquer coisa, ou mesmo passar sem comida; dormir em qualquer cama, trabalhar em qualquer lugar, confraternizar com qualquer pobre sem casta, suportar qualquer sofrimento pela causa... Admito que uma ligação dele com uma loja anglo-indiana seria "um mal" e, portanto, não terá mais relações com ela do que tem com a loja inglesa (de Londres). A sua ligação será puramente nominal, e isto poderá ser ainda mais assim se vocês redigirem os seus estatutos mais cuidadosamente do que foram redigidos os de Londres; e derem à sua organização um sistema autônomo de administração de modo a raramente necessitar de alguma intervenção externa.

---

[12] No original em inglês, *out of time*. O editor da edição cronológica esclarece que está assim no original, mas alerta para o fato de que, na Carta 10 [ML-5], o Mestre admite que se equivocou na leitura da carta de Sinnett. Ali, numa autocrítica bem humorada, o Mestre pede que Sinnett lhe compre um par de óculos em Londres, porque a expressão era *out of tune* e não *out of time*. De qualquer modo, o significado é o mesmo, como o próprio Mestre ressalta na Carta 10 [ML-5]. (N. ed. bras.)

Mas fazer uma loja anglo-indiana independente, com os mesmos objetivos, seja no todo ou em parte, que a Sociedade Matriz, e com os mesmos dirigentes por trás da cena, seria não somente dar um golpe mortal na Soc. Teos. mas, também, atribuir-nos um trabalho e uma preocupação duplos, sem que possa ser vislumbrada por nenhum de nós a menor vantagem compensadora. A Sociedade Matriz não interferiu de modo algum na S. T. inglesa, nem, na verdade, em qualquer outra loja, seja do ponto de vista religioso ou do filosófico. Tendo formado, ou provocado a formação de uma nova loja, a Sociedade Teosófica Matriz emite uma Carta Constitutiva (o que não pode fazer, agora, sem a nossa autorização e nossas assinaturas), e então, geralmente, sai de cena, como você diria. A sua ligação posterior com as lojas filiadas limita-se a receber informes trimestrais de suas atividades e a relação de novos membros, ratificar eventuais expulsões – somente quando se solicita a ela que atue como árbitro devido à conexão direta dos Fundadores conosco – etc., etc.; ela nunca se imiscui de outro modo nas suas atividades, exceto quando isto é solicitado a ela como uma espécie de tribunal superior. E como isso depende de vocês, o que há de impedir que a sua loja permaneça virtualmente independente? Nós somos, na realidade, mais generosos do que vocês, ingleses, são conosco. Nós não pressionaremos, nem solicitaremos que vocês aceitem um "residente" hindu em sua sociedade, que zele pelos interesses do Supremo Poder Original, depois que os tenhamos declarado independentes; mas confiaremos implicitamente na sua lealdade e na sua palavra de honra. Mas se a idéia de uma supervisão executiva puramente nominal por parte do coronel Olcott – um norte-americano da sua própria raça – lhes desagrada tanto, vocês seguramente também se rebelarão contra as orientações de um hindu, cujos métodos e costumes são os do seu próprio povo, e cuja raça, apesar da natural benevolência que você tem tido, vocês ainda não aprenderam sequer a tolerar, para não falar de amar e respeitar. Pense bem antes de pedir a nossa orientação. Os nossos melhores adeptos, os mais eruditos e os mais santos são das raças dos "tibetanos sebentos" e dos *Singhs* do Punjab – você sabe que o leão[13] é proverbialmente uma fera suja e agressiva, a despeito da sua força e coragem. Será que seus bons compatriotas britânicos perdoariam mais facilmente os nossos costumes inconvenientes do que as falhas dos seus próprios parentes na América? Se as minhas observações não estão erradas, devo dizer que isso é duvidoso. Os preconceitos nacionais não podem deixar nossos óculos limpos. Você diz, "como ficaríamos satisfeitos, se aquele (que os guiasse) fosse você", pensando neste seu pobre correspondente. Meu bom Irmão, você tem certeza de que a impressão agradável que você pode ter

---

[13] Os *Singhs* ou *Sikhs* do Punjab comparam-se tradicionalmente a leões. (N. ed. bras.)

agora, a partir da nossa correspondência, não seria instantaneamente destruída ao me ver? E qual dos nossos santos *Shaberons*[14] teve o benefício da pouca educação universitária e o mínimo de conhecimento dos costumes europeus que tive a oportunidade de adquirir? Aqui vai um exemplo: solicitei à senhora B. que escolhesse, entre dois ou três arianos do Punjab que estudam *Yog Vidya* e são místicos naturais, um a quem – embora sem me revelar excessivamente – eu pudesse designar como um agente entre você e nós, e a quem eu estava ansioso por mandar até você com uma carta de apresentação, e fazer com que falasse sobre a Ioga e seus efeitos práticos. Esse jovem, que é puro como a própria pureza, cujas aspirações e pensamentos são do tipo mais espiritual e enobrecedor possível, e que é capaz de penetrar apenas com esforço próprio nas regiões dos mundos sem forma – esse jovem não está preparado para – uma recepção social. Tendo explicado a ele o grande bem que poderia resultar para o seu país se ele os ajudasse a organizar uma loja de místicos ingleses, provando-lhes *de modo prático* a que maravilhosos resultados levou o estudo da Ioga, a senhora B. pediu-lhe, de modo discreto e delicado, que mudasse a sua vestimenta e o seu turbante antes de ir para Allahabad, porque, embora ela não dissesse a razão, estes estavam *muito sujos e desalinhados*. "Você deve comunicar ao sr. Sinnett" – disse ela – "que traz uma carta do nosso Irmão K., com quem ele se corresponde, mas se ele lhe perguntar algo, seja a respeito deste ou de outros Irmãos, responda-lhe, simplesmente, que não está autorizado a falar muito sobre o assunto. Fale da Ioga e prove a ele que poderes você desenvolveu". Esse jovem, que tinha concordado, escreveu mais tarde a seguinte carta curiosa: "Senhora", disse ele, "você, que prega os mais altos padrões de moralidade, de veracidade, etc., pediu que eu desempenhasse o papel de um impostor. Pediu que eu trocasse *minhas roupas*, mesmo com o risco de dar uma falsa idéia da minha personalidade, enganando o cavalheiro a quem me envia. E caso ele me perguntasse se conheço pessoalmente Koot' Hoomi, deveria manter-me silencioso e deixar que ele pensasse que eu o conheço? Isso seria uma falsidade implícita, e sendo culpado disso, eu seria jogado de volta ao redemoinho terrível da transmigração!" Este é um exemplo das dificuldades com que nós temos de trabalhar. Impossibilitados de mandar-lhe um *neófito* antes que você tenha feito um voto solene de compromisso conosco, temos que escolher entre ficar retirados ou mandar-lhe alguém que, na melhor das hipóteses, iria chocá-lo, se não lhe inspirasse antipatia de imediato. A carta teria sido entregue a ele em mãos por mim; ele só teria que prometer silêncio sobre assuntos dos quais nada sabe e so-

---

[14] *Shaberons* – A palavra significa "grandes sábios" no Tibete. São Adeptos avançados. (N. ed. bras.)

bre os quais só poderia dar uma idéia falsa, e apresentar-se com um aspecto mais limpo. Novamente preconceitos e letra morta. Durante mais de mil anos – diz Michelet – os santos cristãos nunca se lavaram! Por quanto tempo ainda os nossos santos se recusarão a mudar as suas roupas com receio de serem vistos como *marmaliks*[15] ou como neófitos de seitas rivais, cujos hábitos são mais higiênicos!

Mas essas nossas dificuldades não devem impedi-lo de começar o seu trabalho. O cel. Olcott e a sra. B. parecem desejosos de se tornar *pessoalmente responsáveis* por você e pelo sr. Hume, e se você estiver disposto a responder pela fidelidade de qualquer homem que o seu grupo escolha como líder da S. T. A. I.,[16] concordamos que a experiência seja feita. O campo é seu, e a ninguém será permitido interferir em seu trabalho, exceto eu mesmo, em nome dos nossos Chefes, uma vez que você me dê a honra de me preferir em lugar dos outros. Mas antes de começar a construir uma casa, faz-se um projeto. Pense em escrever um memorando sobre a constituição e política de administração da Sociedade A.I. que tem em mente, e em submetê-lo à consideração. Se os nossos Chefes concordarem com ele – e eles certamente não têm desejo de obstruir a marcha do progresso universal ou de retardar esse movimento em direção a uma meta mais elevada – então você receberá imediatamente a Carta Constitutiva. Mas eles primeiro têm que ver o plano; e eu tenho de pedir a vocês que lembrem que não será permitido à nova Sociedade desligar-se da Sociedade Matriz, embora vocês tenham a liberdade de dirigir as suas atividades à sua própria maneira, sem temer a menor interferência do seu presidente enquanto não forem violadas as regras gerais. E nesse ponto, menciono a você a regra nº 9[17]. Esta é a primeira sugestão prática vinda de um "morador de cavernas" de aquém e além dos Himalaias, a quem você honrou com sua confiança.

E agora em relação a você pessoalmente. Longe de mim desencorajar alguém tão disposto como você, colocando barreiras intransponíveis ao seu progresso. Nós nunca nos queixamos do inevitável, mas tratamos de tirar o melhor proveito do pior. E embora não empurremos nem atraiamos para o misterioso domínio da natureza oculta aqueles que não desejam avançar, nunca deixamos de expressar livre e destemidamente

---

15 Possivelmente *Mlechchas* (bárbaros). (N. da 3ª edição)

16 Sociedade Teosófica Anglo-indiana. (N. ed. bras.)

17 A regra nº 9 dos Estatutos da S.T. dizia: "A administração local das Lojas fica a cargo dos seus respectivos dirigentes, mas nenhuma loja tem direito de operar fora dos seus limites estabelecidos, exceto quando isto for solicitado pela Sociedade Matriz. Os dirigentes das lojas são eleitos pela maioria dos seus membros, pelo prazo de um ano, mas o presidente da loja pode ser reeleito por um número indefinido de vezes (...)." (N. ed. bras.)

nossa opinião. No entanto, estamos sempre igualmente dispostos a auxiliar os que vêm até nós; até mesmo os agnósticos que assumem a posição negativa de "conhecer apenas os fenômenos, e recusar-se a acreditar em qualquer coisa mais". É verdade que o homem casado não pode ser um adepto, no entanto, sem esforçar-se para ser um "Raja iogue", ele pode adquirir certos poderes e fazer o mesmo bem pela humanidade e, freqüentemente mais, pelo fato de permanecer dentro dos limites do seu mundo. Portanto, não lhe pediremos que troque precipitadamente hábitos fixos de vida, antes de você ter plena convicção da necessidade e da vantagem disso. Você deve ter a liberdade de guiar a si mesmo, e não há perigo nesta liberdade. Sua decisão foi tomada no sentido de fazer por merecer: o tempo fará o resto. Há mais de um modo de adquirir conhecimento oculto. "Muitos são os grãos de incenso destinados ao mesmo altar; um cai no fogo antes, outro depois – a diferença no tempo não tem importância alguma", disse um grande homem quando lhe foi recusada a admissão e a iniciação suprema nos mistérios. Há um tom de queixa na sua pergunta sobre se haverá algum dia a repetição da visão que teve na noite anterior ao dia do piquenique. Penso que se você tivesse uma visão a cada noite, logo deixaria de ver o fato como algo "de grande importância". Mas há uma razão muito mais forte para que você não tenha um excesso – seria um desperdício da nossa energia. Eu e qualquer um de nós entraremos em contato com você sempre que possível, seja através de sonhos, impressões ao despertar, cartas (dentro ou fora de almofadas), ou por visitas pessoais em forma astral – isso será feito. Mas lembre-se de que Simla está 2.300 metros acima de Allahabad e que as dificuldades a serem vencidas nesta última são tremendas. Eu me abstenho de estimulá-lo a esperar demasiado porque, como você, não gosto de prometer o que, por diversas razões, talvez não seja capaz de cumprir.

A expressão "Fraternidade Universal" não é vazia de significado. A humanidade em seu conjunto tem um direito supremo sobre nós, como tentei explicar na minha carta ao sr. Hume, que você deveria pedir emprestada. É a única base[18] segura para uma moralidade universal. Se isto é um sonho, pelo menos é um sonho nobre para a humanidade: e é a aspiração do *verdadeiro adepto*.

Atenciosamente,

Koot' Hoomi Lal Singh.

---

[18] Há uma elipse – uma palavra subentendida – nesta frase. O Mestre quer dizer: "*A Fraternidade é a única base...*" (N. ed. bras.)

Carta nº 6 (ML-126) Recebida em 3 de novembro de 1880

Este é na realidade um post-scriptum *à* Carta nº 5 (ML-4). *Aparentemente foi escrito em outra folha de papel que, em algum momento, foi separada.*

P.S. É extremamente difícil conseguir um endereço no Punjab através do qual a correspondência possa ser mantida. Tanto B.[1] como eu havíamos contado muito com o jovem, cujo sentimentalismo verificamos que o incapacita para o trabalho útil de intermediário. Entretanto, não deixarei de tentar, e espero poder enviar-lhe o nome de uma agência de correios, no Punjab ou Províncias do Noroeste, por onde um dos nossos amigos passará uma ou duas vezes por mês.[2]

K.H.

Carta nº 7[3] (ML-106) Recebida entre 3 e 20 de novembro de 1880

Desejo responder à sua carta clara e cuidadosamente. Devo, portanto, pedir que espere alguns dias, até que eu tenha mais tempo livre. Devemos tomar medidas para proteger eficazmente o nosso país e fortalecer a autoridade espiritual do nosso Rei-Sacerdote[4]. Talvez nunca, desde a invasão de Alexandre com as suas legiões gregas, tenha havido tantos europeus armados tão perto de nossas fronteiras *como há agora.* Meu amigo, os seus correspondentes só parecem colocá-lo a par das notícias mais importantes superficialmente – no melhor dos casos: talvez porque eles mesmos não as conheçam. Não importa, algum dia tudo será conhecido. De qualquer modo, tão logo eu disponha de algumas horas livres, você irá encontrar a seu serviço seu amigo,

K.H.

Tente acreditar mais na "velha senhora". Às vezes ela *fica* fora de si; mas *é* sincera e faz o melhor que pode por você.

---

1 Presumivelmente H.P.B. (Ed. C.)

2 Provavelmente um chela. (Ed. C.)

3 É interessante registrar que, do ponto de vista cronológico, a Carta a A.O. Hume publicada como *Anexo I* desta edição, datada de 1º de novembro de 1880, pertence aproximadamente a este momento. Veja o Anexo I, no volume II. (N. ed. bras.)

4 O Dalai Lama. (Ed. C.)

Carta nº 8 (ML-99) Recebida em 20 de novembro de 1880

A Carta nº 8 (ML-99) e a carta nº 9 (ML-98) devem ser consideradas em conjunto. A Carta nº 8, de A.O. Hume, está datada de 20 de novembro de 1880, mas só foi mandada para o Mahatma em 1º de dezembro de 1880 ou mais tarde. A Carta nº 9 foi recebida em 1º de dezembro ou pouco depois, no mesmo dia em que a Carta nº 8 foi mandada para K.H. A Carta nº 9 é uma resposta a essa carta, mas é dirigida mais a Sinnett do que a Hume.

Isto pode parecer confuso. Em O Mundo Oculto,[1] *Sinnett menciona que Hume escreveu uma longa resposta à primeira carta do Mahatma para ele e, em seguida, escreveu uma carta adicional a K.H. que mandou para Sinnett, pedindo-lhe que a lesse e, depois, a fechasse e a mandasse ou a desse para H.P.B., para ser transmitida, já que H.P.B. era esperada em breve em Allahabad. A carta nº 8 é esta carta adicional.*

Simla, 20/11/1880

Meu caro Koot Humi,

Enviei a Sinnett a sua carta para mim, e ele, atenciosamente, me enviou a sua carta para ele. Desejo fazer algumas observações sobre ela, não para fazer objeções, mas porque estou muito ansioso para que você me entenda. É muito provável que isso seja presunção minha, mas, seja ou não assim, tenho uma profunda convicção de que eu *poderia* trabalhar eficientemente se pelo menos visse o meu caminho, e para mim é insuportável a idéia de que você me deixe de lado por causa de uma compreensão equivocada dos meus pontos de vista. E no entanto cada carta sua que vejo me mostra que você ainda não entende o que eu penso e sinto*[2]. Para explicar isso, tomo a liberdade de anotar alguns comentários sobre a sua carta a Sinnett.

Você diz que se a Rússia não conseguir apoderar-se do Tibete será devido a vocês, e que, ao menos nisto, merecerão a nossa gratidão. Não estou de acordo com isso no sentido como você o entende. **(1)** Se eu acreditasse que a Rússia, de um modo geral, governaria o Tibete ou a Índia de maneira a tornar os seus habitantes mais felizes do que são sob os governos existentes, eu mesmo daria boas-vindas a ela e trabalharia para isto. Mas até onde posso

---

[1] Veja a p. 138 da edição brasileira de *O Mundo Oculto.*

[2] Este asterico e os números entre parênteses se referem às respostas do Mahatma, na carta seguinte, nº 9. (Ed. C.)

julgar, o governo da Rússia é déspota e corrupto, hostil à liberdade de ação individual, e portanto ao verdadeiro progresso... etc.

E agora acerca do *vakil* que fala inglês. Seria o homem tão culpado? Você e os que o rodeiam nunca ensinaram a ele nada sobre a "Yog Vidya". As únicas pessoas que se dedicaram decididamente ao trabalho de educá-lo, ao fazê-lo, ensinaram-lhe o materialismo, você está desgostoso com ele, mas quem tem culpa?...Julgo, talvez, como alguém que está de fora, mas parece-me que o véu impenetrável de segredo com o qual vocês se rodeiam, os enormes obstáculos que colocam para a comunicação do seu conhecimento espiritual, são a principal causa do desenfreado materialismo que vocês tanto deploram...

Só vocês possuem os meios de demonstrar aos homens comuns verdades deste tipo, mas parece que, presos a antigas regras, em vez de disseminar com entusiasmo esse conhecimento, vocês o envolvem numa nuvem tão densa de mistério que naturalmente a massa humana descrê da sua existência... não pode haver justificativas para não dar claramente ao mundo os aspectos mais importantes da sua filosofia, acompanhando o ensinamento com uma seqüência de demonstrações que atraiam a atenção de todas as mentes sinceras. Compreendo muito bem que vocês hesitem em conferir apressadamente grandes poderes, que seriam, muito provavelmente, mal empregados – mas isso não impede, de modo algum, os ataques dogmáticos aos resultados das suas investigações psíquicas, as quais, se fossem acompanhadas por fenômenos bastante claros e suficientemente repetidos, provariam que vocês conhecem, na realidade, mais dos assuntos abordados do que a Ciência Ocidental**(2)**...

Provavelmente você responderá "o que diz do caso Slade?"[3], mas não esqueça que *ele* estava ganhando dinheiro pelo que fazia, fazendo disso uma profissão. Muito diferente seria a posição de um homem que se apresentasse para ensinar gratuitamente – com evidente sacrifício de seu próprio tempo, conforto e interesses pessoais – o que ele acredita que seria benéfico para a humanidade conhecer. Não há dúvida de que, no início, todos diriam que o homem está louco ou é um impostor; mas uma vez que fenômeno após fenômeno se repetisse, teriam que admitir a existência de algo de verdadeiro

---

[3] O dr. Slade era um médium norte-americano de talentos excepcionais que se submeteu a muitos testes com H.P.B. e Olcott e foi escolhido por Olcott para ir à Rússia, a pedido do Comitê Científico de São Petersburgo, para fazer alguns testes lá. Veja *Old Diary Leaves* de H.S. Olcott, vol. I, p. 101 e seguintes. (Ed. C.)

neles, e dentro de três anos você teria todas as mentes mais avançadas de qualquer país civilizado voltadas com interesse para essa questão, e dezenas de milhares de ávidos investigadores, dos quais uns dez por cento poderiam chegar a ser trabalhadores úteis, e um em cada mil talvez desenvolvesse as condições necessárias para se tornar, um dia, um adepto. Se você deseja uma reação na mente nativa por intermédio da mente européia, essa é a maneira de provocá-la. Naturalmente, digo isto podendo ser corrigido e ignorando as condições, possibilidades, etc., mas desta ignorância, de qualquer maneira, eu não sou culpado ... **(3)**.

Chego agora à passagem: "Não ocorreu a você que as duas publicações de Bombaim, se não foram influenciadas, pelo menos não foram impedidas por aqueles que o poderiam ter feito, porque viram a necessidade de toda aquela agitação para causar o duplo resultado, depois da 'bomba' do broche, de distrair necessariamente a atenção do seu impacto e, talvez, de testar a força do seu interesse pessoal pelo ocultismo e pela teosofia? Eu não digo que isto foi assim; apenas pergunto se a idéia alguma vez ocorreu à sua mente".[4] Bem, naturalmente, isso foi dirigido a Sinnett, mas mesmo assim quero responder à minha maneira. Primeiro devo dizer, *cui bono*[5] fazer tal insinuação? Você deve saber se isso foi assim ou não. Se não foi, por que nos deixar especulando sobre o que poderia ser quando você sabe que foi? Mas se foi assim então, eu coloco, em primeiro lugar, que uma questão idiota como esta não poderia ser um teste para o interesse pessoal de ninguém em coisa alguma (há naturalmente muitos seres humanos que são apenas um tipo de macacos educados)... Em segundo lugar, se os Irmãos permitiram deliberadamente a publicação dessas cartas, só posso dizer que, do meu ponto de vista mundano não-iniciado, creio que cometeram um triste erro... e sendo o objetivo declarado dos Irmãos fazer com que a S.T. seja respeitada, eles dificilmente poderiam ter escolhido um meio pior que a publicação destas cartas tolas... mas, mesmo que seja colocada em sentido geral a questão "você já se perguntou alguma vez se os Irmãos permitiram essa publicação?", não posso deixar de dizer que, na hipótese negativa, é inútil perder tempo com o assunto, e na hipótese positiva, parece-me que foram pouco sábios ao fazê-lo.**(4)**

---

[4] Hume cita aqui uma passagem da carta publicada como Carta nº 5 deste volume. (N. ed. bras.)

[5] *Cui bono*: "a quem interessa", em latim. (N. ed. bras.)

Depois vêm as suas observações sobre o coronel Olcott. O velho e querido Olcott, a quem todos que conhecem amam. Eu simpatizo plenamente com tudo o que você diz a seu favor, mas não posso deixar de fazer uma objeção ao modo como o elogia baseando-se principalmente no fato de que ele nunca pergunta, mas sempre obedece. Isto é novamente algo semelhante à organização dos jesuítas e, de acordo com a minha maneira de pensar, esta renúncia ao discernimento próprio, este abandono da responsabilidade pessoal, esta aceitação da orientação de vozes externas como um substituto da própria consciência é um pecado de não pouca magnitude... Mais ainda: sinto-me obrigado a dizer... que se esta doutrina de obediência cega é essencial no seu sistema, duvido muito que qualquer luz espiritual que ele possa transmitir seja suficiente para compensar a humanidade pela perda dessa liberdade de ação própria, desse sentido de responsabilidade pessoal, individual, de que ela seria destituída...**(5)**

...Mas caso se pretenda que eu receba em algum momento instruções para fazer isto ou aquilo e que o faça de imediato sem compreender por que ou para que, sem saber as conseqüências, às cegas e descuidadamente, então, francamente, o assunto está encerrado para mim – não sou uma máquina militar – sou inimigo jurado da organização militar, sou amigo e defensor do sistema industrial ou cooperativo, e não me unirei a nenhuma Sociedade ou entidade que pretenda limitar ou controlar o meu direito a julgamento pessoal. Entretanto, não sou *doctrinaire*!?[6] e não desejo cavalgar nenhum princípio como um cavalinho de brinquedo...

Voltando a Olcott, não creio que sua ligação com a Sociedade proposta seria algum mal ...

Em primeiro lugar, eu não faria nenhuma objeção à supervisão do velho e querido Olcott, porque sei que seria nominal e mesmo que ele tentasse exercê-la de outro modo, Sinnett e eu teríamos todas as condições de fazer com que se calasse, caso ele interferisse sem necessidade. Mas nenhum de nós dois poderia aceitá-lo como *nosso verdadeiro guia***(6)**, porque sabemos que somos superiores a ele, intelectualmente. Esta é uma maneira brutal de colocar as coisas, como diriam os franceses, *que voulez vous*?[7] Sem uma perfeita franqueza não se pode chegar a um entendimento .....

Atenciosamente,

A.O. Hume

---

[6] *Doctrinaire* – doutrinário, doutrinador, em francês. (N. ed. bras.)

[7] *Que voulez vous?* – “o que você quer?” – em francês. (N. ed. bras.)

Carta nº 9 (ML-98) Recebida em 1º de dezembro de 1880 ou mais tarde

***[1] Eu compreendi perfeitamente. Mas, apesar de serem sinceros, esses sentimentos estão tão profundamente cobertos por uma grossa crosta de auto-suficiência e teimosia egoísta que não podem despertar em mim nada semelhante à simpatia.**

(1) Durante séculos tivemos no Tibete um povo digno e de coração puro, simples, sem a bênção da civilização e, portanto, livre dos seus vícios. Durante eras inteiras o Tibete tem sido o último canto do mundo não corrompido tão completamente a ponto de tornar impossível a mistura das duas atmosferas – a física e a espiritual. E ele gostaria que nós trocássemos isto pelo *seu* ideal de civilização e governo! Isto é simplesmente um discurso para ele mesmo, uma intensa paixão por ouvir a si próprio argumentando e por impor as suas idéias a todos os outros.

(2) Na verdade, o senhor H. deveria ser enviado por um comitê internacional de filantropos, como um Amigo da Humanidade Agonizante, para ensinar aos nossos Dalai Lamas – *sabedoria.* Ultrapassa a minha pobre compreensão o motivo por que ele não começa imediatamente a estruturar um plano para algo como a República Ideal de Platão, com um novo esquema para tudo o que há sob o Sol e a Lua.

(3) É na verdade muita generosidade da parte dele dar-se ao enorme trabalho de nos ensinar. Sem dúvida, isto é resultado de pura bondade e não do desejo de estar por cima do resto da humanidade. Esta é a última aquisição da *evolução* mental dele, que esperamos, não se converta em *dissolução.*

(4) AMÉM! Meu querido amigo, você é responsável por não haver surgido na cabeça dele a idéia gloriosa de oferecer os seus serviços como mestre-escola[2] geral do Tibete, reformador das antigas superstições e salvador das futuras gerações. Naturalmente, se lesse isto, ele demonstraria imediatamente que eu argumento como um "macaco educado".

(5) Ouça o homem tagarelar sobre algo que desconhece totalmente. Nenhum homem vivo é mais livre do que nós, depois que saímos do estágio do discipulado. Durante este tempo nós devemos ser dóceis e

---

[1] Este asterisco e os números entre parênteses do texto desta carta se referem ao asterisco e números entre parênteses da carta anterior, nº 8 (ML-99), de A.O. Hume, que K.H. comenta nesta Carta nº 9. (Nota da 1ª edição)

[2] Antigamente, o mestre-escola era o único professor e o único responsável por uma pequena escola de 1º grau. (N. ed. bras.)

obedientes, embora nunca escravos; de outra maneira, se passássemos o tempo argumentando, nunca aprenderíamos nada.

(6) E quem pensou alguma vez em propô-lo como tal? Meu caro companheiro, você poderia realmente culpar-me por me esquivar de uma relação mais estreita com um homem cuja vida parece girar em torno de constantes discussões e críticas maledicentes? Diz que não é um *doctrinaire*, quando ele é a própria essência disso! É merecedor de todo respeito e mesmo do afeto daqueles que o conhecem bem. Mas, pelas estrelas do céu! – em menos de 24 horas ele paralisaria qualquer um de nós que tivesse a infelicidade de estar à distância de uma milha dele, só devido à ladainha monótona sobre os seus próprios pontos de vista. Não, mil vezes não. Homens como ele podem se tornar hábeis estadistas, oradores, o que você quiser mas – nunca Adeptos. Não temos nenhum desse tipo entre nós. Talvez seja por isto que nunca sentimos a necessidade de um asilo para lunáticos. Em menos de três meses ele teria enlouquecido metade da nossa população tibetana!

Dias atrás mandei uma carta para você pelo correio em Umballa. Vejo que ainda não a recebeu.

Atenciosamente,

Koot Hoomi.

Carta nº 10 (ML-5) Recebida depois de 1º de dezembro de 1880

Esta é a primeira carta recebida por Sinnett na qual tanto o texto quanto a assinatura estão na mesma letra. Parece duvidoso que tenha sido transmitida através de H.P.B. É possível que um chela de K.H. em Umballa tenha feito essa tarefa.

Meu caro amigo,

Tenho a sua carta de 19 de novembro, abstraída do envelope de Meerut pela nossa *osmose* especial, e a sua carta para nossa "velha senhora" segue em segurança em seu envoltório registrado e meio esvaziado para Cawnpore, para fazê-la praguejar contra mim... Mas ela está muito fraca para desempenhar o papel de correio astral logo agora. Lamento ver que ela mais uma vez mostrou-se imprecisa e o induziu a erro; mas a responsabilidade é principalmente minha, porque freqüentemente deixo de fazer uma fricção extra em sua pobre cabeça doente, agora que ela esquece e mistura as coisas mais do que o normal. Eu não pedi a ela que dissesse a você "para desistir da idéia da loja anglo-indiana, porque nada resultaria dela" mas – "para desistir da idéia da loja anglo-indiana

em cooperação com o sr. Hume, **porque nada resultaria dela". Mandarei a você a resposta dele à minha carta e a minha epístola final, e você julgará por si mesmo. Depois de ler esta última, por favor, feche-a e a envie para ele, dizendo apenas que o faz em meu nome. A menos que ele levante a questão, é melhor você não dizer que leu a carta dele.** ***Pode ser*** **que ele fique orgulhoso dela, mas –** ***não deveria.***

Meu bom e querido amigo, você não deve guardar ressentimento contra mim pelo que disse a ele dos ingleses em geral. Eles ***são*** **arrogantes. Especialmente com relação a nós, de modo que consideramos isso uma característica nacional. E você não deve confundir os seus pontos de vista particulares, especialmente os que tem agora, com os dos seus compatriotas em geral. Poucas pessoas, ou talvez ninguém (claro que há exceções como você, cuja intensidade de aspirações faz com que sejam deixadas de lado todas as outras considerações), consentiriam jamais em ter um "negro" como guia ou líder, assim como nenhuma Desdêmona moderna escolheria um Otelo indiano. O preconceito racial é intenso, e mesmo na Inglaterra livre somos considerados uma "raça inferior". E esse mesmo tom vibra nas suas próprias observações acerca "de um homem do povo não habituado a maneiras refinadas" e "um estrangeiro, mas um cavalheiro", sendo a preferência para este último. Tampouco seria de se esperar que fosse perdoada em um hindu essa falta de "modos refinados", ainda que ele fosse vinte vezes "um adepto"; e esta mesma característica aparece com destaque na crítica do visconde de Amberley sobre o "Jesus mal-educado". Se você o tivesse parafraseado e dito: "um estrangeiro, mas não um cavalheiro" (de acordo com os critérios ingleses), você não teria podido acrescentar, como fez, que ele seria considerado o mais adequado. Por isso, digo novamente que a maioria dos nossos anglo-indianos, entre os quais o termo "hindu" ou "asiático" está geralmente ligado a uma idéia vaga, embora perceptível, de alguém que usa os dedos em vez de um pedaço de cambraia[1] e que renuncia ao sabonete, iria, certamente, preferir um norte-americano "a um tibetano sebento". Mas você não necessita temer por mim. Sempre que aparecer, seja astral ou fisicamente, diante do meu amigo A. P. Sinnett, não esquecerei de gastar uma certa soma num lenço da mais fina seda chinesa para levá-lo no bolso da minha** ***chogga,*** **nem de criar uma atmosfera de sândalo ou rosas de Cachemira. Isso é o mínimo que poderia fazer como expiação pelos meus compatriotas. Mas, também, você vê, sou apenas um escravo dos meus mestres; e, se sou autorizado a satisfazer o meu próprio sentimento de amizade por você, e a atendê-lo** ***individualmente,*** **posso não ser autorizado a fazer o mesmo com outros.**

---

[1] Isto é, um lenço de cambraia. (N. ed. bras.)

Mas, para dizer a verdade, *sei* que não tenho permissão para fazê-lo, e a lamentável carta do sr. Hume contribuiu muito para isso. Há um grupo ou setor definido na nossa fraternidade que atende às ocasionais e muito raras aproximações de indivíduos de outra raça ou sangue, e esse grupo fez passar pelo umbral o capitão Remington e dois outros ingleses, durante este século. E esses "Irmãos" – não usam, habitualmente, essências de flores.

Então o *teste* do dia 27 não foi *o teste* de um fenômeno[2]? Naturalmente, naturalmente. Mas você tentou obter, como disse que faria, o manuscrito original do despacho de Jhelum? Mesmo que se provasse que a nossa oca, porém, pletórica amiga, a sra. B., fosse meu *multum in parvo*, a redatora das minhas cartas e autora das minhas epístolas, todavia, ainda assim, a não ser que ela fosse ubíqua, ou possuísse a faculdade de voar em dois minutos desde Amritsar até Jhelum, uma distância de mais de 360 quilômetros, como poderia ela ter escrito para mim o despacho em Jhelum com minha própria letra, apenas duas horas após ter recebido a sua carta em Amritsar? Eis por que não lamentei quando você disse que o mandaria buscar, pois com esse despacho em seu poder, nenhum "detrator" teria muita força, nem poderia prevalecer a lógica cética do sr. Hume.

Naturalmente você imagina que a "revelação sem nomes", que agora repercute na Inglaterra, teria recebido muito mais destaque do *Times of India* se revelasse os nomes. Mas aqui novamente demonstrarei que você não tem razão. Se você tivesse sido o primeiro a fazer o relato, o *Times of India* nunca teria publicado *"Um dia com a Senhora B."*[3], pois aquele belo exemplo do "sensacionalismo" norte-americano não teria sido, absolutamente, escrito por Olcott. Não teria havido *raison d'être*[4]. Ansioso por obter para sua Sociedade toda prova que corroborasse os poderes ocultos do que ele denomina a 1ª Seção, e vendo que você permanecia silencioso, nosso valente coronel sentiu a mão coçar até que trouxe tudo à tona, e – mergulhou tudo em obscuridade e consterr-

---

2 Referência à carta escrita por Sinnett de Simla. HPB a recebeu em Amritsar dia 27 e a transmitiu imediatamente ao Mahatma, que estava em viagem em trem para visitá-la. Refere-se também ao telegrama que o Mestre mandou de Jhelum. Isto foi discutido em relação à carta nº 5 (ML-4). Aparentemente, Sinnett ainda não havia obtido uma cópia do telegrama, e por isso não estava inteiramente convencido. Mais tarde, Sinnett obteve uma cópia dele, e as circunstâncias se tornaram indiscutíveis. (Ed. C.)

3 Refere-se ao artigo de Olcott sobre o fenômeno de Simla, feito exclusivamente para membros da S.T., mas que foi infelizmente publicado por um jornal da Índia. (Ed. C.)

4 *Raison d'être* – Razão de ser. (N. ed. bras.)

nação!... "Et voici pourquoi nous n'irons plus au bois"[5], como diz a canção francesa.

Você escreveu "ritmo"?[6] Bem, bem; devo pedir a você que me compre um par de óculos em Londres. E no entanto, fora de "ritmo" ou fora de "tempo" é a mesma coisa, segundo parece. Mas você deve adotar meu velho hábito de colocar pequenas linhas sobre os "emes". Essas barras são úteis embora estejam "fora de ritmo e tempo" em relação à caligrafia moderna. Além disso, tenha em mente que essas minhas cartas não são escritas e sim *impressas* ou precipitadas e depois todos os erros são corrigidos.

Não discutiremos, no momento, se os seus fins e propósitos são tão profundamente diferentes dos do sr. Hume; mas, sim, se ele pode ser estimulado por uma "filantropia mais pura e ampla". O modo que ele escolhe para trabalhar e alcançar estas metas nunca o levará além de considerações teóricas sobre o assunto. É inútil tentar descrevê-lo de outro modo agora. A carta dele, que você logo lerá, é, como digo para ele, "um monumento ao orgulho e ao egoísmo inconsciente". Ele é um homem demasiado justo e superior para ser culpado de pequenas vaidades; mas o seu orgulho se eleva como o orgulho do mítico Lúcifer, e você pode acreditar no que digo – se é que eu tenho alguma experiência com a natureza humana – quando afirmo que esse é Hume, *au naturel* [7]. Não é uma conclusão precipitada minha, baseada em algum sentimento pessoal, e sim a opinião do maior de nossos adeptos vivos – o Shaberon de Than-La[8]. Em qualquer questão que ele aborde, a sua atitude é a mesma; uma teimosa determinação de fazer com que tudo fique de acordo com suas próprias conclusões prévias ou eliminar o assunto de um só golpe com críticas irônicas e negativas. O sr. Hume é um homem muito hábil – e é cem por cento autêntico. Um estado de espírito como esse é pouco atrativo, como você pode compreender, para qualquer um de nós que desejasse se aproximar para ajudá-lo.

***Não;* eu não tenho e nunca terei "desprezo" por nenhum "sentimento" – mesmo que ele se choque com os meus princípios – quando for expressado franca e abertamente, como o seu. Você pode estar, e indu-**

---

[5] "E é por isto que nós não iremos mais ao bosque" (Ed. C.)

[6] Veja a nota de rodapé nº 12 da Carta nº 5 (ML-4). (Ed. C.)

[7] *Au naturel* – "Ao natural", em francês. (N. ed. bras.)

[8] O termo "Shaberon" é usado para designar um adepto superior. Presumivelmente, neste contexto, trata-se de uma referência ao Maha-Chohan. (Ed. C.)

bitavelmente está, motivado mais por egoísmo do que por um amplo sentimento de benevolência pela humanidade. Todavia, como você o confessa sem montar nenhum pretexto filantrópico, digo-lhe francamente que você tem muito mais possibilidades do que o sr. Hume de aprender um pouco de ocultismo. Quanto a mim, farei tudo que puder por você, de acordo com as circunstâncias, e limitado como estou por *ordens* recentes. Não direi que abandone isto ou aquilo, pois, a não ser que você demonstre ter sem dúvida alguma os necessários *germes*, a renúncia seria tão inútil como cruel. Mas eu digo – TENTE. Não se desespere. Una-se a vários homens e mulheres decididos e faça experiências de mesmerismo e os costumeiros fenômenos denominados "espirituais". Se agir de acordo com os métodos recomendados pode ter certeza de que, no final, obterá resultados. Além disso, farei todo o possível e, quem sabe! *Uma vontade forte cria* situações e a simpatia atrai até mesmo os adeptos, cujas leis normais são antagônicas à mistura com o não-iniciado. Se estiver disposto, eu lhe enviarei um *Ensaio* mostrando por que, na Europa, mais do que em qualquer outra parte, para obter êxito em ciências ocultas é necessária uma *Fraternidade Universal*, isto é, uma associação de "afinidades" de forças e polaridades fortemente magnéticas, embora diferentes, centradas em torno de uma idéia dominante. O que um não consegue fazer – muitos, juntos, podem alcançar. Naturalmente você terá, neste caso, que trabalhar em harmonia com Olcott, que está à frente da Sociedade Matriz e, portanto, dirige nominalmente todas as lojas existentes. Mas ele não "liderará" o seu trabalho mais do que "lidera" o da Sociedade Teosófica britânica, que tem o seu próprio presidente, e os seus próprios estatutos e regulamentos. Você receberá dele a Carta Constitutiva, e isso é tudo. Em alguns casos ele terá que assinar um papel ou dois – 4 vezes por ano, e apreciará as contas enviadas por seu secretário; todavia ele não tem o direito de interferir na sua administração e modos de atuar, enquanto esses não se chocarem com as *regras* gerais, e ele, certamente, não tem a possibilidade nem o desejo de ser o seu líder. E naturalmente, vocês (isto é, toda a sua Sociedade) terão, além do seu próprio presidente, escolhido pelo grupo, "um professor qualificado de ocultismo" para instruí-los. Mas, meu bom amigo, abandone qualquer expectativa de que esse "professor" possa aparecer fisicamente e dar instruções nos anos vindouros. Posso chegar até você pessoalmente – a não ser que você me afaste, como fez o sr. Hume –; *não posso* aparecer para TODOS. Vocês poderão obter fenômenos e provas,

mas mesmo que caíssem no velho erro e os atribuíssem aos "espíritos", só poderíamos mostrar os seus enganos através de explicações lógicas e filosóficas: a nenhum adepto seria permitido comparecer às suas reuniões.

É claro que você deve escrever um livro. Não vejo por que isto seria impossível. Faça-o, sem dúvida, e lhe darei toda a ajuda que puder. Você deveria entrar imediatamente em contato por correspondência com lorde Lindsay, tomando como assunto os fenômenos de Simla e a sua correspondência comigo. Ele está intensamente interessado nestas experiências e, sendo um teosofista ligado ao Conselho Geral, é certo que receberá bem a sua iniciativa. Tome como base o fato de que você pertence à S.T.; que é o bem conhecido editor do *Pioneer*, e que, sabendo como é grande o interesse dele pelos fenômenos "espíritas", você submete à sua consideração os fatos extraordinários que ocorreram em Simla, com detalhes adicionais não publicados. Os melhores entre os espíritas britânicos poderiam, com orientação adequada, vir a ser teosofistas. Mas nem o dr. Wyld nem o sr. Massey parecem ter a força necessária. Eu aconselho que você converse pessoalmente com lorde Lindsay sobre a situação teosófica na Grã-Bretanha e na Índia. Talvez vocês dois possam trabalhar juntos: a correspondência que sugiro agora poderá ser o primeiro passo para isso.

Mesmo que a sra. B. pudesse "ser induzida" a dar à Sociedade A. I. qualquer "instrução prática", receio que ela tenha passado demasiado tempo fora do *ádito*[9] para poder dar *explicações* práticas. Entretanto, embora não dependa de mim, verei o que posso fazer nesse sentido. Mas eu temo que ela tenha agora uma necessidade extrema de passar uma temporada recuperadora de alguns meses nas geleiras, com seu velho Mestre, antes que possa ser encarregada de tarefa tão difícil. Seja muito cauteloso com ela, caso ela se hospede em sua casa durante o regresso a seu lar. O sistema nervoso dela está terrivelmente abalado, e nenhum cuidado é demasiado. Queira, por favor, poupar-me um trabalho desnecessário, dizendo-me o ano, a data, e a hora do nascimento da sra. Sinnett?

Sempre atenciosamente,

Koot' Hoomi.

---

[9] *Ádito*: Câmara secreta; nos templos antigos, santuário onde só os sacerdotes podiam entrar. Nesta frase, o mestre faz provavelmente uma alusão ao *ashram* dos Adeptos nos Himalaias. (N. ed. bras.)

Carta nº 11 (ML-28) Recebida em dezembro de 1880

É impossível dizer a data exata desta carta e a data de recebimento é incerta. Ela foi anexada à carta nº 10 (ML-5), que Sinnett recebeu em algum dia posterior a 1º de dezembro de 1880. Sinnett indica 1881 com um ponto de interrogação e anota: "Escrita com vistas ao rompimento final". Isto está incorreto; o "rompimento final" com Hume veio muito mais tarde. Entretanto, é fácil ver por que Sinnett pode ter feito esta afirmação, pois na carta nº 10 o Mahatma K.H. realmente indica que está mandando a sua "epístola final".

Foi feita mais acima a suposição de que Sinnett freqüentemente só datava as cartas depois de algum tempo do seu recebimento, e neste caso pode ter acontecido isso. Nota-se também que, nesta carta nº 11, K.H. diz recusar por ora *qualquer correspondência posterior. Assim, a porta não foi definitivamente fechada.*

Pelo seu conteúdo, pode-se deduzir que esta carta é a resposta à réplica de Hume à primeira carta escrita para ele pelo Mahatma. A primeira carta de K.H. para Hume não está nas primeiras edições das Cartas dos Mahatmas, *mas aparece em grande parte em* O Mundo Oculto, *pp.125 e seguintes*[1].

De K.H. para A.O. Hume, preparando a ruptura final. (1881?)

Meu caro senhor,

Mesmo que o único resultado positivo da nossa correspondência seja o de nos mostrar mais uma vez como são essencialmente opostos os nossos dois elementos antagônicos – o inglês e o hindu, as nossas poucas cartas não terão sido trocadas em vão. É mais fácil o óleo e a água misturarem suas partículas que um inglês, ainda que inteligente, sincero e de mente altruísta, assimilar até mesmo o pensamento exotérico hindu, para não falar do seu espírito esotérico. Isso naturalmente vai provocar um sorriso seu. Você dirá – "eu esperava por isso". Caso assim seja, isso não prova outra coisa exceto a perspicácia de um homem inteligente e observador, que se antecipou intuitivamente ao acontecimento que a sua própria atitude deve provocar ...

Perdoe-me se tenho que falar franca e sinceramente sobre sua longa carta. Por mais convincente que seja a lógica, por mais nobres que sejam algumas das idéias e ardente a aspiração presente em sua

---

[1] Veja esta primeira carta de K.H. para Hume no Anexo I deste volume. (Ed. C.)

carta, ela está aqui diante de mim como um perfeito espelho do espírito da época atual, contra o qual temos lutado durante nossas vidas inteiras! Na melhor das hipóteses, ela é o esforço infrutífero de um intelecto perspicaz, bem treinado nos modos de ação de um mundo exotérico, no sentido de compreender e julgar modos de vida e de pensamento que não conhece porque eles pertencem a um mundo totalmente diferente daquele em que ele atua. Você não é um homem de vaidades mesquinhas. Posso dizer-lhe sem perigo de ofender: "Meu caro amigo, deixando de lado isto tudo, estude sua carta imparcialmente, avalie algumas das suas frases, e em geral não se sentirá orgulhoso dela". Quer você venha ou não a considerar plenamente os meus motivos, e mesmo que julgue erroneamente as verdadeiras causas que me obrigam a recusar por agora toda correspondência subseqüente, estou confiante de que, algum dia, você confessará que esta sua última carta, sob a aparência de uma nobre humildade, de confissões de "debilidades e fracassos, defeitos e desatinos", é pelo contrário – sem dúvida inconscientemente para você mesmo – um monumento de orgulho, um clamoroso eco do espírito orgulhoso e imperativo que se oculta no fundo do coração de cada inglês. Em seu estado de ânimo atual é muito provável que, mesmo depois de ler esta resposta, você dificilmente perceba que não só falhou compreendendo mal o espírito com que foi escrita a última carta que lhe dirigi, mas também, em algumas partes, não conseguiu captar o seu sentido mais evidente. Você estava preocupado com uma só idéia, que tudo absorvia: e, ao não perceber nenhuma resposta direta a ela na minha carta, ao invés de avaliá-la por algum tempo e ver a sua aplicabilidade geral, e não pessoal, você passou a acusar-me de dar-lhe uma pedra quando você me pedia um pão! Não é necessário ser ou ter sido um "advogado", nesta existência ou em qualquer existência anterior, para afirmar claramente simples fatos. Não há necessidade alguma de "fazer a má causa aparecer como boa" quando a verdade é tão simples e tão facilmente expressa. Você aplicou a si mesmo a minha observação segundo a qual "vocês assumem a posição de que, a menos que alguém que domine o conhecimento arcano empregue na sua sociedade embrionária uma energia..." etc.; mas esta nunca foi a intenção. A frase se referia às expectativas de *todos aqueles* que poderiam desejar ingressar na Sociedade sob certas condições previamente estabelecidas e nas quais você e o sr. Sinnett insistiam firmemente. A carta está dirigida em geral a vocês dois, e essa frase específica diz respeito a todos.

Você diz que "até certo ponto" eu interpretei mal a sua "posição", e que não o "compreendi claramente". Isso é tão evidentemente incorreto que basta eu citar um só parágrafo da sua carta para mostrar que foi *você* quem "interpretou mal a *minha* posição", por completo e "claramente me entendeu mal". Diga-me se você não está errado quando, ansioso por repudiar a idéia de ter alguma vez sonhado em criar uma "escola", você diz da proposta "Loja Anglo-Indiana": "essa Sociedade não é minha... entendi que era desejo seu e de chefes que a Sociedade fosse fundada e que eu assumisse uma posição de liderança nela". A isso respondi que se bem tem sido o nosso desejo constante desenvolver no continente ocidental, entre as classes mais cultas, "Lojas" da S.T. como precursoras de uma *Fraternidade Universal*, isso não era assim no seu caso. Nós (os chefes e eu) negamos enfaticamente que tivéssemos esta expectativa (embora o fato fosse desejável) em relação à projetada Sociedade A.I. A aspiração pela fraternidade entre nossas raças não encontrou resposta – não, ela foi desprezada desde o começo, e abandonada antes mesmo que eu recebesse a primeira carta do sr. Sinnett. Da parte dele, desde o princípio a idéia foi somente promover a formação de uma espécie de clube ou "escola de magia". Não foi, portanto, uma proposição nossa, nem fomos nós os "criadores do plano". Por que então tantos esforços para demonstrar que estamos equivocados? Foi a sra. B., *não nós*, quem concebeu a idéia; e foi o sr. Sinnett quem a adotou. O seu reconhecimento franco e honrado de que, sentindo-se incapaz de compreender a idéia básica de *Fraternidade Universal* da Sociedade Matriz, seu propósito era apenas o de cultivar o estudo das ciências ocultas, deveria ter posto de imediato um ponto final a qualquer insistência por parte da sra. B., que apesar disso conseguiu o consentimento inicial – com muita relutância, devo dizer – do próprio Chefe imediato dela, e depois a minha promessa de cooperação, na medida em que me fosse possível. Finalmente, por meu intermédio, ela recebeu autorização de nosso chefe superior, a quem submeti a primeira carta com que você me honrou. Mas esse consentimento, não esqueça, por favor, foi obtido unicamente sob a *condição expressa e inalterável* de que a nova Sociedade seria fundada como parte da *Fraternidade Universal,* e entre os seus membros, alguns poucos escolhidos – se *decidissem aceitar as nossas condições* em vez de nos *impor as suas* – seriam autorizados a começar o estudo das ciências ocultas sob as orientações escritas de um "Irmão". Mas nunca sequer pensamos em uma "central de mágicas". Uma organização como a que foi projetada pelo sr. Sinnett e você é impensável entre europeus, e torna-se quase impossível mesmo na Índia, a não ser que vocês estejam preparados para subir até uma altura de 6.000 a 6.700 metros em meio às geleiras dos Himalaias. A maior e mais promissora destas escolas na Europa, o último esforço feito nesse sentido, fracassou claramente há cerca de vinte anos em Londres. Foi uma esco-

la secreta para o ensinamento prático da magia, fundada com o nome de um clube, por uma dúzia de entusiastas sob a direção do pai de lorde Lytton[2]. Ele reuniu com este objetivo os mais apaixonados e os mais empreendedores, assim como alguns dos mais adiantados conhecedores de mesmerismo e "magia cerimonial", tais como Eliphas Levi, Regazzoni e o copta Zergvan-Bey. E, no entanto, na pestilenta atmosfera de Londres, o "Clube" teve um final prematuro. Eu o visitei meia dúzia de vezes e percebi desde o princípio que nada poderia resultar dali. E esta é também a razão por que a S.T. britânica não dá praticamente um só passo adiante. Seus membros pertencem à Fraternidade Universal, mas só de nome, e gravitam no melhor dos casos para o quietismo, uma paralisia completa da alma. São intensamente egoístas em suas aspirações e colherão apenas a recompensa de seu egoísmo.

Tampouco fomos *nós* que iniciamos a correspondência a este respeito. Foi o sr. Sinnett que, por sua própria iniciativa, enviou duas longas cartas a um "Irmão", antes mesmo que a sra. B. tivesse obtido permissão ou promessa de que algum de nós responderia a você ou soubesse sequer a qual de nós devia entregar a carta. Havendo o Chefe dela se recusado categoricamente a responder, foi a mim que ela se dirigiu. Em consideração a ela, aceitei, dizendo-lhe inclusive que poderia comunicar a todos vocês o meu nome místico tibetano, e respondi a carta do nosso amigo. Logo chegou a sua carta – tão inesperada como a outra. Você nem sabia o meu nome! Mas a sua primeira carta era tão sincera, o espírito dela tão promissor e as possibilidades que se anteviam para a promoção do bem geral pareciam tão grandes, que, se não gritei "Eureka" depois de lê-la e não arremessei imediatamente a minha lanterna de Diógenes[3] para longe de mim, foi somente porque conheço muito bem a natureza humana e também – você deve me desculpar – a natureza ocidental. Não podendo, entretanto, subestimar a importância daquela carta, levei-a imediatamente ao nosso venerável Chefe. Tudo que pude obter d'Ele foi a permissão de me corresponder temporariamente com você e deixá-lo expressar todos seus pensamentos antes de fazer qualquer promessa definitiva. Nós não somos deuses, e até mesmo eles, nossos Chefes, *têm esperanças*. A natureza humana é insondável, e a sua

---

[2] Isto é, sob direção do escritor Edward Bulwer-Lytton. (N. ed. bras.)

[3] Diógenes, filósofo grego do século 4 a.C. e o maior expoente da escola dos cínicos, costumava desmascarar a falsidade de muitas convenções sociais. O Mestre K.H. alude aqui à ocasião em que Diógenes caminhava em plena luz do dia pela rua carregando uma lanterna com a chama acesa. A quem lhe perguntava o que fazia com aquela lanterna, sua resposta era sempre a mesma: "Procuro um homem íntegro". (N. ed. bras.)

talvez seja mais intensamente insondável do que a de qualquer outro homem que eu conheça. A sua última carta foi, certamente, um mundo cheio de revelações, ou pelo menos uma contribuição muito útil para o meu conjunto de observações sobre o caráter ocidental, especialmente o caráter do anglo-saxão moderno e altamente intelectualizado. Sem dúvida, a carta seria uma revelação para a sra. B., que não a viu (e por várias razões é melhor que não a veja), já que poderia destruir grande parte do otimismo e da fé que ela tem em relação aos seus próprios poderes de observação. Eu poderia provar-lhe, entre outras coisas, que ela estava tão enganada em relação à atitude do sr. Sinnett neste assunto quanto em relação à sua, e que eu, que nunca tive o privilégio de conhecê-lo pessoalmente, como ela teve, conheço-o melhor do que ela. Eu tinha claramente predito para ela a sua carta. Ao invés de não haver Sociedade alguma, ela preferia que houvesse uma, de qualquer modo, inicialmente, e preferia ver depois o que se podia fazer. Eu a preveni de que você não era um homem que se submetesse a quaisquer condições que não fossem as suas próprias, e que não daria um passo para a fundação de uma organização, por nobre e grandiosa que fosse, sem receber primeiro provas como as que nós geralmente só damos àqueles que, graças a anos de provação, demonstraram ser completamente confiáveis. Ela se rebelou contra a opinião e garantiu que, se eu lhe desse uma prova irrefutável dos nossos poderes ocultos, você ficaria satisfeito, enquanto que o sr. Sinnett nunca ficaria. E agora que os dois tiveram tais provas, quais são os resultados? Enquanto o sr. Sinnett crê (e não se arrependerá nunca disso), você permitiu que a sua mente se enchesse gradualmente de dúvidas repulsivas e das suspeitas mais insultuosas. Se recordar, por obséquio, o meu primeiro bilhete, mandado de Jhelum, verá o que eu queria dizer, então, ao afirmar que você ficaria com a mente envenenada. Você não me entendeu na época e continuou a não me entender até hoje; porque no bilhete eu não me referia à carta do sr. Olcott na *Gazeta de Bombaim*, mas sim ao seu próprio estado de espírito. Estava eu equivocado? Você não tem só dúvidas em relação ao "fenômeno do broche" – você positivamente *não acredita* nele. Você diz à sra. B. que ela pode ser uma dessas pessoas que crêem que maus meios justificam os bons fins e, em vez de esmagá-la com todo o desprezo que tal ação despertaria num homem com os seus elevados princípios, assegura a ela a sua inalterável amizade. Até mesmo sua carta para mim está cheia do mesmo espírito de suspeita, e você tenta persuadir-se de que pode perdoar em outra pessoa o que nunca perdoaria em si mesmo (o crime do engano). Meu caro senhor, estas são estranhas contradições! Havendo-me favorecido com uma série tão valiosa de reflexões morais,

conselhos e sentimentos verdadeiramente nobres, você pode, talvez, permitir-me igualmente que lhe transmita as idéias de um humilde apóstolo da Verdade, um obscuro hindu, sobre este particular. Como o homem nasce com livre-arbítrio e dotado de razão, da qual brotam todas as suas noções de bem e mal, ele não representa *per se* nenhum ideal moral definido. O conceito de moralidade em geral se relaciona em primeiro lugar com a intenção ou motivo, e só depois, com os meios ou modos de ação. Em conseqüência, se nós não consideramos – e não poderíamos considerar nunca – moral um homem que, seguindo as normas de um famoso empreendedor religioso, usa maus meios para um bom propósito, muito menos consideraríamos como moral o homem que usa meios aparentemente bons e nobres para atingir um objetivo decididamente mau ou desprezível. E, de acordo com a sua lógica, e uma vez que você já confessou tais suspeitas, a sra. B. teria que ser colocada na primeira destas categorias e eu na segunda. Porque, enquanto você até certo ponto dá a ela o benefício da dúvida, comigo não tem tais precauções supérfluas, e me acusa claramente de estabelecer um sistema enganoso. O argumento usado em minha carta, com relação à "aprovação do Governo local" é qualificado por você de "motivações tão *inferiores*", e ainda acrescenta, em seguida, a direta e esmagadora acusação: "Você não quer esta Loja (a Anglo-Indiana) para o trabalho ... Você só a quer *como um chamariz para os seus irmãos nativos. Sabe que isto vai ser uma fraude,* mas ela se parecerá suficientemente com a coisa real", etc., etc. Essa é uma acusação direta e clara. Sou considerado culpado de buscar um objetivo maldoso e mesquinho por meios baixos e desprezíveis, isto é, através de *fingimento...*

Ao escrever essas acusações você não parou para pensar que, como a projetada organização tinha em vista algo maior, mais nobre, e muito mais importante do que a mera gratificação dos desejos de uma pessoa solitária – embora eles possam ser valiosos – isto é, no caso de êxito em promover a segurança e o bem-estar de toda uma nação dominada, é claramente possível que o que pode aparecer diante do seu orgulho individual como "uma motivação inferior" seja, afinal de contas, apenas a busca ansiosa de meios para a salvação de todo um país sempre transformado em alvo de descrédito e suspeitas, a proteção do conquistado pelo conquistador! Você se orgulha de *não* ser um "patriota" – *eu não,* porque, só aprendendo a amar o seu país o homem aprende a amar melhor a humanidade. Em 1857, a ausência do que você denomina de "*motivações inferiores*" levou os meus compatriotas a serem dizimados pelos seus com suas armas de fogo. Por que então eu não haveria de crer que um autêntico filantropo consideraria a aspiração por um me-

lhor entendimento entre o governo e o povo da Índia algo muito recomendável em vez de muito vil? "Não vejo valor algum", diz você, "no conhecimento e na filosofia em que ele está baseado, se não for de algum proveito para a humanidade", e se isso não "me capacitar para ser mais útil à minha geração", etc., etc. Mas, quando lhe oferecem os meios para fazer esta boa obra, você se afasta com desprezo e nos atribui a intenção de usar um "chamariz" e uma "fraude"! São verdadeiramente maravilhosas as contradições contidas na sua notável carta... E então você ri com grande vigor diante da idéia de uma "recompensa" ou "aprovação" dos seus semelhantes. "A recompensa que espero", diz "consistirá em ganhar a *minha própria auto-aprovação*". Uma "auto-aprovação" que dá tão pouca importância ao veredicto aprovador da maior parte do mundo, para a qual os atos bons e nobres de um indivíduo servem como ideais elevados e são os estimulantes mais poderosos à competição, não é outra coisa que egoísmo orgulhoso e arrogante! É ELE MESMO contra toda e qualquer crítica; "aprés moi – le déluge"![4] – exclama o francês com a sua petulância costumeira. "Antes que Jeová existisse, EU SOU! diz o *Homem* – o ideal de todo inglês moderno intelectualizado. Embora eu esteja encantado pela idéia de ser o instrumento que lhe proporcionou tanto divertimento quando lhe pedi que traçasse um plano geral para a formação da Loja Anglo-Indiana, sou forçado a dizer-lhe de novo que o seu riso foi prematuro, pois mais uma vez não compreendeu nada da minha intenção. Se eu tivesse pedido o seu auxílio para a organização de um sistema para o ensino das ciências ocultas, ou um plano para uma "escola de magia", o exemplo que você trouxe de um rapaz ignorante, a quem é solicitado resolver "um complexo problema com relação ao movimento de um fluido no interior de um outro fluido", teria sido correto. Na realidade dos fatos, a sua comparação não alcança o objetivo e a ponta de ironia não atinge ninguém; pois o que mencionei dizia respeito apenas ao plano geral e à administração externa da projetada Sociedade e nada tinha a ver com os seus estudos esotéricos, mas com a loja da *Fraternidade Universal* e não com a "Escola de Magia"; e a formação da primeira era condição *sine qua non* para a segunda. É óbvio que, em um assunto como esse, da formação de uma loja Anglo-Indiana, a ser composta de ingleses e destinada a servir de laço de união entre os britânicos e os indianos nativos (e na qual seria exigido que aqueles que quisessem compartilhar da sabedoria secreta, herança dos filhos desta terra, estivessem dispostos a conceder a estes nativos pelo menos alguns privilé-

---

4 *Aprés moi, le déluge* – "Depois de mim o dilúvio", frase do rei francês Luís XV. (N. ed. bras.)

gios até agora recusados a eles), vocês ingleses são muito mais competentes do que nós para esboçar um plano geral. Vocês conhecem bem as condições que seriam provavelmente aceitas ou rechaçadas, e nós não. Eu lhe pedi um esboço de plano e você entendeu que eu solicitava cooperação nas instruções a serem dadas nas ciências espirituais! Um *quid pro quo*[5] dos mais infelizes e, entretanto, o sr. Sinnett parece ter entendido o meu desejo à primeira vista.

Você parece demonstrar outra vez um certo desconhecimento da mente hindu quando diz que "nem sequer uma entre dez mil mentes nativas está tão bem preparada quanto a minha para compreender e assimilar verdades transcendentais". Por mais que você possa ter razão ao pensar que "entre os homens de ciência ingleses não se encontra nem *meia dúzia* cujas mentes sejam mais capazes de receber estes rudimentos (do conhecimento oculto) do que a minha" (a sua) – você está enganado em relação aos indianos. A mente hindu é predominantemente aberta para a rápida e clara percepção das mais transcendentais e complexas verdades metafísicas. Alguns dos menos letrados captam em um relance o que poderia escapar, com freqüência, ao melhor metafísico ocidental. Vocês podem ser, e com certeza são, superiores a nós em qualquer ramo do conhecimento físico. Em ciências espirituais, nós fomos, somos e seremos sempre seus – MESTRES.

Mas permita-me perguntar-lhe o que posso eu, um nativo semicivilizado, pensar da caridade, modéstia e bondade de alguém pertencente a uma raça superior; alguém a quem conheço como um homem de mente nobre, justo e de bom coração na maior parte das circunstâncias de sua vida, quando exclama, com mal disfarçado desprezo: "se você quer homens que avancem com os olhos vendados, indiferentes aos resultados posteriores[6] – *fique com os seus Olcott* – se você quer homens de uma CLASSE MAIS ELEVADA, *cujos cérebros funcionem eficazmente pela sua causa,* lembre-se ..." etc. Meu caro senhor, nem queremos homens que se precipitem cegamente, nem estamos dispostos a abandonar amigos comprovados – *que preferem passar por tolos* a revelar o que possam ter aprendido sob uma solene promessa de não o revelar jamais, a menos que lhes seja permitido – nem sequer em troca da possibilidade de atrair indivíduos *da mais alta* classe; e tampouco estamos especialmente ansiosos por conseguir alguém que trabalhe para nós, se não for com inteira espontaneidade. Desejamos corações verdadeiros e altruístas, almas confiantes e destemidas, e estamos inteiramen-

---

[5] *Quid pro quo* – em latim, "uma coisa pela outra", confusão. (N. ed. bras.)

[6] **Eu nunca disse que queria isso.** (Nota do Mahatma)

te dispostos a deixar que os homens de "classe mais elevada" e de intelecto muito superior procurem o seu próprio caminho para a luz. Esses sempre nos considerarão seus subordinados.

Creio que essas poucas citações da sua carta e as francas respostas que provocaram são suficientes para lhe mostrar quão distantes estamos de uma *entente cordiale*[7]. Você demonstra um espírito de impetuosa combatividade e um desejo – perdoe-me – de lutar contra as sombras evocadas pela sua própria imaginação. Tive a honra de receber as suas três longas cartas antes que tivesse tempo de responder pelo menos à primeira delas. Eu nunca me recusei definitivamente a atender os seus desejos, e nunca havia *sequer* respondido a uma só pergunta sua. Como você podia saber o que o Futuro lhe teria reservado, se tivesse esperado pelo menos uma semana? Você me convida para uma conversa, segundo parece, somente para poder demonstrar-me os defeitos e as debilidades dos nossos modos de ação, e as causas do nosso suposto fracasso ao tentar desviar a humanidade dos seus maus caminhos. E na sua carta você mostra claramente que se considera como sendo o princípio, o meio e o fim da lei para si mesmo. Por que, então, você se dá ao trabalho de escrever-me? Mesmo aquilo que você chama de "flechada de Pártia"[8] jamais foi escrito com tal intenção. Não sou eu quem, não podendo alcançar o *bem absoluto*, irá depreciar ou subestimar o relativamente bom. Os seus "passarinhos" têm feito muito bem, sem dúvida, já que acredita nisso, e eu nunca sonhei em ofendê-lo com a minha observação de que a raça humana e o seu bem-estar eram, pelo menos, um objeto de estudo tão nobre, e este último uma ocupação tão desejável quanto a ornitologia. Mas não tenho muita segurança de que a sua observação final, quanto a nós não sermos *invulneráveis* como grupo, esteja completamente livre daquele espírito que animava os guerreiros de Pártia em retirada. Seja como for, estamos contentes de continuar vivendo como o fazemos, desconhecidos e imperturbados por uma civilização que se apóia tão exclusivamente no intelecto. Nem nos sentimos, de modo algum, preocupados com o ressurgimento de nossas antigas artes e elevada civilização, porque elas certamente ressurgirão no momento certo, e de forma ainda mais elevada, assim como os

---

[7] *Entente cordiale* – um acordo mútuo, uma aliança. (N. ed. bras.)

[8] *Flechada de Pártia* – Pártia é uma antiga região asiática cujos habitantes, guerreiros, atiravam flechas enquanto batiam em retirada (real ou simulada). Em inglês, a expressão *parthian arrow* (flecha de Pártia) significa um comentário agudo feito no final de uma conversa. No final da sua primeira Carta a Hume (Anexo I desta edição), o Mahatma havia dito que Hume faria uma tarefa nobre e elevada se dedicasse aos seus semelhantes metade da energia gasta com a catalogação de passarinhos. (N. ed. bras.)

plesiossauros e megatérios[9] em seu próprio tempo. Temos tendência a crer em ciclos que voltam sempre periodicamente e esperamos poder *acelerar* a ressurreição do que já passou e se foi. Nós *não poderíamos* impedi-lo ainda que o quiséssemos. A "nova civilização" será apenas filha da antiga, e nos basta deixar que a lei eterna siga o seu próprio curso para que os nossos mortos saiam dos seus sepulcros; mas estamos certamente ansiosos por acelerar o desejado acontecimento. Não tenha medo; embora "nos aferremos supersticiosamente aos restos do passado", o nosso conhecimento não desaparecerá do alcance humano. Ele é um "presente dos deuses", e a mais preciosa de todas as relíquias. Os guardiões da Luz sagrada não atravessaram vitoriosamente tantos séculos para naufragarem batendo nas rochas do ceticismo moderno. Nossos pilotos são marinheiros demasiado hábeis para que tenhamos medo de tal desastre. Sempre acharemos voluntários para substituir as sentinelas cansadas, e o mundo, mau como é no atual período de transição, ainda pode nos fornecer alguns homens de quando em quando. Você "não se propõe ir mais adiante no assunto" a menos que mandemos "algum novo sinal"? Meu caro, já cumprimos o nosso dever; respondemos ao seu apelo, e agora pretendemos não dar outro passo. Nós, que temos estudado um pouco os ensinamentos morais de Kant e os analisamos com algum cuidado, chegamos à conclusão de que mesmo as opiniões deste grande pensador sobre essa forma de dever (*das Sollen*) que define os métodos da ação moral – não obstante as afirmações unilaterais feitas por ele em sentido contrário – não chegam a uma plena definição de um princípio incondicional e absoluto de moralidade, segundo o nosso ponto de vista. E esta nota kantiana ressoa através de toda a sua carta. Você ama tanto a humanidade, segundo diz, que rejeitaria o próprio "conhecimento" se a sua geração não se beneficiasse com ele. E, entretanto, este sentimento filantrópico não parece inspirar-lhe caridade nem mesmo para com aqueles que você considera possuidores de uma inteligência inferior. Por quê? Simplesmente porque a filantropia de que vocês, pensadores ocidentais, se orgulham, carece de caráter universal, isto é, nunca foi estabelecida sobre a base firme de um princípio moral universal, nunca passou do nível da conversa teórica, principalmente entre os quase onipresentes pregadores protestantes, e é portanto uma mera manifestação acidental, mas não uma LEI reconhecida. A análise mais superficial mostrará que, assim como qualquer outro fenômeno empírico da natureza humana, esta filantropia não pode ser tomada como um padrão absoluto de atividade mo-

---

[9] *Plesiossauro* – Réptil enorme, da era mesozóica. *Megatério* – grande mamífero desdentado, fóssil terciário e quaternário na América. (N. ed. bras.)

ral; isto é, algo que produza uma ação eficiente. Dado que em sua natureza empírica essa espécie de filantropia é semelhante ao amor, mas algo acidental, excepcional, e como o amor tem as suas preferências e afinidades egoístas, ela é necessariamente incapaz de aquecer a toda a humanidade com seus raios benéficos. Esse, penso, é o segredo do fracasso espiritual e do egoísmo inconsciente desta época. E você, em outros aspectos, um homem bom e sábio, sendo inconscientemente uma personificação deste espírito da época, é incapaz de compreender as nossas idéias sobre a Sociedade como uma *Fraternidade Universal*, e portanto a deixa de lado.

Você diz que a sua consciência se rebela diante da idéia de se tornar "um testa-de-ferro, uma marionete, movido por diversos manipuladores ocultos". O que você sabe de nós, a quem não pode ver? O que sabe das nossas metas e objetivos; e de nós, a quem não pode julgar?... você pergunta. Estranhos argumentos. E você ainda supõe realmente que nos "conheceria" e que compreenderia melhor nossas "metas e objetivos" se me visse pessoalmente? Tenho receio de que nenhuma experiência desta espécie, apesar dos seus poderes naturais de observação – e por mais agudos que sejam – deixaria de ser inútil. Pois, meu caro, mesmo os nossos *bahuroopias*[10] podem provar que estão à altura do mais hábil político Residente[11]; e nem um só deles foi jamais descoberto ou sequer reconhecido; e os poderes mesméricos deles não são do tipo mais *elevado*! Por mais suspeitas que você possa ter sobre os detalhes do "broche", há um fator primordial no caso, que a sua astúcia já lhe sugeriu que só pode ser explicado pela possibilidade de uma vontade mais forte ter influenciado a senhora Hume para que ela pensasse naquele objeto particular e não em outro. E se a sra. B., uma mulher doente, deve receber o crédito de tais poderes, você tem completa certeza de que você mesmo não poderia ser dominado por uma vontade treinada e dez vezes mais poderosa do que a dela? Eu poderia vir até você amanhã, instalar-me em sua casa como convidado, e obter um domínio completo sobre a sua mente e seu corpo em 24 horas, sem que, em nenhum momento, você se desse conta disso. Posso ser um homem de boa índole, mas posso também, pelo que você sabe a meu respeito, ser com igual facilidade um intrigante maligno que odeia profundamente a sua raça branca que dominou e humilha diariamente a minha e poderia vingar-me em você, um dos melhores representantes daquela raça. Se só o poder do mesmerismo exotérico fosse usado,

---

[10] Literalmente, "homem de muitas formas", um ator que desempenha muitos papéis. (N. da 3ª edição)

[11] Residente: no caso, inglês residente na Índia e investido de autoridade ou função política. (N. ed. bras.)

um poder adquirido com igual facilidade pelo homem mau e pelo homem bom, mesmo assim dificilmente você poderia escapar dos laços armados para aprisioná-lo, bastando apenas que o convidado fosse um bom mesmerizador, porque você é um sujeito notavelmente fácil de dominar, do ponto de vista físico. "Mas há a minha *consciência*, a minha intuição!" – você pode argumentar. Ela tem tido pouca utilidade num caso como o meu. A *sua* intuição faria você sentir somente o que *fosse real*, na ocasião; e quanto à sua consciência – você aceita, então, a definição de Kant sobre ela? Talvez você pense como ele que, sob todas as circunstâncias, mesmo sem nenhuma noção religiosa definida, e talvez até mesmo sem qualquer noção firme sobre o certo e o errado, o HOMEM tem sempre um guia seguro em suas percepções morais íntimas ou – *consciência?* Grande erro! Apesar de toda a importância formidável deste fator moral, ele tem um defeito básico. A consciência, como já foi assinalado, pode muito bem ser comparada àquele espírito cujas orientações eram escutadas e tão prontamente atendidas por Sócrates. Como aquele espírito, a consciência pode, talvez, nos indicar o que não devemos fazer, mas nunca nos guiará para o que devemos realizar, nem dará um objetivo definido à nossa atividade. E nada pode ser posto a dormir e até completamente paralisado com mais facilidade que esta mesma consciência, por uma vontade treinada e mais forte do que a do seu possuidor. A sua consciência não o fará saber NUNCA se o mesmerizador é um verdadeiro adepto ou um hábil impostor, uma vez que ele tenha cruzado o limiar e obtido o controle da aura que circunda a sua personalidade. Você fala de abster-se de tudo menos de um trabalho inocente como o de colecionar pássaros, desde que não haja o perigo de criar outro monstro no estilo de Frankenstein... A imaginação, assim como a vontade, cria. A suspeita é o agente mais poderosamente provocativo da imaginação... Cuidado! Você já gerou em si mesmo o germe de um futuro monstro horrendo, e em vez de realizar os seus ideais mais puros e elevados poderá algum dia evocar um fantasma que, fechando toda a passagem à luz, o deixaria em trevas piores do que antes, atormentando-o até o fim da sua vida.

Expressando novamente a esperança de que minha franqueza não o ofenda, me despeço, como sempre, caro senhor,

Seu mais atencioso servidor[12],

Koot Hoomi Lal Singh.

Para: A.O. Hume, Ilustríssimo Senhor.

---

12 "Seu mais atencioso servidor". Expressão corrente como modo de encerrar uma carta na Inglaterra do século dezenove. (N. ed. bras.)

Carta nº 12 (ML-6) Recebida em 10 de dezembro de 1880

Recebida em Allahabad em torno de 10 de dezembro de 1880.

Não – você não "escreve demais". Apenas lamento ter tão pouco tempo à minha disposição e, por isso, estar impossibilitado de responder tão rapidamente como gostaria. Naturalmente, *tenho de ler* cada palavra que você escreve: se não fosse assim, eu faria uma grande confusão. E, quer eu use os meus olhos físicos ou espirituais, o tempo necessário para a leitura é praticamente o mesmo. O mesmo pode ser dito das minhas respostas. Porque, quer eu as "precipite", dite ou escreva pessoalmente, a diferença, em tempo economizado, é muito pequena. Devo pensar bem, fotografando cuidadosamente cada palavra e frase no meu cérebro antes que possa ser repetida por "precipitação". Assim como a fixação das imagens formadas em uma câmara sobre superfícies quimicamente preparadas requer um prévio ajuste do foco do objeto a ser representado, pois de outra maneira – como freqüentemente se encontra em más fotografias – as pernas de quem está sentado aparecem fora de proporção em relação à cabeça, e assim por diante, do mesmo modo temos primeiro de arrumar as nossas frases e imprimir em nossas mentes cada letra que irá aparecer no papel, antes que estejam prontas para serem lidas. No momento isto é *tudo* o que posso contar a você. Quando a ciência houver descoberto mais sobre o mistério da litofilia[1] (ou *lithobiblion)* e sobre o modo como a impressão de folhas ocorre originalmente em pedras, então serei capaz de fazê-lo compreender melhor o processo. Mas você deve saber e lembrar uma coisa: nós apenas seguimos e *humildemente copiamos a natureza* em funcionamento.

Não, não necessitamos discutir mais sobre a infeliz questão de *Um dia com a Sra. B.* É completamente inútil, na medida em que você diz que não tem o direito de esmagar e moer no *Pioneer* os seus descorteses e, inúmeras vezes, desonestos opositores (nem mesmo para defender a si mesmo) porque os seus proprietários se opõem a qualquer menção ao ocultismo. Como são cristãos, não devemos nos admirar demasiado. Vamos ser caridosos e esperar que eles tenham a sua recompensa: que ao morrer se transformem em anjos da Luz e da Verdade – pobres alados no céu cristão.

---

[1] *Litofilia*: no original, *lithophyl*. A palavra se refere à afinidade de um determinado elemento químico presente na terra em relação às rochas da crosta terrestre. Tal elemento poderia ser chamado de *litófilo*, devido a esta afinidade. (N. ed. bras.)

A não ser que você reúna pessoas e as organize de uma maneira ou outra, receio que, na prática, serei de pouca utilidade para você. Meu caro amigo, eu também tenho os meus "proprietários". Por razões que eles conhecem bem, eles vetaram a idéia de ensinar a indivíduos isoladamente. Eu me corresponderei com você e darei provas de tempos em tempos da minha existência e presença. Ensinar-lhe ou instruí-lo é uma questão inteiramente diferente. Portanto, sentar-se com a sua senhora é totalmente inútil. Os magnetismos de vocês dois são demasiado semelhantes e não conseguirão nada.

Traduzirei o meu *Ensaio* e o enviarei logo que puder. A sua idéia de corresponder-se com seus amigos e companheiros é a segunda melhor opção que você tem, mas não deixe de escrever para lorde Lindsay.

Sou um pouco "duro demais" com Hume, diz você. Será verdade? Ele é altamente intelectual e confesso que possui também uma natureza espiritual. Todavia ele é em todos os aspectos o "Senhor Oráculo". Pode ser que seja a própria exuberância daquele grande intelecto, que busca saída através de cada abertura, e nunca perde uma oportunidade para aliviar a plenitude do cérebro, que está inundado com pensamentos. Ao ter em sua sossegada vida cotidiana um campo demasiado estreito, apenas com "Moggy"[2] e Davison em cujas consciências pode lançar sementes, seu intelecto ultrapassa a represa e avança sobre cada evento imaginado, cada fato possível embora improvável que sua imaginação possa sugerir, para interpretá-lo à sua própria maneira com base em conjeturas. Nem me surpreende que um trabalhador tão perito em mosaicos intelectuais como ele, encontrando subitamente a mais fértil das minas, as mais preciosas pedras coloridas na idéia da nossa fraternidade e da S. T., dela escolha ingredientes para com eles cobrir nossos rostos. Colocando-nos diante de um espelho que nos reflete como ele nos vê em sua própria e fértil imaginação, ele diz: "Agora, vocês, restos embolorados de um passado mofado, olhem para vocês mesmos como *realmente* são!" Um homem verdadeiramente, verdadeiramente excelente o nosso amigo Hume, mas totalmente inadequado para transformar-se em um *adepto*.

Ele compreende pouco, e muito menos do que você, o nosso real objetivo com a formação de uma loja anglo-indiana. As verdades e os mistérios do ocultismo constituem, na realidade, um conjunto da mais alta importância espiritual, ao mesmo tempo profundo e prático para o mundo em geral. Entretanto, não é como mais um acréscimo à massa confusa de teorias e especulações do mundo da ciência que eles estão sendo dados a vocês, mas em função do seu efeito prático sobre o interesse da humanidade. Os termos "não-científico", "impossível", "aluci-

---

[2] *Moggy* – A esposa e secretária de Hume. (Ed. C.)

nação", "impostor", têm sido usados até agora de maneira muito livre e descuidada, dando a entender que há nos fenômenos ocultos algo de misterioso e anormal, ou uma impostura premeditada. Eis por que os nossos chefes decidiram lançar sobre umas poucas mentes receptivas mais luz a respeito do assunto, provando-lhes que tais manifestações obedecem à lei tanto quanto os mais simples fenômenos do universo físico. Os pretensiosos dizem: "a época dos milagres já passou", mas nós respondemos, "ela nunca existiu!" Estes fenômenos não são únicos, mas têm suas contrapartidas na História Universal, e devem ter e *terão* uma enorme influência sobre o mundo dos fanáticos e dos céticos. Eles *têm* que ser tanto destrutivos como construtivos: *destrutivos* em relação aos erros malignos do passado, aos velhos credos e superstições que sufocam toda humanidade no seu abraço, que é venenoso como uma erva má; *construtivos* em relação a novas instituições de uma autêntica e prática fraternidade da humanidade, onde todos serão colaboradores da natureza e trabalharão para o bem da humanidade *com* os, e *por meio dos* mais elevados *Espíritos Planetários* – os únicos "espíritos" em que acreditamos.[3] Elementos fenomênicos nunca pensados e jamais sonhados começarão logo a se manifestar dia a dia com força constantemente acrescida revelando, finalmente, os segredos das suas misteriosas operações. Platão estava certo: as *idéias* governam o mundo; e à medida que as mentes dos homens recebam *novas* idéias, deixando de lado as velhas e desgastadas, o mundo avançará, poderosas revoluções surgirão das novas idéias, crenças e até poderes serão derrubados por sua força irresistível. Será tão impossível resistir à sua influência, quando chegar o momento certo, quanto impedir o progresso das marés. Mas tudo isso ocorrerá gradualmente, e antes que ocorra, temos um dever diante de nós; trata-se de varrer a escória deixada a nós pelos nossos piedosos antepassados. Idéias novas têm de ser plantadas em lugares limpos, porque estas idéias abordam os assuntos mais importantes. O que nós estudamos não são fenômenos físicos, mas essas idéias universais, e para compreender os primeiros é preciso antes entender as últimas. Elas dizem respeito à verdadeira posição do homem no Universo, em relação aos seus nascimentos prévios e futuros; à sua origem e destino final; à relação do mortal com o imortal; do temporário com o eterno; do finito com o infinito, idéias mais amplas, maiores, mais abrangentes, que re-

---

[3] Os trechos que seguem tiveram problemas de transmissão e por isto Sinnett e o Mahatma chegaram a ser acusados de plágio no chamado *Incidente Kiddle.* Os erros de transmissão foram corrigidos na Carta 117. (N. ed. bras.)

conhecem o predomínio universal da Lei Imutável, que não muda e não pode ser mudada, em relação à qual há apenas um ETERNO AGORA, enquanto que para os mortais não-iniciados o tempo é passado ou futuro conforme se relaciona à sua existência finita nesse pequeno grão de pó material. Isto é o que estudamos e o que muitos compreenderam.

E agora cabe apenas a você decidir o que você terá: a mais alta filosofia ou simples demonstrações de poderes ocultos. Naturalmente, esta não será de modo algum a última palavra entre nós, e você terá tempo para pensar bem. Os *Chefes* querem o começo de uma "Fraternidade da Humanidade", de uma real Fraternidade Universal; uma instituição que seja conhecida em todo o mundo e chame a atenção das mentes mais elevadas. Eu lhe mandarei o meu *Ensaio*. Você aceita ser o meu colaborador e aguardar pacientemente por fenômenos menores? Creio que posso prever a resposta. De qualquer modo, enquanto arder em você a chama da luz espiritual, mesmo que fracamente, haverá esperança para você – e para mim também. Sim; comece a procurar indianos, se não pode conseguir ingleses. Mas você pensa que desapareceram o espírito e o poder de perseguição nessa época iluminada? O tempo mostrará. Enquanto isso, sendo *humano*, tenho de descansar.

Há mais de sessenta horas que não durmo.

Sempre atenciosamente,

Koot' Hoomi.

Carta nº 13 (ML-7) 30 de janeiro de 1881

Anexada a uma carta da sra. B., enviada de Bombaim.
Recebida em 30 de janeiro de 1881.

Não há *nenhum* erro de sua parte, em todo esse assunto. Lamento que você tenha pensado que estou lhe atribuindo algum erro. Ao contrário, você é que poderia quase sentir que devia criticar *a mim* por dar-lhe esperanças sem ter nem sombra do direito de fazer isto. Eu deveria ter sido menos otimista, e então você teria sido menos entusiasta em suas expectativas. Realmente sinto como se tivesse enganado você! Felizes, três vezes felizes e abençoados, são os que nunca consentiram em visitar o mundo que fica além de suas montanhas cobertas de neves; aqueles cujos olhos físicos nunca deixaram de ver nem por um dia as infindáveis cadeias de montanhas e a longa e ininterrupta linha de neves

eternas! Verdadeiramente, sem dúvida, eles encontraram a sua *Ultima Thule*[1] e nela vivem...

Por que você diz que é uma vítima das circunstâncias, já que nada mudou seriamente, e o que mudou, assim como quase tudo, se não tudo, depende dos futuros desenvolvimentos? Não lhe foi pedido, nem se esperou que você revolucionasse os seus hábitos de vida, mas ao mesmo tempo você foi avisado de que não deveria ter expectativas muito elevadas enquanto permanecesse como está. Se você lê entrelinhas deve ter notado o que eu disse sobre a margem muito estreita de que disponho para atuar nesse assunto segundo o meu próprio critério. Mas não fique desanimado, pois tudo é apenas uma questão de tempo. O mundo não surgiu entre duas monções[2], meu bom amigo. Se você tivesse vindo até mim quando era um garoto de dezessete anos, antes que o mundo pusesse sobre você a sua mão pesada, a sua tarefa teria sido vinte vezes mais fácil. E agora temos que aceitá-lo – e você deve ver a si mesmo – como é, e não como a imagem humana ideal que a nossa fantasia emocional sempre projeta para nós no espelho. Seja paciente, meu amigo e irmão; e devo repetir novamente: seja o nosso colaborador *útil,* mas na sua esfera de atuação e de acordo com o seu critério mais maduro. Dado que o nosso venerado Khobilgan decidiu na sua sábia previsão que eu não tenho o direito de encorajá-lo a entrar na senda, onde você teria que rolar a pedra de Sísifo[3], limitado, como certamente estaria, pelos seus deveres prévios e mais sagrados, nós realmente temos que esperar. Sei que os seus motivos são sinceros e verdadeiros, e que uma mudança real, na direção correta, ocorreu em você, embora ela pareça imperceptível até a você mesmo. E os Chefes sabem disso também. Mas, dizem eles, os motivos são vaporosos, tão tênues como a umidade atmosférica; e assim como esta última tem energia dinâmica utilizável pelo homem só quando está concentrada e aplicada na forma de vapor ou força hidráulica, assim também o valor prático das boas intenções é melhor visto quando elas tomam a forma de ações... "Nós esperaremos para ver", dizem eles. E agora eu disse a você tudo o que tinha direito de dizer. Você já ajudou esta sociedade em várias ocasiões, embora não esteja

---

[1] *Ultima Thule* – Thule é o nome grego e latino antigo para a região considerada na época como o extremo norte do planeta, que coincide com o norte da Noruega, Islândia e Groelândia. *Ultima Thule* é, pois, "a mais distante das Thules". (N. ed. bras.)

[2] *Monções* – São fenômenos climáticos anuais. Esta frase significa, de certo modo, "O mundo não foi criado da noite para o dia". (N. ed. bras.)

[3] Na mitologia grega, Sísifo foi condenado por Zeus a rolar uma pedra montanha acima. Cada vez que ele chegava quase ao topo, sua força falhava, e a pedra rolava montanha abaixo. (N. ed. bras.)

interessado nela pessoalmente, e essas ações estão devidamente registradas. Não só isso. Elas são mais meritórias em você do que seriam em qualquer outra pessoa, considerando as suas bem fundamentadas idéias quanto àquela pobre organização atualmente. E você conquistou deste modo um amigo, alguém mais elevado e melhor do que eu, alguém que no futuro me auxiliará a defender a sua causa e que é capaz de fazê-lo mais eficazmente do que eu, porque pertence à "Seção Estrangeira".

Creio que expus a você as linhas gerais pelas quais desejamos que ocorra, se possível, o trabalho de organização da loja anglo-indiana. Os detalhes devem ficar a seu cargo, se você ainda está disposto a me ajudar.

Se você tiver algo a dizer ou quiser fazer qualquer pergunta, deve escrever, e sempre responderei às suas cartas. Mas não peça nenhum fenômeno por enquanto, pois só estas manifestações triviais constituem agora um obstáculo no seu caminho.

Sempre atenciosamente,

K. H.

Carta nº 14A (ML-142A) Recebida antes de 20 de fevereiro de 1881

A carta 14A foi escrita por Damodar Mavalankar, uma figura importante nos primeiros dias da S.T. Ele era um chela *do Mahatma K.H. e mais tarde foi trabalhar com o Mestre permanentemente.*

Sinnett, que estava sinceramente interessado no bem-estar da S.T., havia pedido algumas sugestões. A carta 14A contém as sugestões de Damodar.

A Sociedade Teosófica

Com referência ao Regulamento e à Estrutura da Sociedade, peço permissão para fazer as seguintes sugestões. Os pontos que enfatizo parecem-me bastante necessários, pois tenho conversado com muitos hindus e julgo conhecer melhor o caráter hindu do que qualquer estrangeiro.

Parece prevalecer uma impressão geral de que a Sociedade é uma seita religiosa. Essa impressão tem a sua origem, penso, na crença comum de que a Sociedade é totalmente devotada ao Ocultismo. Até onde posso julgar, esse não é o caso. Se assim fosse, seria melhor tornar a Sociedade secreta e fechar as suas portas para todos, exceto àqueles, muito poucos, que possam ter demonstrado uma determinação para devotar as suas vidas inteiras ao estudo do Ocultismo. Caso não seja assim, e ela esteja baseada sobre o princípio amplo e humanitário da Fraternidade Universal, o Ocultismo, uma das suas várias ramificações, deve ser um estudo inteiramente secreto. Desde tempos imemoriais esse conhecimento sagrado tem sido guardado do público vulgar com grande cuidado, e só porque alguns de nós tiveram a grande felicidade de entrar em contato com alguns dos guardiões desse tesouro inapreciável, será correto de nossa parte abusar da bondade deles e vulgarizar os segredos que eles consideram mais sagrados até mesmo que as suas vidas? O mundo ainda não está preparado para ouvir a verdade sobre esse assunto. Colocando os fatos diante do público despreparado nós só fazemos parecer ridículos aqueles que foram tão bondosos conosco, e que nos aceitaram como seus colaboradores no trabalho pelo bem da humanidade. Ao falarmos demais sobre este assunto, nos tornamos, até certo ponto, alvos do ódio público. Chegamos ao ponto de, inconscientemente, levar o público a acreditar que a nossa Sociedade está sob a direção unicamente dos Adeptos, quando toda a direção está nas mãos dos Fundadores, e os nossos Instrutores nos dão conselhos só raramente, em casos excepcionais e de grande emergência. O público viu que os fatos estavam sendo mal compreendidos, já que os erros na administração da Sociedade – alguns dos quais poderiam ter sido muito bem evitados pelo exercício de um simples bom senso – eram expostos de tempos em tempos. Assim, o público chegou à conclusão de que

(1) Ou os Adeptos não existem, de modo algum, ou

(2) Se existem, eles não têm conexão alguma com a nossa Sociedade, e portanto, nós somos impostores desonestos, ou

(3) Se eles têm qualquer ligação com a Sociedade, devem ser de um nível muito inferior, pois, sob a sua orientação, tais erros ocorreram.

Com as poucas e nobres exceções daqueles que têm inteira confiança em nós, nossos membros hindus chegaram a uma dessas três conclusões. É portanto necessário, na minha opinião, que medidas sejam adotadas rapidamente para eliminar essas suspeitas. Para isso, vejo somente duas possibilidades: (1) ou a Sociedade toda deve dedicar-se ao ocultismo, e nesse caso deveria ser tão completamente secreta como uma loja maçônica ou rosacruz, ou, (2) ninguém deveria saber nada sobre ocultismo, exceto aqueles poucos que, pela sua conduta, mostrassem determinação de se devotar a esse estudo. Como a primeira alternativa foi considerada desaconselhável pelos nossos "Irmãos" e claramente proibida, resta a segunda.

Uma outra questão importante é a da admissão de Membros. Até agora, qualquer um que expressasse o desejo de se filiar e pudesse conseguir dois padrinhos que o recomendassem podia filiar-se à Sociedade, sem que pesquisássemos mais profundamente sobre a sua motivação. Isto levou a dois maus resultados. As pessoas pensaram ou fingiram pensar que queríamos Membros apenas para receber as suas Taxas de Ingresso, com as quais vivíamos; e muitas se filiaram por simples curiosidade, pois pensaram que, pagando uma Taxa de Ingresso de 10 rúpias, poderiam ver fenômenos. E quando perderam a ilusão neste ponto, elas se voltaram contra nós e começaram a insultar a nossa CAUSA, pela qual temos trabalhado e à qual decidimos dedicar nossas vidas. A melhor maneira de superar este problema seria excluir esse tipo de pessoas. Surge, naturalmente, a questão de como isso pode ser feito, já que o nosso Regulamento é tão liberal que qualquer um é admitido. Mas, ao mesmo tempo, nosso Regulamento determina uma Taxa de Ingresso de 10 rúpias. Isso é muito pouco para manter do lado de fora os buscadores de curiosidades que, pela possibilidade de serem satisfeitos, sentem que podem facilmente gastar essa soma tão insignificante. A taxa poderia, portanto, ser aumentada o suficiente para que somente se filiem os que são realmente sinceros. Necessitamos homens de princípios e de propósitos sérios. Um homem assim pode fazer mais por nós do que centenas de caçadores de fenômenos. A taxa deveria, na minha avaliação, ser aumentada para 200 ou 300 rúpias. Pode argumentar-se que assim talvez excluíssemos pessoas realmente boas, sinceras e interessadas, mas incapazes de pagar essa taxa. Porém penso que é preferível arriscar a perda de uma boa pessoa do que admitir uma multidão de preguiçosos, um só dos quais pode desfazer o trabalho de todas as pessoas sinceras. E, no entanto, mesmo esta situação pode ser evitada. Pois, assim como agora admitimos alguém como membro, quando parece merecê-lo especialmente, sem a necessidade de pagar a sua própria taxa, a mesma coisa pode ser feita após a mudança proposta.

Damodar K. Mavalankar, M.S.T.[1]

Respeitosamente submetida à consideração do sr. Sinnett.

Carta nº 14B (ML-142B) Recebida antes de 20 de fevereiro de 1881

Respeitosamente submetida à consideração do sr. Sinnett, sob ordens diretas do Irmão Koot Hoomi.

Damodar K. Mavalankar

Com a exceção da taxa – muito exagerada – os pontos de vista dele são completamente corretos. Essa é a impressão causada na mente dos hindus. Espero, meu caro amigo, que você inclua um parágrafo mos-

[1] M.S.T. – Membro da Sociedade Teosófica. (N. ed. bras.)

trando a Sociedade como ela é. Escute a sua *voz interna*, e obrigado mais uma vez.

Sempre atenciosamente,

K.H.

Carta nº 15 (ML-8) Recebida em 20 de fevereiro de 1881

Sinnett estivera tentando fazer algo a respeito das regras da S.T., da qual ele era o vice-presidente na época. A página inicial desta carta refere-se a estes esforços.

Recebida através da sra. B. em torno do dia 20 de fevereiro de 1881.

Meu caro amigo, você está certamente no caminho correto: o caminho dos fatos e das ações, não de meras palavras – que você viva muitos anos e persevere!... Espero que não considere isso um encorajamento para que seja "sentimentalóide"[1] – uma expressão adequada que me fez rir, mas na verdade você surge como uma espécie de *Kalki Avatar*[2], dissipando as sombras de "Kali-yug" – a noite negra da moribunda Sociedade Teosófica e afastando do seu caminho a *fata morgana*[3] dos seus *regulamentos*. Devo fazer aparecer a palavra *fecit*[4], após o seu nome, na lista do conselho geral, em caracteres invisíveis mas indeléveis, pois algum dia ela poderá ser uma porta secreta para chegar ao coração do mais severo dos Khobilgans [5] ...

Embora estando muito ocupado – como sempre infelizmente – eu tenho que lhe enviar uma carta de despedida um tanto longa antes que você inicie uma viagem que poderá produzir resultados muito importantes – e não somente para nossa causa... Você compreende que não é responsabilidade minha se *não posso* encontrá-lo como gostaria, não compreende? Nem é erro seu, mas sim do ambiente em que você viveu toda sua vida e de *uma tarefa delicada e especial de que me encarregaram*

---

1 "Sentimentalóide" – *goody-goody* no original. (N. ed. bras.)

2 *Kalki Avatar* – O avatar que aparece ao final de uma era escura, ou *Kali-Yug,* para dispersar suas sombras. (Ed. C.)

3 *Fata morgana* – uma miragem. (Ed. C.)

4 *Fecit* – "Ele o fez". (Ed. C.)

5 O Maha-Chohan (Ed. C.)

desde que o conheci. Não me culpe, então, se não me mostro de uma forma mais tangível, o que não só você, mas eu mesmo poderia desejar! Quando não me permitem fazer isso em relação a Olcott, que tem trabalhado duramente por nós esses cinco anos, como poderia eu fazer isso para outros que não passaram, até agora, por nenhum treinamento semelhante ao dele? Isso se aplica igualmente ao caso de lorde Crawford e Balcarres, um excelente cavalheiro – aprisionado pelo mundo. Ele tem uma natureza sincera e nobre, embora possa ser um pouco reprimido. Ele pergunta que esperança pode ter. Eu digo: _toda esperança._ Pois ele tem dentro de si algo que só uns poucos possuem: uma fonte inesgotável de fluido magnético que, se ele tivesse o tempo necessário, poderia manifestar torrencialmente e não necessitaria outro mestre a não ser a si próprio. Os próprios poderes dele fariam o trabalho, e a sua grande experiência seria um guia seguro. Mas ele teria que se preservar de toda _influência estranha,_ especialmente daquelas que são antagônicas ao nobre estudo do HOMEM como um _Brahmam_ integral, o microcosmo livre e inteiramente independente, tanto do auxílio como do controle dos agentes invisíveis que a "nova dispensação" (expressão bombástica!) chama de "Espíritos". O lorde compreenderá o que quero dizer, sem mais explicações: ele pode ler isto, se quiser, caso se interesse pelas opiniões de um obscuro hindu. Se ele fosse um homem pobre, poderia ter se tornado um Dupotet inglês[6], com o acréscimo de grandes avanços nas ciências exatas. Mas, lamentavelmente, o que a nobreza ganhou a psicologia perdeu... E, no entanto, ainda não é tarde demais. Veja, mesmo depois de dominar a ciência do magnetismo e dedicar sua mente poderosa ao estudo dos temas mais nobres da ciência exata, mesmo assim ele só pôde levantar uma pequena ponta do véu do mistério. Ah, esse mundo sempre girando, pomposo, reluzente, cheio de insaciável ambição, onde a família e o Estado dividem entre si a natureza mais nobre do homem, como dois tigres repartem uma carcaça, deixando-o sem luz nem esperança! Quantos aspirantes não teríamos, se não fossem exigidos sacrifícios! A carta do lorde a você irradia um sentimento de sinceridade combinada com pesar. É um homem de bom coração, com a capacidade latente de ser ainda muito melhor e mais feliz. Se o seu destino não tivesse sido o que foi, e se todo seu poder intelectual tivesse se voltado para a cultura da Alma, ele teria alcançado muito mais do que jamais sonhou. Desse material eram feitos os adeptos, nos dias da glória

---

[6] *Dupotet* – Referência ao francês Dupotet, um dos primeiros pesquisadores sobre o mesmerismo. (Ed. C.)

Ariana. Mas não devo estender-me mais sobre esse caso; e peço o perdão do lorde se, na amargura do meu sentimento, ultrapassei de algum modo os limites do adequado nessa "delineação psicométrica do caráter", que é demasiadamente livre, como diriam os médiuns americanos... "uma medida folgada só limita o excesso" mas – não ouso ir mais além. Ah, meu amigo excessivamente positivo e no entanto impaciente, se você pelo menos tivesse *tais* capacidades latentes!

A "comunicação direta" comigo, sobre a qual você escreve em sua nota suplementar, e a "enorme vantagem" que haveria "para o livro em si se ela pudesse ser concedida", seriam imediatamente concedidas se isto dependesse apenas de mim. Embora freqüentemente não seja aconselhável repetir o que já se disse, estou tão ansioso de que você compreenda a inviabilidade atual de um acordo como este, mesmo que fosse aceito pelos nossos Superiores, que farei um breve retrospecto dos princípios já expostos.

Poderíamos deixar fora de questão o ponto mais vital – que você talvez hesitasse em aceitar – de que a recusa está relacionada tanto com a *sua própria salvação* (do ponto de vista das suas considerações mundanas e materiais) como com o meu inevitável cumprimento de nossas *Regras* sempre respeitadas ao longo do tempo. Novamente poderia citar o caso de Olcott e o seu destino até agora (que se não tivesse tido a permissão de comunicar-se conosco face a face e sem nenhum intermediário, poderia mais adiante ter demonstrado menos entusiasmo e devoção, porém mais discrição). Mas, sem dúvida, a comparação lhe pareceria forçada. Olcott, você diria, é um entusiasta, um teimoso, um místico irracional que segue em frente de olhos vendados, e que não se permitirá ver o que está diante dos seus próprios olhos. Enquanto você é um sóbrio homem prático da realidade mundana, filho da sua geração de pensadores frios; sempre tendo sob controle a fantasia, e dizendo ao sentimento de entusiasmo: "Até aqui chegarás, e não irás mais longe"... Talvez você esteja certo, talvez não. "Nenhum Lama sabe onde o seu *ber-chhen* irá machucá-lo até que o coloque", diz um provérbio tibetano. Mas deixemos isso de lado, pois devo dizer-lhe agora que, para a abertura da "comunicação direta", o único meio possível seria: (1) encontrar-nos em nossos corpos *físicos*. Estando onde estou, e você em sua própria moradia, há um impedimento material *para mim*; (2) que ambos nos encontremos em nossas formas astrais, o que exigiria que você deixasse o seu corpo físico, como eu teria que deixar o meu. O impedimento espiritual quanto a isso é da *sua parte*; (3) fazer com que você ouvisse a minha voz, seja dentro de você ou próximo, assim como a "velha senhora" ouve. Isso seria possível de duas maneiras: (*a*) Meus chefes teriam apenas que me dar permissão para estabelecer as condições – e isso, no momento, eles recusam –; ou (*b*) que você possa ouvir a minha voz, isto é, a minha *voz natural,* sem que seja empregado qualquer *tamasha* psicofisiológico por mim (como fazemos com freqüência entre nós). Mas para fazer isso, não somente os sentidos *espirituais* do indivíduo devem estar anormalmente abertos, mas ele mesmo precisa ter dominado o grande segredo – ainda não descoberto pela Ciência – de, digamos, abolir todos os impedimentos de espaço; de neutralizar por determinado tempo o obstáculo natural das partículas intermediárias de ar e forçar as ondas a repercutirem em seus ouvidos em sons refletidos ou ecos. Deste último você só sabe até agora o suficiente para considerá-lo um absurdo anticientífico. Os seus físicos, que só recentemente conseguiram dominar a acústica neste aspecto, adquirindo um conhecimento perfeito (?) da vibração dos corpos sonoros e das reverberações através de tubos, podem perguntar sarcasticamente: "Onde estão os seus corpos sonoros indefinidamente contínuos para conduzirem as vibrações da voz através do espaço?" Respondemos que os nossos tubos, embora invisíveis, são indestrutíveis e muito mais perfeitos do que os tubos dos físicos modernos, pelos quais a velocidade da transmissão da força mecânica, através do ar, é representada à razão de 330 metros por segundo e não mais, se não estou enganado. Mas então, não pode haver pessoas que encontraram meios mais perfeitos e rápidos de transmissão, por estarem mais familiarizadas com os poderes ocultos do ar (*akas*) e que tenham, *além disso*, um conhecimento mais perfeito dos sons? Mas isso será discutido depois.

Há, entretanto, um inconveniente mais sério; um obstáculo quase intransponível atualmente, ao qual eu mesmo me submeto enquanto não faço nada além de comunicar-me com você, uma coisa simples que qualquer outro mortal poderia fazer. Tenho sido completamente incapaz de fazer você compreender o que afirmo mesmo quando explico fenômenos físicos, para não falar de uma abordagem espiritual. Não é a primeira vez que me refiro a isso. É como se uma criança me pedisse para ensinar-lhe as mais altas questões euclidianas antes mesmo de começar a estudar as regras elementares da aritmética. Só o progresso que uma pessoa faça no estudo do conhecimento Arcano a partir dos elementos rudimentares a leva a compreender gradualmente o nosso propósito. Somente assim, e não de outra forma, ela o faz fortalecendo e refinando aqueles misteriosos laços de simpatia que unem os seres inteligentes – fragmentos temporariamente isolados da Alma universal e da

própria Alma cósmica – trazendo-os a uma completa harmonia. Uma vez estabelecido isso, só então essas simpatias despertadas servirão, na verdade, para conectar o ser humano com aquilo que, na falta de um termo científico europeu mais adequado para expressar a idéia, sou novamente compelido a descrever como aquela cadeia energética que une o Cosmo material e Imaterial – Passado, Presente e Futuro – acelerando as suas percepções de modo que ele capte claramente não apenas todas as coisas materiais, mas também as espirituais. Sinto-me até irritado ao ter que usar essas três palavras desajeitadas, passado, presente e futuro! Como conceitos miseravelmente estreitos de fases objetivas do Todo Subjetivo, elas são tão inadequadas nesse sentido quanto seria usar um machado para fazer um trabalho delicado de escultura. Ah, meu pobre amigo decepcionado, gostaria que você já estivesse tão avançado no CAMINHO que essa simples transmissão de idéias não fosse obstaculizada por condições materiais, e a união da sua mente com a nossa não fosse impedida pela sua incapacidade induzida! Essa é, infelizmente, a limitação herdada e auto-adquirida da mente ocidental. Mesmo as frases que expressam o pensamento moderno foram desenvolvidas até tal ponto na linha do materialismo prático, que atualmente é quase impossível tanto para os ocidentais compreender-nos quanto para nós expressarmos nos seus idiomas algo dessa maquinária delicada e aparentemente ideal do Cosmo Oculto. Em uma pequena medida esta percepção pode ser adquirida pelos europeus através do estudo e da meditação – mas não mais que isso. E aqui está a barreira que impediu, até agora, que o conhecimento das verdades teosóficas ganhasse mais terreno nas nações ocidentais, e levou os filósofos ocidentais a deixarem de lado o estudo teosófico como algo inútil e fantástico. Como poderei ensinar você a ler e escrever ou mesmo a compreender um idioma no qual não há até agora nenhum alfabeto *palpável*, nem palavras *audíveis* para você! Como poderiam os fenômenos da nossa ciência elétrica moderna ser explicados, digamos, a um filósofo grego do tempo de Ptolomeu que fosse chamado subitamente à vida, com esse *hiatus*[7] intransponível entre as descobertas daquela época e as da nossa? Não seriam para ele os próprios termos técnicos um jargão ininteligível, um *abracadabra* de sons incompreensíveis, e os próprios instrumentos e aparelhos usados apenas monstruosidades "miraculosas"? E suponhamos, por um instante, que eu descrevesse a você os matizes daquelas cores que estão *além* do chamado "espectro visível" – cores invisíveis para todos exceto al-

---

[7] *Hiatus* – Abismo, distância, em latim. (N. ed. bras.)

guns poucos mesmo entre nós; ou que eu explicasse como é possível fixar no espaço qualquer uma das chamadas cores *acidentais* ou subjetivas – e também o *complemento* (para falar matematicamente) *de qualquer outra cor de um corpo dicromático* (o que por si só soa como um absurdo); você pensa que poderia compreender o efeito ótico dessas cores, ou mesmo o que quero dizer? E como você não vê estes raios, nem possui qualquer nome para eles até agora na Ciência, se eu lhe dissesse: "Meu bom amigo Sinnett, por favor, sem sair da sua escrivaninha, tente buscar e fazer aparecer diante dos seus olhos o espectro solar completo, decomposto em quatorze cores prismáticas (sete são complementares), pois é só com o auxílio daquela luz oculta que você poderá ver-me à distância assim como eu o vejo".... qual você pensa que seria a sua resposta? O que você teria a replicar? Não iria muito provavelmente retrucar-me, dizendo do seu modo calmo e amável que, como nunca houve mais que sete cores primárias (agora três), as quais, além disso, nunca foram decompostas até hoje por nenhum processo físico conhecido a não ser nos sete matizes prismáticos, o meu convite era tão "não-científico" quanto "absurdo"? Se acrescentarmos a isso que a minha oferta para buscar um imaginário "complemento" solar não seria uma homenagem ao seu conhecimento da ciência física, eu faria melhor, talvez, procurando no Tibete os meus míticos "pares dicromáticos" e solares, pois a ciência moderna foi até agora incapaz de encontrar uma teoria para um fenômeno tão simples como o das cores de todos esses corpos dicromáticos. E na verdade essas cores são bastante objetivas!

Assim você vê as dificuldades intransponíveis que obstaculizam não só o caminho para se alcançar o conhecimento *Absoluto,* mas até mesmo o conhecimento primário da Ciência Oculta, para alguém que esteja em sua situação. Como você poderia fazer-se entender – e *comandar,* de fato, essas forças semi-inteligentes, cujo modo de comunicação conosco não é através de palavras faladas, mas através de sons e cores, em correlação com as vibrações destes dois? Pois o som, a luz e as cores são os principais fatores na formação destas ordens de inteligências, desses seres, de cuja existência você não tem qualquer idéia, nem *lhe é permitido* acreditar neles. Ateus e cristãos, materialistas e espíritas, todos apresentam seus respectivos argumentos contra tal crença. A Ciência se volta mais fortemente que qualquer um deles contra uma "superstição tão degradante"!

Assim, porque *eles* não podem atingir os pináculos da Eternidade com um salto sobre os muros limitadores; porque nós não podemos escolher um selvagem qualquer do centro da África e fazer com que ele compreenda imediatamente os *Principia*[8] de Newton ou a "Sociologia" de Herbert Spencer; nem fazer com que uma criança analfabeta escreva uma nova Ilíada no antigo grego arcaico; ou que um pintor comum descreva cenas de Saturno ou faça um esboço dos habitantes de Arcturus[9] – *por causa de tudo isto a nossa própria existência é negada*! Sim, por essa razão aqueles que acreditam em nós são chamados de impostores e tolos, e a própria ciência que conduz à mais alta meta do conhecimento superior, à percepção real da Árvore da Vida e de Sabedoria, é desprezada como um vôo desenfreado da Imaginação!

Peço-lhe sinceramente que não veja o que foi dito acima como uma mera manifestação de sentimentos pessoais. Meu tempo é precioso e não posso desperdiçá-lo. Tampouco deve ver nisso – muito menos – um esforço para aborrecê-lo ou dissuadi-lo do nobre trabalho que você acaba de começar. Nada disso, pois o que digo agora tem sua utilidade e não mais do que isto; mas – *vera pro gratiis*[10] – eu o ADVIRTO, e nada mais direi a não ser lembrar-lhe de uma forma geral que a tarefa que você está empreendendo tão bravamente – essa *Missio in partibus infidelium*[11] – é a mais ingrata, talvez, de todas as tarefas! Mas se você acredita na minha amizade, se dá valor à palavra de *honra* de alguém que nunca – *nunca,* durante toda a sua vida, poluiu seus lábios com uma mentira, então não esqueça as palavras que já lhe escrevi (veja minha última carta) sobre *aqueles que se dedicam às Ciências Ocultas*; que aquele que o faz "deve alcançar a meta ou *perecer*. Uma vez começado o Caminho para o grande Conhecimento, duvidar é correr o risco de per-

---

8 O Mahatma se refere à obra *Philosophiae Naturalis Principia Mathematica,* ou *Princípios Matemáticos da Filosofia Natural,* de Isaac Newton (1642-1727), cuja primeira edição foi publicada em 1687. (N. ed. bras.)

9 Arcturus. O mestre menciona a existência de habitantes em Arcturus. Trata-se de uma das estrelas mais brilhantes do hemisfério norte, em linha quase direta com a cauda da Constelação Ursa Maior. A palavra *Arcturus*, derivada do grego, significa "guarda do urso". Arcturus é uma estrela gigante, de cor laranja, situada a 40 anos-luz do nosso Sol, e pertence à constelação Bootes, da qual é a estrela mais brilhante. Dane Rudhyar escreve que é uma das primeiras estrelas mencionadas em registros remotos (*A Dimensão Galáctica da Astrologia*, Ed. Pensamento, SP, p. 184). Ana Maria Costa Ribeiro afirma que se atribui a Arcturus a existência de uma antiga civilização extraterrestre (*Conhecimento da Astrologia*, A.M. *Costa Ribeiro, Ed. Novo Milênio,* RJ, 1996, p. 549). Para haver uma civilização lá, Arcturus pode ser um Sol com um ou mais planetas. Astrologicamente, Arcturus é uma estrela fixa a $23^{0}36'$ de Libra, segundo Costa Ribeiro. (N. ed. bras.)

10 *Vera pro gratiis* – "Conselho que não foi solicitado". (Ed. C.)

11 *Missio in partibus infidelium* – "Missão em terras dos descrentes". (Ed. C.)

der a razão; parar é cair; retroceder é cair para trás, de cabeça para baixo, num abismo." Nada tema – se você é sincero, e o é – *agora*. Você tem a mesma segurança em relação ao *futuro*?

Mas creio que é tempo de voltar para coisas menos transcendentais e que você chamaria de menos sombrias e mais mundanas. Nisso, sem dúvida, você estará muito mais à vontade. A sua experiência, o seu treinamento, o seu intelecto, o seu conhecimento do mundo exterior, em resumo, tudo se combina para auxiliá-lo na realização da tarefa que começou. Estes fatores o colocam num nível infinitamente mais elevado do que o meu com relação ao empreendimento de escrever um livro sobre o "real coração" da sua Sociedade. Embora o interesse que tenho em relação a isso cause assombro a alguns, que provavelmente usarão contra mim e meus colegas os nossos próprios argumentos e observarão que a nossa "tão alardeada elevação sobre a massa comum" (palavras do nosso amigo, o sr. Hume) acima dos interesses e das paixões da humanidade comum, deve tornar difícil que tenhamos qualquer compreensão dos assuntos comuns da vida – mesmo assim eu confesso que tenho de fato interesse neste livro e no seu êxito, tanto quanto no êxito, em vida, do seu futuro autor.

Espero que pelo menos você compreenda que nós estamos (ou a maior parte de nós) longe de ser as múmias sem coração, moralmente ressequidas, que alguns parecem supor que somos. "Mejnour"[12] está muito bem onde ele está – como um protagonista ideal de uma história arrepiante – e em muitos aspectos verdadeira. Entretanto, creia-me, poucos de nós gostariam de fazer o papel de uma flor de amor-perfeito ressequida entre as páginas de um livro de solene poesia. Podemos não ser exatamente os "rapazes" – para citar a expressão irreverente de Olcott, ao falar de nós –, no entanto, ninguém do nosso grau se assemelha ao austero herói do romance de Bulwer. Embora as facilidades de observação asseguradas a alguns de nós pela nossa condição certamente permitam uma visão maior, uma compaixão mais poderosa e imparcial, que se expande mais amplamente – respondendo a Addison, nós poderíamos justamente dizer que *é*... "tarefa da 'magia' humanizar a nossa natureza com compaixão" por toda a humanidade e por todos os seres vivos, ao invés de concentrar e limitar nossos afetos a uma raça predileta. No entanto, poucos de nós (exceto os que tenham alcançado a negação final de Moksha) podem desligar-se da influência da nossa conexão terrena a ponto de não ser sensíveis, em diversos graus, aos prazeres, às

---

[12] *Mejnour* – O adepto herói do romance ocultista *Zanoni,* de Bulwer Lytton. (Ed. C.)

emoções e aos interesses mais elevados da humanidade comum. Até que a libertação final o reabsorva, o *Ego tem* que ser consciente das simpatias mais puras despertadas pelos efeitos estéticos da arte elevada, e sua sensibilidade deve responder ao chamado dos vínculos *humanos* mais nobres e santos. Naturalmente, à medida que ocorrer o progresso em direção à libertação, isto será mais difícil, até que, para coroar tudo, o conjunto dos sentimentos humanos e puramente individuais – laços de sangue e amizade, patriotismo e predileção racial – cederá seu lugar para um sentimento universal, o único que é verdadeiro e santo, o único altruísta e Eterno: amor, um amor imenso pela humanidade como um *Todo*! Pois é a "Humanidade" que é a grande Órfã, a única deserdada desta Terra, meu amigo. E cada homem capaz de um impulso altruísta tem o dever de fazer alguma coisa, mesmo que pouco, pelo bem-estar dela. Pobre humanidade! Ela me recorda a velha fábula da guerra entre o corpo e os seus membros; aqui também, cada membro desta enorme "órfã" – sem pai nem mãe – só se preocupa egoisticamente consigo mesmo. O corpo abandonado sofre eternamente, quer os seus membros estejam em paz ou em guerra. Seu sofrimento e agonia nunca cessam... E quem pode censurá-la – como fazem os seus filósofos materialistas – se nesse isolamento e nesse abandono ela criou deuses aos quais ela "sempre brada por ajuda, mas não é escutada?" Assim –

> ***"Já que o homem só pode ter esperança no homem,***
> ***Não deixarei que* nenhum *deles chore se eu puder salvá-lo!..."***

Entretanto, confesso que eu, individualmente, não estou isento de alguns apegos terrenos. Ainda me sinto ligado mais a *alguns* homens do que a outros, e a filantropia, como é pregada pelo nosso Grande Patrono – "o Salvador do Mundo – o Instrutor do Nirvana e da Lei", nunca matou em mim as preferências individuais de amizade, de amor para com o meu próximo, nem um ardente sentimento de patriotismo pelo país em que me materializei individualmente pela última vez. A esse respeito, poderei, algum dia, sem que me seja solicitado, aconselhar o meu amigo sr. Sinnett, que sussurre no ouvido do editor do PIONEER *en attendant*[13] – "Quero pedir que informe o dr. Wyld, Presidente da Sociedade Teosófica Britânica, sobre as poucas verdades relativas a nós, tal como foram mostradas acima. Tenha a bondade de persuadir esse excelente cavalheiro de que nenhuma das humildes 'gotas de orvalho'

---

13 *En attendant*: atual. (N. ed. bras.)

que desapareceram no espaço, assumindo sob vários pretextos e em diversos períodos a forma de vapor, para congelarem-se nas brancas nuvens dos Himalaias, jamais tratou de retornar ao Mar brilhante do Nirvana por meio do insalubre processo de pendurar-se pelas pernas ou de fabricar para si própria uma outra 'capa de pele' com o sagrado esterco da 'vaca três vezes sagrada'! "O presidente britânico atua sob a influência das mais originais idéias a nosso respeito, a quem ele persiste em chamar de "Iogues", sem ter a menor idéia das enormes diferenças que existem mesmo entre a "Hatha Ioga" e a "Raja Ioga". Esse erro deve ser atribuído à sra. B., a hábil editora de *The Theosophist,* que enche a revista com as práticas de diversos *Sannyasis* e outros "seres abençoados" das planícies, sem se preocupar em acrescentar sequer algumas linhas de explicação adicional.

E agora abordemos assuntos ainda mais importantes. O tempo é precioso e o material (quero dizer, material para escrever) o é ainda mais. Já que a "precipitação" – no seu caso, se tornou algo inadequado, já que a falta de tinta ou papel não permite "tamasha"[14], e que eu estou longe de casa, num lugar onde uma papelaria é menos importante que ar para respirar, a nossa correspondência está ameaçada de ser interrompida abruptamente, a não ser que eu controle o meu estoque disponível com muito equilíbrio. Um amigo prometeu-me fornecer, em caso de grande necessidade, algumas folhas avulsas, relíquias de lembranças do testamento de seu avô, no qual ele o deserdou – e assim fez a sua "fortuna"[15]. Mas como ele nunca escreveu uma linha, com uma única exceção, diz ele, nesses últimos onze anos, a não ser nesse papel *"double superfin glacé"* feito no Tibete, que você poderia confundir irreverentemente com papel mata-borrão dos tempos mais antigos, material semelhante àquele em que foi escrito o testamento, nós podemos sem dúvida ocupar-nos do seu livro imediatamente. Já que você me faz o obséquio de perguntar minha opinião, posso dizer que a idéia é excelente. A Teosofia necessita desse auxílio, e os resultados serão os que você antecipa também na Inglaterra. Além disso, pode ser útil para nossos amigos na Europa em geral.

---

[14] *Tamasha*: uma exibição de poderes. (N. ed. bras.)

[15] Este amigo é seu chela Djual Khul, que o acompanhava nesta viagem. Ele é freqüentemente mencionado nestas Cartas como "o Deserdado", apelido dado a ele porque foi deserdado quando se tornou um chela do Mahatma K.H. Ele às vezes também é chamado de Benjamin. (Ed. C.)

Não coloco restrição alguma a que faça uso de tudo que eu possa ter escrito para você ou para o sr. Hume, e tenho plena confiança em seu tato e julgamento quanto ao que deva ser impresso e como deverá ser apresentado. Tenho apenas que pedir, por razões sobre as quais devo manter-me silencioso (e tenho a certeza de que você respeitará esse silêncio), que *não use uma única palavra ou passagem da última carta que lhe escrevi* – aquela que foi escrita depois do meu longo silêncio, sem data, e a primeira que lhe foi entregue pela nossa "velha senhora". Acabo de citar algo dessa carta na página 4. Faça-me o favor, se pensar que vale a pena preservar as minhas pobres epístolas, de colocar esta carta num envelope à parte e lacrá-lo. Você poderá ter de abri-lo somente depois de um certo período de tempo. Quanto ao resto, abandono-o aos dentes afiados da crítica. Tampouco gostaria de interferir no plano que você esboçou em termos gerais em sua mente. Mas eu lhe recomendaria firmemente que, na sua execução, você colocasse grande atenção nas pequenas circunstâncias – (você poderia mandar-me, por favor, uma receita para fazer tinta azul?) – que demonstrem a impossibilidade de fraude ou conspiração. Reflita bem, como é ousado confirmar que são fenômenos dos Adeptos o que os espíritas[16] acreditam ser provas de mediunidade, e os céticos vêem como prestidigitação. Você não deve omitir nem um ponto ou uma vírgula de qualquer pequena evidência colateral que sustente a sua posição, algo que você negligenciou em sua carta "A" no *Pioneer.* Por exemplo, o meu amigo me contou que era a *décima terceira* taça, e que seu modelo era inigualável, pelo menos em Simla.[17] A almofada foi escolhida por você mesmo – e no entanto a palavra "almofada" ocorre em minha nota para você, assim como teria sido colocada a palavra "árvore" ou qualquer outra, se você tivesse escolhido um outro lugar para que o objeto fosse depositado em vez da almofada. Você verá que todos esses pequenos detalhes serão a defesa mais poderosa contra o ridículo e o desprezo. Então, naturalmente, você

---

16 Refere-se ao fenômeno da materialização de uma xícara e um pires adicionais durante o piquenique em Simla, dia 3 de outubro de 1880. Veja *O Mundo Oculto,* de A.P. Sinnett, Ed. Teosófica, Brasília, pp. 76 e seguintes. (Ed. C.)

17 **Isto, pelo menos, é o que diz a sra. S.; eu mesmo não pesquisei nas lojas de louça. Assim, também, a garrafa com água que peguei com minha própria mão, era uma das quatro que os servidores tinham nas cestas, e estas quatro garrafas haviam sido trazidas naquele momento de volta vazias por eles depois da sua busca infrutífera de água, quando você os mandou até a pequena casa de bebidas com um bilhete. Pedindo desculpas pela interferência, e com as saudações mais respeitosas à sua esposa. Atenciosamente, etc., O "Deserdado".***

* O "Deserdado" – apelido de Djual Kool. (N. da 3ª edição)

desejará mostrar que essa Teosofia não é um candidato novo à atenção do mundo, mas é somente a reafirmação de princípios que têm sido conhecidos desde a infância da humanidade. A seqüência histórica deve ser traçada de modo sucinto, mas claro, através da evolução das sucessivas escolas filosóficas, e ilustrada com relatos de demonstrações experimentais de poder oculto atribuídas a vários taumaturgos[18]. A alternância no aparecimento e desaparecimento de fenômenos místicos, assim como o seu deslocamento de um centro populacional para outro, mostra o jogo de conflito das forças opostas da espiritualidade e do animalismo. E, finalmente, ficará claro que a atual onda de fenômenos, com seus efeitos variados sobre o pensamento e o sentimento humanos, fez do renascimento da pesquisa teosófica uma necessidade indispensável. O único problema a resolver é de ordem prática; o de como melhor promover o estudo necessário e dar ao movimento espírita um necessário impulso para cima. É um bom começo fazer com que sejam melhor compreendidas as capacidades intrínsecas e ocultas do homem interno. Se aceitarmos a proposição científica de que *akarsha* (atração) e *prshu* (repulsão) são a lei da natureza, não pode haver comunicação ou relações entre almas limpas e sujas – encarnadas ou desencarnadas; e portanto, noventa e nove por cento das supostas comunicações espíritas são, *prima facie*[19], falsas. Aqui está um dos fatos mais importantes que você pode encontrar e abordar, e quanto mais claro ele ficar, melhor. Assim, embora se pudesse ter feito uma seleção melhor para o *Theosophist*, com relatos ilustrativos, como, por exemplo, testemunhos históricos bem fundamentados, mesmo assim foi correta a idéia de dirigir as mentes dos interessados em fenômenos para rumos mais úteis e sugestivos, distantes do mero dogmatismo mediúnico.

O que eu quis dizer com "esforço desesperado"[20] foi que, quando se considera a magnitude da tarefa a ser empreendida pelos nossos trabalhadores teosóficos, e especialmente as múltiplas forças já reunidas e que ainda se reunirão contra ela, bem podemos compará-la a um daqueles esforços desesperados contra condições esmagadoramente adversas que um verdadeiro soldado se orgulha de tentar. Você fez bem em

---

[18] *Taumaturgos:* aqueles que fazem prodígios. (N. ed. bras.)

[19] *Prima facie:* em princípio. (N. ed. bras.)

[20] O dicionário *Webster's Encyclopedic Unabridged* define a expressão usada no original, *forlorn hope,* como "esperança vã, um empreendimento que quase certamente fracassará, uma tentativa perigosa ou desesperada". Em termos militares, *forlorn hope* significa um grupo de soldados destacados para uma tarefa extraordinariamente perigosa. A origem da expressão vem do alemão *verloren hoop,* "tropas perdidas". (N. ed. bras.)

ver o "grande propósito" no tímido começo da S. T. Naturalmente, se tivéssemos decidido fundá-la e dirigi-la em *propria persona*[21], é muito provável que ela tivesse tido mais êxito e não tivessem sido cometidos tantos erros; mas não podíamos fazê-lo, nem era esse o plano. Nossos dois representantes estão encarregados da tarefa, e têm liberdade – como é o seu caso agora – de fazer o melhor que puderem de acordo com as circunstâncias. E muito já foi feito. Debaixo da superfície do espiritismo, há uma corrente que está abrindo um amplo canal para si mesma. Quando ela reaparecer à luz do sol os seus efeitos serão evidentes. Muitas mentes como a sua já estão considerando seriamente a questão da lei oculta – colocada diante da opinião pública por essa discussão. Como você, essas pessoas não estão satisfeitas com o que se conseguiu até agora e buscam algo melhor. Que isso o encoraje.

Não é inteiramente certo que se tivéssemos tais mentes na Sociedade, elas estariam "sob condições mais favoráveis para serem observadas" por nós. Digamos melhor, que, pelo fato de unirem-se a outros simpatizantes nesta organização, eles são estimulados a se esforçar e incitam uns aos outros a pesquisar. A união sempre aumenta a força: e como o Ocultismo, em nossos dias, se assemelha a "um esforço desesperado", a união e a cooperação são indispensáveis. A união, na verdade, implica a concentração de força vital e magnética contra as correntes hostis do preconceito e do fanatismo.

Escrevi umas poucas palavras na carta do jovem *maratha*[22], somente para demonstrar que ele[23] estava obedecendo *ordens* ao expor-lhe suas opiniões. Deixando de lado a idéia exagerada sobre *taxas enormes*, a carta dele é, de certo modo, digna de consideração. Pois Damodar é um hindu – e conhece a mente do seu povo em Bombaim; contudo, os hindus de Bombaim são, de modo geral, um grupo menos espiritual do que qualquer outro em toda a Índia. Mas sendo um jovem devotado e entusiasta, ele se precipitou atrás da forma nebulosa de suas próprias idéias antes mesmo que eu pudesse dar a elas a direção correta. Todos os pensadores rápidos são difíceis de impressionar – num relance eles partem "a toda velocidade" antes de terem entendido o que desejamos que pensem. Esse é o nosso problema com a sra. B. e O. A falha freqüente deste último ao implementar as sugestões que, às vezes, recebe – mesmo escritas, é quase sempre devida ao fato de que sua própria men-

---

[21] *Propria persona:* Pessoalmente. (N. ed. bras.)

[22] *Maratha:* é aquele que fala *marathi*, um idioma índico usado em Bombaim e adjacências. (N. ed. bras.)

[23] A carta é de Damodar. Veja as Cartas 14A (ML-142A) e 14B (ML-142B). (Ed. C.)

talidade ativa o impede de distinguir as nossas impressões das suas próprias concepções. E a dificuldade da sra. B. (além das suas doenças físicas) é que ela, às vezes, ouve duas ou mais de nossas vozes ao mesmo tempo. Esta manhã, por exemplo, quando o "Deserdado", a quem deixei espaço para que escrevesse uma nota de pé de página, estava falando com ela sobre um assunto importante, ela prestou atenção a um dos nossos que passava por Bombaim, vindo de Chipre, em seu caminho para o Tibete – misturando as duas comunicações numa intrincada confusão. *Mulheres* têm de fato pouco poder de concentração.

E agora, meu bom amigo e colaborador – uma irremediável falta de papel me obriga a terminar. Adeus, até o seu retorno, a menos que aceite, como até agora, passar a nossa correspondência pelo canal de costume[24]. Nenhum de nós preferiria isso. Mas até que seja dada autorização para mudanças, deve continuar assim mesmo. Se ela viesse a morrer hoje – e ela está realmente doente – você não receberia mais do que duas, ou no máximo três cartas de mim (através de Damodar ou Olcott, ou através de intermediários de emergência já estabelecidos) e então, aquele reservatório de força estando exaurido, a nossa despedida seria FINAL. Entretanto, não me anteciparei; os eventos *poderiam* associar-nos em alguma parte da Europa. Mas encontremo-nos ou não durante a sua viagem, fique seguro de que os meus bons desejos pessoais estarão a seu serviço. Caso necessite de vez em quando do auxílio de um pensamento feliz à medida que o seu trabalho progrida, ele será sem dúvida *osmosiado* para sua cabeça – se o xerez[25] não impedir o caminho, como já aconteceu em Allahabad.

Que o "mar profundo" seja gentil com você e sua família.

Sempre atenciosamente,

K.H.

P.S. O "amigo" de quem lorde Lindsay fala em sua carta a você é, desculpe-me dizer, um verdadeiro animal *pestilento*, que procurou perfumar-se com essência de flores em presença dele durante os dias prósperos da amizade, evitando ser reconhecido pelo seu odor natural. É Home[26] – o médium, um convertido ao Catolicismo Romano, depois ao

---

[24] Isto é, H. Blavatsky. (N. ed. bras.)

[25] Vinho espanhol. (N. ed. bras.)

[26] Um espírita bem conhecido, nascido na Escócia. Educado nos Estados Unidos, mais tarde foi para a Inglaterra, onde participou ativamente de círculos espíritas. Ali conheceu lorde Lindsay e outras pessoas interessadas. (Ed. C.)

Protestantismo, e finalmente à Igreja Grega. Ele é o inimigo mais amargo e cruel de O. e da sra. B., embora nunca tenha conhecido nenhum dos dois. Durante certo tempo ele conseguiu envenenar a mente do lorde, predispondo-o contra eles. Não gosto de dizer nada pelas costas de um homem, porque parece calúnia. Mas tendo em vista acontecimentos futuros, sinto que é meu dever adverti-lo, pois esse é um homem excepcionalmente mau – tão odiado pelos Espíritas e médiuns quanto desprezado por aqueles que o conheceram melhor. O trabalho de você é algo que se choca diretamente com o dele. Embora seja um pobre aleijado enfermo, um paralítico infeliz, as suas faculdades mentais estão mais alertas e ativas que nunca para causar intrigas. Não é um homem que renuncie a uma acusação caluniosa, por mais vil e mentirosa que seja. Portanto, tenha cuidado.

K.H.

Carta nº 16 (ML-107) Recebida em 1º de março de 1881

Meu caro embaixador,

Para acalmar a ansiedade que vejo à espreita em sua mente e que tem uma forma ainda mais definida do que você havia expressado, deixe-me dizer que farei todo o possível para acalmar a nossa velha amiga[1], altamente sensitiva e nem sempre sensata, e fazer com que ela fique no seu posto. A má saúde, resultado de causas naturais, e a ansiedade mental deixaram-na extremamente nervosa, prejudicando tristemente a sua utilidade para nós. Durante os últimos quinze dias ela tem sido quase inútil, e suas emoções têm corrido em alta velocidade pelos seus nervos como a eletricidade através de um fio telegráfico. Tudo tem sido um caos. Envio estas poucas frases por meio de um amigo para Olcott, de modo que as receba sem que ela o saiba.

Consulte livremente os nossos amigos na Europa e retorne com um bom livro[2] em suas mãos e um bom plano em sua cabeça. Anime os sinceros irmãos de Galle[3] a que perseverem em seu trabalho educativo. Algumas palavras suas animarão seus corações. Telegrafe a Nicolas Dias, Inspetor de Polícia de Galle, dizendo que você, membro do Conse-

[1] H.P.B. (Ed. C.)

[2] *O Mundo Oculto.* (N. ed. bras.)

[3] *Galle:* Um porto de mar na região sudoeste de Sri Lanka (antigo Ceilão). (N. ed. bras.)

lho da S.T., está por chegar (dê a data e o nome do vapor), e eu farei com que H.P.B. faça o mesmo para outra pessoa. Pense durante a viagem em seu verdadeiro amigo.

K.H. e ________.

Carta nº 17 (ML-31) Recebida em 26 de março de 1881

Esta parece ser a única carta recebida do Mahatma enquanto Sinnett estava na Inglaterra. O envelope que a continha está junto com a carta original no Museu Britânico.

Geoffrey Barborka é de opinião que o Mahatma escreveu a carta e a transmitiu de Terich-Mir, onde estava na ocasião, para um adepto membro da Fraternidade em algum lugar na França. Este adepto, então, acredita o sr. Barborka, colocou-a em um envelope, colou nele um selo postal francês e o remeteu pelo correio normal.

Outra possibilidade é que tenha sido transmitida telepaticamente para um chela que vivesse na França, que a teria transcrito e colocado no correio para Sinnett.

Terich-Mir é uma montanha na região final das Montanhas de Hindu Kush, situadas principalmente no Afeganistão; atinge a altitude de 8.360 metros.

Recebida em Londres em 26 de março de 1881.

É das profundezas de um vale desconhecido, entre os íngremes penhascos e as geleiras de Terich-Mir – um vale jamais trilhado por pés europeus desde os tempos em que a sua montanha materna foi expelida do seio da nossa Terra Mãe – que o seu amigo lhe envia estas linhas. Porque foi neste lugar que K.H. recebeu as suas "afetuosas homenagens" e é neste lugar que ele pretende passar as suas "férias de verão". Uma carta enviada "de onde moram as neves e a pureza eternas" e recebida "onde mora o vício"!... Estranho, *n'est ce pas*[1]? Eu gostaria, ou melhor, eu poderia estar com você em tal lugar? Não; mas estive, em várias e diversas ocasiões em outro lugar, embora não no "astral", nem em nenhuma outra forma tangível, mas simplesmente em pensamento. Isso não o satisfaz? Bem, bem, você conhece as limitações a que estou sujeito no seu caso, e tem de ter paciência.

---

[1] *N'est ce pas?* – Não é? (N. ed. bras.)

O seu futuro livro[2] é uma pequena jóia; e embora pequeno e simples, pode algum dia elevar-se tão alto como o Monte Everest sobre as suas colinas de Simla. Entre todas as obras desse tipo na emaranhada selva da literatura espírita, ele demonstrará ser indubitavelmente o Redentor, oferecido como um sacrifício pelo pecado do mundo dos espíritas. Eles começarão por rejeitá-lo – ou melhor por caluniá-lo; mas encontrará os seus doze fiéis, e a semente lançada pela sua mão no solo da especulação não crescerá como uma erva daninha. Isso é o que posso prometer. Você é freqüentemente demasiado cauteloso. Você lembra muito seguidamente o leitor da sua ignorância, e ao apresentar como uma modesta teoria o que no fundo do seu coração sabe e sente que é um axioma, uma *verdade* primária, em vez de ajudá-lo, você o deixa perplexo e cria uma dúvida. Mas o livro é um pequeno registro inspirado e analítico e, como avaliação crítica dos fenômenos que você presenciou pessoalmente, é muito mais útil do que a obra do senhor Wallace. É este tipo de fonte que os espíritas deveriam ser incentivados a buscar para saciar a sua sede de fenômenos e de conhecimento místico, em vez de ter que engolir as idiotices que se encontram em *Banner of Light* e outras publicações semelhantes. O mundo – o mundo das existências individuais – está cheio dos significados latentes e propósitos profundos que inspiram todos os fenômenos do Universo, e só as Ciências Ocultas – ou seja, a razão elevada à sabedoria super-sensorial, podem fornecer a chave mediante a qual o intelecto pode compreendê-los. Acredite, há um momento na vida de um adepto em que todas as adversidades pelas quais passou são recompensadas mil vezes. Para adquirir conhecimento adicional, ele já não tem que recorrer a processos minuciosos e lentos de investigação e comparação de várias questões, mas lhe é proporcionada uma visão instantânea e implícita de cada verdade básica. Tendo transposto a etapa da filosofia que afirma que todas as verdades fundamentais surgiram de um impulso cego (esta é a filosofia dos sensacionalistas ou positivistas) e deixando muito para trás aquele outro tipo de pensadores – os intelectualistas ou céticos, que sustentam que as verdades fundamentais derivam somente do intelecto, e que nós mesmos somos a sua única causa originária – o adepto vê, sente e vive na própria fonte de todas as verdades fundamentais – a Essência Universal e Espiritual da Natureza, SHIVA, o Criador, o Destruidor e o Regenerador. Assim como os espíritas atuais degradaram o "Espírito", também os hindus degradaram a Natureza com suas concepções antropomórficas a respeito dela. Só a Natureza pode encarnar o Espírito da contemplação ilimitada. "Absorvido na absoluta auto-inconsciência do

---

2 *O Mundo Oculto*. (Ed. C.)

eu[3] *físico*, mergulhado nas profundezas do verdadeiro Ser, que não é um Ser mas a Vida eterna, universal", toda a sua forma imóvel e branca como os picos de neve eterna em Kailasa[4] onde ele está sentado, acima da ansiedade, acima do sofrimento, acima do pecado e da vida mundana, um mendicante, um sábio, um ser que cura, o Rei dos Reis, o Iogue dos Iogues, esse é o Shiva ideal dos *Yoga Shastras*, a culminação da *Sabedoria Espiritual*...Ah, os seus Max Muller[5] e os Monier Williams[6], o que eles fizeram com a nossa Filosofia!

Mas dificilmente se poderia esperar que você aprecie ou mesmo compreenda esta *phanerosis*[7] de nossos ensinamentos. Perdoe-me. Raramente escrevo cartas e, sempre que sou levado a fazê-lo, prefiro seguir os meus próprios pensamentos a ficar restrito ao assunto que deveria abordar. Trabalho há mais de um quarto de século, dia e noite, para conservar meu lugar dentro das fileiras desse exército invisível, mas sempre ativo, que trabalha e se prepara para uma tarefa que só pode trazer como recompensa a convicção de que estamos cumprindo o nosso dever para com a humanidade; e, ao encontrá-lo em meu caminho, não tentei cooptá-lo – não tenha medo – porque isso seria impossível, mas simplesmente atrair a sua atenção, estimular a sua curiosidade, e se possível os seus melhores sentimentos em relação à verdade una e única. Você demonstrou ser leal e sincero, e fez o melhor que pôde. Se os seus esforços ensinarem ao mundo ainda que seja uma só letra do alfabeto da Verdade – dessa Verdade que outrora permeou todo o mundo – sua recompensa alcançará você infalivelmente. E agora que conheceu os "místicos" de Paris e Londres, o que pensa deles?...

Atenciosamente,

K.H.

P.S. Nossa pobre "Velha Senhora" está doente. Fígado, rins, cabeça, cérebro, pernas, cada órgão e membro luta e estala os dedos diante dos esforços que ela faz para ignorá-los. Um de nós terá que "consertála", como diz o nosso valioso sr. Olcott, ou ela passará mal.

---

3 *Self* no original em inglês. (N. ed. bras.)

4 *Kailasa:* um dos picos mais elevados dos Himalaias, ao norte do lago Manasa. (Ed. C.)

5 *Max Muller:* um culto filólogo e famoso erudito da língua sânscrita, nascido na Alemanha. Traduziu muitas obras orientais para os leitores europeus. Seus livros mais famosos fazem parte da série *Livros Sagrados do Oriente.* (Ed. C.)

6 *Monier Williams*: famoso erudito em sânscrito. Viajou extensamente pela Índia em função das suas traduções de escritos indianos. (Ed. C.)

7 *Phanerosis:* um processo pelo qual se torna algo visível. (N. da 3ª ed.)

Carta nº 18 (ML-9) Recebida em 5 de julho de 1881

Esta carta assinala o começo dos verdadeiros ensinamentos do Mahatma, embora uma boa parte dela esteja relacionada com um destacado membro inglês da S.T.

Sinnett indica 8 de julho como a data de recebimento desta carta. Entretanto, no Suplemento de The Theosophist *de agosto de 1881, Tookaram Taya, secretário da S.T. em Bombaim, afirma, em um relatório datado de 7 de julho, que Sinnett chegou em Bombaim em 4 de julho e no dia seguinte à noite deu uma palestra, na qual disse claramente que naquela mesma manhã, depois do desjejum, enquanto estava sentado a uma mesa em plena luz do dia, recebeu uma carta de seu "ilustre amigo Koot Hoomi".*

A descrição que Sinnett fornece de como ela foi recebida é extremamente interessante. Encontra-se em O Mundo Oculto, *pp. 169-170.*

Sinnett havia escrito para o Mahatma antes de deixar Londres e estava um pouco decepcionado porque nenhuma resposta o aguardava em Bombaim. No entanto, na manhã seguinte à sua chegada, tendo terminado o desjejum com H.P.B., ele estava sentado conversando com ela quando a carta chegou. Esta é a sua descrição:

> *"Estávamos sentados em lados diferentes de uma mesa grande e quadrada em meio ao aposento iluminado pela plena luz do dia. Não havia outra pessoa ali. De súbito, sobre a mesa diante de mim mas à minha direita, enquanto a sra. Blavatsky se achava à minha esquerda, caiu uma carta espessa. Caiu "do nada", por assim dizer; foi materializada ou reintegrada do ar diante de meus olhos. Era a resposta esperada de Koot Hoomi – uma carta profundamente interessante que tratava em parte de questões pessoais e respondia perguntas minhas, e em outra parte continha grandes revelações, embora ainda obscuras, de filosofia oculta, o primeiro esboço neste sentido que eu recebi."*

Na página seguinte, Sinnett comenta que durante algum tempo este foi o único fenômeno concedido a ele, porque "as autoridades Superiores do mundo oculto tinham de fato estabelecido na ocasião uma proibição muito mais estrita para essas manifestações..." O efeito dos acontecimentos de Simla no verão anterior, observou Sinnett, "não foi considerado satisfatório em seu conjunto. Muita discussão amarga e muitos sentimentos adversos haviam ocorrido em seguida, e eu imagino que isto foi visto como mais significativo, em seu efeito prejudicial sobre o progresso do movimento teosó-

fico, que os bons efeitos dos fenômenos sobre as poucas pessoas que os apreciaram." Outro ponto a respeito desta carta é que – como no caso de outras – ela iria ter repercussões. Neste caso, estas foram devidas à indiscrição ou falta de sabedoria de Sinnett ao fazer longos resumos dela para Stainton Moses, a quem o Mahatma questiona confidencialmente e de modo extenso nesta carta.

Stainton Moses (1839-1892) era um membro destacado do grupo espírita na Inglaterra. Ele tinha um guia chamado "Imperator" (geralmente designado nas cartas do Mahatma como +). Há muitas conjecturas quanto à identidade deste guia. Supõe-se que em uma ocasião ele serviu para a manifestação de um dos Irmãos[1] *e em outras, de alguma outra entidade, e também, talvez, do eu superior de Moses. Stainton Moses usava freqüentemente o pseudônimo literário de M. A. Oxon.*

De K.H., primeira carta recebida ao retornar à Índia, em 8 de julho de 1881, enquanto estava com a sra B. em Bombaim durante alguns dias.

Bem-vindo, meu bom amigo e brilhante autor, bem-vindo de volta a este país! Com a sua carta em mãos, estou feliz por ver que a sua experiência pessoal com os "eleitos" de Londres teve tanto êxito. Mas prevejo que você se converterá, agora mais do que nunca, num ponto de interrogação sob forma humana. Cuidado! Caso os poderes maiores considerarem prematuras as suas perguntas, em vez de receber as minhas respostas em sua prístina pureza, você as verá transformadas em um amontoado de trivialidades. Avancei demasiado para sentir uma mão na minha garganta sempre que chego aos limites de temas proibidos; não o bastante para evitar sentir-me tão desconfortável como um verme de ontem diante da nossa "Rocha das Eras", meu Cho-Khan[2]. Todos devemos estar com os *olhos vendados* antes que possamos passar adiante; caso contrário, teremos que permanecer de fora.

E agora, o que há em relação ao livro?[3] *Le quart d'heure de Rabelais*[4] está soando e me encontra, se não completamente insolvente, quase tremendo diante da idéia de que o primeiro pagamento oferecido pode ser considerado abaixo do esperado; o preço exigido – inadequado devido a meus pobres recursos; e que eu tenha sido levado, *pro bo-*

---

1 Isto é, um dos Mahatmas. (N. ed. bras.)

2 O Maha-Chohan. (Ed. C.)

3 *O Mundo Oculto*, de Sinnett, que havia sido publicado recentemente. (Ed. C.)

4 Em francês, "o quarto de hora de Rabelais". Rabelais foi um escritor francês. A expressão significa "o momento decisivo". (N. ed. bras.)

no publico[5], a transgredir o terrível "até aqui chegarás, e não mais além", afundando com tinta azul e tudo na onda de ira do Cho-Khan! Espero sinceramente que você não me faça perder a "minha situação".

Esta é a verdade. Pois tenho uma pálida idéia de que você estará muito impaciente comigo. Tenho uma noção muito clara de que isso não é necessário. É uma das infelizes necessidades da vida que exigências imperiosas às vezes nos forcem a *ignorar* aparentemente pedidos da amizade, não para violar a palavra empenhada, mas para acalmar e colocar de lado por algum tempo as expectativas demasiado impacientes dos neófitos quando elas têm importância menor. Uma destas necessidades, que chamo de imperiosa, é a necessidade do seu bem-estar futuro, e a compreensão do sonho concebido por você em companhia de S. M. Esse sonho – podemos chamá-lo de visão? – foi que vocês e a sra. K.[6] (por que esquecer a Sociedade Teosófica?) – "são todos partes de um grande plano para as manifestações da filosofia oculta ao mundo". Sim; deve chegar (e não está distante) o momento em que todos vocês compreenderão corretamente as fases aparentemente contraditórias de tais manifestações, sendo forçados pelas evidências a reconciliar umas com as outras. Já que não é esse o caso agora, lembre por enquanto que é porque estamos fazendo um jogo arriscado em que as apostas são de almas humanas, que lhe peço que mantenha a sua alma paciente. Considerando que tenho de cuidar da sua "Alma" e também da minha, eu me proponho a fazer isso a qualquer custo, mesmo com o risco de ser incompreendido por você, como fui pelo sr. Hume. O trabalho se torna mais difícil porque sou um trabalhador solitário no campo, e isso será assim enquanto eu não puder provar aos meus superiores que você, pelo menos, tem intenções sérias; que você está com uma atitude correta e sincera. À medida que me recusam um auxílio mais elevado, assim também você não encontrará facilmente auxílio nessa Sociedade em que atua e que tenta movimentar. Nem encontrará muita alegria, durante um certo tempo, nos que estão diretamente interessados. Nossa velha senhora está fraca e os nervos dela tão tensos como as cordas de um violino. O cérebro dela, exausto, está nas mesmas condições. H. S. O. está muito distante – em um *exílio* – lutando para retomar o caminho da

---

5 *Pro bono publico:* pelo bem público. (N. ed. bras.)

6 Anna B. Kingsford era uma espiritualista inglesa e desempenhou um papel importante na S.T. da Inglaterra. Mais tarde ela foi presidente da Loja de Londres. Ela ficou conhecida pelo seu livro *The Perfect Way* (*O Caminho Perfeito*), publicado em 1881. (Ed. C.)

salvação – comprometido mais do que você imagina pelas indiscrições que cometeu em Simla – e fundando escolas teosóficas. O sr. Hume – que certa vez prometeu tornar-se um lutador campeão na Batalha da Luz contra as Trevas – agora mantém uma espécie de neutralidade armada, fascinante para o observador. Tendo feito a maravilhosa descoberta de que somos um corpo de jesuítas antediluvianos ou fósseis – que coroam a si mesmos com floreios de oratória; ele só não nos acusou de interceptar as cartas dele para H. P. B.! No entanto, ele encontra alguma satisfação ao pensar "que polêmica divertida ele terá em algum *outro lugar* (possivelmente na Sociedade Ornitológica Anjo Linneano)[7] com a entidade designada pelo nome Koothoomi". Realmente, o nosso muito intelectual e outrora mútuo amigo tem sob seu comando uma enxurrada de palavras que seriam suficientes para fazer flutuar um grande barco cheio de sofismas de oratória. Entretanto, eu o respeito... E quem mais? C.C. Massey?[8] Mas ele é o infeliz pai de meia dúzia de crianças ilegítimas. Ele é um amigo muito agradável, um profundo místico; um homem generoso de mente nobre, um cavalheiro – como dizem – em cada detalhe; puro como ouro; atende todos os requisitos para ser um *estudante* de ocultismo, mas nenhum para ser um *adepto*, meu bom amigo. Seja como for, o segredo dele pertence a ele, eu não tenho o direito de divulgá-lo. O dr. Wyld? – um cristão até a medula. Hood? – uma doce natureza, como você diz; um sonhador, e um idealista em assuntos místicos; no entanto, não é um trabalhador. S. Moses? Ah! Aqui estamos. S. M. quase afunda a arca teosófica que pusemos a flutuar três anos atrás; e ele dará o melhor de si para fazer isso novamente, apesar do nosso Imperator. Você duvida? Preste atenção.

Ele possui uma natureza estranha e rara. Suas energias psíquicas ocultas são tremendas; mas elas estiveram adormecidas, recolhidas e desconhecidas para ele, até que, há cerca de oito anos, Imperator colocou os olhos nele e fez com que o seu espírito se elevasse. Desde então,

---

[7] Hume era ornitólogo amador. Carolus Linnaeus ou Carl von Linné foi autor da primeira tentativa de sistematizar a classificação de espécies animais e vegetais. Daí, provavelmente, o adjetivo "linneano". (N. ed. bras.)

[8] Charles Charlton Massey, mencionado muitas vezes nas Cartas, era um advogado inglês. Viajou aos EUA em 1875 para verificar os fenômenos espíritas, e foi um dos primeiros membros da S.T. Também foi o primeiro presidente da S.T. na Inglaterra, e um dos fundadores da Sociedade Para Pesquisa Psíquica. Depois do Relatório Hodgson, que acusou HPB de fraudes, C.C.M. renunciou à S.T. O Relatório Hodgson só foi desmascarado como falso um século mais tarde, pela própria Sociedade Para Pesquisa Psíquica, em 1986. (N. ed. bras.)

uma nova vida tem estado nele, uma existência dual, mas a sua natureza não podia ser mudada. Educado como estudante de teologia, sua mente estava devorada por dúvidas. Tempos atrás dirigiu-se para o monte Athos, onde, enclausurando-se num mosteiro, estudou a religião Grega Oriental, e foi lá que ele foi observado pela primeira vez pelo seu "*Espírito* guia" (!!). Naturalmente, a casuística grega não pôde resolver as suas dúvidas, e ele correu para Roma – mas o papismo tampouco o satisfez. Dali peregrinou para a Alemanha obtendo os mesmos resultados negativos. Abandonando a árida teologia cristã, não abandonou o presumido inspirador dela. Ele necessitava um ideal e o encontrou neste último. Para ele, Jesus é uma realidade, um *Espírito* antes encarnado e agora desencarnado, que "forneceu-lhe uma evidência de sua identidade pessoal", pensa ele, num grau que não é menor do que fizeram outros "Espíritos" – Imperator entre eles. Não obstante, nem as religiões de Jesus, nem mesmo as suas palavras, como estão registradas na Bíblia e que S.M. acredita serem autênticas – são completamente aceitas por esse seu inquieto Espírito. Com *Imperator*, a quem coube a mesma sorte mais tarde, não foi diferente. A sua mente é muito positiva. Uma vez que recebeu uma impressão, se torna mais fácil apagar caracteres impressos sobre o *titânio* do que as impressões feitas no seu cérebro.

Sempre que está sob a influência do *Imperator*, ele está totalmente alerta para as realidades do Ocultismo e para a superioridade da nossa Ciência em relação ao Espiritismo. Mas, tão logo é deixado só e sob a perniciosa orientação daqueles que ele firmemente acredita ter identificado como almas desencarnadas – tudo se transforma novamente em confusão! Sua mente não aceita sugestões, nem raciocínios, a não ser os seus, e esses todos apóiam as teorias espíritas. Quando os antigos grilhões teológicos caíram, ele se imaginou um homem livre. Alguns meses depois, ele se tornou um humilde escravo e um instrumento dos "espíritos"! Só quando fica frente a frente com o seu *eu interior* é que ele compreende que há algo mais elevado e mais nobre do que a tagarelice dos pseudo-espíritos. Foi num desses momentos que ele ouviu, pela primeira vez, a voz de *Imperator,* e foi, como ele coloca, "como se a voz de Deus falasse para o meu Eu interno". Essa voz tem sido familiar para ele há anos, e, no entanto, com freqüência ele não lhe presta atenção. Uma simples pergunta: se Imperator fosse o que ele acredita que seja – mais ainda – *sabe* que é, segundo pensa – não teria feito com que a vontade de S.M. ficasse completamente subserviente a ele? Somente os adeptos, isto é, os espíritos encarnados – estão proibidos pelas nossas leis sábias e intransgressíveis de sujeitar completamente uma outra vontade mais

fraca – de um homem que nasceu livre. Este último procedimento é o adotado preferencialmente pelos "irmãos da sombra", os feiticeiros, os fantasmas elementais e, como uma exceção isolada – pelos Espíritos Planetários *mais elevados,* aqueles que não podem mais cometer erros. Mas esses só aparecem na Terra na origem de cada *nova* espécie humana; na junção e no encerramento dos dois extremos do grande ciclo. E eles permanecem com os seres humanos apenas o tempo necessário para que as verdades eternas que ensinam sejam impressas tão nitidamente nas mentes plásticas das novas raças que não possam mais ser perdidas ou inteiramente esquecidas nas eras futuras, pelas gerações posteriores. A missão do Espírito Planetário é apenas fazer soar a NOTA CHAVE DA VERDADE. Uma vez que ele tenha dirigido a vibração dessa última de modo que siga o seu curso sem interrupções, ao longo do encadeamento daquela raça e até o fim do ciclo – o habitante da esfera mais elevada desaparece da superfície do nosso planeta – até a próxima "ressurreição da carne". As vibrações da Verdade Primordial são o que os seus filósofos chamam de "idéias inatas".

Imperator, então, havia dito repetidamente a ele que "só no ocultismo ele deveria buscar, e iria encontrar um aspecto da verdade ainda não conhecido por ele". Mas isso não impediu, de modo algum, que S. M. desse as costas para o ocultismo sempre que uma teoria deste se chocasse com as suas idéias espíritas preconcebidas. Para ele, a mediunidade era algo como o certificado de liberdade da sua Alma, como uma ressurreição da morte espiritual. Havia sido permitido a ele desfrutar dela só enquanto isso fosse necessário para a confirmação de sua fé; estava prometido que o anormal abriria espaço para o normal; ele havia recebido ordem para se preparar para o momento em que o Eu dentro dele se tornaria consciente da sua existência espiritual independente, quando agiria e falaria frente a frente com o seu Instrutor, levando a sua vida adiante nas esferas espirituais, normalmente e sem nenhuma mediunidade interna ou externa. E, no entanto, uma vez consciente do que ele chama de "ação externa do Espírito", já não distinguiu mais entre alucinação e verdade, o falso e o real: confundindo, às vezes, elementais com elementários[9], espíritos encarnados com desencarnados, embora a sua "Voz de Deus" tivesse falado com freqüência e advertido

---

[9] *Elementaries,* no original. Elementários são restos astrais de uma forma que morreu, desligados dos seus princípios superiores, e de comportamento nocivo. Em edições anteriores de obras de H.P.B., foi usada a expressão "elementares". (N. ed. bras.)

contra "aqueles espíritos que pairam acima da esfera da Terra". Apesar de tudo isso ele crê firmemente ter agido sempre sob a direção de Imperator, e que os espíritos que chegaram até ele vieram com a permissão do seu "guia". Nesse caso, H. P. B. esteve ali com o consentimento de Imperator? E como você poderia resolver as seguintes contradições? Desde 1876, agindo sob ordens diretas, ela tentou constantemente despertá-lo para a realidade que estava ocorrendo ao redor e dentro dele. Em relação à questão sobre se ela atuou de acordo com a vontade de Imperator ou *contra ela* – ele deve ter conhecimento, pois nesse último caso ela poderia ter se vangloriado de ser mais forte e mais poderosa do que o "guia" dele, que nunca protestou contra essa intrusão. Então, o que acontece? Escrevendo para ela da ilha de Wight, em 1876, a respeito de uma visão que teve e que perdurou por mais de 48 horas consecutivas, durante a qual caminhou e falou como habitualmente, mas de cujo período não guarda a menor lembrança de nada externo, ele pede a ela que diga se foi uma visão ou uma alucinação. Por que não perguntou ao Imperator? "Você pode responder porque *você estava lá*", diz ele... "Você – mudada, no entanto você – se você tem um *Eu*... Suponho que tem, mas nisso não me intrometo"... Em outra ocasião ele a viu na própria biblioteca dele, olhando-o, aproximando-se e fazendo para ele alguns sinais maçônicos da Loja que ele conhece. Ele admite que "a viu tão claramente como ele via Massey – que estava lá". Ele a viu em várias outras ocasiões e, às vezes, sabendo que era H. P. B., não conseguia reconhecê-la. "Você me parece tão diferente do seu aspecto e das suas cartas, as atitudes mentais tão diversas, que é bastante aceitável para mim, como me dizem com autoridade, que você seja um feixe de entidades... Eu tenho fé *absoluta* em você." Em cada carta ele clamava por um "Irmão *vivo*", mas rejeitava fortemente a clara afirmação dela que já havia um Irmão encarregado dele. Quando auxiliado para se libertar do seu corpo *muito material*, enquanto estava ausente dele durante horas e às vezes dias, sua máquina vazia funcionava durante esse período, dirigida à distância por uma influência *viva;* logo que voltava, ele começava a trabalhar sob a firme impressão de ter sido durante todo aquele tempo o veículo para *outra* inteligência, um espírito desencarnado, não encarnado, e a *verdade* não cruzava uma só vez sua mente. Então escreveu a ela: "Imperator contradiz a sua idéia acerca da mediunidade. Ele diz que não deve haver um real antagonismo entre o médium e o adepto." Se ele tivesse usado a palavra "vidente" em vez de "médium", a idéia teria sido expressada mais corretamente, pois um homem raramente se torna um adepto sem ter nascido como vidente natural. Outra questão. Em setembro de 1875, ele não sabia nada sobre os irmãos da sombra – os nossos maiores, mais cruéis e – por que não confessar – os nossos mais potenciais[10] inimigos. Naquele ano, ele de fato perguntou a ela se Bulwer[11] havia comido costeletas de porco mal cozidas e estava sonhando quando descreveu "o tenebroso habitante do Umbral". "Prepare-se", respondeu ela – "dentro de doze meses você terá que enfrentá-los e lutar com eles." Em outubro de 1876 começou o trabalho deles sobre ele. "Estive travando", ele escreveu, "uma batalha corpo-a-corpo com todas as legiões do Demônio durante as últimas três semanas. Minhas noites se tornaram tenebrosas devido aos tormentos, às tentações e sugestões sujas produzidos por eles. Eu os vejo à minha volta, olhando para mim, tagarelando, uivando, arreganhando os dentes! Todas as formas de sugestão obscena, de dúvida desconcertante, e de um medo louco que causa arrepios se abatem sobre mim... Agora posso compreender o Habitante de Zanoni... Mas não me deixei abater... e suas tentações são mais fracas, a sua presença menos próxima, e o horror é menor..."

Uma noite ela se prostrou diante do Superior dela, um dos poucos que eles temem, e implorou-lhe que estendesse a sua mão através do oceano para que S. M. não morresse e a Soc. Teos. não perdesse seu melhor membro. "Ele tem que ser testado", foi a resposta. Ele imagina que + *Imper.* tenha enviado os tentadores porque ele, S. M., era um desses Tomés que necessitam *ver*; ele *não* acreditaria que + não pudesse evitar a vinda deles. Ele cuidou dele, mas não podia afugentá-los a não ser que a vítima, o próprio neófito, provasse ser mais forte. Mas será que esses demônios humanos, aliados com os Elementários, prepararam-no para uma vida nova, como ele pensou que o fariam? Estas corporificações das influências adversas que acossam o Eu interno enquanto ele luta para se libertar e progredir nunca teriam retornado, se ele tivesse conseguido vencê-las, afirmando a sua própria VONTADE ao abandonar a sua mediunidade, a sua vontade *passiva*. No entanto, eles retornaram.

Você diz que "Imperator – certamente não é a sua (de S.M.) alma astral, e seguramente, também, ele não é de um mundo inferior ao nosso – não é um Espírito preso à Terra". Ninguém jamais disse que ele era algo desse tipo. H. P. B. nunca afirmou a você que ele era a *alma astral*

---

[10] Provavelmente a palavra deveria ser *poderosos*, em vez de *potenciais*. (Ed. C.)

[11] Bulwer Litton, autor do romance ocultista *"Zanoni". (N. ed. bras.)*

de S. M., mas disse que o que ele confundiu inúmeras vezes com + era o seu próprio Eu superior, seu *atman* divino, não o *linga Sarira* ou alma astral, ou o *Kama rupa*, o independente *doppelganger*[12], de novo. + não pode contradizer a si mesmo; + não pode ignorar a verdade, inúmeras vezes desfigurada por S. M.; + não pode pregar as Ciências Ocultas e ao mesmo tempo defender a mediunidade, nem mesmo naquela forma mais elevada, descrita por seu pupilo. A mediunidade é anormal. Quando no desenvolvimento posterior o anormal dá lugar ao natural, os *guias* são afastados e não se requer mais a obediência passiva. Então o médium aprende a usar a sua vontade, a exercitar o seu próprio poder, e se torna um adepto. Trata-se de um processo de desenvolvimento, e o neófito tem que ir até o fim. Enquanto ele for sujeito a transes ocasionais, ele não pode ser um adepto. S. M. passa dois terços da sua vida em transe.

Quanto à sua pergunta sobre se Imperator é um "Espírito Planetário" e se "um Espírito Planetário pode estar encarnado humanamente", direi primeiramente que não pode haver nenhum Espírito Planetário que não tenha sido outrora material ou o que você chama de humano. Quando o nosso grande Buda – o patrono de todos os adeptos, o reformador e codificador do sistema oculto – atingiu o primeiro *Nirvana* na Terra, ele se tornou um Espírito Planetário; isto é, o seu espírito podia ao mesmo tempo percorrer os espaços interestelares *em plena consciência* e continuar à vontade na Terra, em seu corpo original e individual. Pois o Eu divino havia-se desembaraçado tão completamente da matéria que podia criar por sua vontade um substituto interno para si, deixando-o na sua forma humana durante dias, semanas, às vezes anos, sem que essa mudança afetasse de modo algum o princípio vital nem a mente física do seu corpo. Essa é a forma mais elevada de adeptado a que um homem pode aspirar em nosso planeta. Mas é tão rara quanto os próprios Budas, e o último Khobilgan que o atingiu foi Tsong-ka-pa de Kokonor (século XIV), o reformador do Lamaísmo, tanto do esotérico como do vulgar. Muitos são aqueles "que abrem caminho e saem da casca do ovo"; poucos os que, uma vez fora, são capazes de exercer plenamente o seu *Nirira namastaka,* quando estão inteiramente fora do corpo. A vida *consciente* em Espírito é tão difícil para algumas naturezas como é nadar para alguns corpos. Embora a estrutura humana seja mais leve em sua massa que a água, e toda pessoa tenha nascido com esta faculdade, são tão poucos os que desenvolvem a arte de manter-se

12 *Doppelganger:* literalmente "duplo caminhante", duplo corpo, segundo corpo, em alemão. (N. ed. bras.)

flutuando, que a morte por afogamento é um dos acidentes mais freqüentes. Um Espírito Planetário deste tipo (semelhante ao Buda) pode passar à vontade para outros corpos de matéria mais ou menos eterealizada, e que habitam outras regiões do Universo. Há muitas ordens e graus, mas não há uma ordem *separada* e constituída eternamente de Espíritos Planetários. Se Imperator é um "planetário" encarnado ou desencarnado, ou se é um adepto com ou sem corpo físico, eu não tenho a liberdade de dizer, como tampouco ele tem a liberdade de dizer a S. M. quem eu sou ou possa ser, ou mesmo quem é H. P. B. Se ele mesmo prefere ficar silencioso nesse assunto, S. M. não tem o direito de perguntar *a mim.* Mas então o nosso amigo S. M. deveria saber. Na verdade, ele crê firmemente que sabe. Pois, no relacionamento com esse personagem, chegou um momento em que, não satisfeito com as afirmações de + e insatisfeito com a idéia de respeitar seus desejos de que ele, Imperator & Cia. permanecessem impessoais e desconhecidos, exceto pelos seus supostos títulos, S. M. lutou com ele, como Jacó, durante meses, em torno da *identidade* desses espíritos. Era o típico absurdo bíblico outra vez. "Peço-te que digas o teu nome", e embora a resposta tenha sido: "Por que perguntas o meu nome?" – o que é um nome? – ele permitiu que S. M. lhe pusesse um rótulo como se fosse uma maleta. E assim S. M. está tranqüilo agora, porque "viu Deus frente a frente"; alguém que depois de lutar, e vendo que ele não vencia, disse: "deixe-me ir" e foi forçado a aceitar as condições oferecidas por Jacó. S. Moses. Eu aconselho fortemente você a fazer, para sua própria informação, essa pergunta a seu amigo. Por que ele estaria "esperando ansiosamente" por minha resposta, já que ele conhece tudo sobre +? *Esse "Espírito" não lhe contou certo dia uma história – uma estranha história, algo que não pode divulgar sobre si mesmo, e não o proibiu de mencioná-la jamais?* O que mais ele deseja? O fato de que ele busca saber por meu intermédio a verdadeira natureza de +, é uma prova bem conclusiva de que ele não está tão certo da identidade dele, como ele mesmo pensa que está, ou melhor, como preferiria fazer crer que está. Ou será essa questão um subterfúgio? Qual?

Posso responder a você com o que disse a G. Th. Fechner certo dia, quando ele quis saber o ponto de vista hindu a respeito do que escrevera – "Você está certo... 'cada diamante, cada cristal, cada planta e cada estrela têm sua alma individual, além do homem e do animal...', e 'há uma hierarquia de almas, desde as formas mais inferiores de matéria até a Alma do Mundo', mas você está enganado quando acrescenta às palavras acima a certeza de que 'os espíritos dos que partem mantêm uma comunicação psíquica *direta* com as almas que ainda estão ligadas a um corpo humano', porque elas não mantêm". A posição relativa dos mundos habitados em nosso Sistema Solar é suficiente para excluir tal possibilidade. Pois tenho confiança em que você abandonou a estranha idéia – resultado natural da educação inicial cristã – de que possa haver inteligências *humanas* habitando regiões *puramente espirituais*. Então você entenderá facilmente o sofisma dos cristãos – que preferem queimar almas *imateriais* em um inferno físico *material* – assim como o erro dos espíritas, mais cultos, que se iludem com a idéia de que ninguém, a não ser os moradores dos dois mundos imediatamente interligados com o nosso, podem comunicar-se com eles. Por mais etéreos e purificados da matéria densa que eles possam ser, os Espíritos puros ainda estão sujeitos às leis físicas e universais da matéria. Eles *não* poderiam, mesmo que quisessem, atravessar o abismo que separa o mundo deles do nosso. *Eles podem ser visitados em Espírito;* o Espírito deles não pode descer e alcançar-nos. Eles atraem, não podem ser atraídos; a sua polaridade Espiritual é um obstáculo insuperável para isso. (A propósito, você não deve confiar em *Ísis*[13] literalmente. O livro é apenas um esforço tentativo para desviar a atenção dos espíritas de suas idéias preconcebidas, em direção ao verdadeiro estado das coisas. Foi feito com que a autora sugerisse e indicasse a verdadeira direção dizendo o que as coisas *não são*, e não o que elas são. A revisão das provas permitiu que alguns erros sérios ocorressem, como o da página 1, capítulo I, volume I, onde a Essência divina é descrita como tendo emanado de Adão, em vez do contrário.)

Uma vez que começamos a tratar desse assunto, tentarei explicar, com ainda mais clareza, onde está a impossibilidade. Você terá, assim, a sua resposta com relação tanto aos Espíritos Planetários como aos "espíritos" das sessões espíritas.

O ciclo das existências inteligentes começa nos mundos ou *planetas* mais elevados. A expressão "mais elevados" significa aqui os mais perfeitos espiritualmente. Evoluindo a partir da matéria cósmica – que é *akasha*[14], o meio plástico primordial e não o secundário, que constitui o éter da Ciência, suspeitado instintivamente, porém, como o resto, não comprovado – o homem faz sua primeira aparição a partir dessa *matéria* no seu estado mais sublimado, surgindo no limiar da Eternidade como

---

13 *Ísis Sem Véu*, de H.P.B., publicado no Brasil em quatro volumes. (N. ed. bras.)

14 *Akasha* – No original em inglês, *akasa*. Adotamos a grafia *akasha* por razões fonéticas. (N. ed. bras.)

uma Entidade perfeitamente *Etérea* – não uma Entidade Espiritual, digamos –; como um Espírito Planetário. Ele está apenas a um passo da Essência Universal e Espiritual do Mundo, a *Anima Mundi* dos gregos, ou daquilo que a humanidade, em sua decadência espiritual, transformou degradantemente num mítico Deus pessoal. Portanto, nessa etapa, o homem-espírito é, no máximo, um poder *ativo*, um princípio *imutável*, e portanto não-pensante (o termo "imutável" é novamente usado aqui apenas para indicar esse estado em caráter provisório; a imutabilidade só existe aqui em relação àquele princípio interno que se desvanecerá e desaparecerá logo que a centelha do material que existe no homem começar o seu trabalho cíclico de Evolução e transformação). Na sua descida subseqüente, e em proporção direta com o aumento de matéria, ele afirmará cada vez mais a sua atividade. Mas o conjunto dos mundos estelares (incluindo o nosso próprio planeta) habitados por seres inteligentes pode ser comparado a um globo, ou melhor, a um epiciclóide formado de anéis, como uma cadeia – mundos interligados, cuja totalidade representa a imagem de um anel ou círculo infindável. O progresso do homem através do conjunto – desde o seu começo até seu final, que se encontram ambos no ponto mais alto da sua circunferência – é o que chamamos de *Maha Yug* ou o Grande Ciclo, o *Kuklos*, cuja cabeça se perde em uma coroa de Espírito *absoluto* – e o ponto mais inferior da sua circunferência fica na matéria *absoluta*, ou seja, no ponto em que cessa a ação do princípio *ativo*. Se, usando um termo mais familiar, chamarmos o Grande Ciclo de *Macrocosmo* e as suas partes componentes ou os mundos estelares interligados de *Microcosmos*, ficará evidente a intenção dos ocultistas de representar a cada um desses últimos como uma cópia perfeita do primeiro. O Grande Ciclo é o protótipo dos ciclos menores, e como tal, cada mundo estelar tem o seu próprio ciclo de Evolução, que começa com uma natureza mais pura e termina com uma natureza mais grosseira e material. À medida que desce, cada mundo apresenta-se, naturalmente, mais e mais sombrio, transformando-se, nos "antípodas"[15], em matéria *absoluta*. Levado pelo irresistível impulso cíclico, o Espírito Planetário tem que descer antes que possa subir novamente. Nesse caminho ele tem que passar por toda a escada da Evolução, não perdendo nenhum degrau, detendo-se em cada mundo estelar

[15] *Antípodas:* em sentido figurado (o Mahatma colocou a palavra entre aspas), os pontos mais distantes. No sentido literal, antípodas são os habitantes de dois lugares diametralmente opostos do nosso globo terrestre. (N. ed. bras.)

como se fosse em uma estação; e além do ciclo inevitável desse mundo particular e de cada respectivo mundo estelar, deve realizar também o seu próprio "*ciclo de vida*", ou seja, voltar e reencarnar tantas vezes quantas ele falhar em completar a sua ronda de vida nele, porque morre nele antes de alcançar a idade da razão, como está corretamente dito em *Ísis*. Até aqui, a idéia da sra. Kingsford, de que o Ego humano está sendo reencarnado em vários e sucessivos corpos humanos, é a verdadeira. Quanto à idéia de renascer em formas animais após uma encarnação *humana,* é um resultado da maneira descuidada que ela tem de expressar idéias e coisas. Outra MULHER, e tudo igual novamente. Ela confunde "alma e espírito", se recusa a distinguir entre os egos animais e os egos espirituais, o *Jiv-atma* (ou Linga-Sharir) e o *Kama-Rupa* (ou Atma-Rupa), duas coisas tão diferentes como o corpo e a mente, ou como a *mente* e o *pensamento*! É isso o que ocorre. Após *circular*, digamos, ao longo do arco do círculo, passando ao largo e dentro dele (as rotações diária e anual da Terra são uma boa ilustração), quando o homem-espírito chega ao nosso planeta, que é um dos mais inferiores, tendo perdido em cada etapa algo de sua substância etérea e adquirido mais substância material, o espírito e a matéria tornaram-se bastante equilibrados nele. Mas, então, ele tem o ciclo da Terra por percorrer e, como no processo de involução e evolução descendente, a matéria está sempre tentando sufocar o espírito. Quando alcança o ponto mais baixo da sua peregrinação, o outrora Espírito Planetário puro se achará reduzido ao que a ciência convencionou chamar de homem primitivo, ou primordial, em meio a uma natureza tão primordial quanto ele – falando geologicamente, pois a natureza física, em sua carreira cíclica, acompanha o ritmo do homem fisiológico e do homem espiritual. Nesse ponto a grande Lei começa o seu trabalho de seleção. A matéria vista como inteiramente divorciada do espírito é jogada nos mundos ainda mais inferiores – na *sexta* "GATI"[16] ou "maneira de renascimento" dos mundos vegetal e mineral, e das formas animais primitivas. Dali, a matéria moída e desintegrada no laboratório da Natureza prossegue *sem alma* de regresso à sua Fonte Materna; enquanto os Egos, purificados de suas escórias, reiniciam o seu progresso mais uma vez em frente. É aqui que os egos retardatários perecem aos milhões. É o solene momento da "sobrevivência dos mais aptos", a aniquilação dos incapazes. É somente a maté-

---

[16] *Gatis: a*s seis *Gatis* (esotericamente, sete) são as condições ou ordens de seres, da mais elevada (devas), à mais baixa. (N. ed. bras.)

ria (ou o homem material) que é compelida, pelo seu próprio peso, a descer até o fundo do "círculo da necessidade", onde assume a forma animal; enquanto o vencedor daquela corrida através dos mundos, o Ego Espiritual, ascenderá de estrela a estrela, de um mundo a outro, circulando para a frente para se transformar outra vez em um Espírito Planetário puro, e então, vai mais alto ainda, para finalmente alcançar o seu ponto de partida inicial, e a partir dele – mergulhar no MISTÉRIO. Nenhum adepto jamais penetrou além do véu da matéria cósmica primitiva. A visão mais elevada e perfeita está limitada ao universo de *forma* e *matéria*.

Mas a minha explicação não termina aqui. Você quer saber por que é considerado extremamente difícil, se não completamente impossível para os Espíritos puros *desencarnados* se comunicarem com os homens através de médiuns ou *Fantasmasofia*. Eu digo que é:

a) Devido às atmosferas antagônicas que envolvem respectivamente esses mundos;

b) Por causa da diferença extrema que há entre as condições fisiológicas e espirituais; e

c) Porque essa cadeia de mundos sobre a qual falei a você não é somente um *epiciclóide*, mas uma órbita elíptica de existências, tendo como toda elipse não um, mas dois pontos, dois *focos*, que nunca podem se aproximar um do outro. O homem está em um dos focos, e o Espírito puro no outro.

Você pode fazer objeções a isso. Não posso evitá-lo, nem alterar o fato, mas ainda há outro obstáculo muito mais poderoso. Assim como num rosário composto de contas alternadamente brancas e pretas, aquela concatenação de mundos está composta de mundos de CAUSAS e de mundos de EFEITOS, e os últimos são resultado direto produzido pelos primeiros. Assim fica evidente que cada esfera de Causas – e a nossa Terra é uma delas – está não somente interligada e rodeada, mas também separada da vizinha mais próxima, a esfera superior de Causalidade – por uma impenetrável atmosfera (no seu sentido espiritual) de efeitos que ficam lado a lado e até mesmo se interligam, mas nunca se misturam com a esfera seguinte; pois uma é ativa e a outra, passiva. O mundo das causas é *positivo;* o dos efeitos, *negativo*. Essa resistência passiva só pode ser superada sob condições das quais os seus espíritas mais versados não têm a menor idéia. Todo o movimento é, por assim dizer, polarizado. É muito difícil, neste ponto, transmitir-lhe a minha

idéia: mas irei até o fim. Tenho consciência da minha impossibilidade de colocar diante de você essas verdades que, para nós, são axiomáticas – de qualquer outra forma, a não ser como um simples postulado lógico, e isto na melhor das hipóteses, já que elas só podem ser demonstradas de forma absoluta e inequívoca aos Videntes mais elevados. Mas lhe darei, pelo menos, material para pensar.

As esferas intermediárias, sendo apenas as sombras projetadas dos Mundos das Causas – são negativadas por[17] esses últimos. Elas são os grandes pontos de parada, as estações nas quais são gerados os futuros *Egos autoconscientes*, a prole auto-engendrada dos Egos antigos e desencarnados do nosso planeta. Antes que a nova Fênix, renascida das cinzas dos seus pais, possa voar mais alto para um mundo melhor, mais espiritual e mais perfeito – ainda um mundo de matéria – ela tem que passar pelo processo de um novo nascimento, digamos assim; e, como na nossa terra, onde dois terços das crianças nascem mortas ou morrem na infância[18], assim também ocorre no nosso "mundo dos efeitos". Na Terra são os defeitos mentais e fisiológicos dos progenitores, os seus pecados, que recaem sobre a prole: naquele mundo de sombras o Ego-feto, novo e ainda inconsciente, se transforma na vítima merecida das transgressões do seu último Eu, cujo carma – mérito e demérito – criará sozinho o seu futuro destino. Naquele mundo, meu bom amigo, nós só encontramos máquinas ex-humanas, inconscientes e autômatas; almas em estado de transição, cujas faculdades e individualidades adormecidas estão como uma borboleta em sua crisálida; e os Espíritas esperam que elas falem com sensatez! Colhidas em certas ocasiões pelo vórtice da corrente anormal *"mediúnica"*, elas se tornam ecos inconscientes de pensamentos e idéias cristalizadas em volta dos que estão presentes. Toda mente *positiva*, bem dirigida, é capaz de neutralizar esses efeitos secundários de uma seção espírita. O mundo abaixo do nosso é ainda pior. O primeiro, pelo menos, é inofensivo; peca-se mais freqüentemente contra ele ao estar perturbado do que cometendo pecados. Este último, por permitir a retenção da plena consciência e por ser cem vezes mais material, é positivamente poderoso. As noções de infernos, purgatórios, paraísos e ressurreições são todas ecos distorcidos e caricaturais da Verdade primordial e única, ensinada à Humanidade na infância das suas raças por cada Primeiro Mensageiro – o Espírito Planetário, já

---

[17] *Negativadas por* – possivelmente, são "negativos de". (N. da 3ª edição)

[18] O Mestre se refere, naturalmente, à realidade do século XIX. (N. ed. bras.)

mencionado no verso da terceira página[19], e cuja lembrança permaneceu na memória do homem como o Elu dos caldeus, o Osíris do Egito, como Vishnu, os primeiros Budas e assim por diante.

O mundo inferior dos efeitos é a esfera destes pensamentos distorcidos; das concepções e representações mais sensuais; de divindades antropomórficas, projeções de seus criadores, isto é, as mentes humanas sensuais de pessoas que jamais superam a sua *animalidade* na Terra. Lembrando que os pensamentos são coisas – têm resistência, coerência e vida –, e que eles são entidades reais, o resto ficará claro. Desencarnado, o criador é atraído naturalmente para a sua criação e criaturas; sugado pelo *Maelstrom*[20] que ele mesmo produziu... Mas tenho que fazer uma pausa, porque volumes inteiros não seriam suficientes para explicar tudo o que foi dito por mim nesta carta.

Com referência à sua surpresa porque as opiniões dos três místicos "estão longe de ser idênticas", o que esse fato prova? Se eles tivessem sido instruídos por Espíritos *desencarnados*, puros e sábios – mesmo aqueles que tenham passado de nossa Terra a um plano superior –, os ensinamentos não seriam, por acaso, idênticos? A questão que surge é: "Será que os Espíritos não podem, assim como os homens, divergir em idéias?" Muito bem, então, os ensinamentos deles – e dos mais elevados entre eles, já que estes são os "guias" dos três maiores videntes de Londres – não terão mais autoridade do que os homens mortais. "Mas eles não podem pertencer a diferentes esferas? Bem, se em esferas diferentes são propostas doutrinas contraditórias, essas doutrinas não podem conter a Verdade, pois a Verdade é Una, e não pode admitir visões diametralmente opostas; e os Espíritos puros que a vêem como ela é, com o véu da matéria completamente retirado dela, não podem errar. Agora, se admitirmos que diferentes aspectos ou porções da Verdade Total sejam visíveis para diferentes agentes ou inteligências, cada um deles estando em determinadas condições, como, por exemplo, quando diversas partes de uma paisagem descortinam-se para várias pessoas, em distâncias e pontos de observação diferentes; se admitimos o fato de que vários e diferentes agentes (Irmãos[21], individualmente, por exemplo), tentam desenvolver os *Egos* de diferentes indivíduos, sem sujeitar completamente as vontades deles às suas (o que é proibido), mas aproveitando as suas idiossincrasias físicas, morais e intelectuais; se acres-

---

[19] O Mahatma se refere ao original desta Carta. (N. ed. bras.)

[20] *Maelstrom* – famoso redemoinho situado na costa noroeste da Noruega. (N. ed. bras.)

[21] Isto é, Adeptos. (N. ed. bras.)

centarmos a isso as incontáveis influências cósmicas que distorcem e desviam todos os esforços para alcançar finalidades definidas; se lembrarmos, além disso, a hostilidade direta dos Irmãos da Sombra, sempre à espreita para confundir e enevoar o cérebro do neófito, penso que não teremos dificuldade de compreender que mesmo um avanço espiritual definido pode, até certo ponto, levar diferentes indivíduos a conclusões e teorias aparentemente diferentes.

Havendo confessado a você que não tenho o direito de interferir nos segredos e planos de *Imperator*, devo dizer que até agora, entretanto, ele demonstrou ser o mais sábio de nós. Se a nossa atitude tivesse sido a mesma, e se eu, por exemplo, tivesse permitido que você deduzisse e depois acreditasse (sem que eu afirmasse nada de concreto) que eu era um "anjo desencarnado" – um Espírito de essência electroidal diáfana, procedente da zona super-estelar fantasmática – nós dois seríamos mais felizes. Você não teria enchido a cabeça com preocupações sobre "se entidades deste tipo serão sempre necessárias", e eu não estaria diante da desagradável necessidade de ter de recusar a um amigo uma "entrevista pessoal e uma comunicação *direta"*. Você poderia ter acreditado implicitamente em qualquer coisa que viesse de mim; e eu me sentiria menos responsável por você diante dos meus "GUIAS". No entanto, o tempo mostrará o que pode ou não ser feito nesse sentido. O livro foi publicado[22], e temos que esperar pacientemente pelos resultados deste *primeiro tiro sério* no inimigo. Como *Art Magic* e *Ísis* foram escritos por mulheres e, segundo se acreditava, espíritas – jamais se poderia esperar que fossem tomados a sério. Os seus efeitos serão inicialmente bastante desastrosos, porque a arma recuará, e o projétil, ricocheteando, atingirá o autor e seu humilde inspirador, que provavelmente não retrocederão. Mas também pegará de raspão a velha senhora, revivendo na imprensa anglo-britânica o clamor do ano passado. Os Térsites[23] e os filisteus literários se porão a trabalhar febrilmente e choverão sobre ela os ataques, as sátiras e os *coups de bec*[24], ainda que sejam dirigidos apenas contra você, pois o Editor do *Pioneer* está longe de ser amado por seus colegas da Índia. Publicações espíritas já abriram a campanha em Londres, e os editores norte-americanos dos Órgãos dos "Anjos" os seguirão, com os "guias" celestiais armando o seu melhor *scandalum magnatum*. Não é pro-

---

22 *O Mundo Oculto.* (Ed. C.)

23 *Térsites – Thersites,* em inglês. Na *Ilíada,* de Homero, um grego conhecido por suas deformidades físicas e pelas acusações maldosas que fazia. (N. ed. bras.)

24 *Coups de bec* – "golpes de bico", em francês. Bicadas. (N. ed. bras.)

vável que alguns homens da área científica – e menos ainda os admiradores deles, os parasitas que se aquecem ao sol e sonham que são o próprio sol – lhe perdoem pela frase realmente demasiado lisonjeira, que situa a compreensão de um pobre e desconhecido hindu "tão acima da ciência e da filosofia européias que só as mentes mais abertas de cada uma delas poderão compreender a existência de tais poderes no homem, etc." Mas, que importa? Tudo isso havia sido previsto e era de se esperar. Quando passarem os primeiros zumbidos e ruídos das críticas adversas, os homens reflexivos lerão e meditarão sobre este livro, como nunca fizeram em relação aos esforços mais científicos de Wallace e Crookes[25], no sentido de reconciliar a ciência moderna[26] com os Espíritos – e a pequena semente crescerá e prosperará.

Enquanto isso não me esqueço das promessas que fiz. Tão logo você esteja instalado em seu dormitório tratarei de...[27]

Espero que me seja permitido fazer isso por você. Se por várias gerações temos "impossibilitado o mundo de ter Conhecimento do nosso Conhecimento", foi devido ao seu absoluto despreparo; e se, apesar das provas dadas, o mundo ainda se negar a aceitar as evidências, então nós, no final deste ciclo, nos retiraremos outra vez à solidão e ao nosso reino do silêncio... Nós já nos oferecemos para exumar os extratos primordiais do ser humano, sua natureza básica, para mostrar claramente as maravilhosas complexidades do seu Eu interno – algo que nunca poderá ser alcançado pela fisiologia, e nem mesmo pela psicologia em sua expressão última – e demonstrá-lo cientificamente. Não importa para eles se a escavação é tão profunda e as rochas tão duras e aguçadas que, ao mergulhar naquilo que para eles é um oceano insondável, a maior parte de nós perece na perigosa exploração; pois nós é que somos os mergulhadores e pioneiros, e os homens de ciência têm apenas que fazer a colheita do que semeamos. A nossa missão é mergulhar e trazer as pérolas da Verdade à superfície; a deles é limpá-las e colocá-las nas jóias da ciência. E, se eles

---

[25] Alfred Russel Wallace e *sir* William Crookes. Crookes era um conhecido cientista inglês e membro da *Royal Society*. Durante algum tempo ele foi um dos cinco conselheiros da S.T. Fez algumas descobertas notáveis em relação ao que ele chamou de "matéria-radiante" e, mais tarde, nas Cartas, o Mahatma diz que foram suas pesquisas em ocultismo que o levaram às descobertas. (Ed. C.)

[26] Em seu livro *Helena Blavatsky* (Ed. Teosófica, 1997, p. 473), Sylvia Cranston afirma: "As experiências de Crookes implicavam a existência de um quarto estado da matéria, que ele chamava de matéria radiante, e que, dez anos depois, constatou-se serem os elétrons". A descoberta do elétron ocorreu em 1897. (N. ed. bras.)

[27] Aqui três linhas da carta original foram completamente apagadas, aparentemente pelo autor da carta. (Nota da 1ª edição)

se recusam a tocar a concha mal formada da ostra, insistindo que não existe e *não pode existir* dentro dela nenhuma pérola preciosa, então, outra vez lavaremos as mãos eximindo-nos de qualquer responsabilidade diante da espécie humana. Por incontáveis gerações os adeptos vêm construindo um templo de rochas imperecíveis, uma Torre gigantesca de PENSAMENTO INFINITO, onde o Titã morava, e onde, se for necessário, voltará a morar solitário, saindo dela somente no final de cada ciclo, para convidar os eleitos da humanidade a cooperarem com ele e o auxiliarem por sua vez a iluminar o homem supersticioso. E continuaremos nesse nosso trabalho periódico; e não deixaremos de lado as nossas intenções filantrópicas até aquele dia em que os alicerces de um novo continente de pensamento estejam tão firmemente consolidados que nenhuma opressão ou maldade ignorante, guiada pelos Irmãos das Sombras, possa prevalecer.

Mas até esse dia de triunfo final, alguém tem que ser sacrificado – embora só aceitemos vítimas voluntárias. A tarefa ingrata deixou-a deprimida e desolada, arruinada pela dor, pela incompreensão e pelo isolamento: mas ela terá sua recompensa mais tarde[28], porque nunca fomos ingratos. Quanto ao Adepto – não *um do meu nível*, meu bom amigo, mas muito mais elevado – você poderia ter terminado o seu livro com aquelas linhas de Tennyson em "Wakeful Dreamer"[29]: – você não o conhecia –

"Como você poderia conhecê-lo? Você ainda estava dentro
Do círculo mais estreito; ele havia quase alcançado
O último círculo, que com uma região de chama branca,
Pura, sem calor, arde
Em um espaço mais amplo e um éter de azul escuro,
E rodeia e envolve todas as outras vidas..."

Vou encerrar. Lembre, então, no dia 17 de julho e ......[30] para você será a mais sublime realidade. Adeus.

Atenciosamente,

K. H.

---

28 *Mais tarde: hereafter,* em inglês, inclui a idéia de "depois desta vida" ou "em uma vida posterior". (N. ed. bras.)

29 "O Sonhador Desperto". (N. ed. bras.)

30 Aqui novamente seis linhas foram apagadas na carta original. (N. da 1ª edição)

Carta nº 19 (ML-121) Recebida em 11 de julho de 1881

Esta carta está relacionada com o estabelecimento da Loja de Simla da Sociedade Teosófica. H.P.B. havia sido convidada pelos Hume a ir até lá e o Mahatma parecia interessado em que Sinnett também estivesse presente. Em O Mundo Oculto, *Sinnett comenta que ele foi para Simla em agosto de 1881, em função deste empreendimento.*

Recebida em Bombaim ao retornar à Índia, julho, 1881.

Grato. As pequenas coisas[1] são muito úteis, e acuso agradecidamente o seu recebimento. Você deveria ir a Simla. TENTE. Admito que é uma fraqueza de minha parte querer que faça isso. Devemos esperar pacientemente os resultados, como eu disse, do livro. Os espaços em branco[2] são provocantes e torturantes, mas não podemos ir contra o inevitável. E como é sempre bom corrigir um erro, eu já levei *O Mundo Oculto* para exame do C –.[3] Paciência, paciência.

Sempre atenciosamente,

K.H.

Carta nº 20 (ML-49) Recebida em 5 de agosto de 1881

A primeira carta recebida por Sinnett após a sua chegada a Simla não está no grupo original das Cartas dos Mahatmas, *mas se encontra em* Letters of H.P. Blavatsky to A.P. Sinnett.

A referência a Hume e seu "ponto de partida" pode ter tido relação com o estabelecimento da nova loja da S.T. em Simla, porque esse deveria ser o assunto desta reunião em sua casa. Inicialmente esta loja seria chamada Sociedade Teosófica Anglo-indiana, mas o nome sob o qual veio a ser estabelecida foi o de Sociedade Teosófica Eclética de Simla. Quando foi finalmente organizada, seus objetivos eram:

---

[1] É possível que esta seja uma referência ao pedido feito pelo Mahatma de que Sinnett trouxesse três pedras do Adriático, preferencialmente de Veneza. Ver a Carta C (ML 127), logo depois da Carta 141. Sinnett havia chegado da Europa dia 4 de julho. (N. ed. bras.)

[2] *Espaços em branco* – referência às linhas apagadas na Carta imediatamente anterior. (N. ed. bras.)

[3] Presumivelmente *Maha-Chohan.* (Ed. C.)

"1. Apoiar e ajudar o movimento teosófico através da demonstração aos indianos de que muitos europeus o respeitam, simpatizam com ele e estão desejosos de fortalecê-lo.

2. Obter, com o auxílio dos Irmãos Adeptos da Primeira Seção da Sociedade Matriz, um conhecimento das verdades psicológicas que eles constataram experimentalmente, e assim conseguir meios de combater com sucesso o materialismo da época atual. A sociedade somente admitirá como associados pessoas que já sejam membros da Sociedade Teosófica".

Os dirigentes eleitos eram Hume, como presidente, Sinnett como vice-presidente e Ross Scott, como secretário.

De K.H. Recebida em Umballa, a caminho de Simla, 5 de agosto de 1881.

Acabo de chegar à minha casa. Recebi mais cartas do que desejaria responder – com a exceção das suas. Como não tenho nada de particular a dizer, apenas responderei as suas perguntas, tarefa que pode parecer fácil, mas não é. Basta lembrar que, à semelhança da divindade descrita no *Upanishad, "Sokamayata bahuh syam prajaye yeti"*, elas "querem ser muitas e multiplicar-se". Em todo caso, a sede de conhecimento nunca foi considerada um pecado, e você sempre me achará disposto a responder tais perguntas, isto é, as que podem ser respondidas.

Certamente tenho a opinião de que, já que a nossa correspondência foi estabelecida pelo bem dos muitos, ela seria de muito pouco proveito para o mundo em geral se você não colocasse os ensinamentos e as idéias presentes nela "na forma de um ensaio", não só sobre a visão da filosofia oculta em relação à criação, mas em relação a qualquer outra questão. Quanto mais rápido você começar o seu "futuro livro", tanto melhor; porque, quem poderá responder por acontecimentos inesperados? Nossa correspondência pode interromper-se subitamente, como resultado de um obstáculo proveniente daqueles *que sabem melhor.* A mente DELES, como você sabe, é para muitos de nós um livro selado que nenhuma "arte mágica" pode abrir. Novos "auxílios para a reflexão" chegarão, no entanto, no seu devido tempo, e o pouco que me é permitido explicar pode, espero, resultar mais abrangente que a *Haute Magie*[1] de Eliphas Levi. Não é de estranhar que você o considere nebuloso, pois nunca foi destinado ao leitor não-iniciado. Eliphas estudou os manuscritos Rosacruzes (agora reduzidos a três exemplares na Europa).

---

[1] *Haute Magie* – Alta Magia, em francês. O livro foi publicado no Brasil pela Ed. Pensamento sob o título *Dogma e Ritual da Alta Magia.* (N. ed. bras.)

Estes expõem nossas doutrinas orientais com base nos ensinamentos de Rosencreuz, que, após o seu regresso da Ásia, as revestiu com uma roupagem semicristã, com a intenção de proteger os seus discípulos da vingança clerical. Deve-se ter a chave para elas, e esta chave é em si mesma uma ciência. Rosencreuz ensinou verbalmente. Saint Germain registrou as boas doutrinas em linguagem cifrada, e o seu único manuscrito cifrado permaneceu em poder de seu fiel amigo e protetor, o benévolo príncipe alemão de cuja casa e em cuja presença ele fez a sua última saída – para o LAR. Fracasso, total fracasso! Falando de "imagens" e "números", Eliphas Levi se dirige aos que sabem algo das doutrinas pitagóricas. Sim; algumas delas resumem toda a filosofia e incluem todas as doutrinas. Isaac Newton compreendeu-as bem, mas reteve o seu conhecimento, com muita prudência, pensando em sua própria reputação, o que foi muito lamentável para os redatores da *Saturday Review* e seus contemporâneos. Você parece gostar dela; eu não. Apesar do mérito que tem do ponto de vista literário, uma revista que dá guarida a idéias tão retrógradas e dogmáticas como as que encontrei em suas páginas recentemente tem que perder prestígio entre outras publicações mais liberais. Os homens de ciência, segundo diz, "não são bons observadores" em demonstrações de magia moderna, espiritismo e outras "maravilhas de interesse passageiro". Certamente isto não é como deveria ser, acrescenta: porque "*conhecendo como conhecem os limites do natural* (?!!) eles deveriam começar por admitir que o que vêem, ou crêem ver, *não pode ser feito*, e deveriam, em seguida, procurar pelo equívoco", etc. etc.! Igual aos argumentos anteriores sobre a circulação do sangue, a telegrafia elétrica, a estrada de ferro e o vapor. *Eles conhecem* "os limites do natural"!! Ah, século de presunção e obscurecimento mental! E nós somos convidados para Londres, para estar entre esses acadêmicos de fachada cujos predecessores perseguiram Mesmer e classificaram St. Germain como impostor! Tudo é *secreto* para eles até agora na natureza. Do *homem* eles não conhecem mais que o esqueleto e a forma; quase não são capazes de delinear as trajetórias através das quais os mensageiros invisíveis que eles chamam de "sentidos" passam pelo caminho que vai até a percepção do homem; sua ciência escolástica não é mais do que um viveiro de dúvidas e conjeturas. Ensina somente em função dos seus próprios sofismas, contagia com a sua castração, seu desprezo pela verdade, a sua falsa moralidade e dogmatismo, e os seus representantes se vangloriam dizendo que conhecem "*os limites do natural*". Meu bom amigo; eu gostaria de esquecer que você pertence a esta geração e que é um admirador de sua "ciência moderna". As ordens e veredictos oraculares dela estão no mesmo nível do *non possumus*[2] papal. Sim, a *Saturday Review* nos criticou com bastante suavidade, na verdade. Isso não ocorreu com *The Spiritualist*. Que pobre e confusa, esta pequena publicação! Você lhe deu um golpe tremendo. Perdendo pé no terreno mediúnico, trava a sua batalha de morte pela supremacia do adeptado inglês sobre o conhecimento oriental. Eu quase ouço o seu grito *sub-rosa*[3] "se nós, os espíritas, somos considerados errados, o mesmo ocorrerá a vocês, teosofistas". O grande "adepto", o formidável J.K., é certamente um inimigo perigoso, e receio que os nossos Bodhisatwas terão que confessar algum dia a sua profunda ignorância diante da poderosa erudição dele. "Os verdadeiros Adeptos como Gautama Buda ou Jesus Cristo não se encobriram no mistério, mas sim, vieram e falaram abertamente" – diz o nosso oráculo. Se eles procederam assim, é uma novidade para nós, os humildes seguidores do primeiro. Gautama é qualificado como "Instrutor Divino" e ao mesmo tempo "Mensageiro de *Deus*"!! (veja *The Spiritualist* de 8 de julho, p. 21, parágrafo 2.). Buda se tornou agora o mensageiro de alguém que Ele, Shakya K'houtchoo, a preciosa sabedoria, destronou há 2.500 anos, afastando o véu do Tabernáculo e mostrando que estava vazio. Onde foi que este adepto de subúrbio[4] aprendeu budismo, eu me pergunto? Você realmente deveria aconselhar o seu amigo, o senhor C.C. Massey, a estudar com essa jóia londrina, alguém que tanto despreza o conhecimento oculto da Índia, "*The Lotus of the Good Law*" e *Atma Bodha* – à luz do cabalismo judaico.

Eu, "incomodado pelas notícias irreverentes do jornal?" Certamente não. Mas senti-me um pouco indignado diante das afirmações sacrílegas de J.K., isso eu confesso. Senti vontade de responder ao tolo vaidoso, mas – outra vez – "irás até aí e não além". O Khobilgan, a quem mostrei a passagem, riu até as lágrimas escorrerem pelo seu velho rosto. Eu desejaria poder fazer o mesmo. Quando a "Velha Senhora" lê-lo haverá um ou dois cedros danificados em Simla. Agradeço, na verdade, o seu bondoso oferecimento para que eu fique de posse dos recortes da revista; mas prefiro que os conserve, já que tal informação pode mostrar-se inesperadamente valiosa para você dentro de alguns anos.

---

2 *Non possumus* – "Não podemos", em latim (N. ed. bras.)

3 *Sub-rosa* – "Confidencial, em segredo", em latim. (N. ed. bras.)

4 No original, *cockney adept*. *Cockney* significa um habitante dos bairros pobres de Londres. (N. ed. bras.)

Quanto ao seu oferecimento de prometer com toda solenidade não divulgar nada sem permissão, não posso dar nenhuma resposta neste momento. Tampouco a sua aceitação ou rejeição depende de mim, para dizer a verdade, pois seria um fato totalmente sem precedentes aceitar de um forasteiro um compromisso feito da nossa forma específica de juramento ou promessa, já que nenhuma outra seria válida na opinião de meu Superior. Infelizmente para nós dois, uma vez – ou melhor, *duas vezes* –, tempos atrás, você usou uma expressão que foi registrada, e há apenas três dias atrás, quando solicitei alguns privilégios para você, ela foi apresentada a mim de um modo muito inesperado, devo confessar. Ao ouvi-la repetida, e vendo-a registrada, só me restou oferecer, do modo mais humilde possível, a outra face para outros golpes ainda mais inesperados do destino, proporcionados pela respeitável mão daquele a quem tanto reverencio. Por mais duro que me tenha parecido o fato de haver sido feita esta lembrança, foi algo justo, porque você pronunciou estas palavras em Simla: "Eu sou um *membro* da Sociedade Teosófica, mas de modo algum um *teosofista".* Não estou quebrando uma confidência ao revelar este resultado de minha intercessão em seu favor, pois fui até mesmo aconselhado a fazê-lo. Temos que avançar, então, no mesmo ritmo lento com que viemos até este ponto – ou deter-nos de imediato e escrever *Finis* ao pé das nossas cartas. Tenho confiança em que você preferirá a primeira opção.

E já que estamos neste assunto, gostaria que você reforçasse para seus amigos de Londres algumas verdades benéficas que estão muito inclinados a esquecer, embora eles já as tenham ouvido várias vezes. Na Ciência Oculta os segredos *não* podem ser transmitidos subitamente, mediante uma comunicação escrita, nem mesmo oral. Se fosse assim, tudo o que os "Irmãos" teriam que fazer seria publicar um Manual de Instruções que poderia ser ensinado nas escolas, ao lado da gramática. É um erro comum das pessoas acreditarem que nós nos envolvemos, e envolvemos os nossos poderes, em mistério por vontade nossa; que desejamos manter nosso conhecimento para nós mesmos, e que por nossa própria vontade nos recusamos a transmiti-lo – "deliberadamente e de modo irresponsável". A verdade é que, até que o neófito atinja a condição necessária para aquele grau de Iluminação para o qual ele está qualificado e apto, a maior parte dos segredos, se não todos eles, é *incomunicável.* A receptividade deve ser tão grande quanto o desejo de instruir. A iluminação *deve vir de dentro.* Até lá, nenhum truque de encantamento ou jogo de aparências, nem palestras ou discussões metafísicas, e tampouco penitências auto-impostas, podem dar essa iluminação. Todos estes são apenas meios para um fim, e a única coisa que podemos fazer é

dirigir o uso destes meios, que, como foi comprovado pela experiência das idades, levam ao objetivo buscado. E há milhares de anos que isto *não é segredo.* Jejum, meditação, castidade em pensamento, palavra e ação; silêncio durante certos períodos de tempo para permitir que a própria natureza fale a quem se aproxime dela em busca de informação; domínio das paixões e impulsos animais; completa ausência de egoísmo nas intenções, e o uso de certo incenso e certas fumigações com objetivos fisiológicos, têm sido apontados como instrumentos desde a época de Platão e Jâmblico, no Ocidente, e desde os tempos ainda mais remotos de nossos *Rishis* hindus. A maneira como tudo isso deve ser posto em prática de modo que seja adequado para cada temperamento, é, naturalmente, tema de experimentação da própria pessoa e da cuidadosa observação de seu tutor ou guru. Isso é de fato uma parte do seu aprendizado, e seu guru ou iniciador só pode ajudá-lo com a sua experiência e força de vontade, mas não pode fazer nada mais que isso, *até a última e suprema iniciação.* Penso também que poucos candidatos imaginam o grau não só de desconforto, mas de sofrimento e sacrifício, a que o mencionado iniciador se submete pelo bem do seu discípulo. As condições específicas, físicas, morais e intelectuais, de neófitos e Adeptos são muito diferentes, como qualquer pessoa pode compreender facilmente. Assim, em cada caso, o instrutor tem que adaptar as suas condições às do discípulo, e a tensão é terrível, pois para conseguir êxito temos que nos colocar em *plena* sintonia com o indivíduo em treinamento. E quanto maiores os poderes do Adepto, menos ele está em simpatia com a natureza do profano, que, com freqüência, vem até ele saturado com as emanações do mundo exterior, aquelas emanações animais da multidão egoísta e brutal que tanto tememos; quanto mais afastado o instrutor se encontra desse mundo e quanto mais puro se tenha tornado, tanto mais difícil é a tarefa a que se impõe. Além disso, o conhecimento só pode ser comunicado gradualmente; e alguns dos segredos mais elevados, se fossem expressados, mesmo a seus ouvidos bem preparados, poderiam soar a você como um palavrório insano, apesar de toda a sinceridade de sua atual convicção de que "a confiança absoluta desafia a incompreensão". Esta é a causa verdadeira da nossa reserva. É por isso que as pessoas se queixam tão freqüentemente, com uma demonstração plausível de razão, de que nenhum conhecimento novo lhes é comunicado, apesar de terem estado se esforçando por ele, dois, três ou mais anos. Aqueles que realmente desejam aprender devem *abandonar tudo* e vir até nós, em vez de pedir ou esperar que nós avancemos até eles. Mas como isso pode ser feito em seu mundo e sua atmosfera? "Despertei triste na manhã do dia 18." De fato? Bem, bem, paciência, meu bom irmão, paciência. Algo *ocorreu*, ainda que você não tenha preservado a consciência do acontecimento, mas deixemos isto de lado. O que mais posso fazer? Como posso expressar idéias para as quais até agora você não conhece palavras? As mentes mais refinadas e sensíveis, como a sua, recebem mais que as outras, e mesmo quando estas últimas recebem uma pequena dose extra, esta se perde pela falta de palavras e imagens que fixem as idéias flutuantes. Talvez, e indubitavelmente, você não saiba a que me refiro agora, mas saberá um dia – paciência. Dar a um homem mais conhecimento do que ele está capacitado para receber é uma experiência perigosa, e, além disso, há outras considerações que me limitam. A comunicação súbita de fatos que transcendem tanto o comum é em muitos casos fatal, não só para o neófito, mas também para os que o rodeiam. É como entregar uma máquina infernal ou um revólver carregado e engatilhado nas mãos de um homem que nunca viu uma coisa destas. Nosso caso é exatamente análogo. Nós sentimos que o tempo se aproxima e que somos obrigados a escolher entre o triunfo da verdade ou o Reino do Erro – e do Terror. Temos que comunicar o grande segredo a alguns eleitos, ou permitir que os infames *Shammars*[5] conduzam as melhores mentes da Europa para a mais fatal e insana das superstições – o Espiritismo; e nós realmente sentimos como se estivéssemos pondo todo um carregamento de dinamite nas mãos daqueles que estão tão ansiosos de ver a si mesmos defendidos contra os Irmãos da Sombra, os Barretes Vermelhos. Você está curioso por saber por onde estou viajando; e quer conhecer mais sobre o meu grande trabalho e missão? Se eu lhe contasse, você dificilmente compreenderia algo. Para testar o seu conhecimento e sua paciência, no entanto, posso responder esta vez. Venho agora de *Sakya-Jong*. Para você este nome não tem significado. Repita-o diante da "Velha Senhora" e observe o resultado. Mas volto ao tema. Tendo, então, que entregar ao mundo com uma mão, a arma muito necessitada, embora perigosa, e com a outra manter afastados os *Shammars* (e a destruição causada por eles já é imensa), você não pensa que temos o direito de hesitar, de fazer uma pausa e sentir a necessidade de cautela, como nunca fizemos antes? Resumindo: o mau uso do conhecimento pelo discípulo sempre reage sobre o iniciador, e nem creio que você saiba que, ao compartir os seus segredos com alguém, o Adepto, devido a uma Lei imutável, retarda o seu progresso para o Repouso Eterno. Talvez o que digo agora possa ajudá-lo a obter uma concepção mais verdadeira das coisas, e a avaliar melhor a nossa

---

[5] Os *Shammars* e os "irmãos de barrete vermelho" são aqueles que seguem pelo caminho contrário à evolução, o caminho do materialismo e não da espiritualidade. A existência e as metas deles são essencialmente egoístas. (Ed. C.)

posição mútua. Vagar ociosamente pelo caminho não conduz a uma rápida chegada ao fim da jornada. E deve soar a você como uma verdade evidente que *alguém* deve pagar um *preço* por tudo e por qualquer verdade, e, nesse caso – NÓS pagamos. Não tenha medo; estou disposto a pagar a minha parte, e disse isto aos que me colocaram a questão. Não o abandonarei, nem me mostrarei menos disposto ao sacrifício que a pobre e depauperada mortal que chamamos de "Velha Senhora". O que lhe disse acima deve ficar entre nós dois. Espero que você considere esta carta estritamente confidencial, pois não é para ser publicada nem se destina a seus amigos. Quero que só você a conheça. Se pelo menos tudo isso fosse mais conhecido pelos candidatos à iniciação, tenho certeza de que eles se sentiriam mais agradecidos e pacientes e menos inclinados a irritarem-se com o que vêem como reticências e vacilações da nossa parte. Poucos possuem a sua discrição. E muito poucos sabem apreciar o verdadeiro valor dos resultados obtidos... Suas duas cartas a S.M. não levarão a resultado algum. Ele permanecerá impassível, e o seu trabalho terá sido em vão. Você receberá uma carta dele cheia de suspeitas e cujas observações agressivas não serão poucas[6]. Você não poderá persuadi-lo de que + é um Irmão vivo, porque isso foi tentado sem êxito; a menos que você o converta ao Lamaísmo popular *exotérico*, que considera os nossos "*Byang-chubs*" e "*Tchang-chubs*" (os Irmãos que passam do corpo de um grande Lama para o de outro) como *Lhas* ou Espíritos desencarnados. Lembre do que eu disse em minha última carta a respeito dos Espíritos Planetários. O Tchang-chub (um Adepto que conseguiu, pelo poder do seu conhecimento e iluminação da sua alma, ficar livre do curso da transmigração INCONSCIENTE) pode, por sua vontade e desejo (em vez de reencarnar somente depois da morte do corpo) fazê-lo, e isso repetidamente, durante a sua vida se o preferir. Ele possui o poder de escolher para si novos corpos, neste ou em qualquer outro planeta, enquanto ainda se acha de posse da sua velha forma, que ele em geral conserva para seus próprios objetivos. Leia o livro de *Kiu-te*[7] e encontrará nele essas leis. Ela[8] pode traduzir alguns parágrafos para você, pois os conhece de memória. Você pode ler isto para ela.

---

6 Sinnett de fato recebeu uma carta com estas características alguns meses mais tarde, com data de 26 de novembro de 1881. Publicada nesta edição como Carta nº 38 (ML-90). (Ed. C.)

7 Uma série de obras ocultas da qual se diz que possui 35 volumes com 14 comentários. As estâncias de Dzyan, que formam a base de *A Doutrina Secreta*, pertencem a esta série, assim como o *Livro dos Preceitos de Ouro* e *A Voz do Silêncio*. (Ed. C.)

8 H.P.B. (N. ed. bras.)

Eu me rio com freqüência da "maneira desamparada com que você avança tateando nas trevas"? De modo algum. Seria algo tão pouco bondoso e tão insensato da minha parte quanto você rir-se do inglês desajeitado de um hindu em um distrito onde o seu governo não aceita ensinar inglês ao povo. De onde surgiu tal idéia? E de onde veio aquela outra, de ter o meu retrato? Nunca tirei mais que um em toda a minha vida; um pobre ferrótipo[9] produzido nos tempos de "Gaudeamus" por uma artista ambulante (parente, suponho, das beldades de salão de cervejaria de Munique com quem você tem conversado ultimamente), e de cujas mãos tive de resgatá-lo. O ferrótipo ainda existe, mas a imagem em si desapareceu, o nariz se deformou e um dos olhos se foi. Não tenho nenhum outro retrato para oferecer. Não me atrevo a prometer porque nunca quebro a minha palavra. No entanto, pode ser que eu tente um dia conseguir-lhe um.

Citações de Tennyson?[10] Realmente não sei. Algumas linhas isoladas captadas da luz astral ou do cérebro de alguém e recordadas: nunca esqueço o que li ou ouvi alguma vez. Um mau hábito. Tanto assim, que, com freqüência e inconscientemente, reúno diante de mim palavras e expressões isoladas que podem ter sido usadas cem anos atrás ou que o serão dentro de um século, com relação a algum assunto completamente diferente. Preguiça e séria falta de tempo. A "Velha Senhora" me chamou de "pirata cerebral" e plagiador, outro dia, por usar toda uma frase de cinco linhas, que – está ela firmemente convencida disso – eu devo ter *furtado* do cérebro do dr. Wilder, pois passados meses ele a reproduziu em seu ensaio sobre a intuição profética. Nunca examinei as células cerebrais do velho filósofo. Apanhei a idéia em alguma corrente do norte – não sei. Escrevo isto para sua informação, como algo novo para você, suponho. Do mesmo modo, uma criança pode nascer apresentando grande semelhança com as feições de outra pessoa distante milhares de quilômetros, sem qualquer relação com a mãe e nunca tendo sido vista por ela, mas cuja imagem flutuante foi impressa sobre a memória de sua alma durante o sono ou mesmo nas horas de vigília, e reproduzida na placa sensível de carne viva que ela carrega em si. Entretanto, creio que as linhas citadas foram escritas por Tennyson há anos e publicadas. Espero que estas reflexões e explicações desconexas possam ser perdoadas por virem de alguém que permaneceu por mais de nove dias em seus estribos e sem desmontar. Do monastério de lamas de Ghalaring-Tcho (onde o seu *Mundo Oculto* foi discutido e comentado – "valha-me Deus", você dirá) cruzei o território Horpa Pa La, "as regiões inexplo-

---

[9] Uma forma primitiva de fotografia. (N. ed. bras.)

[10] Tratam-se dos versos citados ao final da Carta nº 18. (N. ed. bras.)

radas de tribos turcas", segundo dizem os seus mapas, ignorando o fato de que não há ali nenhuma tribo – e dali para casa.

Sim, estou cansado e, portanto, vou concluir.
Atenciosamente,

K.H.

Em outubro estarei no Butão. Tenho um favor a pedir-lhe. Trate de fazer amizade com Ross Scott. *Necessito dele.*

Carta nº 21 (ML-27) Recebida no outono[1] de 1881

Recebida em Simla, outono de 1881.

A Sociedade Teosófica Eclética de Simla foi fundada em 21 de agosto, e é provável que esta carta tenha sido recebida pouco depois.

Eu havia previsto o que está ocorrendo agora. Em minha carta de Bombaim aconselhei-o a ter prudência com relação ao que você permitia que S.M. soubesse sobre + e sobre sua própria mediunidade, sugerindo que fosse transmitida a ele apenas a essência do que eu dissera. Quando, observando você em Allahabad, eu o vi, em vez disso, fazer para ele longos resumos de minha carta, percebi de novo o perigo, mas não interferi por diversas razões. Uma delas é que creio que chegou o momento, claramente, em que a segurança social e moral exige que alguém da Sociedade Teosófica expresse a verdade, ainda que lhe caia em cima por isso o Himalaia. A revelação da verdade desagradável tem que ser feita com a maior discrição e cautela, no entanto, vejo que, em vez de conseguir amigos e defensores no campo dos filisteus, seja neste ou no outro lado dos oceanos – muitos entre vocês – inclusive você mesmo – só criam inimigos ao colocar demasiada ênfase em mim e nas minhas opiniões pessoais. Do lado de lá, a irritação é grande, e logo você verá sinais disso em *Light* e em outras partes; e você "*irá* perder S.M.". Os longos resumos tiveram seu efeito, porque eram – muito longos. Nenhum poder, humano ou super-humano, pôde jamais abrir os olhos de S.M. – seria inútil até mesmo *rasgá-los* para que se abram. Do lado de

[1] Na primavera, no hemisfério sul. (N. ed. bras.)

cá, é pior ainda. A boa gente de Simla não tem inclinações muito metafóricas, e uma alegoria não se gruda mais à sua epiderme do que a água nas penas de um ganso. Além disso, ninguém gosta de ouvir que "cheira mal", e o gracejo extraído de uma observação muito carregada de profundo sentido psicológico produziu um dano incalculável em setores onde, se não fosse por isso, a S.T.E.S.[2] poderia haver recrutado mais de uma pessoa... Devo voltar novamente à carta.

A razão mais forte da queixa contra mim reside no fato de que a minha afirmação implica: (a) uma espécie de desafio a S.M. para provar que + é um "Espírito"; (b) nosso amigo me acusa severamente de insinuar que + é um *mentiroso*. Bem, quero explicar, mas não pedir desculpas. Certamente eu queria dizer as duas coisas, mas queria dizê-las para você, que me havia solicitado a informação e de modo algum para *ele*. Ele não comprovou as alegações que fez, nem eu esperava que o fizesse, mesmo que ele pensasse que podia fazê-lo, já que a afirmativa se baseia inteiramente em uma convicção pessoal dele devido à sua inquebrantável fé em suas próprias opiniões. Para mim seria fácil, por outro lado, provar que + não é de modo algum um espírito desencarnado, caso eu não tivesse razões muito boas para não fazer isso agora. Eu redigi minha carta muito cuidadosamente, de modo que, ao mesmo tempo que permiti a você ter um vislumbre da verdade, lhe mostrei muito claramente que eu não tinha o direito de divulgar o "segredo de um *Irmão*". Mas, meu bom amigo, eu nunca lhe disse exatamente quem e o que era *ele*. Eu poderia, talvez, ter-lhe aconselhado a julgar + pelos escritos atribuídos a ele, porque, mais afortunados nisso do que Jó, nossos "inimigos" todos "escrevem livros". Gostam muito de ditar evangelhos "inspirados", e assim ficam presos pela força da sua própria retórica. E quem, entre os espíritas mais intelectuais que tenham lido as obras completas atribuídas a +, se atreveria a sustentar que, com exceção de umas poucas páginas, extremamente notáveis, o resto não está abaixo do que S.M. poderia ter escrito, e muito melhor? Fique sabendo que nenhum médium inteligente, perspicaz e veraz necessita "inspiração" de um espírito desencarnado. A Verdade se sustentará sem a inspiração de Deuses ou Espíritos, e melhor ainda, se sustentará apesar deles; os "anjos" em geral não fazem mais que sussurrar falsidades e aumentar a quantidade de superstições.

É devido a tais pequenas contrariedades que devo me abster de satisfazer a C.C. Massey. Não farei uso da "autoridade" dele, nem vou

[2] S.T.E.S. – Sociedade Teosófica Eclética de Simla. (N. ed. bras.)

atender o "desejo" dele, e decididamente me recuso a "comunicar o segredo dele", por ser este de tal natureza que obstaculiza o caminho dele para a obtenção do adeptado, mas não tem nada a ver com o seu caráter pessoal. Esta informação, também, é dirigida a você como uma resposta à sua pergunta, feita com surpresa, sobre se podia haver quaisquer obstáculos para que eu me comunicasse com ele e o *guiasse* para a Luz, mas nunca esteve destinada aos ouvidos dele. Pode haver uma página ou duas na história da vida dele que ele gostaria que fossem apagadas; mas os instintos leais e fiéis sempre terão precedência e o colocarão bem acima de muitos homens que permaneceram castos e virtuosos só porque nunca conheceram o que era a tentação. Prefiro me abster, com a sua bondosa permissão. No futuro, meu caro amigo, teremos que nos limitar inteiramente à filosofia – e evitar fofocas de família. Esqueletos nos armários de família são, às vezes, mais perigosos de se tocar que – turbantes sujos, meu ilustre e caro amigo. E não deixe que o seu coração muito sensível seja perturbado, ou que a sua imaginação o leve a supor que uma só palavra do que eu agora disse tenha o caráter de uma reprovação. Nós, asiáticos semi-selvagens, julgamos um homem pelas suas intenções e as suas são todas sinceras e boas. Mas você tem que lembrar que está numa escola muito dura, e tratando agora com um mundo inteiramente diferente do seu. Especialmente, você tem que ter em mente que a mais leve *causa* produzida, mesmo inconscientemente e com qualquer intenção, não pode ser desfeita, nem é possível interceptar o progresso dos seus efeitos – nem com a força combinada de milhões de deuses, demônios e homens. Por isso, você não deve me considerar demasiado hipercrítico quando digo que todos vocês têm sido mais ou menos imprudentes, quando não indiscretos, aplicando-se este último termo, até agora, só a um dos membros. Portanto vocês verão, talvez, que os equívocos e desatinos de H. Steel Olcott têm um matiz mais suave do que aparece à primeira vista, pois mesmo os ingleses, muito mais inteligentes e versados nos modos do mundo do que ele é, estão tão sujeitos a erros quanto ele. Pois vocês erraram, individual e coletivamente, como ficará claro em um futuro muito próximo; e como resultado a administração e o êxito da Sociedade se mostrarão muito mais difíceis no caso de vocês, já que nenhum está tão preparado para admitir que errou, nem tão disposto como ele a seguir qualquer conselho que lhe seja dado, embora em cada caso o conselho esteja baseado na *previsão* de acontecimentos iminentes, mesmo quando preditos numa fraseologia que pode não estar sempre "à altura" do adepto – *tal como ele deveria ser*, de acordo com as opiniões de vocês.

Você pode contar a Massey o que agora digo dele e as razões dadas. Você pode ler esta carta ao sr. Hume, embora eu não o aconselhe. Mas eu insistiria enfaticamente na necessidade de ter mais cuidado que nunca. Apesar da pureza das intenções, o Chohan poderia, algum dia, considerar somente os resultados e estes talvez ameacem tornar-se demasiado desastrosos para que Ele os considere sem importância. Deveria ser feita uma constante pressão sobre os membros da S.E.S. para que freiem as suas línguas e o seu entusiasmo. Entretanto, existe um interesse crescente da opinião pública em relação à sua Sociedade, e você poderá em breve ser levado a definir a sua posição mais claramente. Dentro de pouco tempo terei que deixar vocês consigo mesmos durante um período de três meses. Se o período começará em outubro ou janeiro depende do impulso que for dado à Sociedade e do seu progresso.

Ficaria pessoalmente muito grato a você se concordasse amavelmente em examinar um poema escrito por Padshah e emitir a sua opinião sobre o seu valor. Considero-o demasiado extenso para o *Theosophical Journal*, e tampouco os seus méritos literários justificariam a sua pretensão. Mas deixo isso ao seu melhor julgamento. Espero ansiosamente que o *Journal* obtenha este ano mais êxito do que teve até agora. A sugestão de traduzir *O Grande Inquisidor*[3] é minha; porque seu autor, sobre quem já pesava a mão da Morte enquanto escrevia, deu a descrição mais convincente e mais verídica jamais escrita da Sociedade de Jesus. Está contida ali uma grande lição para muitos, e mesmo você poderá tirar proveito dela.

Meu caro amigo, você não deve ficar surpreso se lhe digo que me sinto realmente cansado e desencorajado diante das perspectivas que tenho pela frente. Temo que você jamais terá a paciência de esperar pelo dia em que me seja permitido satisfazê-lo. Há eras atrás o nosso povo começou a traçar certas regras de acordo com as quais queria viver. Todas essas regras agora se tornaram LEI. Nossos predecessores tiveram que aprender por si próprios tudo o que sabem, só os alicerces lhes foram dados. Estamos nos oferecendo para dar-lhes esses alicerces, mas vocês não querem aceitar nada que não seja o edifício completo, pronto para que vocês assumam a condição de proprietários. Não me acuse de indiferença ou negligência ao não receber nenhuma resposta

---

[3] H.P.B. publicou no *Theosophist,* edições de novembro e dezembro de 1881, trechos do texto "O Grande Inquisidor", incluído por Fiódor Dostoievsky em seu romance *"Os Irmãos Karamázovi"*. Na história, Cristo volta à terra e é preso na Espanha pelo grande Inquisidor, que o acusa de herege. Veja o capítulo V, Livro V, do romance do grande escritor russo. Dostoievsky morreu em 1881, mesmo ano em que esta Carta foi escrita. (N. ed. bras.)

minha durante dias. Muitas vezes não tenho nada a dizer porque você me faz perguntas que não tenho o direito de responder.

Mas devo terminar aqui porque meu tempo é limitado e tenho outro trabalho para fazer.

Atenciosamente,

K.H.

A atmosfera de conhaque na casa *é* terrível.

Carta nº 22 (ML-26) Recebida em Simla no outono de 1881

Esta é a primeira carta da parte que foi intitulada "Provação e Chelado" nas edições anteriores. Ela parece começar no meio de alguma coisa, quase como se fosse parte de outra carta. É um esforço para explicar o jeito de ser de H.P.B.

Hume expressou ceticismo, mais tarde, quanto à explicação relativa a H.P.B. Suas opiniões acham-se na Carta 156, de H.P.B. para Sinnett[1]*, com comentários à margem feitos por M.*

Memorando confidencial de K.H. sobre a Velha Senhora.
Recebido em Simla, outono de 1881.

Estou dolorosamente consciente do fato de que a habitual incoerência das manifestações dela – especialmente quando está agitada – e suas maneiras estranhas a tornam, na sua opinião, bastante indesejável como transmissora das nossas mensagens. Entretanto, amáveis irmãos, uma vez que vocês tenham percebido a verdade; uma vez informados de que esta mente desequilibrada, a aparente incongruência do que fala e de suas idéias, a sua excitação nervosa, em uma palavra, tudo que parece destinado a perturbar os sentimentos das pessoas ponderadas, cujas noções sobre discrição e comportamento social são questionadas por tão estranhas explosões, que elas consideram ser devidas ao seu temperamento e que tanto revoltam vocês – uma vez que vocês saibam que nada disso é culpa dela, talvez se sintam inclinados a vê-la sob um ponto de vista totalmente diferente. Apesar de ainda não haver chegado o momento de lhes dar a conhecer inteiramente o segredo, e apesar de que vocês dificilmente estariam preparados por enquanto para compreender o grande Mistério, ainda que lhes fosse falado sobre ele – devido à grande injustiça feita e ao mal cometido, estou autorizado a dar-lhes um relance do que está por trás do véu. Este estado dela está intimamente

[1] Veja a Carta LBS-156, no Anexo II desta edição. (N. ed. bras.)

vinculado com seu treinamento oculto no Tibete, e se deve ao fato de ela haver sido enviada ao mundo sozinha com o objetivo de preparar gradualmente o caminho para outros. Após quase um século de buscas infrutíferas, nossos chefes tiveram de aproveitar a única oportunidade de enviar um *corpo* europeu ao solo europeu, a fim de servir de laço de união entre aquela terra e a nossa. Vocês não compreendem? Claro que não. Por favor, então, lembrem-se do que ela tentou explicar, e que vocês assimilaram razoavelmente bem dela, isto é, o fato da existência dos sete princípios no ser humano completo. Bem, homem ou mulher algum, a não ser que seja um iniciado do "quinto círculo", pode deixar os limites de *Bod-Lhas*[2] e retornar ao mundo em seu todo integral – se é possível usar esta expressão. *Um* dos seus sete satélites, pelo menos, deve ficar para trás por duas razões: a primeira, para formar o laço de conexão necessário, o fio de transmissão; a segunda, como a mais completa garantia de que certas coisas jamais serão divulgadas. Ela não é uma exceção à regra, e vocês já viram outro caso – um homem altamente intelectual – que teve de deixar para trás uma das suas peles; e daí o fato de ser considerado muito excêntrico. O comportamento e situação dos *seis* restantes depende das qualidades inerentes, das peculiaridades psicofisiológicas da pessoa, especialmente das idiossincrasias transmitidas pelo que a ciência moderna denomina de "atavismo". Atuando de acordo com os meus desejos, meu Irmão M. lhes fez um certo oferecimento por intermédio dela, vejam se lembram. Bastaria apenas aceitá-lo e, em qualquer ocasião que vocês quisessem, poderiam ter tido por uma hora ou mais o verdadeiro *baitchooly*[3] para conversar com ele, em vez da aleijada psicológica com quem vocês geralmente têm de lidar agora. O erro de ontem foi dele. Ele não devia tê-la enviado para entregar a mensagem ao sr. Sinnett no estado em que ela estava. Mas considerá-la responsável pela sua agitação puramente fisiológica e deixar que ela visse os sorrisos desdenhosos de vocês, isso foi positivamente *pecaminoso*. Perdoem, meus irmãos e bons senhores, a minha franqueza. Estou agindo apenas conforme vocês me pediram em sua carta. Dei-me ao trabalho de "averiguar o espírito e o sentido" com que tudo foi dito e feito na sala do sr. Sinnett; e embora não tenha o direito de "culpá-los" – já que vocês ignoravam o estado real das coisas – não posso, por outro lado, deixar de reprovar com firmeza o que, por mais polido que fosse exteriormente, teria sido assim mesmo, em circunstâncias comuns – CRUELDADE. Basta, por agora.[4]

---

[2] "Governantes divinos". (Ed. C.)

[3] Intermediador. (N. ed. bras.)

[4] O texto não tem assinatura. (N. ed. bras.)

Carta nº 23 (ML-104) Recebida em outubro de 1881

Na Carta nº 21 (ML-27), o Mahatma deu o primeiro indício de que iria para um retiro: "Dentro de pouco tempo terei de deixar vocês consigo mesmos durante um período de três meses. Se o período começará em outubro ou janeiro depende do impulso que for dado à Sociedade e do seu progresso".

Devido a razões que veremos, o período de três meses começou provavelmente em torno de 1º de outubro. Parece provável que a carta tenha sido escrita bem próximo a 27 de setembro.

Recebida em outubro de 1881. (?) Carta escrita antes do retiro.

Meu caro amigo:

Seu bilhete foi recebido. O que você diz nele me mostra que você tem certo temor de que eu tenha me sentido ofendido pelas observações do sr. Hume. Fique tranqüilo, por favor, pois eu nunca poderia ficar ofendido. O que me aborreceu não foi nada que estivesse presente em suas observações, mas a persistência com que ele seguia uma linha de argumentação que eu sabia estar cheia de futuros enganos. Este *argumentum ad hominem*[1], renovado e reiniciado do ponto onde o havíamos deixado no ano passado, foi o menos indicado possível para fazer com que o Chohan se afastasse de seus princípios ou para forçá-lo a fazer algumas concessões muito desejadas. Eu temia as conseqüências e a minha preocupação, posso garantir a você, tinha sólidos fundamentos. Peço que você assegure ao sr. Hume a minha simpatia e respeito pessoal por ele e lhe transmita as minhas saudações mais amistosas. Mas não terei o prazer de "pôr-me em dia" com as cartas dele, nem de respondê-las durante os próximos três meses. Como nada ainda está decidido do programa original da Sociedade, nem tenho esperança de ver decisões no futuro próximo, tenho que abandonar a minha projetada viagem ao Butão e meu Irmão M. deverá ocupar o meu lugar. Estamos no final de setembro e nada poderia ser feito, antes de primeiro de outubro, que possa justificar uma insistência minha em ir até lá. Os meus Chefes desejam especialmente que eu esteja presente nas nossas Festividades de Ano Novo, no próximo mês de fevereiro[2], e para estar preparado para isso preciso dispor dos três meses que restam. Vou, portanto, despedir-me de você agora, meu bom amigo, agradecendo calorosamente por

---

1 "Argumento (destinado) a uma (só) pessoa". Uma argumentação em que se usa contra o adversário as próprias palavras dele. (N. ed. bras.)

2 Refere-se ao ano lunar. (N. ed. bras.)

tudo o que fez e tratou de fazer por mim. Espero poder dar-lhe notícias minhas no próximo mês de janeiro e – a menos que surjam novas dificuldades no caminho da Sociedade, vindas do "seu lado" – vocês me encontrarão exatamente com o mesmo estado de ânimo com que me despeço de vocês dois. Não posso dizer agora se terei êxito em trazer o meu amado mas muito obstinado Irmão M. para a minha maneira de pensar. Já tentei e tentarei uma vez mais, mas temo muito que o sr. Hume e ele não se ponham nunca de acordo. Ele me disse que responderia à carta e ao pedido de você por intermédio de uma terceira pessoa – que não é a senhora B. Enquanto isso, ela sabe o suficiente para fornecer ao sr. Hume material para umas dez conferências, caso ele tenha o desejo de fazê-las e pelo menos reconheça este fato, em vez de abrigar em relação a ela, de um lado, uma idéia tão pobre e, de outro, um conceito tão errôneo. M. prometeu-me, contudo, refrescar a memória falha dela e reavivar tudo que ela aprendeu com ele, de uma maneira tão clara quanto se poderia desejar. Caso a idéia não obtenha a aprovação do sr. Hume, terei apenas de lamentá-lo, pois é o que de melhor posso pensar.

Deixo ordens com o meu "Deserdado"[3] para que vigie *tudo*, tanto quanto lhe seja possível, dentro das suas escassas possibilidades.

E agora tenho que terminar. Só me restam algumas horas para preparar-me para a minha longa, *muito longa* viagem. Confiando que nos separamos tão bons amigos como sempre e que voltaremos a nos encontrar como amigos melhores ainda, aperto agora "astralmente" a sua mão e lhe reafirmo outra vez os meus bons sentimentos.

Sempre atenciosamente,

K.H.

Carta nº 24 (ML-71) Outubro de 1881

O Mahatma M. assumiu a correspondência. Em O Mundo Oculto, *Sinnett relata:*

"A mudança que ocorreu nas características de nossa correspondência, quando o nosso novo mestre encarregou-se de nós, foi notável. Cada carta que vinha de Koot Hoomi continuava a trazer a impressão de seu estilo suavemente gentil. Ele escreveria metade de uma página em qualquer momento para não correr o menor risco de, com uma frase descuidada, ferir os sentimentos de qualquer pessoa. A sua caligrafia, também, era sempre muito legível e regular. O nosso novo mestre tratava-nos de modo muito diferente;

[3] Mestre D.K., principal discípulo do Mahatma K.H. (N. ed. bras.)

ele se declarava pouco habituado com a nossa linguagem e escrevia com uma caligrafia muito irregular que, às vezes, era difícil de decifrar. Não fazia rodeio algum conosco. Se escrevíamos um ensaio sobre algumas idéias ocultas que tivéssemos resumido e o mandássemos para ele, perguntando se estava correto, às vezes o texto vinha de volta com uma grossa linha vermelha cruzando-o em diagonal e a palavra 'não', escrita à margem. Em uma ocasião um de nós tinha escrito: 'Você pode esclarecer as minhas idéias a respeito disto e daquilo?'. A anotação achada na margem, quando o papel foi devolvido, era: 'Como posso tornar mais claro o que você não tem?' e assim por diante. Mas, apesar disso tudo, progredimos com M., e aos poucos a correspondência, que começou da parte dele com breves notas rabiscadas da maneira mais áspera em pedaços de grosso papel tibetano, expandiu-se até assumir a forma, por vezes, de cartas bastante grandes. E deve ficar claro que, embora os seus modos ásperos e bruscos formassem um contraste divertido com a terna gentileza de Koot Hoomi, nada havia que impedisse o crescimento do nosso vínculo com ele, pois começamos a nos sentir aceitos como discípulos por ele com um pouco mais de boa-vontade do que inicialmente. Alguns dos meus leitores, estou certo, compreenderão o que quero dizer por 'vínculo' neste caso. Eu uso uma palavra neutra deliberadamente para evitar um desfile de sentimentos que poderiam, em geral, não ser compreendidos. Mas posso assegurar a eles que, durante um relacionamento prolongado – mesmo que apenas epistolar – com uma personagem que, embora seja um homem como nós, no sentido de que ocupa seu lugar na criação, é tão mais elevado que os homens comuns que possui alguns atributos comumente considerados divinos, durante tal relacionamento são gerados sentimentos tão profundos que não podem ser descritos rápida ou facilmente!".

Amável Sahib Sinnett – muitos agradecimentos e reverências pela máquina de tabaco[1]. O nosso *Pandit* [2] afrancesado e ocidentalizado me diz que esta coisa pequena e curta tem de ser curada (seja o que for o que queira dizer com isso), de modo que assim o farei. O cachimbo é curto e meu nariz é comprido, de modo que vamos nos acertar muito bem juntos, espero. Obrigado – muito obrigado.

---

[1] H.P.B. escreveu – segundo V. Hanson registra em *Reader's Guide to the Mahatma Letters,* p. 81 – que o Mahatma M. costumava fumar um cachimbo de água, ou narguilé. O narguilé, ainda hoje usado na Índia, é uma "máquina de fumar" que em alguns casos tem mais de um metro de altura e é alimentada com ervas e óleos aromáticos ou essências de frutas. O Mestre K.H. escreveu sobre a existência de uma escala de aromas semelhante à escala musical, em um texto que antecipava a idéia da moderna aromaterapia. No contexto desta Carta 24, Sinnett parece ter dado de presente ao Mahatma M. uma "máquina de fumar" ou cachimbo, o que não implica uso do fumo conhecido no Ocidente. (N. ed. bras.)

[2] *Pandit:* erudito. (N. ed. bras.)

A situação é mais séria do que você pode imaginar, e necessitaremos das nossas melhores forças e mãos trabalhando para afastar a má sorte. Mas se o nosso Chohan quiser e você nos ajudar, sairemos da dificuldade de uma maneira ou de outra. Há nuvens em seu horizonte e K.H. tem razão – a tempestade ameaça. Basta que você consiga ir a Bombaim para o aniversário[3] e já terá feito a K.H. e a mim um grande favor, de efeito durável – mas quanto a isso você é quem sabe. Esta reunião será o triunfo ou a queda da Sociedade e – um redemoinho. Você também está errado em relação ao *Peling Sahib*[4] – ele é tão perigoso como amigo quanto como inimigo, muito, muito mau nas duas condições – eu o conheço como ninguém. De qualquer maneira, você Sahib Sinnett reconciliou-me com muitas coisas; você é verdadeiro e eu serei verdadeiro.

Atenciosamente,

M.

Carta nº 25 (ML-73) Outubro de 1881

Estas linhas se referem à carta que o Mahatma K.H. aparentemente havia ditado para Damodar antes de partir para o seu retiro, e que Damodar transcreveu incorretamente.

Sr. Sinnett – você receberá uma longa carta – do jovem brâmane[5] – que foi postada domingo em Bombaim. Koot-Hoomi foi vê-lo (pois ele é seu *chela*) antes de entrar em *"Tong-pa-ngi"*[6] – estado em que se encontra agora – e deixou com ele certas ordens. O jovem confundiu um pouco a mensagem, portanto tenha muito cuidado antes de mostrá-la ao sr. Hume, para que ele não entenda mal novamente a real intenção do meu Irmão. Eu *não* permitirei mais nenhuma incompreensão ou mau sentimento contra ele, mas me afastarei imediatamente.

Fazemos o melhor possível.

M.

---

[3] A comemoração do aniversário da Sociedade Teosófica seria em 12 de janeiro seguinte. O ano de 1882 foi o sétimo ano da existência da Sociedade e deve ter sido um período de teste. (Ed. C.)

[4] Trata-se de Hume. *Peling* é uma palavra tibetana que significa "forasteiro". (Ed. C.). *Sahib* é uma palavra com que indianos e persas tratavam os europeus no século 19. (N. ed. bras.)

[5] Damodar Mavalankar. (Ed. C.)

[6] Palavra tibetana que significa *o vazio*. (N. da 3ª ed.)

Carta nº 26 (ML-102) Outubro de 1881

Aparentemente, Sinnett havia consultado o Mahatma M. sobre a possibilidade de alterar a carta escrita por Damodar, de modo que Hume pudesse vê-la [veja a Carta nº 25 (ML-73)]. Não está claro se Sinnett já tinha recebido a carta ou se ela estava ainda em poder do Mahatma.

Recebida em Simla, 1881.

Meu caro e jovem amigo, lamento discordar de você em seus dois últimos pontos. Se ele[1] pode suportar uma frase de reprovação, suportará muito mais do que aquilo que você gostaria que eu alterasse. *Ou tout ou rien*[2], como o meu afrancesado K.H. me ensinou a dizer. Considerei boa a sua sugestão nº 1 – e a adotei plenamente com esperança de que você não se recuse a dar-me lições de inglês algum dia. Fiz com que "Benjamin"[3] colasse um remendo na página e forjasse a minha caligrafia enquanto eu fumava um cachimbo deitado de costas. Não tendo o direito de *seguir* K.H., eu me sinto muito solitário sem o meu garoto. Esperando ser desculpado por escrever e pela recusa, confio em que você não retrocederá no momento de dizer a verdade, se for necessário, mesmo diante do filho de "um membro do Parlamento". Há tantos olhos observando-o que você não pode permitir-se errar *agora.*

M.

Carta nº 27 (ML-101) Outubro de 1881

Novamente, talvez, Sinnett tenha feito uma sugestão de alterar realmente a carta que Damodar havia escrito.

Recebida a sua carta. Seria melhor, creio, que você procurasse tornar as suas idéias menos polêmicas e áridas do que as dele. Começo a pensar que deve haver algum conteúdo em você, já que é capaz de apreciar tão bem o meu querido amigo e Irmão. Eu me ocupei da carta do jovem brâmane e apaguei a frase ofensiva, substituindo-a por outra. Você pode mostrá-la agora ao Maha Sahib; ele, que é tão orgulhoso na sua humildade *bakbak*[4] e tão humilde em seu orgulho.

---

[1] Hume. (Ed. C.)

[2] "Tudo ou nada", em francês. (Ed. C.)

[3] Benjamin – Djual Khul. (Ed. C.)

[4] *Bakbak* – Conversa fiada. (N. da 3ª edição)

Quanto a fenômenos, vocês não terão nenhum – escrevi sobre isso por intermédio de Olcott. Abençoado é aquele que conhece o nosso Koothoomi e abençoado aquele que o aprecia. O que digo agora você compreenderá algum dia. Quanto ao seu A.O. Hume, *eu o conheço melhor* do que você jamais poderá conhecer.

M.

Carta nº 28 (ML-74) Outubro de 1881

Aparentemente, Sinnett havia recebido a carta e perguntado onde a correção fora feita. O Mahatma satisfaz sua curiosidade.

Se está tão ansioso por descobrir o trecho específico onde apaguei uma frase e precipitei outra na noite passada no escritório dos Correios, posso satisfazer a sua curiosidade, caro Sinnett: "mas era do CONHECIMENTO do Chohan que nem você nem outra pessoa dava importância ao verdadeiro objetivo da Sociedade, nem tinha respeito algum pela FRATERNIDADE, mas tinha apenas um sentimento pessoal por alguns dos Irmãos. Assim você estava interessado apenas em K.H., como pessoa, e nos fenômenos; o sr. Hume queria obter os segredos da nossa filosofia para confirmar a si mesmo que os Mahatmas Tibetanos – os *Lhas* – caso existissem de fato fora da imaginação da Sra. B. – estavam relacionados, de algum modo, com *certos adeptos* que ele tinha em mente".

Tudo isto *é o que K.H. disse*, o que tive de escrever e precipitar *em vez do que estava escrito* pelo jovem em uma fraseologia que teria suscitado no sr. Hume toda uma torrente de finas palavras com a palavra "*ignorância*" aplicada ao meu Irmão. Eu não deixaria nem que o vento do deserto escutasse uma palavra dita em voz baixa contra aquele que agora dorme. Tal é a causa do *tamasha*[1] produzido por mim e não há outro motivo.

Atenciosamente,

M.

---

[1] *Tamasha* – exibição de fenômeno. (N. ed. bras.)

Carta nº 29 (ML-29) Outubro de 1881

Esta é a carta mais longa do Mahatma M., e é dirigida a Sinnett e Hume.

Em sua edição de 3 de setembro de 1881, The Saturday Review, *uma publicação espírita inglesa, qualificou H.P.B. e Olcott como "aventureiros inescrupulosos". Hume escreveu um artigo em defesa deles, aparentemente ignorado por* The Saturday Review, *mas, posteriormente, publicado nos números de dezembro de 1881 e janeiro de 1882 de* The Theosophist. *Neste artigo, Hume referia-se a cartas para H.P.B. mandadas pelo seu tio, general-de-divisão H. Fadeev e pelo Príncipe Dondoukoff Korsakoff. Veremos mais tarde a própria referência de H.P.B. a estas cartas, que ajudaram a estabelecer a sua identidade numa época em que era acusada de ser espiã russa, aventureira, etc. Pode ter sido este artigo de Hume que levou o Mahatma a um senso de gratidão para com ele. O próprio Mahatma diz que considera as dívidas de gratidão tão sagradas "que faço agora por ela o que poderia ter-me recusado a fazer até mesmo pela Sociedade".*

Neste ponto seria muito bom examinar uma carta para Sinnett, escrita no começo de novembro de 1881 por H.P.B., relacionando sete itens que ela tinha sido instruída pelo Mahatma M. a transmitir para Sinnett. Essa é a Carta 4, em Letters of HPB to A P. Sinett, *pp.5-6 (Veja o documento LBS-4, no Apêndice II da presente edição das* Cartas dos Mahatmas).

Em resposta à sua, terei que escrever uma carta um tanto longa. Para começar, posso dizer o seguinte: o sr. Hume pensa e fala de mim de uma forma que só merece menção na proporção em que ela afeta a disposição de ânimo com que ele se propõe a solicitar-me instrução filosófica. Eu me importo tão pouco com receber respeito por parte dele quanto ele se importa com o meu desagrado. Mas, deixando de lado a postura superficialmente desagradável dele, reconheço plenamente as suas boas intenções, suas aptidões e sua potencial utilidade. Faremos melhor começando a trabalhar novamente sem mais digressões, e enquanto ele perseverar me encontrará disposto a ajudá-lo, mas não a adulá-lo nem a discutir com ele.

Ele entendeu tão mal o espírito com que o memorando e o pós-escrito foram redigidos que, não tivesse ele me colocado durante os últimos três dias sob um débito de profunda gratidão pelo que está fazen-

do por minha pobre e velha chela[1], nunca teria me dado ao trabalho de fazer o que pode parecer uma desculpa, ou uma explicação, ou ambas as coisas. Seja como for, essa dívida de gratidão é tão sagrada, que faço agora por ela o que poderia ter-me recusado a fazer até mesmo pela Sociedade: peço a permissão dos Sahibs para informá-los de certos fatos. O mais sagaz funcionário inglês não conhece as nossas maneiras indo-tibetanas. A informação dada agora poderá ter utilidade em nosso relacionamento futuro. Terei de ser sincero e falar claro, e o sr. Hume terá que perdoar-me. Uma vez que sou obrigado a falar, devo dizer TUDO – ou não dizer nada.

Não sou um grande erudito, Sahibs, ao contrário do meu irmão abençoado; no entanto, creio que entendo o valor das palavras. E, se é assim, sou, então, incapaz de compreender o que pode ter havido em meu pós-escrito que tenha provocado o irônico desagrado do sr. Hume em relação a mim. Nós, moradores das choupanas indo-tibetanas, nunca entramos em conflito (isto é em resposta a alguns pensamentos expressados em relação ao assunto). Deixamos os conflitos e mesmo as discussões para aqueles que, incapazes de avaliar uma situação num relance, são por isso forçados, antes de chegar a uma decisão final em relação a qualquer coisa, a analisar e avaliar um a um e várias vezes cada detalhe. Sempre que nós – pelo menos aqueles entre nós que são *dikshita*[2] parecemos, portanto, a um europeu não "inteiramente seguros em relação aos nossos fatos", isso pode freqüentemente ser devido à seguinte peculiaridade. Aquilo que a maioria das pessoas considera como um "fato" não nos parece mais que um simples RESULTADO, uma visão do passado que não merece a nossa atenção, atraída geralmente por *fatos primários*. A vida, estimados Sahibs, mesmo quando prolongada indefinidamente, é demasiado curta para que sobrecarreguemos nossos cérebros com pequenos detalhes – meras sombras. Ao observar o desenvolvimento de uma tempestade, nós fixamos nosso olhar na causa que a produz e abandonamos as nuvens ao capricho do vento que lhes dá forma. Tendo sempre meios à mão para trazer à nossa consciência quando realmente necessários os detalhes menores, nós nos ocupamos apenas dos fatos principais. Por isso, dificilmente poderíamos estar *absolutamente equivocados* – como somos com freqüência acusados por vocês, pois as nossas conclusões jamais são baseadas em dados secundários, mas na situação como um todo.

---

[1] *Chela* – discípula. (N. ed. bras.)

[2] Iniciados. (Ed. C.)

Por outro lado, os homens comuns – mesmo os mais intelectuais – ao darem toda a sua atenção ao significado das aparências e da forma externa, incapazes como são de penetrar *a priori* até o cerne das coisas, tendem a avaliar erradamente toda a situação, sendo condenados a só descobrir o seu engano quando já é tarde demais. Devido a complicados mecanismos políticos, a debates, e ao que vocês chamam, se não me equivoco, de conversas sociais, controvérsias e discussões de salão, o sofisma se transformou agora na Europa (e portanto entre os anglo-indianos) no "exercício lógico das faculdades intelectuais", enquanto que para nós nunca superou sua natureza original de "raciocínio falacioso", cujas premissas cambaleantes e inseguras formam e estabelecem a maior parte das conclusões e opiniões. Novamente, nós, asiáticos ignorantes do Tibete, mais acostumados a seguir o pensamento de nosso interlocutor ou nosso correspondente do que as palavras com que ele o envolve, nos preocupamos geralmente muito pouco com a exatidão das suas expressões. Pois bem, esta introdução parecerá tão ininteligível quanto inútil a vocês, e talvez se perguntem onde quero chegar com tudo isso. Paciência, peço eu, porque tenho algo mais a dizer antes do nosso esclarecimento final.

Alguns dias antes de nos deixar, falando de vocês, Koot'hoomi disse-me o seguinte: "Sinto-me cansado e exausto com essas discussões intermináveis. Quanto mais me esforço para explicar a ambos as circunstâncias que nos controlam e que interpõem tantos obstáculos a um livre intercâmbio entre nós, menos eles me entendem! Sob os aspectos mais favoráveis esta correspondência será sempre insatisfatória, e até exasperadamente insatisfatória, às vezes, pois só entrevistas pessoais nas quais pudesse haver discussão e resolução imediata de dificuldades intelectuais conforme elas se apresentassem, poderiam deixá-los completamente satisfeitos. É como se estivéssemos gritando um para o outro através de um vale intransponível e somente um de nós visse o seu interlocutor. De fato, não há em nenhum lugar da natureza física um abismo entre montanhas tão desesperadamente intransponível e cheio de dificuldades para o viajante como esse abismo espiritual que os mantém afastados de mim".

Dois dias mais tarde, quando o seu "retiro" foi decidido, ele me perguntou ao partir: "Você cuidará do meu trabalho, fará com que ele não caia em ruínas?" Prometi que sim. O que eu não teria prometido a ele naquela hora? Em certo lugar que não pode ser mencionado a estranhos, existe um abismo, atravessado por uma frágil ponte de fibras entrelaçadas, com uma impetuosa correnteza em baixo. O mais intrépido membro dos seus clubes de alpinismo dificilmente ousaria aventurar-se a passá-la, porque a ponte está pendurada como uma teia de aranha e *parece* apodrecida e intransponível. E, no entanto, não é assim; e aquele que ousa enfrentar a prova e tem êxito – como o terá se for correto que ele tenha permissão – chega a um desfiladeiro cujo cenário é de uma beleza insuperável – a um dos *nossos* lugares, e a algumas pessoas *nossas,* algo em relação ao qual não há anotação ou registro entre geógrafos europeus. À distância do arremesso de uma pedra desde o velho monastério de Lamas ergue-se a antiga torre dentro da qual surgiram gerações de *Bodhisatwas*. É aí que agora descansa sem vida o seu amigo, meu Irmão, a luz da minha alma, a quem fiz uma solene promessa de cuidar do *seu* trabalho durante sua ausência. E será possível, pergunto, que apenas dois dias depois do retiro dele, eu, seu fiel amigo e Irmão, possa ter demonstrado gratuitamente falta de respeito para com os amigos europeus dele? Que razão haveria para isso, e o que poderia ter suscitado uma idéia destas na mente do sr. Hume e mesmo na sua? Bem, uma ou duas palavras inteiramente malcompreendidas e mal-usadas por ele. Provarei isso.

Vocês não pensam que se a expressão usada "chegando a odiar o sut-phana" tivesse sido substituída por "chegando a sentir novamente impulsos de antipatia" ou de temporária irritação, só esta frase teria mudado maravilhosamente os *resultados*? Se ela tivesse sido formulada *assim,* o sr. Hume dificilmente teria encontrado uma oportunidade para *negar o fato* de forma tão terminante como o fez. Porque nisso ele tem razão, e a PALAVRA é incorreta. É perfeitamente correto dizer que um sentimento de *ódio* como esse nunca existiu nele. Resta ver se será também capaz de protestar contra a declaração em geral. Ele confessou o fato de que estava "irritado" e que teve um "sentimento de desconfiança" provocado por H.P.B. Essa "irritação", como ele não nega mais, perdurou por vários dias. Onde ele vê então a afirmativa errada? Vamos admitir, além disso, que a palavra usada *fosse* incorreta. Então, já que ele é tão meticuloso na escolha das palavras, tão desejoso de que traduzam sempre o sentido exato, por que não aplicar a si próprio a mesma regra de ação? O que poderia ser facilmente perdoado em um asiático que ignora o idioma inglês, e alguém, além disso, que nunca teve o costume de escolher as suas expressões, pelas razões acima citadas e porque *não pode* ser mal-interpretado entre a *sua* gente, deveria ser *indesculpável* em um inglês culto e altamente ilustrado. Ele escreve em sua carta a Olcott: "Ele (eu) ou ela (H.P.B.), ou os dois, confundiram e interpretaram tão mal uma carta escrita por Sinnett e por mim, que isso conduziu a que recebêssemos uma mensagem totalmente inaplicável às circunstâncias, o que necessariamente *criou desconfiança*". Solicito humildemente permissão para fazer uma pergunta: quando foi que *ela,* ou *eu*, ou nós dois, vimos e lemos e então, "confundimos e interpretamos erroneamente" a carta em questão? Como poderíamos ela ou eu ter confundido o que *ela nunca havia visto* e algo a que eu, não tendo o desejo nem o direito de ver, ou de imiscuir-me neste assunto que diz respeito apenas ao Chohan e a K.H. – nunca dei a menor atenção? Ela informou a vocês, no dia em questão, que foi devido a esta carta de *vocês* que eu a enviei à residência do sr. Sinnett com a mensagem? *Eu estava ali*, respeitáveis Sahibs, e posso repetir palavra por palavra do que ela disse: "Que é isso?... Que vocês estão fazendo, ou dizendo a K.H." – gritou ela em seu estado costumeiramente nervoso e excitado ao sr. Sinnett, que estava sozinho no quarto – "para que M. (referindo-se a mim) ficasse tão irritado e me dissesse que me preparasse para partir e instalar a nossa sede central no Ceilão?" – estas foram as primeiras palavras que ela disse, mostrando assim *que ela não sabia nada ao certo,* não fora informada de nada e simplesmente fazia suposições a partir do que eu lhe havia dito. E o que eu lhe disse foi simplesmente que seria melhor que se preparasse para o pior e para partir para o Ceilão, instalando-se lá, do que fazer o papel de boba, tremendo a cada carta que lhe fosse dada para enviar a K.H.; e que, a menos que aprendesse a se controlar melhor, eu ia colocar um ponto final no assunto do *dak*. Estas palavras foram ditas por mim a ela não porque eu tivesse algo a ver com a carta de *vocês* ou *qualquer outra*, nem em conseqüência de qualquer carta enviada, mas porque casualmente vi a aura ao redor da *Eclética* e dela mesma, e estava negra e cheia de futuras deslealdades, e mandei que ela dissesse isso ao sr. Sinnett, *não* ao sr. Hume. A minha observação e a minha mensagem a perturbaram do modo mais ridículo (devido à sua condição pouco feliz e a seus nervos esgotados) e seguiu-se a cena bem conhecida. É por causa dos fantasmas do fracasso teosófico, evocados pelo seu cérebro desequilibrado, que ela é agora acusada – como eu – de ter confundido e interpretado erroneamente uma carta que ela nunca viu? Se há ou não na afirmação do sr. Hume uma só palavra que possa ser chamada de correta – o termo "correta" está sendo agora usado por mim em relação ao significado real de toda a frase, e não meramente a palavras isoladas – é algo que deixo para o julgamento de mentes superiores às dos asiáticos. E se posso questionar a exatidão da opinião de alguém tão vastamente superior a mim no que se refere a educação, inteligência e agudeza de percepção da eterna adequação das coisas –

tendo em vista a explicação acima mencionada – por que haveria de ser considerado "absolutamente equivocada" a seguinte afirmação: "Vi também o crescimento de uma repentina aversão (digamos irritação) *engendrada pela desconfiança* (tendo o sr. Hume confessado e usado idêntica expressão em sua resposta a Olcott – veja, por favor, a citação da carta dele dada acima) no dia que a mandei com uma mensagem à residência do sr. Sinnett". Será isso incorreto? E mais: "eles sabem quão agitada e desequilibrada ela está, e este sentimento hostil da parte dele foi quase cruel. *Durante vários dias ele mal olhou para ela,* e não lhe dirigiu uma palavra – causando uma séria e desnecessária dor à sua natureza hipersensível. *E quando o sr. Sinnett lhe disse isto, ele negou o fato...*" Esta última frase, que continua na página 7 *com muitas outras verdades semelhantes,* eu a cortei fora junto com o resto (conforme você pode confirmar perguntando a Olcott, que lhe dirá que originalmente havia 12 páginas e não 10, e que ele enviou a carta com muito mais detalhes do que você pode encontrar nela agora, porque ele não sabe o que eu fiz *nem por que* foi feito. Não querendo relembrar ao sr. Hume detalhes há muito esquecidos por ele e irrelevantes no caso em questão, eliminei a página e risquei muito do restante. Os sentimentos dele já tinham mudado e eu estava satisfeito.)

Agora, a questão não é se o sr. Hume "não dá importância alguma" ao fato de seus sentimentos *me agradarem ou não*, mas sim, se ele se baseava em *fatos* para escrever a Olcott do modo como fez, isto é, se eu tinha *interpretado inteiramente mal* os reais sentimentos dele. Eu digo que *ele não se baseava em fatos.* Ele não pode impedir-me de estar "desgostoso", e eu não posso dar-me ao trabalho de fazê-lo sentir-se de modo diferente de como se sente agora, até porque ele não dá "importância alguma ao fato de seus sentimentos me desagradarem ou não". Tudo isso é uma infantilidade; e aquele que quer saber como beneficiar a humanidade e acredita que é capaz de identificar o caráter das outras pessoas tem que começar, antes de tudo, *a aprender a conhecer a si mesmo,* a perceber o verdadeiro valor do seu próprio caráter. E isso, ouso dizer, ele não aprendeu até hoje. E ele deve também aprender em que casos particulares os *resultados* podem, por sua vez, transformar-se em *causas* primárias e importantes, quando o resultado se torna um Kyen[3]. Se ele a tivesse *odiado* com o ódio mais amargo que pode haver, não poderia ter torturado os nervos dela, tolamente sensíveis, de forma mais efetiva do que o fez, "ainda tendo afeto pela querida velha senhora". Ele fez

---

3 *Kyen,* uma causa. (N. ed. bras.)

isto com os que mais amava, e voltará a fazê-lo inconscientemente mais de uma vez no futuro; e no entanto o seu primeiro impulso será sempre o de negá-lo, porque, na verdade, é totalmente *inconsciente* do fato. Nesses casos a extrema bondade de seu coração fica inteiramente cega e paralisada por outro sentimento que, caso lhe seja descrito, ele também negará. Sem desanimar diante dos seus apelidos de "simplório" e "Dom Quixote", fiel à promessa que fiz ao meu Irmão abençoado, eu falarei a ele sobre isso quer ele goste ou não; porque agora que ele manifestou abertamente seus sentimentos, teremos que entender um ao outro ou romper relações. Isto não é "uma ameaça semivelada", segundo a expressão dele, porque "uma ameaça vinda de um homem é como o latido de um cão" – não significa nada. Digo que, a menos que ele compreenda como é completamente inaplicável para nós o critério pelo qual ele está acostumado a julgar as pessoas ocidentais de sua própria sociedade, seria simplesmente uma perda de tempo para mim ou para K.H. ensinar e, para ele, aprender. Nós nunca consideramos uma advertência amistosa uma "ameaça", nem nos sentimos irritados quando ela nos é feita. Ele diz que, pessoalmente, não se importará nem um pouco "caso os Irmãos rompam as relações com ele amanhã"; mais uma razão, então, para que cheguemos a um entendimento. O sr. Hume se orgulha de pensar que nunca teve "um espírito de veneração" por coisa alguma a não ser pelos seus próprios ideais abstratos. Nós temos plena consciência do fato. Nem ele poderia de modo algum sentir veneração por alguma pessoa ou alguma coisa, porque toda a veneração de que ele é capaz está *concentrada nele mesmo*. Este é um fato, e é a causa de todos os problemas da vida dele. Quando os seus numerosos "amigos" oficiais e a própria família dizem que isso é *presunção*, eles estão equivocados e dizem uma verdadeira tolice. Ele é intelectualizado demais para ser presunçoso: ele é, simples e inconscientemente, uma *personificação do orgulho*. Não teria veneração nem mesmo por seu próprio Deus, caso esse Deus não fosse criado e formado por ele mesmo; essa é a causa pela qual ele nunca poderia se tornar receptivo a qualquer doutrina estabelecida, e nunca se submeteria a nenhuma filosofia que não surgisse toda pronta do seu próprio cérebro assim como a *Saraswati* grega, ou Minerva, surgiu do cérebro do pai dela. Isso pode esclarecer o fato de eu ter recusado dar a ele, durante o curto período da minha instrução – qualquer coisa mais que problemas, sugestões e dilemas pela metade para que ele os resolvesse por si mesmo. Porque somente assim ele acreditaria quando a sua própria e extraordinária capacidade para captar a essência das coisas lhe mostrasse claramente que algo deveria ser assim,

já que se ajusta com o que ELE considera matematicamente correto. Se ele acusou – e tão injustamente! – K.H., por quem sente real afeto, de ter "ressentimento" devido à sua falta de reverência para com ele, é porque construiu o seu ideal do meu Irmão segundo a sua própria imagem. O sr. Hume nos acusa de tratá-lo *de haut en bas*[4]! Se pelo menos ele soubesse que para nós um lustrador de botas honesto é tão bom quanto um rei honesto, e que um varredor de ruas imoral é muito melhor e mais desculpável do que um imperador *imoral*, ele nunca teria dito tal falácia. O sr. Hume se queixa (mil perdões, "se ri" é o termo correto) de que nós mostramos desejos de *dominá-lo*. Eu me atrevo a sugerir com todo respeito que é, absolutamente, o contrário que ocorre. É o sr. Hume (de novo em forma inconsciente e cedendo a um hábito de toda sua vida) que adotou esta atitude para com o meu Irmão em cada carta que escreveu a Koothoomi. E quando certas expressões, que denotavam seu impetuoso espírito de auto-aprovação e confiança em si mesmo, chegavam ao ápice do orgulho humano, foram percebidas e suavemente questionadas pelo meu Irmão, o sr. Hume deu de imediato outro significado a elas e acusou K.H. de interpretá-lo mal, e considerou-o cheio de orgulho e "petulante". Será que eu acuso *ele*, então, de falta de equidade, de injustiça ou algo pior? Decididamente *não*. Nunca um homem mais honesto, sincero ou bondoso do que ele respirou sobre os Himalaias. Eu conheço ações dele, das quais a sua própria família e sua esposa nada sabem – de tal nobreza, bondade e grandeza, que até o orgulho dele é incapaz de perceber em todo seu valor. De modo que nada do que ele pudesse dizer ou fazer poderia diminuir o meu respeito por ele; mas apesar de tudo isso sou *forçado* a dizer a ele a verdade: ao mesmo tempo que esse lado do seu caráter merece toda minha admiração, o seu orgulho nunca obterá a minha aprovação – com o que, novamente, o sr. Hume não se importará nem um pouco; mas isso, realmente, não tem importância. O sr. Hume, o homem mais sincero e franco da Índia, é incapaz de tolerar uma contradição; e quer se trate de um *Deva* ou de um mortal, ele *não pode* apreciar nem mesmo aceitar sem protestos a existência da mesma qualidade da sinceridade em alguém que não seja ele mesmo. Tampouco pode ser levado a confessar que alguém no mundo talvez conheça melhor do que *ele* algo que ele tenha estudado e sobre o qual tenha formulado a *sua* opinião. "Eles não aceitam o trabalho conjunto da maneira que me parece melhor", queixa-se de nós em

---

[4] *De haut en bas* – em francês, literalmente, "de cima para baixo", ou como um inferior. (Ed. C.)

sua carta a Olcott, e só essa frase nos dá a chave de todo o seu caráter: nos dá a mais clara percepção de como operam os seus sentimentos íntimos. Tendo o direito – pensa ele – de considerar-se desprezado e menosprezado por uma recusa tão "pouco generosa" e tão "egoísta" da nossa parte a trabalhar sob a direção dele, ele não pode deixar de pensar em si mesmo, com toda sinceridade, como um homem extremamente generoso e capaz de perdoar, que, em vez de ficar ressentido com a nossa negativa, está no entanto "disposto a prosseguir conforme o modo deles (nosso)". E esta nossa irreverência diante das opiniões dele não pode ser agradável a ele; e assim surge o sentimento desta *grande* injustiça que lhe fazemos, tornando-se proporcional à magnitude do nosso "egoísmo" e "petulância". Daí a sua decepção e a sincera dor que sente ao ver a Loja e a todos nós tão abaixo do nível do *seu* ideal. Ele se ri do fato de eu defender H.P.B.; e abrindo espaço a um sentimento indigno da sua natureza, esquece de modo muito infeliz que é sua, na verdade, a decisão de permitir que tanto amigos como inimigos o chamem de "protetor dos pobres" e outras designações semelhantes, e que os seus inimigos, entre outros, jamais deixam de lhe aplicar semelhantes nomes; e que, no entanto, longe de cair sobre ele como um insulto, esse sentimento cavalheiresco que o tem levado sempre a tomar a defesa dos fracos e oprimidos e a compensar os erros cometidos por seus colegas – como no último exemplo do problema com a municipalidade de Simla – o cobre com um manto de glória imperecível, tecido com a gratidão e o afeto que sente por ele o povo que ele defende tão destemidamente. Vocês dois têm a estranha impressão de que nós podemos nos importar e mesmo nos importamos com alguma coisa que se diga ou pense de nós. Tirem este erro das suas mentes e lembrem que a primeira exigência, mesmo para um simples faquir, é que ele deve ter treinado a si mesmo até saber permanecer indiferente tanto à dor moral como ao sofrimento físico. Nada pode causar, em NÓS, dor ou prazer pessoais. E digo isso mais para que compreendam a NÓS do que a si *mesmos*, que é a ciência mais difícil de aprender. A intenção do sr. Hume, causada por um sentimento tão transitório como apressado – devido a uma sensação de crescente irritação comigo, a quem acusou de querer "dominá-lo" – era a de vingar-se com um golpe irônico e portanto (segundo a mente européia) ofensivo para mim – e isto é tão claro quanto o fato de que ele errou o alvo. Ignorando, ou melhor, esquecendo o fato de que nós, asiáticos, carecemos totalmente daquele sentido do ridículo que incita a mente ocidental a ridicularizar as melhores e mais nobres aspirações do gênero humano – eu, se ainda pudesse sentir-me ofendido ou envaidecido

pela opinião do mundo, teria me sentido mais elogiado do que outra coisa. Meu sangue de Rajput[5] jamais me permitirá ver uma mulher ofendida em seus sentimentos sem que a defenda – mesmo que ela seja uma "visionária" e que o erro agora chamado de "imaginário" não seja mais do que outra das "fantasias" dela – e o sr. Hume conhece o suficiente das nossas tradições e costumes para estar bastante consciente da existência deste resto de sentimento cavalheiresco para com as nossas mulheres, em nossa raça que, sob outros aspectos, está degenerada. Conseqüentemente afirmo que quer ele esperasse que os epítetos satíricos me atingissem ou me ferissem, ou estivesse consciente de que falava a uma coluna de granito – o sentimento que o impulsionou era indigno da sua natureza mais nobre e elevada, já que no primeiro caso teria de ser considerado como um sentimento mesquinho de vingança, e no segundo caso como uma infantilidade. Assim, em sua carta a O., ele se queixa ou denuncia (você deve me perdoar pelo número limitado de palavras em inglês que tenho sob meu controle) a atitude de "semi-ameaça" de romper com vocês que ele imagina encontrar em nossas cartas. Nada poderia ser mais errôneo. Não temos mais intenção de romper com ele do que teria um hindu ortodoxo de deixar a casa que está visitando até que lhe seja dito que a sua companhia já não é mais desejada. Mas quando isso é insinuado, ele se vai. O mesmo conosco. O sr. Hume tem bastante orgulho de repetir que, pessoalmente, não sente desejo algum de nos ver ou curiosidade de nos conhecer; de que nossa filosofia e ensinamento não podem beneficiá-lo em nada, a ele que já aprendeu e conhece tudo o que poderia ser aprendido; que não se importa nem um pouco que rompamos ou não com ele, nem se preocupa de modo algum se estamos satisfeitos com ele ou não. *Cui bono*[6], pois? Entre a imaginada (por ele) reverência que esperamos dele e essa combatividade injustificada, que pode degenerar nele, qualquer dia, em uma hostilidade inexpressada mas autêntica, existe um abismo sem um terreno intermediário que mesmo o Chohan pode ver. Embora não se possa acusá-lo de não fazer, como no passado, concessão alguma às circunstâncias e às nossas regras e leis peculiares, ele está sempre examinando essa zona fronteiriça e negra da amizade, em que a confiança está obscurecida e suspeitas tenebrosas e impressões errôneas cobrem todo o horizonte. Eu sou como eu era; e como era, e sou, assim provavelmente

---

[5] *Rajput* – membro de um povo hindu que descende da casta guerreira e é notável por seu espírito militar. (N. ed. bras.)

[6] *Cui bono* – Em latim, "a quem beneficia?" (N. ed. bras.)

serei sempre: um escravo do meu dever para com a Loja e a humanidade; não só fui ensinado, mas também estou desejoso de subordinar toda preferência por indivíduos ao amor pela raça humana. Não tem sentido, portanto, acusar a mim ou a qualquer um de nós de egoísmo ou de desejar considerá-los "pelings desprezíveis" e de querer "*cavalgar em asnos*" só porque não conseguimos encontrar cavalos adequados. Nem o Chohan, nem K.H. ou eu nunca subestimamos os méritos do sr. Hume. Ele prestou serviços inestimáveis à Soc. Teosófica e a H.P.B. e ele sozinho é capaz de fazer da Sociedade um agente eficiente para o bem. Quando permite que a sua alma espiritual o guie, não se pode encontrar homem melhor, mais puro e mais benevolente. Mas quando o seu *quinto* princípio[7] se erguer em irreprimível orgulho, sempre iremos enfrentá-lo e desafiá-lo. Sem aceitar o excelente conselho mundano dele sobre como vocês deviam estar armados com provas da nossa realidade, ou sobre como vocês deveriam fazer o trabalho conjunto da maneira que pareça melhor a ELE, eu permanecerei indiferente até receber ordens em contrário. Com referência à sua última carta (do sr. Sinnett), por mais que você expresse suas idéias com frases agradáveis, você está, não obstante, surpreso, e pessoalmente está decepcionado por eu não ter concordado em permitir fenômenos, e por nenhum de nós ter se aproximado um passo sequer de vocês. Nada posso fazer e sejam quais forem as conseqüências não haverá mudança alguma em minha atitude até que meu Irmão volte a estar entre os vivos. Vocês sabem que nós dois amamos nosso país e nossa raça; que consideramos a Sociedade Teosófica como um grande potencial para o bem do país e da raça, estando em mãos adequadas; que ele acolheu com satisfação a identificação do sr. Hume com a causa e que eu atribuí um alto valor a isso – mas só o valor justo. E assim vocês deveriam compreender que faríamos de coração tudo que pudéssemos para vincular você e ele mais estreitamente a nós. Mas, mesmo assim, se tivermos de escolher entre desobedecer à mais suave recomendação do nosso Chohan no que se refere a quando podemos ver a algum de vocês, ou ao que podemos escrever, e como, e onde, e a perda da opinião favorável de vocês, ou mesmo um sentimento de forte animosidade da sua parte e a dissolução da Sociedade, não hesitaríamos um só instante. Isto pode ser considerado irracional, egoísta, arrogante e ridí-

[7] *Quinto princípio* – isto é, o nível da consciência conhecido como mente, ou *manas*. Sobre os sete princípios da consciência, veja *A Chave Para a Teosofia,* de Helena Blavatsky, Ed. Teosófica, pp. 89-93. (N. ed. bras.)

culo, qualificado de *jesuítico*[8] e toda a culpa pode ser atribuída a nós, mas a lei é a LEI para nós, e não há poder capaz de afastar-nos um milímetro do nosso dever. Demos a vocês uma possibilidade de obter tudo o que desejavam, melhorando o seu magnetismo, indicando-lhes um ideal mais nobre com o qual trabalhar, e foi mostrado ao sr. Hume o que ele já sabia: como ele pode beneficiar imensamente a alguns milhões de seus semelhantes. Escolham segundo seu melhor critério. A sua escolha já está feita, eu sei, mas o sr. Hume ainda pode mudar de idéia mais de uma vez; eu serei o mesmo em relação ao meu grupo e à minha promessa, seja qual for a decisão que ele tome. Tampouco deixamos de apreciar as grandes concessões que ele já fez; concessões que crescem, a nosso ver, à medida que ele fica menos interessado em nossa existência e faz uma violência contra seus próprios sentimentos só com a intenção de beneficiar a humanidade. Ninguém, no seu lugar, teria aceitado essa situação com tanta boa vontade como ele o fez, ou obedecido tão estritamente à declaração "de objetivos primários" na reunião do dia 21 de agosto; enquanto "prova à comunidade nativa que os membros da classe governante" também desejam promover os louváveis projetos da S.T., ele aguarda uma oportunidade, até mesmo para obter as nossas verdades metafísicas. Já fez um bem imenso e ainda não recebeu nada em troca. E não espera nada. Relembrando-lhes que esta carta é uma resposta a todas as suas cartas e a todas as suas objeções e sugestões, posso acrescentar que você está certo, e que apesar de todo o seu "caráter terreno" o meu abençoado Irmão tem certamente uma real estima por você e pelo sr. Hume, e me alegra perceber que o sr. Hume possui alguns bons sentimentos em relação a ele, embora não seja como você e seja realmente "muito orgulhoso para procurar sua recompensa sob nossa proteção". O único ponto em que você está e estará sempre errado, meu caro, é em defender a idéia de que os fenômenos possam em algum momento se tornar "uma poderosa máquina" capaz de sacudir os alicerces das crenças errôneas da mente ocidental. Ninguém, exceto aqueles que enxergam por si mesmos, jamais crerá, façam vocês o que fizerem. "Satisfaçam-nos e nós satisfaremos ao mundo", disse você uma vez. Você foi satisfeito e quais são os resultados? Gostaria de poder imprimir em suas mentes uma profunda convicção de que não desejamos que o sr. Hume ou você provem conclusivamente ao público que nós

---

8 No sentido figurado, *jesuítico* significa, em inglês como em português, algo dissimulado, astucioso, hipócrita. Veja o *Dicionário Aurélio da Língua Portuguesa.* (N. ed. bras.)

realmente existimos. Por favor, compreenda o fato de que, enquanto os homens duvidarem, haverá curiosidade e pesquisa, e que a pesquisa estimula a reflexão, que gera o esforço; mas, uma vez que o nosso segredo tenha sido completamente vulgarizado, não só a sociedade cética não terá grandes benefícios, como também a nossa privacidade estaria constantemente em perigo e teria que ser resguardada a um custo irracional de energia. Tenha paciência, amigo do meu amigo. O sr. Hume levou anos para matar um número suficiente de pássaros para completar o seu livro; e ele não mandava que eles abandonassem os seus retiros cheios de folhas, mas tinha que esperar que chegassem até ele para que os empalhasse e rotulasse; assim também vocês devem ter paciência conosco. Ah, Sahibs, Sahibs! Se vocês pudessem pelo menos *catalogar-nos*, rotular-nos e colocar-nos no Museu Britânico, então de fato o *seu mundo* poderia ter a verdade absoluta, a verdade dissecada.

E assim, como de costume, tudo volta ao seu ponto de partida. Vocês têm estado caçando-nos em torno das suas próprias sombras, captando apenas um rápido relance de nós, mas jamais chegando suficientemente perto para escapar do esqueleto sombrio da suspeita que está em seus calcanhares e que os enfrentará no futuro. Receio que seja assim até o fim do capítulo, já que vocês não têm paciência para ler o volume até o fim. Porque vocês estão tratando de penetrar as coisas do espírito com os olhos da carne, de dobrar algo inflexível a partir do seu próprio modelo de como deveria ser, e ao descobrir que ele não se dobrará, vocês provavelmente tampouco poderão rompê-lo e – dirão adeus para sempre ao sonho.

E agora, para encerrar, algumas palavras de explicação. O *memorando* de O., que produziu resultados tão desastrosos e um caso único de *quid pro quo*[9], foi escrito no dia 27. Na noite de 25, meu querido Irmão me disse que, tendo escutado o sr. Hume dizer, no aposento de H.P.B., que jamais ouvira pessoalmente O. afirmar a ele que nos vira, e também que se Olcott lhe dissesse isso, ele teria suficiente confiança no homem para crer no que fosse dito, ele, K.H., pensou em pedir-me que dissesse a O. para fazer isto, acreditando que o sr. Hume poderia gostar de saber alguns detalhes. Os desejos de K.H. são uma lei para mim. E essa é a razão por que o sr. Hume recebeu aquela carta de O., numa época em que as suas dúvidas já estavam resolvidas. No mesmo momento em que entregava a minha mensagem a O., satisfiz a curiosidade dele

---

9 *Quid pro quo* – Em latim, "uma coisa pela outra", confusão. Em português, há a expressão *quiprocó*. (N. ed. bras.)

quanto à Sociedade de vocês e lhe disse o que pensava dela. O. pediu minha permissão para enviar a você essas anotações, o que autorizei. Bem, este é *todo* o segredo. Por certas razões minhas eu queria que você soubesse o que eu achava da situação, poucas horas depois que o meu querido Irmão se afastara deste mundo. Quando a carta chegou até você os meus sentimentos mudaram um pouco e como já disse antes, alterei bastante o memorando. Como o estilo de O. me havia feito rir, acrescentei o meu *post-scriptum,* que dizia respeito unicamente a Olcott, mas foi aplicado, não obstante, inteiramente a si mesmo pelo sr. Hume!

Vamos parar por aqui. Encerro a carta mais longa que já escrevi na minha vida; mas como o faço por K.H. – estou satisfeito. Embora o sr. Hume não creia, a "marca do Adepto" é conservada em ___ não em Simla, e trato de ser fiel a ela, por mais pobre que eu possa ser como redator e correspondente.

M.

Carta nº 30 (ML-134) Recebida em torno de 4 de novembro de 1881

Esta é uma carta de H.P.B., escrita em Dehra Dun. Ela tinha deixado Simla e estava viajando pela região norte da Índia. A carta inclui, sob ditado de M., uma mensagem em resposta a outra carta de Sinnett. Também Sinnett havia saído de Simla em direção a sua casa em Allahabad.

Dehra Dun., sexta-feira, dia 4.

Cheguei somente ontem, tarde da noite, de Saharanpur. A casa é muito boa, mas úmida, fria e triste. Recebi uma montanha de cartas e respondo primeiro à sua.

Por fim vi M. e lhe mostrei a sua última carta, ou melhor, a de Benemadhab, na qual você escreveu uma pergunta. É a essa que Morya responde. Escrevi o seguinte sob seu ditado e agora copio.

Escrevi[1] a Sinnett a minha opinião sobre os teósofos de Allahabad (embora não através de mim?). Adityaram B. escreveu uma carta tola a Damodar e Benemadhab escreve um pedido tolo ao sr. Sinnett. Porque K.H. decidiu corresponder-se com dois homens que demonstraram ser da maior importância e utilidade para a Sociedade, eles todos – sábios ou estúpidos, inteligentes ou obtusos, *possivelmente* úteis ou completamente inúteis – fa-

[1] Aqui começa a mensagem do Mestre M. (N. ed.bras.)

zem os seus pedidos no sentido de manter correspondência diretamente conosco, também. Diga a ele (a você) que isso deve terminar. Durante eras não temos mantido correspondência com ninguém, e nem temos a intenção de fazê-lo. Que fez Benemadhab ou qualquer outro dos muitos solicitantes para ter direito a esse pedido? Absolutamente nada. Eles ingressam na Sociedade e permanecem tão apegados como sempre às suas velhas crenças e superstições, nunca abandonam sua casta nem um só de seus costumes, e em seu exclusivismo *egoísta* esperam nos ver, conversar conosco e obter a nossa ajuda em tudo e em qualquer coisa. Gostaria que o sr. Sinnett dissesse o seguinte a todos que se dirijam a ele com pretensões semelhantes: "Os 'Irmãos' desejam que eu informe a cada um de vocês, *indianos,* que, a menos que um homem esteja disposto a ser um teosofista completo, isto é, a proceder como D. Mavalankar – abandonar por completo sua casta, as suas velhas superstições e demonstrar ser um verdadeiro reformador (especialmente no caso do casamento de crianças), permanecerá simplesmente como um membro da Sociedade sem esperança alguma de ter relação com eles". A Sociedade, procedendo nisto completamente de acordo com as nossas determinações, *não obriga ninguém a ser um teosofista da Segunda Seção*[2]. Isso é deixado a cada um e à sua escolha. É inútil para um membro argumentar: "Sou alguém que leva uma vida pura, não tomo álcool e me abstenho de comer carne, e não tenho vícios. Todas as minhas aspirações são para o bem, etc.", levantando ao mesmo tempo, com seus atos e conduta, uma barreira intransponível entre ele mesmo e nós. O que temos nós, discípulos dos verdadeiros *Arhats,* do Budismo esotérico e de Sang gyas, a ver com os *Shastras*[3] e o Brahmanismo ortodoxo? Há 100 milhares de faquires, sannyasis e sadhus levando vidas totalmente puras e, entretanto, porque estão no caminho do *erro,* nunca tiveram uma oportunidade de nos encontrar, de nos ver ou sequer ouvir falar de nós. Os antepassados deles expulsaram da Índia os seguidores da única filosofia verdadeira existente sobre a terra, e agora não são estes que irão até eles, mas eles é que devem vir até nós se o quiserem. Quem entre eles está disposto a se tornar um budista, um *Nastika*[4], como eles nos chamam? Ninguém. Aqueles que acreditaram em nós e nos seguiram obtiveram a sua recompensa. Os senhores Sinnett e Hume são exceções. As suas crenças não são barreiras para nós, pois não têm *nenhuma.* Eles po-

---

2 A Sociedade tinha três seções. Da primeira, faziam parte apenas Adeptos. A segunda era formada por discípulos. Os membros neófitos integravam a terceira seção. (N. ed. bras.)

3 *Shastras* – escrituras sagradas do hinduísmo. (N. ed. bras.)

4 *Nastika* – ateu, ou alguém que não reconhece deuses e ídolos. (Ed. C.)

dem ter tido influências ao seu redor, más emanações magnéticas resultantes da bebida, da sociedade mundana e de associações físicas promíscuas (resultantes até mesmo de apertar a mão de homens impuros); mas todos esses impedimentos são físicos e materiais, aos quais podemos nos opor com um pequeno esforço, e mesmo eliminá-los sem muito esforço para nós. Mas é diferente com o magnetismo e os resultados invisíveis produzidos por crenças errôneas e sinceras. A fé em Deuses ou em Deus e outras superstições atraem milhões de influências alheias, entidades vivas e poderosos agentes para perto das pessoas, e nos veríamos obrigados a usar algo mais que o exercício comum de poder para afastá-los. Nós decidimos não fazê-lo. Não consideramos necessário nem proveitoso perder o nosso tempo travando uma guerra com *planetários*[5] atrasados que se deliciam personificando deuses e, às vezes, personagens famosos que viveram na terra. Existem Dhyan-Chohans, e "Chohans das Trevas", não o que eles chamam de *diabos,* mas "Inteligências" imperfeitas que nunca nasceram nesta ou em qualquer outra terra ou esfera, tanto quanto os "Dhyan-Chohans", e que nunca farão parte dos "construtores do Universo", as Inteligências Planetárias puras que presidem cada *Manvantara,* enquanto que os Chohans das Trevas presidem os *Pralayas.* Explique isso ao sr. Sinnett (EU NÃO POSSO) – diga-lhe que leia de novo o que disse a eles nas poucas coisas que expliquei ao sr. Hume, e que ele se lembre de que, assim como tudo neste universo é contraste (não posso traduzi-lo melhor) assim também a luz dos Dhyan Chohans e sua inteligência pura é contrastada pelos *"Ma-Mo* Chohans" – e sua inteligência destrutiva. Esses são os deuses que hindus, cristãos, maometanos e todos os demais integrantes de religiões e seitas intolerantes fanáticas adoram; e enquanto a sua influência se fizer sentir sobre os seus devotos, não nos ocorreria a idéia de associar-nos a eles nem de opor-nos a seu trabalho, do mesmo modo como em relação aos Gorros Vermelhos[6] na terra, cujos resultados maléficos tratamos de diminuir, mas com cujo trabalho não temos direito de imiscuir-nos, enquanto eles não se interpuserem em *nosso* caminho[7]. (Você não compreenderá isso, suponho. Mas medite bem sobre isso e o compreenderá. Aqui M. quer dizer que eles não têm o direito, nem o poder, de ir contra a natureza, ou contra aquele trabalho que foi destinado pela lei da natureza para cada tipo de seres ou coisas existentes. Os Irmãos, por exemplo, podem *prolongar* a vida, mas eles não podem *destruir* a morte, nem mesmo

---

[5] Isto é, espíritos planetários. (N. ed. bras.)

[6] Seita cujo trabalho é contrário à evolução espiritual. (N. ed. bras.)

[7] Aqui termina a primeira parte da citação das palavras do Mestre. As palavras a seguir, entre parênteses, são de H. Blavatsky. (N. ed. bras.)

para eles próprios. Podem até certo grau reduzir o mal e aliviar o sofrimento: mas não podem destruir o mal. Do mesmo modo os Dhyan Chohans não podem impedir o trabalho dos Mamo Chohans, pois a Lei *destes* é *trevas, ignorância, destruição,* etc., assim como a Lei dos primeiros é Luz, conhecimento e criação. Os Dhyans Chohans respondem a *Buddh,* Sabedoria Divina e Vida em conhecimento abençoado, e os *Ma-mos* são a corporificação na natureza de *Shiva, Jeová* e outros monstros inventados, que têm a ignorância como seguidora.)

A última frase de M. que traduzo é a seguinte: "Diga a ele (a você), pois, que para o bem daqueles que desejam aprender e ter informações estou disposto a responder as duas ou três consultas de Benemadhab sobre os Shastras, mas que não estabelecerei correspondência alguma com ele ou qualquer outro. Que ele entregue as suas perguntas, claras e definidas, ao sr. Sinnett (a você) e, então, eu responderei através dele (de você)".

Envio a você a carta de meu tio que acabo de receber. Ele diz (como mostra a minha tradução da carta dele em russo) que escreveu o mesmo para você. Não sei se você a recebeu ou não, mas mando-a para você. Se é idêntica à sua, envie-me de volta a minha. Suponho que agora esteja bastante comprovado que eu sou eu e não outra pessoa; que sendo meu tio agora Ministro adjunto (ou assistente) do Interior, é um personagem que, ao assinar com o seu nome completo, pode ser certamente confiável, a menos, na verdade, que os C. e M.[8] e o seu amigo Primrose inventem uma nova versão e digam que nós forjamos os documentos. Mas meu tio me diz em sua carta oficial que o Príncipe Dondoukoff me enviará um documento *oficial* para provar a minha identidade, e assim esperamos. Não posso traduzir a outra carta reservada dele, porque a sua fraseologia é bem pouco lisonjeira para com o senhor Primrose em particular, e os anglo-indianos em geral, que me insultam e vilipendiam. Pedirei ao Príncipe que escreva ao lorde Ripon ou a Gladstone *diretamente*.

Atenciosamente no amor de Jesus,

H.P. Blavatsky.

Por que cargas d'água o "Chefe" quer que eu vá a Allahabad? Não posso estar gastando dinheiro em ir e voltar, pois tenho que ir através de

[8] C. e M. – Provavelmente abreviatura de "Cristãos e Missionários", que estavam empenhados em atacar o movimento teosófico. (N. ed. bras.)

Jeypur e Baroda, e ele o sabe. O que isso tudo significa está além do que posso compreender. Ele me fez ir até Lahore e agora é até *Allahabad!*

Carta nº 31 (ML-40) Recebida em novembro de 1881

Sinnett anotou no alto desta carta: "Recebida em torno de fevereiro de 1882". Este é outro exemplo de datação incorreta. Pelo conteúdo da carta, ela tem que ter sido recebida antes da metade de novembro de 1881, provavelmente pelo dia 9 ou 10.

Muita perseguição estava ocorrendo contra H.P.B., o Cel. Olcott e a Sociedade em geral. Esta carta começa com uma referência direta ao prejuízo causado por esta campanha de difamação.

Rattigan era o novo proprietário de The Pioneer, *do qual Sinnett era editor. Ele estivera envolvido nos ataques contra H.P.B. e Olcott. Aqui o Mahatma sugere que ele deveria publicar as cartas do tio de H.P.B. em* The Pioneer *com uma nota editorial referindo-se à prova oficial da identidade de H.P.B., que era esperada do príncipe Dondoukoff. Isto esclareceria a dúvida sobre se ela era uma "espiã russa". Obviamente, o sr. Rattigan não fez isso. Ele não tinha nenhuma simpatia pelo interesse de Sinnett na Teosofia nem por sua defesa de H.P.B. e do coronel Olcott, e mais tarde demitiu Sinnett de seu cargo como editor, dando-lhe um ano de salário adiantado para livrar-se dele!*

Parece claro que esta carta para Sinnett foi mandada através de outra pessoa que não H.P.B., porque naquela ocasião ela não sabia da idéia de fazer com que ela fosse para Allahabad.[1]

Recebida em torno de fevereiro de 1882.

Tenho pouco a responder em relação à sua primeira: "Você pode fazer algo para ajudar a Sociedade?" Quer que eu fale com franqueza? Bem, eu digo não: nem você nem o próprio Senhor Sang-gias poderiam ajudá-la – enquanto não ficar perfeita e inquestionavelmente provado que a posição delicada dos fundadores se deve à maldade diabólica e à intriga sistemática. Esta é a situação como eu a vi, seguindo ordem dos chefes. Veja os jornais – todos, exceto dois ou três, ridicularizam a "querida velha senhora" quando não a caluniam diretamente. Olcott é

[1] Mas veja que, no P.S. da Carta anterior, H.P.B. já sabia que o Mahatma desejava sua ida a Allahabad. (N. ed. bras.)

atacado por todos os cães de guarda da imprensa e das missões. Um panfleto intitulado *Teosofia* foi impresso e distribuído pelos cristãos em Tinevelly dia 23 de outubro, no dia da chegada lá de Olcott com os delegados budistas – um panfleto contendo o artigo de *Saturday Review* e outro ataque *sujo* e pesado feito por um jornal norte-americano. Os *C.* e *M.*[2] de Lahore dificilmente deixam passar um dia sem lançar algum ataque, e outros periódicos os reproduzem, etc., etc. Vocês, ingleses, têm as suas idéias, e nós temos as *nossas próprias* sobre o assunto. Se você guarda o lenço limpo em seu bolso e lança o que está sujo à multidão – quem o recolherá? Basta. Devemos ter paciência e fazer, por enquanto, o que pudermos. Minha opinião é que se o seu Rattigan não for um patife completo, com um dos seus periódicos tendo lançado e lançando ainda diariamente desonra sobre uma mulher inocente, ele será o primeiro a sugerir a você a idéia de traduzir e publicar as cartas do tio dela (a você e a ela) no *Pioneer*; com algumas palavras como introdução, dizendo que se espera em breve do príncipe D. uma prova *oficial* mais substancial, que esclarecerá para sempre a desagradável questão da identidade dela. Mas você é quem sabe o que é melhor. A idéia pode ter ocorrido a *você*; mas ela será vista em algum momento deste modo pelos outros?

Suby Ram – um homem verdadeiramente bom – entretanto, está devotado a outro erro. Não à voz do seu guru – *mas à sua própria.* A voz de uma alma pura, altruísta, ardorosa, absorvida em um misticismo desorientado e mal dirigido. Acrescente a isso uma desordem crônica naquela parte do cérebro que responde à visão clara e o segredo é logo revelado: essa desordem foi provocada por visões *forçadas*; por *hatha* ioga e um prolongado ascetismo. S. Ram é o principal *médium* e ao mesmo tempo o principal fator magnético que difunde a sua doença por contágio – inconscientemente para ele mesmo, ele inocula com a sua visão todos os outros discípulos. Há uma lei geral de visão (física e mental ou espiritual) mas há uma lei especial qualificadora comprovando que toda visão deve ser determinada pela qualidade ou grau do espírito e da alma do homem, e também pela capacidade de transferir diversos tipos de ondas da luz astral para a consciência. Há uma só lei geral da vida, mas inumeráveis leis qualificam e determinam as miríades de formas percebidas e de sons ouvidos. Há aqueles que são voluntariamente cegos e outros o são *involuntariamente.* Os médiuns pertencem aos primeiros, os sensitivos aos últimos. A menos que tenham sido adequadamente iniciados e treinados, no que se refere à visão espiritual das

---

[2] C. e M. – Provavelmente abreviatura de "Cristãos e Missionários". (N. ed. bras.)

coisas e às supostas revelações feitas à humanidade em todas as épocas, desde Sócrates até Swedenborg e "Fern" – nenhum vidente ou clariaudiente treinado por si mesmo viu ou ouviu alguma vez com *completa* exatidão.

Você não pode ter prejuízo algum e sim muito aprendizado por ingressar na Sociedade dele. Prossiga *até que ele peça o que você será obrigado a recusar*. Aprenda e estude. Você tem razão: eles dizem e reafirmam que *o* Deus *uno* e único do Universo se encarnou no guru deles; e se um indivíduo como esse existisse, seria certamente mais elevado que qualquer "planetário". Mas eles são idólatras, meu amigo. O guru deles não era um iniciado, apenas um homem de extraordinária pureza de vida e poder de resistência. Nunca aceitou desistir de suas noções de um deus pessoal, e mesmo de deuses, embora isso lhe fosse sugerido mais de uma vez. Nasceu hindu ortodoxo e morreu hindu auto-reformado, algo semelhante a Keshub Chunder Sen, mas mais elevado, mais puro e sem ambição alguma que pudesse manchar a sua brilhante alma. Muitos de nós deploraram a sua auto-ilusão, mas era demasiado bom para ser forçado a uma interferência. Reúna-se a eles e aprenda – mas lembre da sua sagrada promessa a K.H. Mais dois meses e ele estará conosco. Estou pensando em enviá-la a você. Acredito que poderá persuadi-la, mas eu não desejo exercer minha autoridade nesse caso.

M.

Carta nº 32 (ML-114) Recebida em novembro de 1881

Esta carta também está datada erradamente por Sinnett, já que se refere obviamente à visita de H.P.B. a Allahabad.

O Mahatma anexa uma carta de Bannerjee, de quem, aparentemente, Sinnett não gosta. Bannerjee foi um destacado teosofista indiano nos primeiros anos da Sociedade. Ele era magistrado e subdiretor da Receita Pública em Barhampore, Bengala.

Recebida em torno de fevereiro de 1882[1], Allahabad.

A carta que lhe passo é de um baboo[2], um bengalês que lhe inspira náusea, de quem, em consideração a K.H. – peço que você dissimule o

---

1 Possivelmente novembro de 1881 seja a data correta. (N. da 3ª edição)

2 *Baboo ou Babu* – termo hindu que significa "senhor" ou "cavalheiro". (N. ed. bras.)

sentimento de desconforto que pode tomar conta de você ao vê-lo – se ele vier. Leia-a com atenção. As linhas sublinhadas contêm a essência da maior reforma, dos resultados mais benéficos para o movimento teosófico. Se o nosso amigo[3] de Simla fosse menos irritável, eu teria tratado de influenciá-lo para esboçar regras especiais e uma promessa diferente, com direitos e obrigações, para as mulheres Zenana[4] da Índia. Aproveite a sugestão e veja se pode induzi-lo a fazer isso. Escreva sem demora a ele, em Bombaim, e diga que venha e se encontre com a velha senhora na casa de você e depois encaminhe-o ao compatriota e companheiro dele, o babu de "Prayag"[5] – o jovem lixiviador[6] da Sociedade de vocês. Então telegrafe a ela em Meerut, para que venha, *utilizando o meu nome,* pois de outra forma ela não virá. Eu já respondi a ele em nome dela. Não fique surpreso; tenho uma razão para tudo que faço, como poderá comprovar dentro de alguns anos.

E por que está tão ansioso por ver meus bilhetes para outras pessoas? Já não tem trabalho suficiente para decifrar as minhas cartas dirigidas a você?

M.

Carta nº 33 (ML-38) Dezembro de 1881

Embora Sinnett continue a datar toda esta série de cartas como de fevereiro de 1882, os acontecimentos as situam em dezembro de 1881. Esta carta é provavelmente do dia 10. H.P.B. visitara Allahabad e estava de volta em Bombaim.

O Mahatma estuda a idéia de uma possível loja feminina da Sociedade Teosófica e diz que certamente haverá dificuldades para isso. Ele não faz mistério a respeito das opiniões de H.P.B. relativas ao seu próprio sexo.

---

3 Hume. (Ed. C.)

4 Zenana era, na Índia da época, a parte da casa a que as mulheres e meninas ficavam limitadas e à qual tinham acesso. Aparentemente, o Mahatma fala de regras especiais e uma promessa distinta para que as mulheres, segregadas pelos hábitos sociais da época, pudessem ingressar à Sociedade Teosófica. (N. ed. bras.)

5 *Prayag* – nome antigo de Allahabad. (Ed. C.)

6 Lixiviador – *Leach,* no original. Lixiviação é a separação de certas substâncias por método químico. Trata-se de uma metáfora. (N. ed. bras.)

Recebida em Allahabad. Por volta de fevereiro de 1882.

O seu "ilustre" amigo não quis ser "satírico", seja qual for o sentido que se possa dar às palavras dele. O seu "ilustre" amigo simplesmente sentiu-se triste ao pensar na grande decepção que certamente K.H. terá ao estar novamente entre nós. Um primeiro olhar retrospectivo sobre o trabalho que é tão importante para ele revelará mostras de sentimentos mútuos como as duas incluídas aqui. O tom pouco digno, amargo e sarcástico de uma dará a ele tão poucos motivos para se alegrar quanto o tom pouco digno, tolo e infantil da outra. Eu não teria tocado no assunto, se você não tivesse interpretado tão mal o sentimento que inspirou a minha última. É melhor que eu seja franco com você. O tratamento de "Alteza", a que não tenho o menor direito, sugere muito mais *sátira* do que qualquer coisa que eu tenha dito até agora. Não obstante, como "nenhum epíteto se fixará no colarinho da camisa de um Bod-pa", não o levo em conta, aconselhando-o a fazer o mesmo e a não ver sátira onde a intenção não é essa e há somente franqueza no falar e a definição correta do estado geral dos seus sentimentos em relação aos nativos.

O seu advogado conhece melhor – naturalmente. Se o parágrafo em questão não é *difamatório*, então a única coisa que posso dizer é que é muito necessária uma completa recodificação das suas leis sobre a difamação.

Certamente você terá dificuldade com ela em relação à "loja feminina". O desprezo dela pelo seu *sexo* não tem limites, e dificilmente pode ser persuadida de que algo de bom pode vir daquele setor. Serei franco com você, novamente. Nem eu, nem nenhum de nós – K.H. está completamente fora da questão – aceitaria tornar-se o fundador, muito menos dirigente de uma loja *feminina* – todos nós temos tido trabalho suficiente com as nossas *anis*[1]. Entretanto, reconhecemos que um grande bem poderia resultar de tal movimento, tendo, como possuem as mulheres, tanta influência sobre os seus filhos e sobre os homens nos lares; e com a sua experimentada e antiga habilidade nessa direção, você poderia, com a ajuda do sr. Hume, ser de imensa utilidade para K.H., de cujas "inclinações amáveis" as mulheres foram sempre excluídas, exceto sua irmã, e só houve nele o amor pelo seu país e pela humanidade. Ele não sabe nada sobre estas criaturas – você, sim. Ele sempre sentiu a necessidade de recrutar mulheres – no entanto, jamais se misturaria com elas. Existe aqui uma oportunidade para você ajudá-lo.

---

[1] *Anis* – freiras, religiosas. (N. da 3ª edição)

Por outro lado, nós pensamos que conhecemos mais sobre a causa secreta dos acontecimentos que vocês, homens do mundo. Assim, digo que é a difamação e o desrespeito em relação aos Fundadores e a incompreensão geral que se tem da finalidade e dos objetivos da Sociedade que paralisa o seu progresso – nada mais. Não há falta de definição desses objetivos; basta que sejam adequadamente explicados. Os membros teriam de sobra o que fazer se buscassem a realidade com metade do fervor com que buscam *miragens.* Lamento ver você comparando a Teosofia à pintura de uma casa em um cenário, quando nas mãos de filantropos e teosofistas verdadeiros ela poderia se tornar tão forte como uma fortaleza inexpugnável. A situação é esta: os homens que se filiam à Sociedade com o propósito único e egoísta de alcançar poder, fazendo da ciência oculta o seu único, ou mesmo seu principal objetivo, fariam melhor que não se filiassem – eles estão tão condenados à decepção quanto aqueles que cometem o erro de deixá-los acreditar que a Sociedade não tem outro propósito. É precisamente porque fazem pregações demais sobre os "Irmãos" e muito pouco sobre *Fraternidade,* quando não a ignoram totalmente, que eles fracassam. Quantas vezes tivemos de repetir que quem ingressa na Sociedade com o único objetivo de pôr-se em contato conosco e de adquirir ou pelo menos assegurar-se da realidade de tais poderes e da nossa existência objetiva – está perseguindo uma miragem? Digo então, novamente. Só aquele que tem amor à humanidade em seu coração, que é capaz de compreender completamente a idéia de uma Fraternidade prática e regeneradora, tem o direito à posse dos nossos segredos. Só ele, um homem assim – jamais fará mau uso de seus poderes, e não haverá receio algum de que os dirija para fins egoístas. Um homem que não coloca o bem da humanidade acima do seu próprio bem não é digno de se tornar nosso *chela* – não é digno de elevar-se em conhecimento mais do que o seu vizinho. Caso anseie por fenômenos, que ele se satisfaça com os truques do espiritismo. Tal é o estado real das coisas. Houve um tempo em que, de oceano a oceano, das montanhas e desertos do norte até as grandes florestas e colinas do Ceilão, havia somente uma fé, um grito unificador – salvar a humanidade das misérias da ignorância em nome d'Aquele que ensinou primeiro a solidariedade de todos os homens. Como está isso agora? Onde está a grandeza do nosso povo e da Verdade una? Você pode dizer que estas são belas visões que outrora foram realidades na terra, mas que se dissiparam como a luz em um anoitecer de verão. Sim; e agora estamos em meio a um povo conflituado, um povo ignorante e obstinado que busca conhecer a verdade mas é incapaz de encontrá-la porque ca-

da um a procura para benefício e gratificação pessoais, sem pensar uma só vez nos outros. Será que vocês, ou melhor, eles, nunca verão o significado e a explicação verdadeiros dessa grande ruína e desolação que invadiu nossa terra e que ameaça todas as outras – a sua em primeiro lugar? É o *egoísmo* e o *exclusivismo* que destruíram a nossa, e é o *egoísmo* e o *exclusivismo* que destruirão a sua – a qual tem, além desses, outros defeitos que não citarei. O mundo ocultou a luz do verdadeiro conhecimento, e o *egoísmo* não permitirá a sua ressurreição, porque exclui e não reconhece a fraternidade integral de todos que nasceram sob a mesma lei natural imutável.

Você está enganado de novo. Posso criticar a sua "curiosidade" quando sei que ela é inútil. Sou incapaz de considerar como "impertinência" aquilo que é apenas o livre uso da capacidade intelectual de raciocínio. Você pode ver as coisas numa luz falsa, e o faz freqüentemente. Mas não concentra toda a luz *em você mesmo* como alguns fazem, e essa é uma qualidade superior que possui em relação a outros europeus que conhecemos. A sua afeição por K.H. é sincera e cálida e é essa sua qualidade que o redime aos meus olhos. Por que, então, você deveria aguardar minha resposta com qualquer "nervosismo"? Aconteça o que acontecer, nós dois sempre permaneceremos seus amigos, porque não censuraríamos a *sinceridade*, mesmo quando ela se manifesta sob uma forma questionável, como a de pisar um chela prostrado – o pobre babu.

Atenciosamente,

M.

Carta nº 34 (ML-39) Recebida em dezembro de 1881

Parece que H.P.B. decidiu finalmente processar um dos jornais por uma acusação particularmente injuriosa. Esta é provavelmente a afirmação injuriosa a que o Mahatma se refere na Carta nº 33 (ML-38) em sua avaliação dos vários ataques contra os fundadores em diversas publicações. O jornal é obviamente o Statesman. *Sinnett pediu conselho ao Mahatma. Ele publicou algo em* The Pioneer, *mas aparentemente sente que não pode ir mais longe.*

O Mahatma telegrafou oferecendo uma opção. A natureza da proposta não é clara, mas lendo a carta cuidadosamente, parece ser uma escolha entre entrar com uma ação judicial e publicar um artigo que revelaria ao público o verdadeiro caráter do difamador.

Recebida em Allahabad, cerca de dezembro de 1881.

Se o meu conselho é procurado e solicitado, então, antes de mais nada a situação real e *verdadeira* precisa ser definida. Meus votos de *"Arhat"* foram pronunciados, e eu não posso buscar vingança nem ajudar outros a obtê-la. Posso só ajudá-la com dinheiro quando souber que nem um *mace*, nem a fração de um *tael*[1] será gasto em algum propósito injusto. E a vingança *é* injusta. Mas nós admitimos a *defesa,* e ela tem direito a isso. Ela deverá ter plena oportunidade de justificar-se e defender-se, e é por isso que telegrafei oferecendo uma opção antes de iniciar um processo judicial. Ela tem direito de exigir uma retratação e de *ameaçar* com um processo, e também pode começar os procedimentos – porque *ele se retratará.* Por essa razão enfatizei a necessidade de um artigo que não se refira a nenhum outro assunto exceto o da suposta "dívida". Só isso resultará suficiente para atemorizar o caluniador, porque o revelará diante do público como um "difamador" e mostrará a ele mesmo que estava errado. O erro é devido à letra muito ininteligível e feia de Macauliffe (um calígrafo e escriba do mesmo tipo que eu), que enviou a informação ao *Statesman.* Esse *foi* um equívoco feliz, pois com base nele pode-se construir toda a justificação, se você agir sabiamente. Mas temos que tirar o melhor proveito disso agora, ou você perderá a oportunidade. Assim, se você consentir mais uma vez em seguir o meu conselho – já que você deu o primeiro passo no *Pioneer*, procure os relatos no *Theosophist* e com base neles e no artigo de terça-feira escreva por ela uma carta bela e contundente assinada por ela e por Olcott. Ela pode ser publicada primeiro no *Pioneer* ou, se você não concordar, em algum outro jornal – mas em qualquer caso, deverão imprimi-la em forma de carta circular, e remetê-la a todos os periódicos do país. Exija nela uma retratação do *Statesman* e ameace-o com uma ação judicial. Se você fizer isto, garanto o êxito.

A Velha Senhora de Odessa[2] – *a Nadyejda* está bastante ansiosa pelo seu autógrafo – o de "um grande e renomado escritor" –; diz que não queria nem um pouco desfazer-se da carta que você escreveu ao

---

[1] *Tael* – Unidade de medida de peso na China, sinônimo de *liang.* Unidade monetária no Extremo Oriente. (N. ed. bras.)

[2] Tia de H.P.B. (Ed. C.)

General, mas tinha que lhe mandar uma prova de sua própria identidade. Diga a ela que eu, o "*Khosyayin*"[3] (ela chamou-me de *Khosyayin* de sua sobrinha nas três vezes em que a visitei), contei a você o assunto, aconselhando que escrevesse a ela e dando-lhe, assim, o seu autógrafo. Devolva também, através de H.P.B., os retratos dela, tão logo sua esposa os veja, pois ela, em Odessa, está muito ansiosa por recuperá-los, especialmente o do rosto jovem... É ela, tal como a vi pela primeira vez, "a adorável donzela".

Estou um pouco atarefado agora – mas darei a você um apêndice explicativo logo que tenha tempo – digamos em dois ou três dias. O "Ilustre" cuidará de tudo que necessite vigilância. O que há com o excelente discurso do sr. Hume? Você não pode tê-lo pronto para o seu número de janeiro? *Idem* em relação ao editorial que você escreveu em resposta ao editorial do *Spiritualist.* Espero que você não me acuse de nenhum desejo de *dominá-lo*, nem veja o meu humilde pedido desde outro ângulo que não o verdadeiro. O meu propósito é duplo: desenvolver as suas intuições metafísicas e ajudar o periódico, infundindo-lhe algumas gotas de um sangue literário realmente bom. Os seus três artigos são certamente dignos de elogio. Os pontos estão bem apresentados e até onde posso julgar parecem adequados para atrair a atenção de todo erudito ou metafísico, especialmente o primeiro. Mais tarde você aprenderá mais sobre a criação. Por enquanto tenho que criar o meu jantar – que, receio, dificilmente seria do seu agrado.

M.

Seu jovem amigo, o Deserdado, está outra vez de pé. Você gostaria, de fato, que ele lhe escrevesse? Em tal caso, é melhor que você aborde no *Pioneer* a questão da conveniência de chegar-se a um acordo com a China para o estabelecimento de um serviço postal regular entre Prayag[4] e Shigatse.

Carta nº 35 (ML-41) Recebida em dezembro de 1881

Esta carta também se refere à sugestão do Mahatma M. de que Sinnett redigisse uma carta circular a ser assinada por H.P.B. e Olcott. Olcott, que estivera no Ceilão, chegou a Bombaim em 19 de dezembro.

---

[3] Gerente ou chefe, em russo. (Nota da 3ª edição)

[4] *Prayag* – isto é, Allahabad. (N. ed. bras.)

Carta nº 35

H.P.B. e Olcott deveriam fazer cópias desta carta circular e remetê-las para todos os jornais.

Recebida em torno de fevereiro de 1882.

Considero-me realmente incapaz de expressar com clareza minhas idéias em sua língua. Nunca pensei em dar qualquer importância à aparição no *Pioneer* da *carta-circular* que eu havia pedido que você esboçasse para eles, nem quis dizer implicitamente que ela deveria aparecer nesse periódico. Eu pedi que você a escrevesse para eles e que enviasse uma cópia dela para Bombaim, fazendo com que eles a distribuíssem como carta-circular, a qual, então, distribuída pela Índia, poderia ser reproduzida em seu jornal, como seguramente outros fariam. A carta dela para a B.G.[1] foi tola, infantil e ridícula. Eu a deixei passar. Mas você não deve por isso ter a impressão de que ela apagará todo o bem que a sua produziu. Há algumas pessoas sensíveis em cujos nervos ela terá impacto, mas os outros nunca apreciarão o seu verdadeiro espírito. Tampouco ela é de modo algum difamatória – é só tola e vulgar. Eu farei com que ela pare.

Ao mesmo tempo devo dizer que ela está sofrendo muito e não posso ajudá-la, porque tudo isso é o efeito de causas que *não podem* ser *anuladas* – ocultismo na teosofia. Ela tem agora que vencer ou morrer. Quando chegar a hora, ela será levada de volta ao Tibete. Não culpe a pobre mulher, culpe a mim. Às vezes ela é somente uma "casca", e eu freqüentemente sou displicente ao cuidar dela. Se o ridículo não recair sobre o *Statesman*, outros tomarão a oportunidade e a atacarão novamente.

Não desanime. Coragem, meu bom amigo, e lembre que ao ajudá-la está cumprindo sua própria parte da lei da retribuição, pois mais de um ataque cruel que ela recebe é devido à amizade que K. H. tem por você, porque ele a utiliza como o meio de comunicação. Mas... coragem.

Vi os papéis do advogado e percebo que ele vê com antipatia a idéia de encarregar-se do caso. Mas para o pouco que se necessita dele, ele servirá. Nenhuma ação judicial será útil – mas sim uma divulgação da defesa tão ampla quanto a acusação. Dez mil *cartas-circulares* serão enviadas a todas as partes para provar que as acusações são falsas.

Atenciosamente, até amanhã.

M.

---

[1] B.G. – *Bombay Gazette*, Gazeta de Bombaim. (Ed. C.)

Carta nº 36 (ML-36) Recebida em janeiro de 1882

Esta carta foi recebida por Sinnett antes que o Mahatma K.H. retornasse de seu retiro.

*Sinnett havia escrito para H.P.B. a respeito da entrada de algumas pessoas na S.T., mas não fica claro se em Allahabad ou Simla – provavelmente nesta última cidade, já que um grupo havia sido organizado ali recentemente. Em sua resposta (*Letters of H.P. Blavatsky to A.P. Sinnett, *p.10), ela diz: "O que posso dizer a respeito de fazer o ingresso dos membros imediatamente? Naturalmente você deve fazer seus ingressos e mandar os seus formulários para mim, não para Olcott, porque eu o represento agora aqui...Tão logo eu veja o Chefe, pedirei a permissão dele..."*

Recebida em torno de janeiro de 1882.

Meu amigo impaciente – permita-me, como alguém que tem alguma autoridade em sua *mella* teosófica, autorizá-lo a "ignorar as regras" por um certo tempo. Faça com que eles preencham os formulários e faça imediatamente o ingresso dos candidatos. Mas, seja o que for que você faça, faça-o logo. Lembre-se, você é o único agora. O sr. Hume está completamente absorvido no *index* dele e espera de mim que lhe escreva e faça *puja*[1] primeiro. Sou na verdade demasiado alto para que ele alcance facilmente minha cabeça – caso tenha alguma intenção de cobri-la com as cinzas da penitência. Nem vou vestir uma roupa de penitência para mostrar o meu arrependimento pelo que fiz. Se ele escreve e propõe questões, muito bem, eu as responderei. Caso contrário, guardarei minhas palavras para outra pessoa. O tempo não é problema.

Recebi sua carta. Conheço as suas dificuldades. Vou tomar providências em relação a elas. Será grande a decepção de K.H. se, ao regressar, encontrar um progresso tão pequeno realizado. Você – você é sincero. Outros colocam o orgulho acima de tudo. E ainda há os teosofistas de Prayag – os *pandits*[2] e os babus! Não fazem *nada* e esperam que nós mantenhamos correspondência com eles. Homens tolos e arrogantes.

M.

1 *Puja* – Cerimônia hindu de homenagem a um grande Ser. (N. ed. bras.)

2 *Pandits* – eruditos hindus. (N. ed. bras.)

Carta nº 37 (ML-37) Recebida em janeiro de 1882

A carta foi escrita pelo chela Djual Khul[1].

O longo retiro do Mahatma K.H. terminou e ele está de volta.

A carta se refere a D.M. Bennett, um livre-pensador norte-americano e editor de The Truthseeker. *Olcott fala dele "como uma pessoa muito interessante e sincera, um livre-pensador que sofreu um ano de prisão por seus ataques duros, às vezes vulgares, contra o dogmatismo cristão". Uma acusação por falsificação foi forjada e lançada contra ele por um detetive inescrupuloso de uma associação cristã em Nova Iorque, e "ele foi levado a julgamento e mandado para a prisão. Teve que cumprir todo o período de um ano de reclusão, embora uma petição, assinada por 100.000 pessoas, tenha sido mandada ao presidente Hayes em seu favor. Quando foi libertado, uma enorme platéia recepcionou-o entusiasticamente no salão público mais famoso de Nova Iorque, e foi reunido um fundo para pagar suas despesas numa viagem por todo o mundo, para observação do trabalho prático do cristianismo em todos os países".*

Recebida em Allahabad em janeiro de 1882.

Reservada

Ilustre Senhor,

O Mestre despertou e me pede que escreva. Para grande pesar dele, por certas razões, Ele não poderá, durante determinado tempo, expor-se às correntes de pensamentos que fluem tão vigorosamente de além do Himavat.[2] Ordenou-me, portanto, que eu fosse o instrumento para redigir a Sua mensagem. Devo dizer-lhe que Ele é "tão amigo seu como antes, e está bastante satisfeito, tanto em relação às suas boas intenções como também com a execução delas, dentro do que é possível a você. Com sua dedicação, você tem demonstrado seu afeto e sua sinceridade. O impulso que você deu pessoalmente à causa que amamos não será interrompido; portanto, os seus frutos (a palavra 'recompensa' só não é usada por causa dos 'sentimentais') não estarão ausentes quando o seu balanço de causas e efeitos – o seu carma – for ajustado. Ao trabalhar para o seu próximo inegoisticamente e com sacrifício pessoal, você trabalhou do modo mais eficaz possível para si mesmo. Um ano produ-

[1] Que, mais tarde, parece ter alcançado o Adeptado. (N. ed. bras.)

[2] Himavat – Himalaia. (N. ed. bras.)

ziu uma grande mudança em seu coração. O homem de 1880 dificilmente reconheceria o homem de 1881, se eles fossem confrontados. Compare-os então, bom amigo e irmão, para perceber plenamente o que o tempo fez, ou melhor, o que você fez com o tempo. Para fazer isso medite, a sós, olhando no espelho mágico da memória. Assim você verá não só as luzes e as sombras do passado, mas também o possível brilho do futuro. Assim você poderá ver oportunamente o Ego de tempos antigos em sua realidade pura. E assim, também, você terá notícias diretas de mim na primeira ocasião possível, porque nós não somos ingratos e nem mesmo o Nirvana pode apagar o BEM".

Estas são as palavras do Mestre e com a ajuda Dele sou capaz de colocá-las em seu idioma, ilustre senhor. Tenho autorização, ao mesmo tempo, para agradecer-lhe profundamente a sincera solidariedade que teve por mim quando, devido a um pequeno acidente, resultado de um descuido meu, fiquei retido em meu leito, enfermo.

Embora você possa ter lido, em obras modernas, sobre mesmerismo, como aquilo que chamamos de "Essência-Vontade" – e vocês de "fluido" – é transmitido do operador até seu ponto objetivo, você, talvez, dificilmente possa compreender como todas as pessoas demonstram esta lei de modo prático, embora inconsciente, todos os dias e a cada momento. Nem pode compreender completamente como o treinamento para o adeptado aumenta tanto a capacidade do indivíduo para emitir como para sentir esta espécie de força. Asseguro que eu, embora ainda seja apenas um humilde chela, senti os seus bons desejos fluindo até mim, assim como o convalescente nas frias montanhas sente a suave brisa que sopra sobre ele vinda das planícies abaixo.

Também devo dizer que você reconhecerá em um certo sr. Bennett, da América do Norte, que chegará em breve a Bombaim, uma pessoa que, apesar do seu nacionalismo, que você tanto detesta, e das suas tendências excessivamente céticas em relação às religiões, é um dos nossos agentes (fato que ele desconhece) no empreendimento de levar a cabo o plano para a libertação do pensamento ocidental de credos supersticiosos. Se você puder encontrar uma maneira de dar-lhe uma idéia correta do verdadeiro pensamento asiático atual e do seu potencial futuro, e mais particularmente do pensamento indiano, este será para o meu Mestre um motivo de satisfação. Ele deseja que eu lhe diga, ao mesmo tempo, que você não deve ter precauções tão exageradas em relação a retirar das mãos do sr. Hume o trabalho que ele deixou sem fazer. Aquele cavalheiro faz apenas o que se ajusta a seus caprichos pessoais, sem qualquer consideração para com os sentimentos das outras pessoas. Também o trabalho

atual dele (uma pirâmide de energia intelectual mal gasta), suas objeções e razões, tudo está calculado para exonerar-se. O Mestre lamenta ver nele o mesmo espírito de completo egoísmo inconsciente que ignora completamente o bem da Causa que ele representa. Se ele parece ter algum interesse nela é porque encontra resistência e sente-se estimulado à combatividade. Assim, a resposta à carta do sr. Terry[3], enviada a ele de Bombaim, deveria ter sido publicada no número de janeiro. O Mestre pergunta se você pode fazer a gentileza de encarregar-se disso. O Mestre pensa que você pode fazer isto tão bem como o senhor Hume, basta tentar, pois a faculdade metafísica em você está apenas adormecida, mas se desenvolverá por completo, bastando que a desperte plenamente mediante o seu uso constante. Quanto ao nosso venerável M., ele deseja que eu assegure a você que o segredo do amor que o sr. Hume professa pela Humanidade se situa, e está baseado, na presença casual naquela palavra da sua primeira sílaba[4]; mas em relação à "espécie humana" – ele não tem qualquer simpatia por ela.

Já que o Mestre não poderá escrever pessoalmente a você por mais um ou dois meses (embora você vá ter sempre notícias dele), Ele pede que você prossiga seus estudos metafísicos em consideração a Ele, e que não abandone a tarefa, em desespero, quando tropeçar com idéias incompreensíveis nas notas do Sahib M., tanto mais que o Sahib M., se tem aversão a algo na vida, é a escrever. Para concluir, o Mestre envia seus melhores votos e pede que não o esqueça, mandando que eu mesmo assine, atenciosamente,

O "DESERDADO."

P.S. Se deseja escrever-lhe, embora esteja impossibilitado de responder pessoalmente, o Mestre receberá com prazer as suas cartas. Você pode mandá-las por intermédio de D.K. Mavalankar.

Dd.

---

[3] Um teosofista australiano, espiritualista, fundador e editor da revista *Harbinger of Light*, publicada em Melbourne. Foram em parte certas perguntas iniciais dele que convenceram Sinnett e Hume de que deveriam dar-lhe uma resposta relativamente longa, e disto surgiu a série de "Fragmentos". (Ed. C.)

[4] Um comentário irônico do mestre M. Em inglês, a primeira sílaba da palavra *Humanity,* humanidade, tem um som igual à pronúncia do nome do sr. *Hume.* (N. ed. bras.)

Carta nº 38[1] (ML-90) Datada de 26 de novembro de 1881

Esta é uma carta de Stainton Moses, provavelmente recebida no começo de janeiro de 1882, já que esse deve ter sido o período de tempo necessário para que ela chegasse à Índia, vinda da Inglaterra.

Deve-se lembrar que a Carta nº 18 (ML-9) tratou mais ou menos extensamente de Stainton Moses, salientando alguns dos seus erros e idéias equivocadas. Sinnett copiou longos trechos dela e mais tarde mandou-os para Stainton Moses.

Esta carta (nº 38) relaciona-se principalmente com a resposta de Moses àqueles trechos e a sua insistência de que Imperator (+) (que ele afirmava ser seu espírito-guia) nunca foi um dos Irmãos, como o Mahatma K.H. havia dito, e nada sabia a respeito deles ou sobre sua existência. Portanto, Moses não acreditava neles.

Um dos comentários do Mahatma refere-se a William Eglinton, um médium inglês bastante conhecido que veio para a Índia no começo de 1882 e passou algum tempo em Calcutá. Aparentemente ele era um excelente médium, mas tinha alguns defeitos pessoais. Há indícios de que K.H. pretendia trazê-lo para Simla para um período de treinamento, de modo que ele pudesse ser aproveitado no trabalho, porém, mais tarde, ele decidiu o contrário. Eglinton permaneceu em Calcutá e partiu de volta para a Inglaterra em março.

Esta carta de Stainton Moses está situada assim, do ponto de vista cronológico, porque provavelmente foi recebida por Sinnett no começo de janeiro.[2]

University College, Londres, W.C.,
26 de novembro de 1881.

Meu caro Sinnett,

Eu devia ter respondido antes a sua carta, mas esperei até que eu tivesse tido o prazer de uma conversa com a sra. Sinnett. Foi o que ocorreu, para muita satisfação de minha parte. Ela está, conforme você me levou a esperar que estivesse, completamente convencida da realidade do que viu e

---

[1] Os comentários de K.H. a esta carta estão escritos a tinta no original, e são transcritos aqui em negrito. (N. da 1ª edição) Salvo quando indicado de outro modo, as passagens sublinhadas foram sublinhadas por K.H. (Ed. C.)

[2] Em *Reader's Guide to the M. Letters,* Virginia Hanson lembra que, como o Mahatma K.H. estava em seu retiro durante novembro e dezembro, ele deve ter acrescentado seus comentários mais tarde, já em janeiro, ao voltar do retiro, e antes que a carta chegasse às mãos de Sinnett. (N. ed. bras.)

ouviu. Como eu, ela não sabe como interpretar o último acontecimento, quero dizer, com respeito às minhas experiências espíritas. Realmente não sei o que dizer disso. Não há maneira de harmonizar os fatos com o que se pretendeu; e quanto à sua crença de que os "Irmãos não podem ser ignorantes... não podem estar equivocados", eu só posso responder que indubitavelmente as duas coisas ocorrem no que se refere a mim[3]. Isto, entretanto, seria apenas a minha opinião se eu não possuísse toda uma corrente contínua de provas documentais e outras, que se apresentam em seqüência absoluta desde o primeiro momento em que Imperator apareceu, até ontem. Todas elas são comunicações, notas e registros datados que falam por si mesmos e cujo conteúdo pode ser testemunhado pelo conhecimento de meus amigos que têm me acompanhado em toda essa questão. Quando a velha senhora insinuou, pela primeira vez, certa conexão entre a "Loja" e eu, abordei de imediato o assunto com Imperator e lhe coloquei a questão várias vezes. Aqui está um registro que transcrevo. 24 de dezembro de 1876. "Fiz algumas perguntas a respeito de uma carta de H.P.B. na qual ela diz, em resposta a uma das minhas cartas: 'Se você tem uma profunda certeza de que eu não o compreendi, tanto a sua intuição como sua mediunidade falharam... Eu nunca disse que você havia confundido Imperator com outro espírito. Ele não pode ser confundido, depois que é conhecido. Ele tem conhecimento, e que o seu nome seja abençoado para sempre. Você quer uma prova objetiva da Loja. Você não tem Imperator, e não pode perguntar-lhe se digo a verdade?'"

A resposta escrita a essa pergunta foi longa e precisa. Entre outras coisas há isto: (I. sempre usa a primeira pessoa do plural) **Por quê**?

"Já dissemos a você que seus amigos americanos não compreendem o seu caráter, nem o seu treinamento, e nem as suas experiências espirituais... De modo que em vez de sua intuição haver falhado, longe disso, ela o tem protegido. Não podemos dizer até que ponto (!) quem quer que esteja em contato com a sua correspondente PODE dar a ela uma explicação correta sobre você. É duvidoso, até onde sabemos: no entanto, alguns têm o poder, como Magus. Mas mesmo ele não compreende.(!!) **Experimentarei outro médium mais honesto – Eglinton, quando ele tiver ido[4], e verei o resultado. Farei isso pela Sociedade.** O trabalho dele é diferente do nosso, e ele não está interessado na vida interna de você. Se algum deles tem o poder, não teve intenção de usá-lo. Não entendemos se alegam que nós tenhamos dado alguma informação. PARECE que a insinuação é feita sem uma afirmação direta. Podemos dizer de imediato e claramente que em nenhum

[3] Esta passagem foi sublinhada por S. Moses. (N. da 1ª edição)

[4] Esta deve ser uma referência a "magus". (Ed. C.)

momento tivemos qualquer diálogo com a sua amiga sobre o assunto. Ela não nos conhece de modo algum, e nós não sabemos nada dessa Loja ou Fraternidade". ...

(Quanto a eu ter me enganado ao tomar como autêntico um espírito que tratava de se apresentar como Imperator, foi dito):

"Seguramente você não confundiria nenhum outro espírito conosco. Seria impossível. Nós somos o que já revelamos a você: mais ninguém; e nosso nome e presença não podem ser tomados por quaisquer outros. Nós temos sido permanentemente o seu guardião e ninguém pode tomar o nosso lugar". **Não; os sextos princípios não podem ser trocados.**

E assim por diante, de modo completamente inequívoco. Posso dizer aqui que Imperator afirmou, quando veio a mim pela primeira vez, e muitas vezes subseqüentemente, que ele havia estado comigo toda a minha vida, embora eu não fosse consciente de sua presença, até que a revelou – seguramente NÃO no Monte Athos?! – mas em outro lugar e de outro modo. O desenvolvimento coerente da minha mediunidade tem sido ininterrupto. Não há LACUNA. Agora a mediunidade objetiva desapareceu e abriu-se meu sentido interno espiritual. Somente ontem pedi e obtive de Imper., que era claramente visível e audível para mim*[5], uma renovação exata e precisa daquilo que ele tem repetido tanto, que tenho vergonha de pedir mais uma repetição de sua afirmativa. Seja qual for a explicação, esteja certo, sem lugar a dúvidas, de que não só ele não é um Irmão, mas também de que ele nada conhece de tais seres. **(I)**

A sua advertência de que eu estaria numa pista errada se pensasse que esta é uma história inventada por H.P.B., é levada em conta. Devemos examinar todo tipo de teoria que tente explicar essas coisas, mas eu não teria passado anos defendendo-a contra toda espécie de calúnia se pensasse que é capaz de uma mera fraude vulgar.

Sua mente crítica não deixará de perceber, no entanto, que uma alegação como esta, confrontada com um testemunho tão claro e perfeito como o que apresento, deve ser capaz de provar algo, caso deva ser considerada seriamente. A verdade é que lamentavelmente não só a alegação é incompatível com todos os fatos, mas também os fatos alegados são justamente aqueles, e somente aqueles que eu apresentei; e as suposições são tão ridiculamente distantes da verdade, como pode ser demonstrado por uma comprovação que não dependa só de mim, que fica muito claro serem elas apenas tiros no escuro.

---

[5] Veja os comentários de K.H. em negrito ao final desta carta. (Nota da 1ª edição)

Do ponto de vista negativo essa é uma crítica destrutiva. Mas que prova positiva é apresentada? Nenhuma. Pode ser dada alguma? Quanto a esse Irmão que voltou os seus olhos para mim no Monte Athos e assumiu o estilo e o título de Imperator, o que ele me disse ou contou alguma vez? Quando e onde ele apareceu, e que provas ele pode dar do fato? Durante um longo contato como o que ele afirma ter tido, ele poderia certamente produzir alguma prova positiva para refutar a suposição esboçada acima.

Caso contrário, qualquer pessoa equilibrada saberá a que conclusão chegar.

Perdoe-me por examinar longamente este assunto. Vejo, de fato, que estou chegando a um ponto onde se abrem dois caminhos e com tristeza temo que os *Fragments of Occult Truth*[6] mostrem que Espiritismo e Ocultismo são incompatíveis. Lamentaria de todo o coração se você acabasse perdendo seu tempo e seus esforços com algo que não pode ter como alicerce a Verdade. Daí o meu desejo de que isto seja examinado cuidadosamente.

Não fosse por este motivo, eu deixaria o tema de lado com muito desprezo. Tal como você diz da Velha Senhora, "considere somente as oportunidades que tive para formar uma opinião".

Com sinceridade, os meus melhores votos.

Atenciosamente,
W. Stainton Moses

*** A senhora Lebendorff[7] também o foi para o menino médium russo... Também o são Jesus e João Batista para Edward Maitland, tão *verdadeiro* e *honesto* e *sincero* como S.M.; embora nenhum deles tenha sabido do outro, e João Batista nunca tenha ouvido falar de Jesus, que é uma abstração espiritual e não foi um homem vivo naquela época. E E. Maitland não vê Hermes, o primeiro e o segundo, e Elias, etc? Finalmente, será que a sra. Kingsford não tem tanta certeza de que ela *viu* e *conversou* com *Deus!!* quanto S.M. em relação a +?; e isto poucos dias depois de ela ter conversado com e recebido uma comunicação por escrito do Espírito de um cachorro? Leia, leia *Soul* de Maitland, etc., mais uma vez, meu amigo. Veja as pp. 180, 194, 239, 240, e 267-8-9, etc. E quem pode ser mais puro ou mais sincero que aquela mulher e Maitland? Mistério, mistério, exclamará você. IGNORÂNCIA, nós respondemos: a criação daquilo em que cremos e que nós *queremos* ver.**

---

6 Fragmentos da Verdade Oculta. (N. ed. bras.)

7 Para entender este comentário do Mahatma, localize a frase assinalada com um asterisco, oito parágrafos mais acima. (N. ed. bras.)

(I) Um Irmão? Será que *ele* ou mesmo você sabe o que se entende pela palavra *Irmão?* Será que ele sabe o que são para nós Dhyan Chohans ou Espíritos Planetários, ou o Lha com corpo e sem corpo? E – mas isto é, e deve permanecer sendo durante algum tempo, apenas um aborrecimento para o espírito de vocês todos. Minha carta é *reservada.* Você pode usar os argumentos mas não minha autoridade ou meu nome. Tudo será explicado a você, *fique certo disso.* Um *Irmão* vivo pode parecer e até ser de fato ignorante de muitas coisas. Mas um espírito, um Planetário onisciente se mostrar tão completamente ignorante do que está ocorrendo ao seu redor – é muito extraordinário.

Carta nº 39 (ML-115) Recebida em janeiro de 1882

Esta foi recebida enquanto Sinnett estava em Bombaim, em janeiro de 1882. Os dois Mahatmas pareciam interessados em que Sinnett estivesse na celebração do aniversário da Sociedade Teosófica. Isto foi mencionado numa carta anterior (nº 24 – ML-71).

Em uma carta escrita pelo Mahatma K.H., pouco antes de ele sair para o seu retiro (incluída no livro Letters of H.P.B. to A. P. Sinnett, *Carta 203, p.365), ele disse: "Sua presença em Bombaim salvaria* tudo, *mas, vendo que você está tão relutante, não insistirei". (Veja o texto completo no documento LBS-203, no Anexo II desta edição). Na carta que segue (nº 39) o Mahatma M. diz: "Mas nenhum de nós forçaria o curso das coisas – contra a sua vontade – impondo-lhe algo".*

*A reunião ocorreu em 12 de janeiro de 1882. Sinnett não permaneceu em Bombaim para esta reunião, dando como desculpa as necessidades de sua esposa e seu filho; ele também estava aparentemente começando a preocupar-se com seu trabalho em "*The Pioneer*".*

Recebida durante uma breve visita a Bombaim, em janeiro de 1882.

K.H. e eu certamente gostaríamos muito que, já que Scott não pode estar presente no aniversário, você estivesse – não para tomar parte ativa no evento, mas simplesmente para estar presente. Esta pobre organização apresentará, uma vez mais, sua delegação sem contar com um só europeu de posição e influência. Mas nenhum de nós forçaria o curso das coisas – contra sua vontade – impondo-lhe algo. Portanto, o que digo não deve ser interpretado como uma ordem ou um pedido ur-

gente. Cremos que seria bom, mas você deve obedecer a seu próprio e sereno juízo, tanto mais que talvez o dia de hoje assinale uma crise. Uma das razões para que eu chamasse você foi o desejo de K.H. de que você seja colocado sob certas influências magnéticas e ocultas que atuariam favoravelmente sobre você no futuro.

Escreverei mais amanhã, pois espero que você nos dê um ou dois dias e que tenhamos, assim, tempo para ver o que Koothoomi pode fazer por você.

M.

Carta nº 40[1] (ML-108) Janeiro de 1882

Esta carta tem relação com filiações à Sociedade. Parece que alguém (não há indício de quem) havia sido expulso da Sociedade. A última frase indica que Sinnett não abordou este assunto com o Mahatma, mas que o Mahatma sabia dos fatos.

O homem enviado por mim na noite passada era um chela de Ladakh e nada tinha a ver com você. O que você acaba de dizer sobre "iniciação" é verdade. Todo membro que se arrependa verdadeira e sinceramente deve ser aceito de novo. Como vê, eu estou com você *constantemente*.

Carta nº 41 (ML-109) Janeiro de 1882

No livro A Short History of the Theosophical Society, *de Josephine Ransom, p.165, ela relata que "durante janeiro e fevereiro o Mestre M. apareceu freqüentemente e foi visto por muitos...uma noite, quando um grupo estava reunido na casa, o Mestre M. apareceu e foi claramente visto por Ross Scott, Bhavani Shanker, Damodar e outros". Ela não menciona S. Ramaswamier, mas fica claro por esta carta que ele estava presente, já que o Mahatma o menciona junto com Scott. Ramaswamier era de Tinevelly e havia sido aceito pelo Mahatma M. como chela.*

---

1 Este fragmento está na caligrafia de M. (Nota da 1ª edição). Está no verso da Carta nº 41 (ML-109). (Nota da 3ª edição)

Há referência à celebração de aniversário em Bombaim na qual é visível uma nota de pesar pela ausência de Sinnett. Não é claro o que a referência a "risco pessoal" poderia significar. Pode ser que os Mahatmas soubessem que a honestidade dos fundadores seria posta em dúvida e sentissem que Sinnett teria que assumir algum "risco pessoal" ao defendê-los.

Não posso fazer um milagre, caso contrário teria me mostrado por completo, pelo menos para a sra. Sinnett, apesar das manobras[1] da mulher francesa[2], e para você, apesar das condições físicas e psíquicas. Compreenda, por obséquio, que o meu senso de justiça é tão forte que não lhe negaria uma satisfação que já dei a Ramaswami e Scott. Se você não me viu, é apenas porque foi impossível. Se você houvesse feito a vontade de K.H. assistindo à reunião, não teria tido nenhum prejuízo, na verdade, porque K.H. havia previsto e preparado tudo, e o próprio esforço que você tivesse feito para ser firme, embora com um suposto risco pessoal, teria mudado completamente a sua condição. Agora vejamos o que o futuro dirá.

M.

Carta nº 42 (ML-43) Recebida em janeiro de 1882

Esta carta é do Mahatma M. Ele censura Sinett fortemente, presumivelmente por ser demasiado influenciado por Hume, cujo julgamento dos "Irmãos" era sempre extremamente crítico.

Aparentemente o Mahatma havia recebido um pedido de que comentasse um panfleto escrito por Hume e fora acusado de não elogiá-lo o suficiente. Sinnett havia mostrado o comentário a Hume e este teve uma reação negativa.

---

1 *Manobras:* no original, *matches,* possivelmente significando manobras ou maquinações, segundo nota de pé de página da terceira edição. (N. ed. bras.)

2 A sra. Coulomb, governanta da sede central da Sociedade Teosófica em Bombaim, que mais tarde conspirou com missionários para prejudicar a reputação de H.P.B. (Ed. C.)

Carta nº 42

Recebida em Allahabad, fevereiro de 1882.

Antes que haja mais uma linha escrita entre nós, temos que chegar a um acordo, meu amigo impulsivo. Primeiro terá que me prometer, com lealdade, não julgar nenhum de nós, nem a situação, nem outra coisa que tenha alguma relação com os "Irmãos místicos" – altos ou baixos, gordos ou magros – segundo a sua experiência mundana, ou você nunca chegará à verdade. Por proceder assim até agora, você só tem perturbado a solene paz das minhas refeições durante várias noites seguidas, fazendo com que a minha assinatura, sinuosa como uma serpente, me perturbe até em meus sonhos, devido ao que você escreve e pensa sobre ela, pois, por telepatia, sinto-me puxado com ela até o outro lado das montanhas. Por que você é tão impaciente? Você tem toda uma vida diante de si para a nossa correspondência, embora ela deva ser irregular e incerta enquanto as nuvens tenebrosas do *Deva-lok* "Eclético" estejam descendo sobre o horizonte da Sociedade "Matriz". Ela pode até ser subitamente interrompida devido à tensão provocada pelo nosso amigo demasiado intelectual. Oy-hai, Ram Ram! Pensar que mesmo a nossa crítica muito moderada sobre o folheto – uma crítica transmitida por você ao Sahib Hume – pode haver induzido este a nos matar com um só golpe! A nos destruir sem nos dar tempo para que chamássemos um padre ou mesmo para que nos arrependêssemos; ver que estamos vivos, e, no entanto, tão cruelmente despojados de nossa existência é verdadeiramente triste, embora em parte previsível. Mas tudo isso é por nossa culpa. Se em vez disso tivéssemos prudentemente enviado um hino laudatório para o endereço dele poderíamos agora estar vivos e em plena forma, com abundância de saúde e vigor – embora talvez sem sabedoria – por longos anos futuros, e poderíamos encontrar nele o nosso Ved-Vyasa[1] para cantar as proezas ocultas de Krishna e Arjuna nas desoladas margens do Tsam-pa. Embora agora estejamos mortos e dissecados, ainda posso usar alguns minutos de meu tempo para escrever a você, como um *bhut*[2], no melhor idioma inglês que eu encontre desocupado no cérebro do meu amigo[3], onde também acho, nas células da memória, a idéia fosforescente de uma curta carta a ser enviada por ele ao editor do *Pioneer* para acalmar a sua impaciência inglesa. Amigo do meu amigo, K.H. não se esqueceu de você; K.H. não pretende romper com você, a menos que o Sahib Hume estrague a situação irremediavelmente. E por que ele o faria? Você tem feito tudo o que pode, e nós nunca pedimos mais do que isso a ninguém. E agora conversaremos.

---

[1] *Ved-Vyasa* – "Revelador dos Vedas", intérprete das escrituras sagradas. (N. ed. bras.)

[2] *Bhut* – Um fantasma, a "casca" astral de um ser humano, destituída do seu eu superior. (N. ed. bras.)

[3] O Mahatma K.H. (Ed. C.)

Você deve pôr de lado completamente o elemento pessoal se quiser progredir no estudo oculto e – por um certo tempo – mesmo em relação a ele[4]. Compreenda, meu amigo, que os afetos pessoais têm pouca ou nenhuma influência sobre qualquer adepto verdadeiro no cumprimento do seu dever. À medida que ele se eleva em direção ao perfeito adeptado, as fantasias e antipatias do seu eu anterior são enfraquecidas: (como K.H. explicou a você em essência) ele acolhe toda a humanidade em seu coração e a considera em conjunto. O seu caso é uma exceção. Você se *impôs* a ele, e conquistou sua posição pela própria violência e intensidade do seu afeto por ele; e uma vez que ele o aceitou, terá que arcar com as conseqüências no futuro. Entretanto, não pode ser um problema para ele o que o Sinnett visível possa ser, os seus impulsos, seus fracassos e êxitos em seu mundo, a sua consideração maior ou menor por ele. Com o indivíduo "visível" nós nada temos a ver. Ele é para nós apenas um véu que oculta dos olhos profanos o outro *ego* em cuja evolução nós estamos interessados. No *rupa*[5] externo, faça o que você quiser, pense o que quiser: só quando os efeitos dessa ação voluntária são vistos no corpo que está em sintonia conosco é nosso dever prestar atenção a ela.

Não estamos nem satisfeitos nem desgostosos porque você não foi à reunião de Bombaim. Caso você *tivesse* ido, teria sido melhor para o seu "mérito"; como você não foi, perdeu este pequeno ponto. Eu não podia nem tinha o direito de influenciar você de modo algum, precisamente porque você não é um *chela*. Foi um teste, um teste muito pequeno, embora lhe tenha parecido suficientemente importante para fazê-lo pensar "nos interesses da esposa e da criança". Você terá muitos testes como este; porque, mesmo que nunca venha a ser um *chela*, nós não fazemos confidências nem para "protégés"[6] e pessoas com que nos correspondemos, se a discrição e a coragem moral deles não tiverem sido bem testadas. Você é uma vítima de *maya*[7]. Será uma luta prolongada para você conseguir romper a "catarata" e ver as coisas como elas são. O Sahib Hume é uma grande *maya* para você. Você vê somente as suas trincheiras de carne e osso, sua personalidade oficial, seu intelecto e suas influências. O que é tudo isso, diga-me, para o eu real dele, que você *não pode* ver, faça o que fizer? O que o talento dele de brilhar num *Durbar*[8] ou como dirigente de uma sociedade científica tem a ver com o seu grau de aptidão para a investigação oculta, ou com sua confiabilidade em relação a guardar os nossos segredos? Se desejássemos que algo de nossas vidas e do nosso trabalho fosse conhecido, as colunas do

---

[4] Isto é, em relação ao Mahatma K.H. (N. ed. bras.)

[5] *Rupa*, forma ou veículo. (N. ed. bras.)

[6] *Protégés*, "protegidos", em francês. (N. ed. bras.)

[7] *Maya* – ilusão. (N. ed. bras.)

[8] *Durbar* – salão social, salão de audiências, no idioma hindi. (N. ed. bras.)

Theosophist não estariam abertas para nós? Por que haveríamos de revelar fatos, através dele, para serem preparados para o alimento do público com um molho de dúvidas nauseantes e um sarcasmo mordaz, do modo mais adequado para provocar confusão no estômago público? Para ele não há nada sagrado, seja dentro ou fora do ocultismo. Ele tem um temperamento de matador de pássaros[9] e matador da fé; sacrificaria sua própria carne e seu sangue sem qualquer remorso, como faz com um rouxinol oriental; e dissecaria a você e a nós, K.H. e a "querida Velha Senhora", e faria com que todos nós sangrássemos até a morte sob seu bisturi – se pudesse – com tanta tranqüilidade como faria com uma coruja, para colocar-nos em seu "museu" com as respectivas etiquetas e depois escrever as nossas necrologias para os aficionados amadores, em "Stray Feathers"[10]. Não, Sahib; o Hume *externo* é tão diferente do (e superior) ao Hume interno, quanto o Sinnett *externo* é diferente do (e inferior ao) nascente "protégé" interno. Aprenda isso e ponha este último a vigiar o editor para que ele não lhe aplique um truque sujo algum dia. Nossa maior dificuldade é a de ensinar os discípulos a não serem enganados pelas aparências.

Como você já foi informado por Damodar, através do D — [11], eu não chamei você de chela. Examine a sua carta para confirmar. Eu apenas perguntei a Olcott, brincando, se ele reconhecia em você o material de que são formados os chelas. Você só viu que as mãos de Bennett não estavam lavadas, que tinha as unhas sujas, usava uma linguagem grosseira e tinha, na sua opinião, um aspecto geral desagradável. Mas se *esse* modo de apreciar é o seu critério de excelência moral ou poder potencial, quantos adeptos ou *lamas* que produzem maravilhas passariam em seu exame? Esta é parte da sua cegueira. Se ele morresse neste minuto (e empregarei uma fraseologia cristã para fazê-lo compreender melhor), o Anjo Registrador da Morte derramaria por outros homens igualmente maltratados poucas lágrimas mais amargas do que as que derramaria por Bennett. Poucos homens têm sofrido (e sofrido injustamente) tanto como ele; e também poucos têm um coração mais bondoso, altruísta e sincero. Isto é tudo. E o sujo Bennett é *moralmente* tão superior ao cavalheiresco Hume, como você é superior ao seu *carregador*.

O que H.P.B. repetiu a você é correto: "os nativos não vêem a rudeza de Bennett e K.H. também é um nativo". O que eu quis dizer? Simplesmente que o nosso amigo, que é semelhante a um Buda, *pode ver, através do verniz*, a textura da madeira embaixo; e dentro da ostra viscosa e mal-cheirosa – "a preciosa pérola interna"! B. é um homem

---

[9] Como já foi mencionado em carta anterior, Allan Hume era um ornitólogo amador. (N. ed. bras.)

[10] Publicação ornitológica. (N. ed. bras.)

[11] *Deserdado*, ou Djual Khul. (Ed. C.)

honesto e de coração sincero, além de possuir um tremendo valor moral e de ser um mártir autêntico. É a seres como este que o nosso K.H. admira, enquanto que só teria desprezo por um Chesterfield e um Grandison. Suponho que a generosidade do consumado "cavalheiro" K.H. para com o tosco e pagão Bennett não seja mais surpreendente que a alegada condescendência do "cavalheiro" Jesus para com a prostituta Madalena.

Existe um olfato moral, assim como um olfato físico, meu amigo. Veja como K.H. compreendeu bem o seu caráter ao não enviar o jovem de Lahore para falar com você antes que mudasse de roupa. A doce polpa da laranja está *dentro* da casca, Sahib: tente localizar as jóias dentro das caixas e não confie naquelas que estão desenhadas na tampa. Digo novamente: o homem é *honesto* e muito decidido; não exatamente um anjo – esses têm que ser procurados nas igrejas elegantes, em festas em mansões aristocráticas, teatros, clubes e outros *santuários* semelhantes – mas como os anjos estão fora da nossa cosmogonia, ficamos contentes com a ajuda de homens honestos e corajosos, ainda que sujos.

Digo tudo isso a você sem qualquer malícia ou amargura, ao contrário do que você erradamente pensa. Você fez progressos durante o ano passado – e portanto está mais perto de nós. Em conseqüência, eu lhe falo como a um amigo que espero, finalmente, converter a alguns dos nossos modos de pensar. Há uma ponta de egoísmo no seu entusiasmo por nosso estudo. Mesmo o seu sentimento por K.H. tem um caráter contraditório: no entanto, *você está mais próximo*. Só que você confiou demais em Hume, perdeu a confiança nele demasiado tarde, e agora o mau carma dele repercute sobre o seu, prejudicando-o. As suas amistosas indiscrições sobre coisas que foram confiadas somente a você por H.P.B. – a causa – estimulam as publicações apressadas dele – o efeito. Isso, receio, há de pesar contra você. Seja mais sábio daqui por diante. Se a nossa regra é ser cauteloso com confidências, é porque aprendemos desde o princípio que cada homem é pessoalmente responsável diante da Lei de Compensação por cada palavra que emite voluntariamente. Naturalmente o senhor Hume chamaria isto de jesuitismo.

Trate também de romper aquela grande *maya* contra a qual os estudantes de ocultismo têm sido sempre advertidos por seus instrutores – a busca de fenômenos. Assim como a busca da bebida alcoólica e do ópio, ela cresce quando é atendida. Os espíritas estão embriagados com isto. São bêbados taumatúrgicos. Se você não puder ficar satisfeito sem fenômenos nunca aprenderá a nossa filosofia. Se você deseja pensamentos filosóficos e saudáveis, e pode satisfazer-se com eles, continuaremos a corresponder-nos. Eu lhe transmito uma profunda verdade ao dizer que se você (como seu legendário Shloma) simplesmente escolher a sabedoria, todas as outras coisas serão acrescentadas no devido tempo. A força das nossas verdades metafísicas não aumenta em nada pelo fato de que as

nossas cartas caiam sobre o seus braços ou apareçam debaixo de sua almofada. Se nossa filosofia estiver errada, um *milagre* não a consertará. Convença-se disso em sua consciência e vamos conversar como homens sensatos. Por que devemos brincar com jogos infantis de surpresa? As nossas barbas já não estão crescidas?

E agora é hora de terminar com meu abominável trabalho literário e assim liberá-lo da tarefa[12]. Ah, sim – a sua "cosmogonia"! Bem, caro amigo: a sua cosmologia está entre as páginas de meu *Khuddaka Patha* – (minha Bíblia familiar)[13] – e fazendo um esforço supremo tentarei responder à questão assim que tiver tempo, porque neste momento estou ocupado. Você escolheu uma tarefa para uma vida inteira, e por algum motivo, em vez de generalizar, você se fixa em alguns detalhes que são extremamente difíceis para um principiante. Fique atento, meu bom Sahib. A tarefa *é* difícil e K.H., em homenagem aos velhos tempos, quando gostava de recitar poesia, pede-me que encerre a carta com o seguinte, para você:

"O caminho serpenteia montanha acima o tempo todo?"
"Sim, até o final."
"E o trajeto de cada dia toma o dia todo?"
"Da manhã à noite, meu amigo."[14]

O conhecimento, para a mente, como o alimento para o corpo, destina-se a nutrir e ajudar o crescimento, mas necessita ser bem digerido, e quanto mais completa e lentamente for encaminhado o processo, melhor será para o corpo e a mente.

Vi Olcott e o instruí sobre o que deve dizer ao nosso Sábio de Simla[15]. Caso a V.S.[16] se precipite em explicações epistolares com ele, detenha-a, pois O. se encarregou de tudo isso. Não tenho tempo para cuidar dela, mas a fiz prometer que nunca escreveria para ele sem que mostrasse sua carta primeiro a você.

Namaskar[17].

Atenciosamente,

M.

---

[12] Isto é, da tarefa de ler. (N. ed. bras.)

[13] O *Khuddaka Patha* faz parte do *Tripitaka,* o cânone budista em idioma páli, considerado por muitos como o equivalente da Bíblia no Budismo. (N. ed. bras.)

[14] Do poema *Up-Hill* (*Montanha Acima)*, de Christina Rossetti (1830-1894). (Ed. C.)

[15] Hume. (Ed. C.)

[16] V.S. – Velha Senhora, isto é, H.P.B. (N. ed. bras.)

[17] Namaskar – "(Minhas) Saudações". (N. da 3ª edição)

Carta nº 43[1] (ML-42) Recebida em janeiro de 1882

Esta carta foi recebida antes que K.H. reiniciasse a correspondência com Sinnett.

Recebida em torno de fevereiro de 1882.

Digo novamente o que você não gosta que eu diga, isto é, que não é possível *nenhuma* instrução, nenhuma comunicação *regular* entre nós, antes que o caminho esteja livre dos seus muitos obstáculos, e o maior deles é o conceito errôneo do público acerca dos Fundadores. Você não pode ser responsabilizado pela sua impaciência, e não o será. Mas se não puder fazer um uso proveitoso dos seus privilégios recém-adquiridos, meu amigo, sem dúvida você não estará à altura. Dentro de três ou quatro semanas eu me retirarei, abrindo espaço entre vocês todos para aquele a quem este espaço pertence, e cujo lugar eu só poderia ocupar muito inadequadamente, já que não sou nem um escritor nem um erudito ocidental. Outra questão é se o Chohan considerará você e o sr. Hume mais qualificados do que antes para receberem instruções por nosso intermédio. Mas você deve preparar-se para isso. Ainda há muito por acontecer. Até agora você só percebeu a luz de um novo dia. Se fizer um esforço, poderá ver com a ajuda de K.H. o sol do pleno meio-dia quando ele atingir o seu meridiano. Mas você tem que trabalhar para isso, e trabalhar para que essa luz chegue a outras mentes por intermédio da sua. "Como?" – perguntará você. Até agora, de vocês dois, o sr. Hume tem sido claramente contrário aos nossos conselhos; você, às vezes tem resistido passivamente a eles, e freqüentemente tem cedido contrariando o que considera seu melhor critério – essa é a minha resposta. Os resultados têm sido o que se poderia esperar. Nenhum bem, ou muito pouco, resultou desse tipo de defesa espasmódica: a defesa solitária de um *amigo*, um membro da Sociedade, presumivelmente com preconceito favorável àqueles cujo defensor ele se declarou. O sr. Hume nunca quis escutar a sugestão de K.H. de se fazer uma palestra em sua casa, durante a qual ele poderia muito bem ter esclarecido a mente do público, libertando-a pelo menos de parte do preconceito, se não de todo ele.

---

[1] Esta carta não tem assinatura, mas está escrita com a letra do Mahatma M. (Nota da 1ª Edição)

Você pensou que seria desnecessário publicar e divulgar entre os leitores *quem* era ela. Pensa que é provável que Primrose e Rattigan difundam o conhecimento e divulguem informes do que eles sabem que é verdadeiro? E assim por diante. *Insinuações* são tudo o que uma inteligência como a sua necessita. Digo isso porque sei como é profundo e sincero o seu sentimento em relação a K.H. Sei como você se sentirá mal se, quando ele estiver de novo entre nós, notar que a comunicação entre vocês não melhorou. E isto certamente é o que acontecerá quando o Chohan verificar que não houve progresso, já que foi ele quem fez com que K.H. tivesse contato com você. Veja o efeito que produziu *Fragments*, o mais excelente de todos os artigos; e como terá pouco efeito a menos que se estimule oposição, se provoquem discussões e se force os espíritas a defenderem as suas tolas pretensões. Leia o editorial do *Spiritualist,* de 18 de novembro, intitulado "Speculation-Spinning". Ela[2] não pode responder do modo como ele ou você poderiam fazer, e o resultado seria que as sugestões mais valiosas deixariam de alcançar as mentes daqueles que buscam a verdade, pois uma pérola solitária logo desaparece em meio a um monte de falsos diamantes quando *não há um joalheiro que chame a atenção* sobre o seu valor. E assim por diante, outra vez. O que nós podemos fazer! Já escuto K.H. exclamar.

É isso, amigo. O caminho através da vida terrena conduz a muitos conflitos e testes, mas aquele que nada faz para vencê-los não pode esperar nenhum triunfo. Assim, pois, que a perspectiva de uma introdução mais completa em nossos mistérios, sob circunstâncias mais favoráveis, cuja materialização depende *inteiramente de você mesmo,* lhe dê paciência para esperar, perseverança para continuar o esforço, e plena preparação para receber a abençoada realização de todos os seus desejos. E para isso tem de recordar que, quando K.H. lhe disser, "Suba até aqui", você deverá estar pronto. De outro modo, a mão todo-poderosa do nosso Chohan se colocará, uma vez mais, entre você e K.H.

Mande de volta para H.P.B., a V.S., os retratos que você recebeu de Odessa, quando não precisar mais deles. Escreva algumas linhas à velha *generala*[3]*,* porque sei que ela quer muito o seu *autógrafo*. Lembre a ela que vocês dois pertencem à mesma Sociedade e são – *Irmãos*, e prometa ajudar a sobrinha dela.

---

[2] H.P.B. (N. ed. bras.)

[3] A tia de H.P.B. (Ed. C.)

Carta nº 44[1] (ML-13) Recebida em janeiro de 1882

Esta carta é a primeira a tratar específica e exclusivamente dos ensinamentos. É também uma das poucas em que temos os dois lados da correspondência. Nos originais do Museu Britânico, a disposição é um tanto curiosa. As perguntas de Sinnett estão do lado esquerdo das páginas, e as respostas do Mahatma estão colocadas do lado direito. Quando o espaço era insuficiente, o Mahatma continuava os seus comentários no verso da folha. Em alguns casos ele usou até mesmo uma folha adicional de papel, porque as suas respostas eram muito maiores do que as questões.

Deve-se lembrar que na carta escrita por Djual Khul a pedido do Mahatma K.H., quando este retornou de seu longo retiro (Carta nº 37 – [ML-37]), ele mencionou que o Mahatma pedira a Sinnett que prosseguisse os seus estudos metafísicos e "não abandonasse a tarefa, em desespero, quando tropeçasse com idéias incompreensíveis nas notas do Sahib M.". Este comentário se referia às respostas de M. para as perguntas de Hume[2] que se acham no Apêndice II *do livro* Letters of H.P. Blavatsky to A.P. Sinnett *(Veja* Anexo II, no Volume 2 da presente edição brasileira*). Sinnett tinha sido instruído a copiar aquelas notas (veja o segundo parágrafo do documento LBS-4, no Anexo II). Ele o fez, e as respostas levantaram muitas outras questões em sua mente, que mais tarde ele apresentou a M. Elas são respondidas na carta que se segue. Veja também como, na Carta nº 42 (ML-43), o Mahatma M. promete abordar a "sua cosmologia" assim "que tenha tempo". Era uma referência a esta carta nº 44. Os dois conjuntos de "Notas Cosmológicas" são, é claro, suplementares, mas não devem ser confundidos.*

Notas Cosmológicas. Perguntas e respostas
de M. Recebidas em janeiro de 1882.
Allahabad.

(1) Eu considero que no final de um pralaya o impulso dado pelos Dhyan Chohans não surge do caos, uma sucessão simultânea de mundos, e sim em série. Talvez fosse melhor postergar a compreensão da maneira pela qual cada um emana sucessivamente de seu predecessor em conseqüência do impacto transmitido pelo impulso original até que eu possa compreender o

---

[1] Perguntas de A.P. Sinnett em letras normais, respostas do Mestre M. em negrito. (N. da 1ª Ed.)

[2] Na verdade, de Hume e/ou Sinnett. (N. ed. bras.)

trabalho de toda a máquina – o ciclo dos mundos – depois que todas as suas partes tenham passado a existir.

(1) Consideração correta. Nada na natureza passa subitamente a existir. Tudo está sujeito à mesma lei da evolução gradual. Uma vez que tenha compreendido o processo do *maha*-ciclo[3] de uma única esfera, você terá compreendido a todas elas. Um homem nasce como o outro; uma raça surge, se desenvolve e declina como a outra – e como todas as outras raças. A natureza segue o mesmo curso, desde a "criação" de um universo até a de um mosquito. Ao estudar a cosmogonia esotérica, tenha presente uma visão espiritual do processo fisiológico do nascimento humano; avance da causa para o efeito, estabelecendo, à medida que prossegue, analogias entre o nascimento de um homem e o de um mundo. Em nossa doutrina você sentirá a necessidade de seguir o método sintético; terá de abarcar o todo, isto é, fundir o macrocosmo e o microcosmo; antes de estar capacitado para estudar as partes separadamente ou analisá-las de modo proveitoso para sua compreensão. A Cosmologia é a fisiologia do universo espiritualizado, porque há uma só lei.

(2) Considerando o meio de um período de atividade entre dois pralayas, isto é, de um manvantara – o que entendo que ocorre é o seguinte. Os átomos são polarizados na região mais alta de efluxo espiritual, atrás do véu da matéria cósmica primitiva. O impulso magnético que realizou isso passa rapidamente de uma forma mineral para outra, dentro da primeira esfera, até que, tendo já percorrido a ronda de existência nesse reino da primeira esfera, desce numa corrente de atração até a segunda esfera.

(2) Eles se polarizam durante o processo de movimento e são impelidos pela Força irresistível que está em operação. Na Cosmogonia e no trabalho da natureza, as forças positivas e negativas, ou ativas e passivas, correspondem aos princípios masculino e feminino. O seu "efluxo espiritual" não vem de "atrás do véu", mas é a semente masculina caindo no véu da matéria cósmica. O ativo é atraído pelo princípio passivo e o Grande Nag, a serpente, emblema da eternidade, atrai a sua cauda para a sua própria boca, formando assim um círculo (ciclos na eternidade) naquela incessante busca do negativo por parte do positivo. Daí o emblema do *lingam*, do *phallus* e do *kteis*. O principal e único atributo

---

[3] *Maha-ciclo* – grande ciclo. (N. ed. bras.)

do princípio espiritual universal – o doador de vida inconsciente mas sempre ativo – é o de expandir-se e derramar-se; o do princípio material universal é recolher e fecundar. Inconscientes e não-existentes, quando separados, eles se tornam consciência e vida quando reunidos. Daí novamente – Brahma, da raiz "brih", a palavra sânscrita que significa "expandir, crescer ou frutificar", sendo Brahma apenas a força vivificadora *expansiva* da natureza na sua evolução eterna.

(3) Os mundos dos efeitos ocorrem entre os mundos de atividade na série descendente?

(3) Os mundos dos efeitos não são lokas ou localidades. Eles são a sombra do mundo das causas, suas almas – mundos que possuem, como os homens, seus sete princípios[4], que se desenvolvem e crescem simultaneamente com o corpo. Deste modo, o *corpo* do homem está unido ao corpo do seu planeta e permanece para sempre dentro dele; seu princípio vital individual, *jivatma*, aquele que na fisiologia se chama espírito animal, retorna, depois da morte, à sua fonte – *Fohat*; seu *linga shariram* será absorvido no *Akasha;* seu *Kamarupa* se recombinará com o *Shakti*[5] Universal – a Força-Vontade, ou energia universal; sua "alma animal", tomada por empréstimo do alento da *Mente Universal,* retornará aos Dhyan Chohans; o seu sexto princípio – seja ele absorvido ou ejetado pela matriz do Grande Princípio Passivo, terá que permanecer na sua própria esfera – seja como uma parte da matéria-prima ou como uma entidade individualizada para renascer num mundo superior das causas. O sétimo o tirará do Devachan e seguirá o novo *Ego* ao seu lugar de renascimento...

---

[4] Os sete princípios ou dimensões da consciência humana, segundo a obra de H.P. Blavatsky e os escritos dos Mahatmas, são: 1º – sthula sharira, o corpo físico; 2º – prana, ou Jivatma, o princípio vital, a vitalidade. 3º linga sharira, o modelo, o arquétipo astral; 4º – kama, às vezes chamado de kama-rupa, o princípio das paixões e dos sentimentos animais; 5º – manas, a mente, a inteligência, o princípio dual, que ora se volta para o mundo espiritual, ora se volta para o mundo dos cinco sentidos, e aqui é referida como "alma animal"; 6º – buddhi, o princípio da compaixão universal, a alma espiritual; e 7º – atma, o princípio que é uno com o Absoluto, o espírito supremo. (N. ed. bras.)

[5] *Shakti* também pode ser escrita "sakti". O sentido de usar "sh" é indicar a pronúncia correta. (N. ed. bras.)

(4) Aquele impulso magnético que ainda não pode ser concebido como uma individualidade entra na segunda esfera[6], no mesmo reino (o mineral) ao qual pertencera na primeira esfera, e completa ali a ronda de encarnações minerais, passando, então, para a terceira esfera. A nossa Terra é ainda uma esfera necessária para ele. Daí passa a uma série ascendente – e da mais alta dessas, passa ao reino vegetal da primeira esfera.

Sem nenhum novo impulso de força criativa vinda de cima, sua evolução através do ciclo dos mundos como um princípio mineral desenvolveu algumas novas atrações ou uma polarização que o leva a assumir a mais baixa das formas vegetais. Nas formas vegetais ele passa sucessivamente através de um ciclo de mundos, sendo todo o processo ainda um círculo de necessidade (já que não se pode atribuir responsabilidade a uma individualidade inconsciente, e, portanto, esta não pode ainda, em nenhuma etapa do seu progresso, fazer algo para escolher um ou outro entre caminhos divergentes). Ou será que existe algo mesmo na vida de um vegetal que, embora não seja responsabilidade, possa levá-lo para cima ou para baixo, neste estágio decisivo do seu progresso?

Tendo completado todo o ciclo como vegetal, a individualidade crescente expande-se no próximo circuito, adquirindo forma animal.

(4) A evolução dos mundos não pode ser considerada como separada da evolução de tudo que foi criado ou existe nestes mundos. Suas concepções estabelecidas de cosmogonia – seja do ponto de vista teológico ou científico – não permitem resolver nem um simples problema antropológico ou mesmo étnico, e elas constituem obstáculos cada vez que você tenta decifrar o problema das raças neste planeta. Quando alguém começa a falar da criação e da origem do homem, choca-se constantemente contra os fatos. Continue dizendo: "Nosso planeta e o homem foram criados" – e estará lutando sempre contra a dura realidade, analisando detalhes sem importância e perdendo tempo com eles, incapaz de compreender o todo. Mas tudo ficará mais claro uma vez que você admita que o nosso planeta e nós mesmos não somos maiores *criações* do que o iceberg que tenho neste momento diante de mim (na casa do nosso caro K. H.) mas que ambos, o planeta e o homem, são estados correspondentes a um determinado tempo; que sua aparência atual – geológica e antropológica – é transitória, e apenas uma condição própria daquele estado de evolução a que chegaram no ciclo descendente e tudo ficará claro. Você compreenderá facilmente o que significa o "primeiro

---

[6] Esfera ou globo. No original em inglês, *sphere*. (N. ed. bras.)

e único" elemento ou princípio do Universo, que é *andrógino;* a serpente de sete cabeças *Ananta,* de Vishnu; o *Nag* que rodeia o Buda; o grande dragão da eternidade que morde com a sua cabeça *ativa* a sua cauda *passiva*, e de cujas emanações nascem os mundos, seres e coisas. Você compreenderá a razão por que o primeiro filósofo[7] proclamou que TUDO é Maya, com a exceção daquele princípio uno que só descansa durante os *maha-pralayas,* "as noites de Brahm" ...

Agora pense: o *Nag* desperta. Ele exala o seu hálito poderoso, que é enviado como um choque elétrico através de todo o fio que rodeia o *Espaço.* Vá até o seu piano e execute no teclado as *sete* notas da oitava mais baixa – para cima e para baixo. Comece *pianissimo*, *crescendo* a partir da primeira nota; e tendo golpeado *fortissimo* na última nota desta oitava, vá de volta *diminuindo*, até produzir na última nota um som quase imperceptível – "morendo pianissimo" (conforme encontro, por sorte, para este meu exemplo, impresso em uma das peças musicais guardadas na velha maleta de K. H.). A primeira e a última nota representam para você a primeira e a última esfera no ciclo da evolução – as mais altas! A que você toca *uma só vez* é o nosso planeta. Lembre que você tem de inverter a ordem no piano: comece com a sétima nota, não com a primeira. As sete vogais cantadas pelos sacerdotes egípcios para os sete raios do sol nascente às quais Memnon respondia, significavam somente isso. O *princípio vital único*, quando está em ação, avança em *circuitos*, como é conhecido pela ciência física. Ele percorre todo o corpo humano, no qual a cabeça representa e é, para o microcosmo (o mundo físico da matéria), o que o pináculo do ciclo é para o macrocosmo (o mundo das forças espirituais universais); e o mesmo ocorre com a formação dos mundos e o grande "círculo de necessidade", que é ascendente e descendente. Tudo é uma só Lei. O homem tem os seus sete princípios, cujas sementes ele traz ao nascer. Um planeta ou um mundo também tem os seus. Da primeira à última, cada esfera tem o seu mundo de efeitos, e a passagem por ele proporcionará um lugar de repouso final a cada um dos princípios humanos, com a exceção do sétimo. O mundo A nasceu e com ele, desde seu primeiro sopro de vida, vivem, como cracas[8] presas ao casco de um navio em movimento, os seres de sua atmosfera, desde o estágio de embriões inertes, até que despertam agora para a vida com o primeiro movimento da esfera. Com a esfera A começa o

---

[7] Gautama Buda. (N. ed. bras.)

[8] Cracas – Animais artrópodes, crustáceos, que vivem incrustados em rochedos marinhos ou cascos de navios. (N. ed. bras.)

reino mineral, que faz a ronda da evolução mineral. Quando esta se completa, a esfera B se torna objetiva e atrai para si a *vida* que completou a sua ronda na esfera A e que se tornou excedente (a fonte da vida é inesgotável, pois é a própria Aracnê[9], condenada a tecer eternamente a sua teia – salvo nos períodos de pralaya). Depois surge a vida vegetal na esfera A e o mesmo processo se verifica. No seu curso descendente "a vida" se torna cada vez mais densa, mais material; em seu curso ascendente, mais vaga e indistinta. Não – não há, nem pode haver, nenhuma responsabilidade, até o momento em que matéria e espírito estejam adequadamente equilibrados. Até chegar ao *homem* a "vida" não tem responsabilidade alguma; assim como ocorre com o feto que, no ventre materno, passa através de todas as formas de vida – como um mineral, um vegetal, um animal, para se tornar, finalmente, um *homem*.

(5) De onde recebe o homem o seu quinto princípio, a alma animal? A potencialidade deste princípio está presente desde o início no impulso magnético original que constitui o mineral, ou em cada transição desde o último mundo no lado ascendente até a esfera I, atravessa, por assim dizer, um oceano de espírito e assimila algum novo princípio?

(5) Assim, você vê que o *quinto* princípio do homem evoluiu de *dentro dele mesmo*, tendo o homem, como você bem diz, "a potencialidade" de todos os sete princípios em embrião, desde o primeiro instante em que ele aparece no primeiro mundo das causas como um vago sopro, que se coagula e solidifica junto com a esfera matriz.

O Espírito, ou VIDA, é indivisível. E quando falamos do sétimo princípio, não pensamos em uma qualidade, nem em uma forma, mas no *espaço* ocupado naquele *oceano* de espírito pelos resultados ou efeitos nele impressos (benéficos, como são todos os de um colaborador da Natureza).

(6) Desde a forma animal (não-humana) mais elevada, na esfera I, como a vida chega à esfera II? É inconcebível que possa descer à forma animal mais baixa nesta esfera, mas, como pode, de outro modo, percorrer todo o círculo de vida em cada planeta, sucessivamente?

---

[9] *Aracnê* – Na mitologia grega, *Aracnê* foi uma mulher da Lídia que desafiou a deusa *Athena* para uma disputa em que veriam qual das duas podia tecer mais e melhor e, como castigo por seu atrevimento, foi transformada em uma aranha. *Athena* – a Minerva dos romanos – era a deusa da fertilidade e da sabedoria. (N. ed. bras.)

Se ele percorre o seu ciclo numa espiral (isto é, da forma 1 da esfera II, etc. – e então para a forma 2 da esfera I, II, III, etc., e depois para a forma 3 da esfera I... até a última), então, me parece que a mesma regra tem que ser aplicada às individualidades minerais e vegetais, se é que elas podem ser chamadas assim; no entanto algumas coisas que me foram ditas parecem contradizer isso. **(Apresente-as, que serão *respondidas e explicadas*).**

Por enquanto, porém, devo trabalhar conforme essa hipótese. (Tendo já percorrido o ciclo na forma animal mais elevada, a alma animal adquire, em seu próximo mergulho no oceano de espírito, o sétimo princípio, que lhe dá um sexto. Isto determina seu futuro na Terra e, ao final da vida terrena, tem suficiente vitalidade para manter uma atração própria pelo sétimo princípio, ou o perde e deixa de existir como entidade separada. **Tudo isso está mal concebido.)**

O sétimo princípio está sempre presente como uma força latente em cada um dos princípios – mesmo no corpo. Como o *Todo* macrocósmico, esse princípio está presente até mesmo na esfera *inferior*, mas não há nada ali que possa assimilá-lo.

(6) Por que "inconcebível"? Já que a forma animal mais elevada da esfera I ou A é *irresponsável*, não há degradação no fato de ela submergir na esfera II ou B como uma parte infinitesimal desta última. Durante o seu curso ascendente, como lhe foi dito, o homem encontra até mesmo a forma animal mais baixa *lá* – em um plano mais elevado do que aquele em que ele próprio estava na Terra. Como você sabe que os homens, os animais, e mesmo a vida em seu estágio incipiente não estão mil vezes mais elevados naquela esfera do que aqui? Além disso, cada reino (e há sete – enquanto vocês só têm três) é subdividido em *sete* graus ou tipos. O homem (fisicamente) é uma combinação de todos os reinos e, espiritualmente, a sua individualidade não é pior quando está encerrada dentro do corpo de uma formiga do que quando anima um rei. Não é a forma *externa* ou física que desonra e polui os cinco princípios – mas a perversidade *mental*. Assim, só quando chega à quarta ronda, quando atingiu a posse completa de sua energia de *kama*, e está plenamente maduro, é que o homem torna-se completamente responsável; assim como na sexta pode converter-se num Buda, e na sétima, antes do Pralaya, em um "Dhyan Chohan"[10]. O mineral, o vegetal, o ho-

[10] Dhyan Chohan – espírito planetário. (N. ed. bras.)

mem-animal, todos têm que percorrer suas sete rondas durante o período de atividade terrestre – o *Maha Yug*. Não entrarei aqui em detalhes sobre a evolução mineral ou vegetal, mas irei me referir somente ao homem – ou *homem-animal*. Ele começa a sua descida na condição de uma entidade puramente espiritual – um sétimo princípio inconsciente (um *Parabrahm*[11] em contraste com o *Para-parabrahm*), – e com os embriões dos outros seis princípios latentes ou adormecidos nele. Ele ganha solidez em cada esfera – os seus seis princípios ao passar pelos mundos dos efeitos, e a sua forma externa pelos mundos das causas (para esses mundos ou etapas do arco descendente nós temos outros nomes), quando chega ao nosso planeta é apenas um glorioso foco de luz sobre uma esfera, que em si mesma ainda é pura e incontaminada (porque o gênero humano e cada coisa viva nela aumentam a sua materialidade juntamente com o planeta). Nesse estágio o nosso globo é como a cabeça de uma criança recém-nascida – macia e com traços indefinidos – e o homem como *Adão* antes que *o hálito da vida tivesse sido insuflado em suas narinas* (cito suas próprias e malfeitas Escrituras para sua melhor compreensão)[12]. Para o homem e para a natureza (do nosso planeta) é um dia – o primeiro (veja a tradição distorcida em sua Bíblia). O homem nº 1 faz sua aparição no ápice do círculo das esferas, na esfera nº 1, depois de haver completado as sete rondas ou períodos dos dois reinos (conhecidos por você) e assim, se diz que foi criado no oitavo dia (veja a Bíblia, Capítulo II[13]; observe os versículos 5 e 6 e pense no que se quis dizer ali por "manancial"[14], e o versículo 7, no qual a LEI, a grande construtora universal, é chamada de "Deus" por cristãos e judeus e compreendida como *Evolução* pelos cabalistas). Durante essa primeira ronda o "homem-animal" percorre o seu ciclo, como você diz, em uma espiral. No arco descendente – de onde *ele começa, depois de completar a sétima ronda de vida animal*, as suas próprias *sete* rondas individuais, ele tem que entrar em cada esfera não como um *animal inferior*, como você pensa, mas como um *homem inferior*, já que durante o ciclo que antecedeu a sua ronda como homem ele fez o percurso como o tipo mais elevado de

---

[11] *Parabrahm* – o mesmo que *Parabrahman*. (N. ed. bras.)

[12] Veja Gênesis, 2:7. (N. ed. bras.)

[13] Gênesis. (N. ed. bras.)

[14] Conforme a *Bíblia de Jerusalém*, Edições Paulinas, manancial. No original em inglês, *mist*. (N. ed. bras.)

animal. O "Senhor Deus" de vocês, diz a Bíblia, capítulo I, versículos 25 e 26, depois de ter feito *tudo*, disse: "Façamos o homem à nossa imagem", etc., e criou o homem – um *símio andrógino!* (extinto em nosso planeta), o mais elevado em inteligência no reino animal, e cujos descendentes você encontrará nos antropóides de hoje. Você negará a possibilidade de que o antropóide mais elevado, na próxima esfera, seja superior em inteligência a alguns homens aqui em baixo – selvagens por exemplo, a raça dos pigmeus da África e os nossos próprios vedhas do Ceilão[15]? Mas o homem não tem que passar por semelhante "degradação", depois que alcançou o quarto estágio das suas rondas cíclicas. Assim como as *vidas* e seres inferiores, durante a sua primeira, segunda e terceira ronda, e enquanto ele for um conjunto irresponsável de matéria *pura* e espírito *puro* (nenhum deles maculado ainda pela consciência de seus possíveis propósitos e procedimentos) procedente da esfera I, onde ele já cumpriu a sua ronda setenária *local* de processo evolucionário, desde o grau mais inferior da espécie mais elevada de – digamos – antropóides, até o homem rudimentar, ele certamente entra na esfera nº 2 na qualidade de *símio* (uso essa palavra para uma melhor compreensão sua). Nesta ronda ou estágio a individualidade está tão adormecida no homem como a de um feto durante o seu período de gestação. Não tem consciência, nem sensibilidade, porque começa como um homem astral rudimentar, e chega ao nosso planeta como um homem físico primitivo. Até agora é apenas uma continuidade de movimentos mecânicos. A vontade e a consciência são ao mesmo tempo autodeterminadas e determinadas por causas, e a vontade, a inteligência e a consciência do homem só despertarão quando o seu quarto princípio, *kama*, estiver amadurecido e completado por seu contato (*seriatim*)[16] com as forças de *Kama,* energizadoras de todas as formas pelas quais o homem passou durante as suas três rondas anteriores. A humanidade atual encontra-se em sua *quarta* ronda (a humanidade entendida como gênero ou espécie, não como *RAÇA*, *nota bene*[17]), do ciclo evolutivo *pós-pralaya;* e assim como as suas diferentes raças, também as entidades individuais em cada raça cumprem inconscientemente seus ciclos terrestres setenários *locais;* daí

---

[15] Ceilão – atual Sri Lanka. (N.ed. bras.)

[16] *Seriatim* – "Seriado, encadeado" em latim. (N. ed. bras.)

[17] *Nota bene* – "observe bem", em latim. (N. ed. bras.)

a enorme diferença em seus graus de inteligência, energia e assim por diante. Agora, cada individualidade será seguida no seu arco ascendente pela lei da retribuição – carma e morte, do modo apropriado. O homem perfeito ou a entidade que alcançou a perfeição plena (por haver amadurecido cada um dos seus sete princípios) não renascerá aqui. Seu ciclo terrestre local se completou, e tem que seguir adiante, ou – ser aniquilado como individualidade. (As entidades incompletas têm que renascer, reencarnar)[18]. Em sua quinta ronda, depois de um Nirvana parcial quando se alcança o zênite do grande ciclo, as individualidades assumem a responsabilidade dali em diante em sua descida de esfera em esfera, já que deverão aparecer sobre esta Terra como uma raça ainda mais perfeita e intelectual. Este curso descendente ainda não começou, mas começará logo. Mas quantos e quantos serão destruídos no caminho!

O que foi dito antes *é a regra*. Os Budas e os *Avatares* formam a exceção e, de fato, temos, *ainda*, *alguns Avatares* que ficaram conosco na Terra.

(7) Tendo a alma animal perdido, digamos, em sucessivas passagens em volta do ciclo, o impulso que a levava até além da senda divergente para baixo, que começa aqui, ela cai no mundo inferior durante o ciclo relativamente breve no qual a sua individualidade se dissipa.

Mas este só seria o caso da alma animal que não tivesse, em sua união com o espírito, desenvolvido um sexto princípio durável. Se tivesse feito isso, e se o sexto princípio, atraindo para si a individualidade do homem completo, tivesse debilitado assim o quinto princípio inferior – como a flor de áloe quando se ergue faz com que suas folhas murchem – então a alma animal não teria coesão suficiente para entrar em outra existência no mundo inferior e logo desapareceria na esfera de atração desta Terra.

(7) Reformulando os seus conceitos conforme o que eu disse acima você compreenderá melhor agora.

Toda a individualidade é centrada nos três princípios médios, ou seja, o terceiro, o quarto e o quinto. Durante a vida terrestre ela está toda no quarto, o centro de energia, volição – vontade. O sr. Hume defi-

---

[18] **A propósito: reescreverei para você as páginas 345 até 357 de *Ísis*, vol. I – muito confusas e desordenadas por Olcott, que pensava que estava melhorando-as!** (Nota do Mahatma)

niu perfeitamente a diferença entre personalidade e individualidade. A primeira dificilmente sobrevive; a segunda, para percorrer com êxito seus cursos setenários descendente e ascendente, tem de incorporar em si mesma a força vital eterna que reside somente no sétimo princípio e então unir os três (quarto, quinto e sétimo) em um – o sexto. Os que chegam a fazê-lo se convertem em Budas, Dhyan Chohans, etc. O propósito principal de nossos esforços e *iniciações* é alcançar esta união enquanto estamos nesta Terra. Aqueles que tiverem êxito nada terão a temer durante a quinta, a sexta e a sétima ronda. Mas isso é um mistério. Nosso caro K. H. está a caminho da meta – a mais elevada de todas, tanto nesta esfera como além.

Tenho que agradecer a você por tudo que fez pelos nossos dois amigos. *É uma dívida de gratidão que temos* com você.

M.

Durante algum tempo não terá notícias minhas, nem direta nem indiretamente. PREPARE-SE.

Carta nº 45 (ML-44) Recebida em fevereiro de 1882

Sinnett, não sabendo que o Mahatma K.H. havia escrito para ele, pois ainda não havia recebido a carta, mandou outra carta para M., que muito atenciosamente respondeu.

Parte do texto se refere ao médium William Eglinton, a quem o Mahatma chama aqui de "o pobre rapaz sensitivo". Eglinton parece ter sido um ótimo médium; dizia-se que ele nunca recorria a fraudes. Ele tinha, contudo, um bom número de fraquezas pessoais. Deve-se lembrar que houve alguns indícios de que o Mahatma K.H. chegou a pensar em trazê-lo para Simla, para uma série de treinamentos com o objetivo de que pudesse ser aproveitado no trabalho deles, mas depois que Eglinton chegou a Calcutá K.H. decidiu não fazê-lo.

Recebida em Allahabad, fevereiro de 1882.

Sua carta foi dirigida a mim, pois você não sabia que K.H. havia retomado contato com você. Entretanto, como se dirigiu a mim, responderei. "Faça isso, sem dúvida: vá em frente." O resultado pode ser desastroso para o Espiritismo, ainda que seja provada a realidade dos

fenômenos; sendo, portanto, benéfico para a Teosofia. Parece cruel permitir que o pobre rapaz sensitivo se arrisque entrando na cova do leão; mas como a aceitação ou rejeição do amável convite depende do médium, sob o conselho e a inspiração de seu poderoso e sábio "Ernest", por que os outros deveriam se preocupar?

Como não é provável, digno senhor, que nos correspondamos agora com muita freqüência, eu lhe direi algo que deveria saber e do que poderá tirar proveito. No próximo dia 17 de novembro expirará o período de sete anos de teste dado à Sociedade quando ela foi fundada[1], durante o qual poderiam, discretamente, "predicar sobre nós". Um ou dois de nós esperávamos que o mundo houvesse avançado o suficiente intelectualmente, se não intuitivamente, para que a doutrina Oculta pudesse ter uma aceitação intelectual e fosse possível dar um impulso para um novo ciclo de pesquisa oculta. Outros, mais sábios ao que parece agora, sustentavam uma posição diferente, mas foi dado consentimento para a tentativa. Entretanto, estipulou-se que a experiência se realizaria sem a nossa direção pessoal; que não deveria haver intervenção anormal de nossa parte. Olhando ao redor, encontramos na América o homem para ser o líder, um homem de grande coragem moral, altruísta e possuidor de outras boas qualidades. Ele estava longe de ser o melhor mas (como o sr. Hume diz no caso de H.P.B.) era o melhor disponível. A ele associamos uma mulher que possuía dons extremamente excepcionais e maravilhosos. Junto a esses dons havia certos defeitos pessoais mas, sendo como era, não havia ninguém comparável a ela que estivesse vivo e apto para este trabalho. Nós a enviamos para a América; fizemos com que se conhecessem – e o experimento começou. Desde o início, foi dado a entender tanto a ele como a ela, claramente, que a questão dependia inteiramente deles mesmos. E ambos se ofereceram para a tentativa por uma determinada recompensa num futuro muito distante; como diria K.H., soldados voluntários para uma Causa Desesperada[2]. Durante seis anos e meio eles têm lutado contra dificuldades que teriam feito desistir qualquer um que não estivesse lutando desesperadamente, como alguém que joga sua vida e tudo o que possui, em um esforço desesperado e supremo. Seu êxito não correspondeu às expectativas de seus inspiradores originais, embora tenha sido extraordinário em certos aspectos. Dentro de mais alguns meses terminará o período de provação[3]. Se naquele

---

[1] Em 17 de novembro de 1875, em Nova Iorque. (N. ed. bras.)

[2] Causa desesperada: *Forlorn Hope,* no original em inglês. (N. ed. bras.)

[3] Provação: isto é, o período de teste ou experiência. (N. ed. bras.)

momento a posição da Sociedade em relação a nós – a questão dos "Irmãos" – não tiver sido resolvida definitivamente (seja eliminando-a do programa da Sociedade ou aceitando as nossas condições), não haverá mais notícias dos "Irmãos" de quaisquer formas, cores, tamanhos ou graus. Desapareceremos da vista do público como um vapor desaparece no oceano. Só àqueles que provaram ser fiéis a nós e à verdade em todos os momentos será permitido contato futuro conosco. E nem mesmo eles, a menos que, desde o presidente para baixo, prometam, com os mais solenes compromissos de honra, guardar um segredo inviolável, de agora em diante, sobre nós, sobre a Loja[4] e os assuntos tibetanos, e não responder sequer perguntas dos seus amigos mais próximos, embora o silêncio possa, provavelmente, dar a aparência de que tudo que foi revelado seja "fraude". Nesse caso, o esforço seria suspenso até o começo de outro ciclo setenário, quando, se as circunstâncias fossem mais propícias, outra tentativa poderia ser feita, na mesma direção ou em outra.

A minha humilde impressão pessoal é que o atual livreto[5] do Sahib Hume, altamente intelectual como é, *poderia* ser melhorado de modo a ajudar enormemente para que ocorra a necessária mudança nos assuntos da Sociedade. E se ele confiasse mais em suas intuições pessoais – que são intensas quando presta atenção a elas – e menos na voz de alguém que não representa exclusivamente a opinião pública (ao contrário do que você parece pensar) e que não *acreditaria, mesmo que chegasse a ter mil provas*, o folheto se tornaria uma das obras mais poderosas que este movimento moderno já produziu.

As suas questões cosmológicas serão respondidas quando eu não estiver pressionado por assuntos mais urgentes. Saúde e prosperidade.

M.

Carta nº 46 (ML-12) Recebida em fevereiro de 1882

Quase certamente, esta carta surgiu a partir da Carta nº 44 (ML-13), que consistia de questões feitas por Sinnett com respostas do Mahatma M. e foi chamada por Sinnett de Notas Cosmológicas.

---

[4] Loja dos Adeptos. (N. ed. bras.)

[5] *Hints on Esoteric Theosophy*. (Ed. C.)

A sua hipótese está muito mais perto da verdade do que a do sr. Hume. Dois fatores não devem ser esquecidos: (a) um período fixo, e (b) um ritmo de desenvolvimento adequadamente ajustado a ele. Mesmo sendo quase inconcebivelmente longo, um Mahayug[1] é um prazo definido, e dentro dele deve-se realizar todo o conjunto do desenvolvimento, ou para melhor usar a terminologia oculta, a descida do Espírito à matéria e seu retorno ao ressurgimento. Uma cadeia de contas, cada conta sendo um mundo, constitui uma imagem que já lhe é familiar. Você já refletiu sobre o impulso vital que começa com cada Manvantara no sentido de fazer evoluir o primeiro desses mundos, de aperfeiçoá-lo, de povoá-lo sucessivamente com todas as formas aéreas de vida. E depois de haver completado neste primeiro mundo sete ciclos – ou evoluções de desenvolvimento – em cada reino, como você sabe – segue avançando para baixo no arco para criar do mesmo modo o próximo mundo da cadeia, aperfeiçoá-lo, e abandoná-lo. Depois passa ao seguinte e a outro e outro mais – até cumprir a ronda sétupla de evolução de mundos ao longo da cadeia, quando o Mahayug chega ao seu final. Então é o caos *novamente* – o *Pralaya.* À medida que este impulso vital avança (da sétima e última ronda de um Planeta para outro), deixa para trás planetas moribundos que em pouco tempo serão "planetas mortos".

Quando o homem da sétima e última ronda passa ao mundo seguinte, o mundo anterior, com toda a sua vida mineral, vegetal e animal (exceto o homem), começa a morrer gradualmente até que, com o êxodo dos últimos animálculos[2], ele se extingue, ou como disse H. P. B., se apaga como uma vela *(pralaya menor* ou parcial). Quando o Espírito do homem chega ao último elo da cadeia e passa ao Nirvana *final*, este último mundo também desaparece ou passa à subjetividade. Desta forma, entre as galáxias estelares, há o nascimento e as mortes de mundos, sempre um após o outro, na organizada procissão da Lei natural. E, como já foi dito, a última conta é enfiada no cordão do "Mahayuga".

Quando o último ciclo da evolução humana tiver sido completado por aquela última terra fecunda, e a humanidade tiver alcançado toda a etapa do Budado e ultrapassado a existência objetiva mergulhando no

---

[1] *Mahayug*, ou *Mahayuga* é o mesmo que Manvantara. Consiste no conjunto de quatro *Yugas* ou eras, cada uma com 4.320.000 anos solares. No sistema bramânico, o *Mahayug* ou Manvantara corresponde a um "Dia de Brahma". (Ed. C.)

[2] Animálculos – animais microscópicos. (N. ed. bras.)

mistério do Nirvana, então "soa a hora"; o visível se torna invisível, e o concreto reassume seu estado pré-cíclico de distribuição atômica.

Mas os mundos mortos deixados para trás pelo impulso envolvente não continuam *mortos*. O movimento é a ordem eterna das coisas e a afinidade ou atração é o seu criado em todos os trabalhos. A vibração da vida reunirá novamente os átomos, e se agitará outra vez no planeta inerte quando chegar a hora. Embora todas as suas forças tenham permanecido em *status quo* e estejam agora adormecidas, pouco a pouco, quando *voltar* a soar a hora, o planeta as reunirá para um novo ciclo de maternidade geradora de homens, e dará nascimento a tipos físicos e morais ainda mais elevados do que no *manvantara* anterior. E com seus "átomos cósmicos já em estado diferenciado (*diferenciando-se*, na força produtora, no sentido mecânico, de movimentos *e* efeitos) permanece em *statu quo* assim como os globos e tudo o mais que esteja em processo de formação". Tal é a "hipótese que está de pleno acordo com a (sua) (minha) nota". Pois, como o desenvolvimento planetário é tão progressivo quanto a evolução humana ou racial, a hora da chegada do Pralaya alcança a série de mundos em etapas sucessivas de evolução; isto é, cada um chegou a algum dos períodos do progresso evolutivo. E cada um se detém ali, até que o impulso de expansão do próximo *manvantara* o ponha em marcha, desde o ponto exato em que parou, como ocorre com um relógio parado a que se voltou a dar corda. Por isso usei a palavra "diferenciado".

Ao chegar o Pralaya, nenhum homem, animal, ou mesmo entidade vegetal estará vivo para vê-lo, mas haverá a terra, ou os globos, com seus reinos minerais; e todos esses planetas estarão fisicamente desintegrados no pralaya, mas não destruídos; pois eles têm o seu lugar na seqüência de evolução e quando suas "necessidades" saírem novamente da subjetividade[3], encontrarão o ponto exato de onde devem seguir adiante ao redor da cadeia de "formas manifestadas". Isto, como sabemos, se repete indefinidamente por toda a ETERNIDADE. Cada homem, cada

---

[3] O físico David Bohm (1917-1992) formulou na segunda metade do século 20 os conceitos de *ordem implícita* e *ordem explícita*, que se aplicam tanto a cenários macrocósmicos como a cenários microcósmicos. Segundo Bohm, o universo e cada fenômeno dentro dele alternam estados de ordem implícita (existência subjetiva) e ordem explícita (existência objetiva). Assim o físico moderno recuperou em linguagem científica conceitos teosóficos como os que o Mahatma expressa nesta carta. Veja, por exemplo, a obra *A Totalidade e a Ordem Implicada,* David Bohm, Ed. Cultrix, SP, 292 pp. (N.ed. bras.)

um de nós seguiu esta ronda sem fim, e a repetirá eternamente. O desvio do curso de cada um e seu ritmo de progresso, de Nirvana a Nirvana, é regido por causas que ele mesmo cria a partir das necessidades em que ele próprio se vê envolvido.

Este quadro de uma eternidade de ação pode desanimar as mentes acostumadas a esperar uma existência de repouso permanente. Mas o conceito dessas mentes não é confirmado pelas analogias da natureza, nem pelos ensinamentos de sua ciência ocidental, se me permite dizer, por mais ignorante que eu possa ser considerado nesta ciência. Nós sabemos que os períodos de atividade e repouso se seguem uns aos outros em todas as coisas na Natureza, desde o macrocosmo com os seus sistemas solares até o homem, e sua mãe Terra, que tem suas estações de atividade seguidas pelas de sono; e que, em resumo, toda a Natureza, com as formas de vida que gerou, tem o seu tempo de recuperação. O mesmo ocorre com a individualidade espiritual, a Mônada que inicia seu movimento de rotação cíclica de descenso e ascensão. Os períodos que ficam entre duas "rondas" ***manvantáricas*** **são suficientemente grandes para recompensar os milhares de existências passadas em vários globos; enquanto o tempo entre dois "nascimentos de raça" – ou** ***anéis*** **como você os chama – é suficientemente longo para recompensar qualquer vida de luta e de miséria com o lapso de tempo passado na bem-aventurança consciente após o renascimento do** ***Ego.*** **Conceber uma** ***eternidade*** **de bem-aventurança ou de sofrimento como resultado de qualquer ação de mérito ou demérito de um ser que possa ter vivido um século ou mesmo um milênio em corpo físico, é algo que só pode ser proposto por quem nunca captou a realidade esmagadora da palavra Eternidade, nem refletiu sobre a lei da perfeita justiça e equilíbrio que permeia toda a Natureza. É possível que lhe sejam dadas outras instruções que mostrarão como a justiça é perfeitamente realizada, não só em relação ao homem, mas também em relação às criaturas inferiores a ele, instruções que lançarão alguma luz, espero, sobre a discutida questão do bem e do mal.**

E agora, para culminar este meu esforço (de escrever), posso também saldar uma velha dívida respondendo uma antiga pergunta sua, relativa às encarnações terrenas. Koot Humi responde a algumas das suas perguntas – pelo menos começou a escrever ontem, mas foi chamado a cumprir suas obrigações –, porém eu posso ajudá-lo de algum modo. Confio em que você não terá muita dificuldade, não tanta como até

agora, para decifrar a minha carta. Tornei-me um escritor muito claro desde que ele me repreendeu porque fiz você perder seu tempo precioso com os meus garranchos. A recriminação dele surtiu efeito e, como você vê, corrigi os meus maus hábitos.

Vejamos o que diz a sua Ciência sobre a Etnografia e outras questões. As últimas conclusões que os seus sábios ocidentais parecem ter chegado a formular são, resumidamente, as seguintes. Tomei a liberdade de sublinhar em azul[4] as teorias que estão pelo menos aproximadamente corretas.

(1) Os vestígios mais antigos que eles podem encontrar do homem desaparecem depois do fim de um período do qual os fósseis petrificados constituem a única pista que *eles possuem.*

(2) Tomando isso como ponto de partida, eles identificam quatro raças de homens que habitaram sucessivamente a Europa: a) a raça do rio Drift – poderosos caçadores (talvez Nimrod?) que viveram no clima então subtropical da Europa ocidental. Usavam utensílios de pedra lascada do tipo mais primitivo, e foram contemporâneos do rinoceronte e do mamute; b) os chamados homens das cavernas, raça desenvolvida durante o período glacial (da qual os esquimós são agora, dizem eles, o único tipo restante), e que possuíam armas e utensílios de pedra lascada mais aperfeiçoados, pois que faziam, com maravilhosa exatidão, desenhos que representavam os diversos animais que lhes eram familiares, apenas com a ajuda de pontas de pedras aguçadas, sobre chifres de rena e sobre ossos e pedras; c) a terceira raça – os homens da era neolítica, que já *poliam* os seus utensílios de pedra, construíam casas e barcos e faziam objetos de cerâmica, em resumo – os moradores dos lagos da Suíça; e finalmente, d) aparece a quarta raça, vinda da Ásia Central. São os arianos de pele branca que se casaram com os remanescentes dos escuros ibéricos, representados atualmente pelos bascos morenos da Espanha. Esta é a raça que eles consideram como a mãe dos seus povos modernos da Europa.

(3) Eles acrescentam, além disso, que os homens do rio Drift foram anteriores ao período glacial conhecido em geologia como *plistoceno* e tiveram origem há uns 240.000 anos, enquanto que os seres humanos em geral (veja Geikie, Dawkins, Fiske e outros) habitavam *a* Europa pelo menos 100.000 anos antes.

---

[4] Estas passagens estão sublinhadas aqui. (N. da 1ª edição)

Com uma só exceção, eles estão todos errados. Eles chegaram bem perto, mas erraram sempre. Não houve *quatro*, e sim *cinco* raças; e nós somos esta quinta, com remanescentes da quarta (há uma evolução ou raça mais perfeita em cada ronda mahacíclica[5]); além disso, a primeira raça não apareceu sobre a Terra há meio milhão de anos (teoria de Fiske) e sim há vários milhões. A última teoria científica é a dos professores alemães e americanos que dizem, através de Fiske: "vemos o homem vivendo sobre a Terra, possivelmente há meio milhão de anos, mas *praticamente mudo*."

Ele está ao mesmo tempo certo e errado. Está certo ao dizer que a raça foi "muda", porque foram necessárias longas eras de silêncio para a evolução da linguagem e a sua mútua compreensão, desde os gemidos e murmúrios da primeira diferenciação do homem acima do antropóide mais elevado (raça hoje extinta pois a Natureza "fecha a porta atrás de si", em mais de um sentido, à medida que avança) até o primeiro homem que se expressava por monossílabos. Mas se equivoca em todo o resto do que diz.

A propósito, você deveria chegar a algum acordo quanto aos termos usados para discutir as evoluções cíclicas. Nossos termos são intraduzíveis; e sem um bom conhecimento de todo nosso sistema (que só se pode dar aos iniciados propriamente ditos) nada sugeririam de definido para a sua percepção, e só seriam uma fonte de confusão, como é o caso dos termos "alma" e "espírito" quando usados por todos os seus escritores metafísicos, especialmente os espíritas.

Você deve ter paciência com Subba Row. Dê-lhe tempo. Ele está agora em seu *tapas*[6] e não pode ser perturbado. Eu lhe direi que não deixe de dar a devida atenção a você, mas ele é muito ciumento e considera um sacrilégio ensinar a um inglês.

Atenciosamente,

M.

P.S. Minha escrita é boa, mas o papel é um tanto fino para escrever com pena. No entanto, não posso escrever inglês com um pincel; seria pior.

---

5 *Mahacíclica* – relativa ao grande ciclo. (N. ed. bras.)

6 *Tapas* – Meditação, abstração, ascetismo, austeridade, em sânscrito. (N. ed. bras.)

Carta nº 47 (ML-45) Recebida em fevereiro de 1882

Esta é a primeira carta de K.H. a Sinnett depois que o Mahatma voltou de seu retiro.

A primeira recebida depois da volta à vida em fevereiro de 1882.

Meu Irmão – Estive em uma longa viagem em busca do conhecimento supremo; e tomei um longo tempo para descansar. Depois, ao regressar, tive que dedicar todo o meu tempo aos meus deveres, e todos os meus pensamentos ao Grande Problema. Agora tudo já terminou. As festividades do Ano Novo[1] estão no final e eu sou "eu" mais uma vez. Mas o que é o *"eu"?* Só um hóspede passageiro, cujas preocupações são todas como uma miragem no grande deserto...

De qualquer modo, este é o meu primeiro momento de folga. Eu o ofereço a você, cujo ser interno me reconcilia com o homem externo que, com demasiada freqüência, se esquece de que um grande homem é forte no exercício da paciência. Olhe ao seu redor, meu amigo: veja os "três venenos" devastando o coração dos homens – o ódio, a cobiça e a ilusão; e as cinco escuridões: a inveja, a paixão, a hesitação, a preguiça e a descrença, sempre impedindo-os de ver a verdade. Eles nunca se verão livres da poluição dos seus corações vaidosos e maldosos, nem perceberão a parte espiritual que há neles mesmos. Irá você tentar – para diminuir a distância entre nós – libertar-se da rede da vida e da morte em que todos eles estão presos, e acalentar menos – luxúria e desejo? O jovem Portman está pensando seriamente em abandonar tudo para vir até nós e "tornar-se um monge tibetano", segundo suas palavras. As idéias dele estão bastante confusas em relação a duas características e qualificações inteiramente diferentes, a de "Monge" ou "Lama" e a do "Lha" vivo ou *Irmão*[2]*:* mas deixemos que ele tente, sem dúvida.

Sim – só agora tenho condições de me corresponder com você. Ao mesmo tempo, permita-me dizer que é mais difícil do que antes trocar cartas com você, embora minha consideração por você tenha crescido sensivelmente, em vez de haver diminuído – como você temeu – e não diminuirá, a não ser em conseqüência dos seus próprios atos. Eu sei bem que você tratará de evitar criar qualquer obstáculo dessa natureza;

---

[1] Ano Novo do calendário lunar. (N. ed. bras.)

[2] *Irmão*, isto é, *Adepto*, neste contexto. *Lha* é um termo tibetano que significa um espírito celestial e que vive acima do reino humano. (N. ed. bras.)

mas o homem, acima de tudo, é a vítima de seu ambiente enquanto vive na atmosfera da sociedade. Podemos estar ansiosos para ajudar os que nos despertam interesse, e entretanto, estar impossibilitados de fazê-lo, como aquele que vê um amigo lutando num mar tormentoso quando não há nenhum bote próximo para salvá-lo e tem a sua força pessoal paralisada por uma mão mais forte que o mantém afastado. Sim, vejo seu pensamento...mas você está errado. Não culpe o santo homem por cumprir estritamente o seu dever para com a humanidade. Se não fosse pelo Chohan e sua influência refreadora, você não estaria lendo novamente uma carta do seu correspondente trans-himalaiano. O mundo das planícies é antagônico ao das montanhas, você sabe disso. Mas o que não sabe é o grande dano causado por suas próprias indiscrições inconscientes. Devo dar um exemplo? Lembre a raiva produzida em Stainton Moses por sua carta muito imprudente, fazendo citações *ad libitum*[3], com uma liberalidade rica em resultados desastrosos, da minha carta a você a respeito dele... A causa gerada naquela ocasião desenvolveu agora os seus resultados: não só S. M. se separou por completo da Sociedade, entre cujos membros há alguns que crêem em nós, como também decidiu em seu coração pela total aniquilação da Loja Inglesa. Está fundando uma Sociedade *Psíquica*[4] e conseguiu atrair para ela Wyld, Massey e outros. Devo contar-lhe o futuro desse novo organismo? Ele crescerá e se desenvolverá, expandindo-se, e finalmente a Sociedade Teosófica de Londres submergirá nele, perdendo de início a sua influência e depois – o seu nome, até que o próprio nome Teosofia se tornará algo do passado. Foi somente você, a simples ação da sua ágil pena que produziu o *nidana* e o *ten-del*, a "causa" e o seu "efeito", e deste modo o trabalho de sete anos, os constantes e incansáveis esforços dos construtores da Sociedade Teosófica perecerão, destruídos pela vaidade ferida de um médium.

Este simples ato de sua parte está silenciosamente cavando um abismo entre nós. O mal ainda pode ser evitado – deixemos que a Sociedade siga existindo ainda que só nominalmente até o dia que consiga atrair membros com os quais possamos trabalhar de *fato* e, mediante a criação de uma outra causa no sentido oposto, poderemos salvar a situação. Só a mão do Chohan pode construir a ponte, mas você é quem deve colocar a primeira pedra para a obra. Como o fará? Como pode fazê-lo? Pense bem sobre isso, caso esteja interessado em contatos pos-

---

[3] *Ad libitum* – "à vontade, a seu bel-prazer", em latim. (N. ed. bras.)

[4] Sociedade Britânica de Pesquisa Psíquica. (Ed. C.)

teriores. Eles querem algo novo. Um *Ritual* que os entretenha. Consulte Subba Row, Sankariah, o Dewan Naib de Cochin, leia atentamente seu folheto, do qual você achará trechos no último *Theosophist* (veja: *A Flash of Light upon Occult Free Masonry*[5] (p. 135). Posso aproximar-me de você, mas você deve atrair-me mediante um coração purificado e uma vontade que se desenvolve gradualmente. Como a agulha da bússola, o adepto segue as suas atrações. Não é esta a lei dos Princípios desencarnados? Por que não seria também a dos vivos? Assim como os laços sociais do homem carnal são muito fracos para fazer regressar a "Alma" do falecido, exceto quando existe uma afinidade mútua que sobrevive como uma força dentro da região terrestre, assim também os chamados da mera amizade ou mesmo de uma estima entusiasmada são demasiado frágeis para atrair o "Lha" que está em outra etapa da jornada para perto daquele que ele deixou para trás, a menos que haja um desenvolvimento paralelo. M. expressou-se bem e com toda a verdade quando disse que um amor por toda a humanidade é a crescente inspiração dele, e que se qualquer pessoa desejar atrair sua atenção, deverá vencer a tendência dispersiva com uma força mais vigorosa do que ela.

Digo tudo isso, não porque em essência não tenha sido comunicado a você antes, mas porque li seu coração e detectei pairando sobre ele uma sombra de tristeza, para não dizer decepção. Você já teve outros correspondentes, mas não está completamente satisfeito. Para satisfazê-lo, eu lhe escrevo fazendo um certo esforço para pedir-lhe que conserve um estado de ânimo positivo. Seus esforços, perplexidades e pressentimentos são igualmente observados, meu bom e leal amigo. Foram *inscritos todos por você mesmo* no imperecível REGISTRO dos Mestres. Ali está registrado cada um dos seus pensamentos e ações, pois embora não seja um chela, como você diz ao meu Irmão Morya, nem mesmo um "protégé", tal como você entende o termo – mesmo assim, você entrou no círculo do nosso trabalho, cruzou a linha mística que separa o seu mundo do nosso; e agora, quer você persevere ou não, quer nos tornemos mais tarde, do seu ponto de vista, entidades *reais* ainda mais vívidas ou desapareçamos de sua mente como tantos sonhos fictícios – talvez um feio pesadelo – você é virtualmente NOSSO. O seu *Eu* oculto se refletiu no *nosso* Akasha; a sua natureza é – sua, a sua essência é – nossa[6]. A chama é diferente do pedaço de lenha que lhe serve temporaria-

[5] "Um Raio de Luz Sobre a Franco-maçonaria Oculta". (N. ed. bras.)

[6] O Mahatma usa freqüentemente um travessão como recurso para dar ênfase à palavra que lhe segue. (N. ed. bras.)

mente como combustível; quando terminar a sua vida aparente, encontremo-nos ou não face a face em nossos *rupas* mais grosseiros – você não poderá evitar encontrar-nos na *Existência Real.* Sim, realmente, meu bom amigo, o seu carma é nosso porque o imprimiu diariamente e a cada hora nas páginas daquele livro em que se conservam os mínimos detalhes dos indivíduos que ingressam em nosso círculo; e esse Carma será a sua única personalidade futura, quando você passar para o além. Em pensamento e em ação durante o dia, na luta da alma durante as noites, você esteve escrevendo a história dos seus desejos e do seu desenvolvimento espiritual. Isto é o que faz todo aquele que se aproxima de nós com um desejo veemente de se tornar nosso colaborador; ele mesmo "precipita"[7] as anotações mediante um processo idêntico ao usado por nós quando escrevemos dentro das suas cartas fechadas e nas páginas ainda por cortar dos livros e folhetos em trânsito. (Veja mais uma vez as páginas 32 e 35 do Relatório enviado por Olcott.) Digo-lhe isso para sua informação particular e não deve figurar no próximo folheto de Simla. Durante os últimos meses, especialmente quando o seu cérebro fatigado estava mergulhado no torpor do sono, a sua alma desejosa freqüentemente procurava por mim e a corrente do seu pensamento golpeava contra as minhas barreiras protetoras no Akàs[8] como pequenas ondas chocando-se contra uma costa rochosa. Esse "Eu interno", impaciente, ansioso – almejou se unir a algo, e o homem físico, o mestre mundano, não ratificou a decisão: os laços da vida ainda são tão fortes como correntes de aço. Algumas delas, no entanto, são de fato sagradas, e ninguém pediria a você que as quebrasse. Aí embaixo está o seu campo de ação e de utilidade há tanto tempo desejado. O nosso mundo nunca poderia ser mais do que um brilhante mundo-fantasma para o homem dotado de um completo "sentido prático"; e se o seu caso é até certo ponto excepcional, é porque a sua natureza tem inspirações mais profundas que as dos outros, que são ainda mais "práticos" e cuja fonte de eloqüência está no cérebro, não no coração, o qual nunca esteve em contato com o coração puro e misteriosamente resplandecente do Tathagata[9].

Se raramente tem notícias minhas, nunca se sinta decepcionado, meu irmão, mas diga: "a culpa é minha". A Natureza uniu todas as partes do seu Império por meio de fios sutis de simpatia magnética, e há

---

[7] "Precipita" – isto é, materializa. (N. ed. bras.)

[8] *Akàs – Akasha*, luz astral. (N. ed. bras.)

[9] *Tathagata* – Termo sânscrito budista usado em conexão com Gautama, o Buda. (Ed. C.)

uma relação mútua até mesmo entre uma estrela e o homem; o pensamento corre mais rápido do que o fluido elétrico, e o seu pensamento *irá encontrar-me* caso seja projetado com um impulso puro, assim como o meu o encontrará, tem encontrado, e freqüentemente causou impressões sobre a sua mente. Podemos nos mover em ciclos de atividade divididos – não inteiramente separados um do outro. Assim como a luz no vale sombrio é vista pelo montanhista do alto dos seus picos, cada pensamento luminoso em sua mente, meu Irmão, brilhará atraindo a atenção deste seu distante amigo e correspondente. Se descobrimos deste modo os nossos Aliados naturais no Mundo das *Sombras* – o seu mundo e o nosso além dos recintos – e nossa lei manda aproximar-nos de todo aquele que tenha dentro de si ainda que só o mais leve lampejo da verdadeira luz do "Tathagata" – então tanto mais fácil será para você atrair-nos! Compreenda isso e a admissão dentro da Sociedade de pessoas que freqüentemente lhe são desagradáveis não o surpreenderá mais. "Aqueles que estão sadios não necessitam de médico, mas sim os que estão doentes" – este é um axioma, seja quem for o autor da frase.

E agora permita-me dizer adeus por enquanto e até a próxima vez. Não se deixe levar por preocupações sobre que males poderiam ocorrer se as coisas não avançassem como a sua sabedoria mundana recomenda; não duvide, porque esta aparência de dúvida desanima e dificulta o progresso. Ter uma alegre confiança e esperança é completamente diferente de entregar-se ao otimismo cego do insensato; o homem sábio nunca combate o infortúnio adiantadamente. Uma nuvem desce sobre o seu caminho: ela está se formando perto da colina de Jakko[10]. Aquele que você fez seu confidente (eu o aconselhei que fosse apenas colaborador dele, não que lhe revelasse coisas que deveria guardar em seu íntimo) está sob uma influência perniciosa e pode tornar-se seu inimigo. Você faz bem em tentar resgatá-lo dessa influência, pois ela faz mal a ele, a você e à Sociedade. A mente dele, mais ampla, incensada pela vaidade e encantada pela música de uma mente mais frágil, porém mais astuta, está neste momento sob um feitiço de fascinação. Você facilmente detectará o *poder maligno* que está por trás de *ambos* e *os usa como instrumentos* para a execução de seus próprios planos indignos. A catástrofe buscada pode ser impedida mediante uma vigilância redobrada e uma maior força de vontade pura da parte dos amigos da S.B.L. Trabalhe, pois, se ainda o quer, para desviar o golpe, porque,

---

[10] A colina em que estava a casa de Hume. Referências a Jakko dizem respeito a Hume ou a sua residência, o castelo Rothney. (Ed. C.)

caso contrário, você não sairá ileso por maiores que sejam os esforços de meu Irmão. A causa nunca será arruinada, ainda que a rocha de Sísifo possa esmagar os dedos dos pés de muitos. Adeus outra vez, meu amigo, por um tempo maior ou menor, como você queira. O dever me chama.

Atenciosa e fielmente,

K.H.

Carta nº 48 (ML-47) Recebida em 3 de março de 1882

Evidentemente esta carta responde a uma que Sinnett dirigiu ao Mahatma M. antes de saber que o Mahatma K.H. já estava pronto para reiniciar a correspondência.

Grande parte do conteúdo parece obscuro porque não temos os comentários de Sinnett aos quais a carta responde.

Recebida em Allahabad em 3 de março de 1882.
Resposta a minhas reclamações contra o tratamento na Europa.
(Através de Damodar.)

Bem, diga que eu sou um *ignoramus*[1] das suas maneiras inglesas, e eu direi que você é o mesmo em relação aos nossos costumes tibetanos, e dividiremos a diferença, estreitaremos as mãos astrais sobre *Barnaway* e terminaremos a discussão.

A velha senhora? Naturalmente ficará *frenética* – mas quem se importa? No entanto, é mantido segredo em relação a ela. É inútil fazê-la ficar mais infeliz do que já está. Cook[2] é uma *bomba que irradia sujeira* com pistões que funcionam perpetuamente, e quanto antes ele os aparafusar – melhor para ele. A última carta que você dirigiu a mim é menos uma "solicitação" do que um protesto, meu respeitado Sahib. A sua voz é a do *sankh* de guerra dos meus ancestrais Rajput, em vez da fala suave de um amigo. E gosto mais dela assim, lhe asseguro. Tem o tom certo de uma franqueza honesta. Conversemos – porque embora

---

1 *Ignoramus* – Menção à expressão latina "ignoramus et ignorabimus" ("ignoramos e ignoraremos"). Neste contexto, a palavra provavelmente significa "um ignorante que seguirá ignorando". (N. ed. bras.)

2 Reverendo Joseph Cook, um pregador de Boston que visitava a Índia. Ele havia apoiado o espiritismo anteriormente, mas na Índia criticou tanto o espiritismo quanto a Teosofia. Damodar teve a oportunidade de responder a algumas das suas acusações através da imprensa. (Ed. C.)

sua voz possa ser severa, o seu coração é cálido e você termina dizendo: "Quer você determine ou não que seja feito o que me parece correto", você sempre nos estimará fielmente, etc. A Europa é grande, mas o mundo ainda é maior. O sol da Teosofia tem que brilhar para todos, não para uma parte. Há muito mais neste movimento do que o que você percebeu até agora, e o trabalho da S.T. está vinculado a um trabalho similar que está sendo realizado secretamente em todas as partes do mundo. Mesmo na S.T. há uma seção, dirigida por um Irmão grego, sobre a qual nenhuma pessoa da Sociedade sabe, com exceção da velha senhora e de Olcott; e mesmo este sabe apenas que o trabalho avança e ocasionalmente executa alguma ordem minha com relação a ele. O ciclo do qual falei se refere a todo o movimento. A Europa não será descuidada, nunca tenha receio disto; mas talvez você não possa antecipar *como* a luz será derramada lá. Peça a seu serafim[3], K.H., que permita que você tenha detalhes disso. Você fala de Massey e Crookes; esqueceu que foi oferecida a Massey, quatro anos atrás, a possibilidade de dirigir o movimento inglês – e ele *recusou*? Em seu lugar foi posto esse velho e austero ídolo do Sinai judeu – Wyld, o qual, com o seu vociferante cristianismo agressivo e suas tolices fanáticas *nos excluiu completamente* do movimento. Nosso Chohan nos proibiu absolutamente de fazer parte dele. Massey tem que agradecer apenas *a si mesmo* por isso, e você pode dizer isso a ele. Você já deveria ter compreendido nossa maneira de atuar. Nós *aconselhamos* – e nunca *damos ordens*. Mas nós *de fato* influenciamos indivíduos. Examine a literatura espírita, se quiser, até o ano de 1877[4]. Procure e encontre nela, se puder, uma só palavra acerca da filosofia oculta, ou esoterismo, ou algo desse elemento, agora tão amplamente difundido no movimento espírita. Pergunte e investigue se a própria palavra "ocultismo" não era tão completamente desconhecida na América, que vemos Cora dos sete maridos, a mulher de Tappan, médium falante, *inspirada* em suas palestras a dizer que a palavra ocultismo havia sido *recém-inventada* pelos teosofistas – que estavam então surgindo –; que nunca ninguém tinha ouvido falar de espíritos elementários[5] e luz "astral", exceto os produtores de *petróleo*, e assim por diante. Bem, verifique isto e compare. *Esse* foi o primeiro grito de guerra, e a batalha seguiu feroz e violenta até o dia da partida para a Índia. Men-

---

3 Serafim, anjo. (N. ed. bras.)

4 Quando o livro *Ísis Sem Véu* foi publicado. (N. da 2ª edição)

5 *Elementary spirits,* no original. Elementários são restos astrais de uma forma que morreu, desligados dos seus princípios superiores, e de comportamento nocivo. Em edições anteriores de obras de H.P.B., foi usada a expressão "elementares". (N. ed. bras.)

cionar e dar destaque a Edison[6], Crookes[7] e Massey – pareceria vangloriar-se de algo que nunca poderá ser *comprovado*. E Crookes – ele não aproximou a ciência de nós com o seu descobrimento da "matéria radiante"? O que, exceto a investigação oculta, levou-o inicialmente a isso? Você conhece K.H. e a mim – mas, ora! Conhece alguma coisa do *conjunto* da Fraternidade e suas ramificações? A Velha Senhora é acusada de *falsidade* e *de inexatidão* em suas afirmações. "Não faça perguntas e não ouvirá mentiras". Ela está *proibida* de dizer o que sabe. Você pode cortá-la em pedaços e ela não dirá nada. Mais ainda: ela tem ordens de, em *caso de necessidade, desorientar* as pessoas; e se ela tivesse inclinação notável para mentir, seria mais feliz e teria vencido na vida há muito tempo. Mas é aí que o sapato aperta, Sahib. Ela é *demasiado sincera, demasiado franca, demasiado incapaz de dissimulação*, e agora está sendo crucificada diariamente por isso. Tente não ser apressado, respeitável senhor. O mundo não foi feito num dia, nem o rabo do iaque[8] se desenvolveu em um ano. Deixe que a evolução siga o seu curso natural para que não a desviemos, produzindo monstros, enquanto pensamos que a estamos guiando. Massey fala em vir para a Índia, não é? E se após vir aqui e fazer o que é correto, e empregar o tempo necessário para o treinamento disciplinar, ele fosse mandado de volta com uma mensagem? E se Crookes e Edison e outros tiverem outras coisas a descobrir? Portanto eu digo: "ESPERE". Quem sabe qual poderá ser a situação em novembro? Você pode imaginá-la de modo que justifique o cumprimento da nossa "ameaça" de "fechar a porta", mas a situação pode parecer muito diferente para nós. Vamos todos fazer o melhor que pudermos. Há ciclos de 7, 11, 21, 77, 107, 700, 11.000, 21.000 etc.; e todos estes ciclos formam um ciclo maior, e assim por diante. Aguarde, o *livro de registros está bem guardado*. Porém, fique bem alerta; os *Dugpas* e os *Guelupas*[9] não estão lutando só no Tibete: observe o trabalho vil dos Dugpas na Inglaterra entre os "Ocultistas e *videntes"*. Escute alguém que você conhece, Wallace, pregando como um verdadeiro "Hierofante"

---

[6] Thomas Alva Edison, membro da Sociedade Teosófica. (N. ed. bras.)

[7] William Crookes (1832-1919) físico e químico inglês, membro da S.T., elaborou a teoria da *matéria radiante,* que levaria à descoberta do elétron em 1897. (N. ed. bras.)

[8] *Iaque* – Animal de alguma forma semelhante ao touro, e que habita os Himalaias. (N. ed. bras.)

[9] *Dugpas* – Literalmente "gorros ou turbantes vermelhos", são integrantes de uma seita tibetana que se entrega à feitiçaria e a práticas egoístas. *Guelupas,* literalmente "gorros ou turbantes amarelos", formam a principal seita budista do Tibete. Neste contexto, o Mestre usa o termo *Dugpas* para designar magos ou ocultistas de objetivos egoístas e métodos desonestos, e a palavra *Guelupas* para mencionar os que trilham o caminho do bem e da verdade. (N. ed. bras.)

da "esquerda"[10] o matrimônio da "alma com o espírito", e alterando de maneira confusa e atrapalhada a verdadeira definição, e tratando de provar que todo *Hierofante praticante* deve estar pelo menos *espiritualmente* casado – se por alguma razão não pode estar *fisicamente* casado – havendo, se não for assim, um grande perigo de adulteração de Deus e do Diabo! Digo a você que os Shammars[11] estão lá, e o trabalho pernicioso deles dificulta nosso caminho em todos os lugares. Não pense nisso como uma metáfora, mas como um fato real que talvez lhe possa ser demonstrado algum dia.

É completamente inútil dizer qualquer coisa mais sobre as excentricidades de Olcott e a inferioridade da América em relação à Inglaterra. Tudo que é *real* em seu ponto de vista nós reconhecemos e sabemos há muito tempo; mas você não sabe que quantidade de mero preconceito superficial brilha em seus olhos como o reflexo de uma vela fraca sobre águas profundas. Tenha cuidado para que não vejamos você algum dia de acordo com o seu próprio pensamento, colocando *você* no lugar de Olcott, e trazendo-o para junto de nós, como ele tem ansiado que o façamos durante vários anos. É agradável contemplar e criticar o martírio, mas suportá-lo é mais difícil. Nunca houve uma mulher mais injustamente maltratada que H.B. Veja as cartas insultantes e abjetas que lhe enviaram da Inglaterra para serem publicadas contra ela própria, contra nós e contra a Sociedade. Você pode achá-las indignas, talvez. Mas as "Respostas aos Correspondentes" no *Suplemento*[12] são escritas por *mim mesmo*. Assim, não a culpe. Estou curioso para conhecer a sua opinião franca a respeito delas. Talvez você pense que ela mesma teria feito melhor.

M.

Carta nº 49 (ML-48) Recebida em 3 de março de 1882

A Carta nº 38 (ML-90) foi escrita por Stainton Moses. O Mahatma K.H. disse em seus comentários anexados ao final daquele texto: "Minha carta é reservada. Você pode usar os argumentos, mas não a minha autoridade ou meu nome." O Mahatma se referia à carta que se segue, que ele estava escrevendo, ou havia escrito, mas que Sinnett não havia recebido

---

10 "Esquerda", neste caso, significa apenas o caminho do egoísmo, contrário à evolução espiritual. (N. ed. bras.)

11 *Shammars* – O mesmo que *Dugpas*. Veja nota de pé de página algumas linhas acima. (N. ed. bras.)

12 Em *The Theosophist* – quando a publicação era editada por H.P.B. O Mahatma se refere à edição de março de 1882. (N. ed. bras.)

ainda. O fato de que o seu recebimento está datado de 3 de março reforça a idéia de que os comentários do Mahatma à carta de Moses foram escritos no final de fevereiro ou logo no começo de março. Aliás, a sua extensão sugere que pode ter sido escrita ao longo de vários dias.

O Mahatma menciona alguns artigos que iriam aparecer no "próximo número" de The Theosophist: The Elixir of Life (O Elixir da Vida) *por Mirza Moorad Ali Beg (nome verdadeiro, Godolphin Mitford) e* Philosophy of the Spirit (Filosofia do Espírito) *por William Oxley. O autor de* The Elixir of Life *era membro de uma destacada família inglesa que tinha dado origem a vários escritores notáveis. Ele nasceu na Índia. O artigo de Oxley era, na verdade, uma resposta a uma crítica do seu livro,* Philosophy of The Spirit, *publicada em um número anterior de* The Theosophist. *A crítica havia sido escrita por Djual Khul e era, em alguns pontos, um tanto sarcástica. Em sua resposta, Oxley protestou contra ela.*

Um breve retrospecto. Oxley havia escrito uma longa carta para K.H. durante o verão anterior. Esta carta, datada de 24 de junho de 1881, está incluída entre as Cartas dos Mahatmas *no Museu Britânico. O Mahatma mandou-a para Sinnett com algumas notas marginais em um estilo bem humorado. Na carta, Oxley descrevia algumas das suas experiências espíritas. K.H. não respondeu à carta. Aqui o Mahatma diz, falando de Oxley, "Não tendo recebido resposta alguma de suas solicitações a K.H., ele critica – suavemente por enquanto – as afirmações desse 'Poder Interno'; um novo título pelo qual me sinto grato a ele." (Isto provavelmente se refere à uma afirmação na resposta de Oxley à crítica: "Koot Hoomi Lal Singh, seja um homem mortal ou um Poder Interno, não faz diferença para meus objetivos atuais.")*

Em certa ocasião, Oxley desejou filiar-se à Sociedade Teosófica Eclética de Simla, e o Mahatma K.H. recusou. Contudo, mais tarde, parece que o Mahatma reconsiderou sua posição, porque diz numa carta a Sinnett: "...se ele se filiar à Sociedade posso ajudá-lo e até corresponder-me com ele através de você".

Recebida em Allahabad, 3 de março de 1882.

Bom amigo, eu "sei" – naturalmente. E *sabendo*, mesmo sem que você me dissesse, eu responderia dizendo com a maior satisfação, se tivesse pelo menos autorização para influenciá-lo em qualquer direção: "você compartilhará este conhecimento comigo algum dia". Quando, ou como, "não cabe a mim dizer, nem mesmo saber", pois você, sim, *só você* deve tecer o seu destino. Talvez em breve, ou quem sabe nunca;

mas, por que se sentir "desesperado" ou mesmo em dúvida? Creia-me, podemos ainda caminhar juntos pelo árduo caminho. Ainda podemos encontrar-nos mas, se isto acontecer, terá de ser ao longo e *sobre* aquelas "rochas diamantinas" com as quais as nossas regras ocultas nos rodeiam", *nunca* fora delas, por mais amargamente que nos queixemos. Não, *nunca* poderemos prosseguir a nossa jornada posterior – se o fizermos juntos – por aquele caminho largo e público, cheio de gente, que está do lado de fora das regras, e no qual os espíritas e místicos, profetas e videntes se acotovelam hoje em dia. Sim, de fato, a multidão heterogênea de candidatos pode clamar durante uma eternidade pedindo que o *Sésamo* se abra. Isso nunca ocorrerá enquanto eles se mantiverem fora daquelas regras. É em vão que os seus modernos videntes e suas profetisas procuram se esgueirar por entre todas as brechas e becos sem saída nem continuidade que encontram; e é ainda mais em vão que, uma vez lá dentro, gritam alto: *"Eureka!* Obtivemos uma Revelação do Senhor!" – porque na verdade não conseguiram nada semelhante a isso. Somente perturbaram os morcegos, menos cegos que os intrusos; os quais, sentindo-os voarem ao seu redor, confundem-nos freqüentemente com anjos, porque eles também têm asas! Não tenha dúvidas, meu amigo, é somente do alto dessas nossas "rochas diamantinas", e não de sua base, que se pode perceber sempre *toda* a Verdade, ao abranger todo o horizonte ilimitado. Ainda que lhe possa parecer que elas são obstáculos em seu caminho, isto só ocorre porque você não pôde ainda descobrir e nem mesmo suspeitar a razão e o funcionamento de tais leis; daí o fato de elas parecerem tão frias, impiedosas e egoístas do seu ponto de vista: apesar de você mesmo ter reconhecido intuitivamente que elas são resultado de eras de sabedoria. No entanto, basta que alguém as siga obedientemente para fazer com que elas cedam pouco a pouco ao desejo da pessoa e lhe dêem tudo que lhes é solicitado. Mas ninguém jamais poderia quebrá-las violentamente, sem que se tornasse a primeira vítima do seu erro; sim, a ponto de arriscar-se a perder a sua parcela de imortalidade conquistada com esforço, tanto *aqui* como *lá*. Lembre-se: uma expectativa demasiado ansiosa não só produz tédio, mas também é perigosa. Cada batida mais cálida e rápida do coração desperdiça muita vida. Aquele que busca SABER não deve ser indulgente com as paixões e afetos, porque eles "desgastam o corpo terrestre com o seu próprio poder secreto, e aquele que deseja alcançar o seu propósito – *deve ser frio"*. Não deve nem mesmo desejar demasiado intensamente ou demasiado apaixonadamente o objetivo que aspira alcançar: do contrário, o próprio desejo impedirá a possibilidade da sua realização, e na melhor das hipóteses – o retardará e o pressionará para trás...

Você encontrará no próximo número dois artigos que deve ler, não necessito dizer por quê, e deixo isto à sua intuição. Como de costume, é uma indiscrição, que no entanto permiti que ficasse porque poucos poderão, se é que alguém poderá, compreender o que se sugere ali – além de você. Há mais de uma insinuação, no entanto; por isso chamo sua atenção para "Elixir of Life", e "Philosophy of the Spirit", de W. Oxley. O primeiro artigo contém referências e explicações cuja nebulosidade lhe dará a idéia de um homem que se aproxima furtivamente de alguém, desfere um golpe em suas costas e foge em seguida, pois elas pertencem inegavelmente ao gênero dessas "Fortunas"[1] que chegam a alguém como um ladrão noturno, durante o sono, e que recuam, não encontrando quem responda à sua oferta, algo de que você se queixa em sua carta ao Irmão. Desta vez você foi alertado, bom amigo, assim, não se queixe mais. O segundo artigo foi escrito pelo vidente de Manchester, Oxley. Não havendo recebido resposta alguma às suas solicitações a K.H., ele critica – por enquanto suavemente – as afirmações desse "Poder Interno"; um novo título pelo qual me sinto grato a ele. Diante da gentil crítica, a nossa desajeitada editora não conseguiu deixar de explodir. Nem aceitava acalmar-se, até que Djual Khul, com quem foi combinada a famosa crítica (que, digamos de passagem, uma vez examinada nunca deveria ter tido sua publicação aceita por você) foi autorizado, sob o prudente *pseudônimo literário* de "Comentarista", a responder (corrigindo alguns dos seus desatinos) ao Vidente, com algumas inofensivas notas de rodapé. Não obstante, devo dizer que, de todos os atuais "profetas" ingleses, W. Oxley é *o único* que tem algum indício de verdade e, portanto, é o único que tem possibilidade de ajudar efetivamente o nosso movimento. O homem avança saindo e retornando constantemente para o caminho correto, desviando-se dele cada vez que pensa que percebe uma nova senda; mas, ao ver-se em um beco sem saída, sempre volta à direção correta. Devo admitir que há muita filosofia saudável espalhada no que ele escreve, e embora a sua história de "Busiris" seja ridiculamente insensata com sua apresentação antropomórfica, e seu uso de termos sânscritos, de um modo geral, equivocado, e apesar de que parece ter apenas noções muito vagas sobre o que chama de "as bases astro-maçônicas da *Bhagavad Gita*" e do *Mahabharata*

[1] Fortuna, na mitologia romana, era a deusa da boa sorte. (N. ed. bras.)

(obras que claramente atribui ao mesmo autor) ele é, no entanto, positiva e absolutamente o único cuja compreensão geral do *Espírito* e de suas capacidades e funções após a primeira separação, que chamamos de morte, está, em geral, se não completamente, correta, e pelo menos está muito próxima da Verdade. Você deve lê-lo, quando for publicado, especialmente a parte 3, col. 1, página 152 e sua seqüência, onde encontrará este tema. Você poderá então compreender por que, em vez de responder a sua pergunta direta, eu abordo um assunto até agora perfeitamente indiferente para você. Veja, por exemplo, a definição que ele dá do termo "Anjo" (está na linha 30) e trate de seguir e compreender seu pensamento, exposto tão toscamente, e no entanto de modo tão correto, e depois compare-o com o ensinamento tibetano. Pobre, pobre Humanidade, quando tu terás toda a Verdade, completa e sem falsificações? Veja cada um dos "privilegiados" dizendo: "Só eu tenho razão! *Não há lacuna...*" Não, nenhuma: não naquela única página especial aberta diante dele e que só ele está lendo no interminável volume da "Revelação do Espírito", chamado *Vidência*. Mas por que esse esquecimento tão teimoso do fato importante de que há outras inumeráveis páginas antes e depois desta página solitária, que cada um dos "Videntes" até agora mal conseguiu decifrar? Por que é que cada um desses "Videntes" se considera o Alfa e o Ômega da Verdade? Deste modo se ensina a S.M. que não há "Seres" tais como os *Irmãos*, e a rejeitar a doutrina da *aniquilação* freqüente, e a dos Elementários[2] e a dos Espíritos não-humanos. Maitland e a senhora K.[3] *revelaram* a eles com base no próprio *Jesus* e no próprio *DEUS* (só isto poderia derrotar +)[4] que muitos dos supostos "Espíritos", que controlam os médiuns e conversam com os espíritas visitantes, não são de modo algum espíritos desencarnados, apenas "chamas", e *restos* de cães, gatos e porcos, auxiliados a se comunicarem com os mortais pelos espíritos das "árvores", vegetais e minerais. Embora mais confusos que os humanos e *cautelosos* discursos do pretenso +, estes ensinamentos se aproximam mais do real que qualquer coisa dita até agora pelos médiuns, e direi por quê. Quando a "Vi-

---

[2] Elementários ou Elementares são formas astrais de pessoas mortas. Os Elementários de pessoas boas se dissolvem logo. Os de pessoas egoístas podem durar mais tempo e até controlar médiuns *(Glossário Teosófico,* de H.P. Blavatsky). (N. ed. bras.)

[3] Edward Maitland colaborou com Anna Kingsford na redação do livro *The Perfect Way*, que acabara de ser lançado e que foi comentado por Sinnett em *The Theosophist.* (Ed. C.)

[4] O símbolo "+", como vimos em cartas anteriores, representa a entidade *Imperator* (N. ed. bras.)

dente" é levada a revelar que a "imortalidade" não é, de nenhum modo, um fato lógico e natural para todos... que "as almas se contraem e morrem", sendo próprio de "sua natureza *queimar-se* e consumir-se" etc., ela mesma está comunicando *fatos reais* e incontestáveis. E por quê? Porque tanto Maitland como ela, assim como *seu círculo* – são *estritamente* vegetarianos, enquanto S.M. come carne e bebe vinho e licores. Nunca os espíritas encontrarão médiuns e videntes confiáveis (nem mesmo em pequeno grau) enquanto eles e seu "círculo" se saturarem com sangue animal e com os milhões de infusórios[5] dos líquidos fermentados. Desde o meu regresso foi *impossível* respirar até mesmo na atmosfera da Sede Central! M. teve que intervir e forçar a todos que vivem lá a desistirem da carne, e todos eles tiveram de ser purificados e completamente limpos com várias substâncias desinfetantes antes que eu pudesse pelo menos trabalhar com minhas cartas. E eu não tenho, como você pode imaginar, nem a metade da sensibilidade que uma *casca*[6] desencarnada razoavelmente respeitável teria em relação às emanações repugnantes – tornando impossível uma real PRESENÇA, mesmo que fosse apenas uma "projeção". Em aproximadamente um ano, talvez menos, poderei estar novamente "*endurecido*". No momento acho *impossível* – por mais que eu tente.

E agora, com este *Prefácio,* em vez de responder eu lhe farei uma pergunta. Você conhece S. Moses, e conhece Maitland e a senhora K. pessoalmente. E leu e ouviu falar sobre muitos videntes dos séculos anteriores e do atual, como Swedenborg, Boehme e outros. Nenhum deles deixou de ser inteiramente *honesto* e *sincero*, e tão inteligente quanto culto e, sim, até mesmo erudito. Cada um deles, além dessas qualidades, teve ou tem um + próprio; um "Guardião" e um *Revelador*, sob um nome "misterioso" ou "místico" qualquer, cuja missão é, ou foi, a de desenvolver por intermédio de seu discípulo espiritual um novo sistema capaz de abarcar todos os detalhes do mundo do Espírito. Diga-me, meu amigo: conhece dois deles que estejam de acordo? E por que, já que a verdade é una, e mesmo deixando completamente de lado a questão das discrepâncias em detalhes, não os vemos de acordo, nem mesmo em relação aos problemas mais vitais, aqueles que têm que "*ser*, ou *não ser*" e sobre os quais *não pode haver duas soluções*? Em resumo, chega-se ao seguinte: todos os *"Rosacruzes"*, todos os *místicos medievais*, *Swedenborg,*

---

[5] Animais protozoários ciliados. (N. ed. bras.)

[6] *Casca* – "shell", no original. O termo também pode ser traduzido como "cascarão" ou "carapaça". (N. ed. bras.)

P.B. Randolf, Oxley, etc.[7]: "há fraternidades secretas de Iniciados no Oriente, especialmente no Tibete e na Tartária; somente lá a PALAVRA PERDIDA (que *não* é uma Palavra) pode ser encontrada"; e, há Espíritos dos Elementos, e Espíritos-Chamas que nunca encarnaram (neste ciclo), e a imortalidade *é condicional.*

Os *médiuns* e *clarividentes* (do tipo de S. Moses) [? dizem que] "não há Irmãos[8] no Tibete ou na Índia e que a 'Palavra perdida' está sob custódia apenas do seu 'Guardião', que conhece *a* palavra mas não conhece *nenhum* Irmão. E a imortalidade é para todos e *incondicional*, não havendo Espíritos exceto os humanos e os desencarnados, etc., etc.," – um sistema de negação radical do anterior e de completo antagonismo em relação a ele. Enquanto Oxley e a sra. H. Billing[9] estão em comunicação direta com os "Irmãos", S.M. rejeita até a própria idéia de que eles existam. Enquanto "Busiris" é um "anjo" *au pluriel*, ou seja, o Espírito de um conjunto de Espíritos (Dhyan Chohans), o + é a alma de um sábio desencarnado *solo*. Os seus ensinamentos são *impositivos* e, no entanto, sempre encontramos neles um tom de incerteza e vacilação: "*Nós* não podemos dizer, agora"... "É incerto"... "Não compreendemos se se pretende"... "parece que"... "não temos certeza"..., etc. Assim se expressa um *homem*, condicionado e limitado em seus meios de obter o conhecimento absoluto: mas por que deveria uma "Alma dentro da Alma Universal", um "Espírito Sábio", usar essa fraseologia cuidadosa e incerta se a verdade é conhecida por ele? Por que não, em resposta quanto à observação direta, destemida e questionadora dela: "você quer uma prova objetiva da existência da Loja? Você não tem +? e você não pode perguntar a ele se eu digo a verdade?" – por que não responder (se é + quem responde), seja de uma maneira ou de outra, e dizer: "a pobre mulher está *alucinada*" ou (já que não pode haver uma outra ou terceira alternativa, se é que S.M. tem razão): "ela *mente* intencionalmente, com este ou aquele objetivo, *cuidado com ela!*" Por que é tão nebuloso? Ah!, sim, na verdade, porque "ele (+) sabe" e "que seu nome seja abençoado", mas ele (S.M.) não sabe, pois os seus "espíritos" – +, pensa ele – recordam-lhe repetidamente: "você parece não ter compreendido corre-

---

7 Parece faltar aqui a palavra "dizem". (N. ed. bras.)

8 *Irmãos* – Neste contexto, a palavra significa Adeptos. (N. ed. bras.)

9 A sra. Hollis Billing era uma médium norte-americana. Viveu na Inglaterra durante algum tempo. Quando HPB e o coronel Olcott passaram pela Inglaterra a caminho da Índia em 1879, ficaram durante algum tempo na casa do dr. Billing e sua esposa. A sra. Billing participou ativamente da formação da Loja de Londres, mas não se filiou a ela, preferindo manter sua filiação diretamente à Sociedade matriz, em Adyar. (Ed. C.)

tamente o que *nós* dissemos..." a controvérsia agita a sua mente e seus sentimentos, e no lugar de um médium transparente, nos dá um que é turvo... necessitamos de uma mente *passiva* e não podemos atuar sem essa condição ... (veja *Light* de 4 de fevereiro).

Como *nós* não "exigimos uma mente *passiva*", mas, ao contrário, estamos buscando as que são mais ativas e podem tirar suas conclusões uma vez que estejam na pista correta, *nós*, se você quiser, abandonaremos o tema. Que a sua mente resolva o problema por si mesma.

Sim, estou realmente satisfeito com o seu último artigo, embora ele não vá agradar nenhum espírita. Contudo há mais filosofia e lógica correta nele do que em uma dúzia das mais pretensiosas publicações deles. Os *fatos* virão mais tarde. Assim, pouco a pouco, o que agora é incompreensível se tornará evidente por si mesmo, e muitas frases de significado místico ainda brilharão diante dos olhos da sua Alma, como uma transparência, iluminando a escuridão da sua mente. Este é o rumo do progresso gradual; um ou dois anos atrás você poderia ter escrito um artigo mais brilhante, mas de modo algum mais profundo. Não subestime, pois, meu bom irmão, o humilde e ridicularizado periódico da sua Sociedade, e não se preocupe nem por sua antiquada e pretensiosa capa, nem pelo "amontoado de esterco que contém", para repetir a caridosa, e para você muito familiar, observação empregada freqüentemente em Simla. Mas que a sua atenção seja, em vez disso, atraída para as poucas pérolas de sabedoria e *verdades ocultas* que podem ser ocasionalmente descobertas debaixo daquele "esterco". As nossas maneiras e nossos modos são, talvez, igualmente esquisitos e grosseiros – não, mais ainda. Subba Row tem razão; quem conhece algo dos costumes dos *Siddhas*[10] concordará com os pontos de vista expressados na terceira página da carta incompleta dele; muitos de nós poderíamos ser confundidos com *loucos* pelos seus cavalheiros ingleses. Mas aquele que busca se tornar um filho da Sabedoria sempre pode ver por debaixo da áspera superfície. O mesmo em relação ao pobre e velho periódico. Veja a sua aparência misticamente arrogante! – seus numerosos defeitos e erros; e, contudo, essa vestimenta é o mais perfeito símbolo do seu conteúdo: a maior parte de material original, densamente velado, todo manchado de tinta e negro como a noite, através do qual surgem pontos, linhas e palavras e até frases cinzentas. Para aquele que é verdadeiramente sábio, essas colorações cinzentas podem sugerir uma alegoria cheia de significado,

---

10 *Siddhas* – Termo sânscrito que significa, literalmente, "aquele que tem os atributos da perfeição", os poderes ocultos. (N. ed. bras.)

tal como as faixas de crepúsculo sobre o firmamento oriental logo no início da alvorada, depois de uma noite de intensa escuridão; a aurora de um ciclo mais "intelectualmente espiritual". E quem sabe, quantos daqueles que, imperturbados pela sua aparência pouco atrativa, as horríveis confusões do seu estilo e as outras muitas falhas da impopular *revista*, continuarem folheando as suas páginas, poderão ser recompensados algum dia por sua perseverança! Frases iluminadas podem resplandecer diante deles, em um ou outro momento, lançando uma luz clara sobre velhos e misteriosos problemas. Você mesmo, uma bela manhã, enquanto reflete sobre as suas colunas tortas, com a clareza aguçada de um cérebro bem descansado e examinando o que agora vê como especulações nebulosas e impalpáveis, que só têm a consistência do vapor – você mesmo poderá perceber nelas a solução inesperada para o seu velho, confuso e esquecido "sonho", o qual, uma vez *lembrado*, se imprimirá como uma mensagem indelével a partir de sua memória interna na sua memória *externa,* para nunca mais desvanecer-se nela. Tudo isto é possível e *pode* ocorrer, porque as nossas maneiras são as maneiras dos "loucos"...

Por que então se sentir "infeliz" e "decepcionado"? Meu bom e *fiel* amigo, lembre que esperança postergada não é esperança perdida. As "condições" podem mudar para melhor, pois nós também – como os fantasmas – necessitamos das *nossas* condições e dificilmente podemos trabalhar sem elas; e, então, a vaga depressão espiritual, que está descendo sobre você agora como uma nuvem pesada que desce sobre uma paisagem, pode ser afastada pela primeira brisa favorável. Bhavani Shanker está com O. e é mais vigoroso e mais apto, em mais de um sentido, do que Damodar e mesmo do que nossa amiga comum.

Não; você não será afastado de seus estudos antes que tenha dominado completamente o alfabeto, de modo que tenha aprendido a ler por si mesmo, e depende apenas de você fixar para sempre a "visão extremamente atrativa que agora lhe parece estar se desvanecendo . . . .[11] toda a situação. Que eu não sou um "Serafim", entretanto, fica demonstrado pelo fato de que escrevo a você esta carta interminável. Quando ficar comprovado que você não interpretou mal meu pensamento, poderei dizer mais. Morya, para capacitá-lo, como ele diz, a enfrentar os seus inimigos, os que acreditam na materialização de "almas individuais", quis que eu o familiarizasse com a totalidade dos corpos sutis e seu agregado coletivo, assim como com o agre-

[11] Falta aqui uma página inteira da carta original. (N. da 1ª ed.)

gado distributivo, isto é, os *invólucros*[12]. Creio que é prematuro. Antes que se faça o mundo compreender a diferença entre "Sutratma" (o fio da alma) e "Taijasa"[13] (o brilhante ou o luminoso), temos que ensinar-lhe a natureza dos elementos mais densos. O que critico nele é que deixou que você começasse da extremidade errada, a mais difícil a menos que se tenha conseguido dominar completamente a base preparatória. Examinei rapidamente os manuscritos que você escreveu para ele e mais de uma vez detectei no branco da margem, a sombra do seu rosto, com uma expressão determinada e inquiridora em seus olhos: seu pensamento projetou a sua imagem no local em que desejava receber de volta preenchido... você estava "sedento", como você diz, por mais notas e informações. Bem, se a preguiça dele vencer por muito tempo mais as boas intenções que ele tem, eu mesmo terei de fazê-lo, apesar de meu tempo ser limitado. Em todo caso, escrever a você não é uma tarefa ingrata, já que você faz o melhor uso possível do pouco que recolhe aqui e ali. Na verdade, quando você se queixa de ser incapaz de compreender o que Eliphas Levi quis dizer[14], isto ocorre só porque você, como tantos outros leitores, não conseguiu achar a chave para a sua maneira de escrever. Com uma observação atenta, você verá que nunca foi intenção dos Ocultistas esconder realmente dos estudantes ardorosos e determinados o que eles tinham estado escrevendo, mas sim guardar a sua informação, por razões de segurança, em um cofre seguro cuja chave é a intuição. O grau de diligência e zelo com que o estudante busca o significado oculto é, em geral, o teste de até que ponto ele está qualificado para a posse de um tesouro tão enterrado. E, certamente, se você for capaz de compreender o que está oculto sob a tinta vermelha de M., não se desesperará com nada mais[15]. Eu creio que já é tempo de me despedir, esperando que tenha menos dificuldade em ler os hieróglifos azuis que os vermelhos[16]. O. estará em breve com você, e vocês devem aproveitar da melhor forma possível esta oportunidade, que pode ser a últi-

---

12 *Sheaths* no original; literalmente bainhas como as de facas ou espadas. (N. ed. bras.)

13 *Taijasa* – termo sânscrito que significa, literalmente, radiante, luminoso. Na filosofia vedanta, designa o centro de consciência cósmica de onde emanam os devas. (N. ed. bras.)

14 Os artigos de Eliphas Levi intitulados "A Morte" e "Satã", com comentários marginais de K.H., fazem parte do Anexo II da presente edição das cartas. (N. ed. bras.)

15 Alusão irônica ao fato de que a letra do Mahatma M. era bastante difícil de entender. (N. ed. bras.)

16 O Mahatma K. H. escrevia com tinta azul, e o Mahatma M. com tinta vermelha. (N. ed. bras.)

ma para ambos. E agora, será necessário recordá-lo de que esta carta é ESTRITAMENTE *reservada?*

Atenciosamente, aconteça o que acontecer,

K.H.

Carta nº 50 (ML-88) Datada de 11 de março de 1882

As três cartas que se seguem são consideradas em conjunto por causa das datas e das circunstâncias sob as quais foram recebidas. Todas foram recebidas em Allahabad durante a visita do coronel Olcott e do chela Bhavani Rao (Shankar).

Um dia antes de receber esta carta, Sinnett tinha escrito para K.H. e dado a carta a Bhavani Rao. Na manhã seguinte Bhavani Rao achou esta nota sob seu travesseiro. Ele explicou que a carta de Sinnett tinha sido recolhida na noite anterior.

Aconteceu que no dia em que esta foi escrita (11 de março), Sinnett havia achado vários telegramas para si ao retornar para casa no começo da noite. Estes telegramas, disse ele, estavam todos fechados do modo costumeiro, em envelopes firmemente vedados, antes de serem remetidos pelo posto de telégrafo. Os telegramas eram todos de pessoas comuns e sobre assuntos de negócios. Entretanto, dentro de um dos envelopes ele achou uma pequena nota dobrada escrita pelo Mahatma M. "O simples fato de que ela tinha sido transferida deste modo, por métodos ocultos, para dentro do envelope fechado, era um fenômeno em si", disse ele, mas o fenômeno sobre o qual a nota lhe dava informação era "ainda mais obviamente maravilhoso".

"O bilhete me fez procurar em meu gabinete o fragmento de um alto-relevo que M. acabara de transportar instantaneamente de Bombaim. O instinto me levou de imediato ao local onde achava que deveria encontrar o objeto – a gaveta de minha escrivaninha que era dedicada exclusivamente à correspondência oculta; de fato achei o canto partido de uma placa de gesso, com a assinatura de M. escrita nele. Telegrafei de imediato para Bombaim, a fim de perguntar se alguma coisa especial acabara de ocorrer, e no dia seguinte recebi a resposta de que M. arrebentara um certo retrato de gesso e levara um dos pedaços. No devido curso do tempo, recebi uma declaração minuciosa de Bombaim, ratificada pelas assinaturas de sete pessoas". (O Mundo Oculto, *A.P. Sinnett, pp. 176-177)*

Em resumo, o relato dizia que diversas pessoas estavam sentadas na mesa de jantar, durante o chá, na varanda de H.P.B. Todos os presentes ouviram uma pancada como de algo caindo e quebrando, atrás da porta do escritório de H.P.B., no qual não havia ninguém. Seguiu-se um ruído ainda mais alto e todos correram para o escritório. Ali, bem atrás da porta, acharam no assoalho em diversos pedaços o molde, em gesso de Paris, de um retrato. O arame de ferro de reforço do retrato estava intacto, e nem mesmo entortado. Os pedaços de gesso estavam espalhados na mesa e viu-se que um pedaço estava faltando. Foi procurado, mas não foi encontrado. Pouco depois, H.P.B. entrou no quarto e cerca de um minuto mais tarde mostrou às pessoas uma nota com a caligrafia do Mahatma M. e com sua assinatura, declarando que o pedaço que faltava havia sido levado por ele para Allahabad, e que ela deveria recolher e preservar cuidadosamente as peças remanescentes.

Sinnett prossegue dizendo que o fato de o pedaço recebido por ele em Allahabad ser "realmente o mesmo pedaço que faltava no gesso quebrado em Bombaim" foi demonstrado alguns dias depois, "porque todas as peças remanescentes em Bombaim foram cuidadosamente empacotadas e mandadas para mim, e os limites fraturados do meu fragmento coincidiam exatamente com os do canto que faltava, de modo que pude montar todos os pedaços de novo e completar a moldura".

Depois que ele recebeu esta nota (Carta nº 50 [ML-88] através de Bhavani Rao, Sinnett escreveu novamente no dia seguinte para K.H., achando que poderia tirar mais proveito das condições criadas com a presença de Olcott e do jovem. Ele deu sua carta para Bhavani Rao no anoitecer de 13 de março. No dia 14 ele recebeu uma nota curta de K.H., dizendo: "Impossível: nenhum poder. Escreverei através de Bombaim".

Sinnett comenta que quando, no devido tempo, recebeu esta carta escrita através de Bombaim[1], ele entendeu que as possibilidades limitadas do momento haviam se esgotado e que as suas sugestões não poderiam ser aproveitadas. Mas a importância do episódio em si, disse ele, foi o fato de que trocou, afinal, correspondência com K.H. em um intervalo de poucas horas, numa ocasião em que H.P.B. estava do outro lado da Índia.

Enquanto isso, entre 11 e 13 de março, a Carta nº 51 (ML-120) foi recebida pela sra. Sinnett. Este bilhete diz que o Mahatma K.H. havia lhe mandado uma mecha de seu cabelo para usar como amuleto. A sra. Sinnett não tinha boa saúde, devemos lembrar, e por essa razão havia permanecido

---

1 Veja a Carta nº 54 (ML-35). (Ed. C.)

na Inglaterra durante algum tempo depois que o seu marido retornara para a Índia.

Algum tempo depois, o Mahatma mandou uma mecha de cabelo para que Denny, o filho dos Sinnett, usasse e há também indicações de que o próprio Sinnett tinha e usava uma mecha de cabelo de K.H.

Nota curta recebida em Allahabad durante estada de Olcott e Bhavani Rao.

Meu bom amigo – é muito fácil para nós dar provas fenomênicas quando temos as condições necessárias. Por exemplo – o magnetismo de Olcott, após seis anos de purificação, está intensamente receptivo ao nosso; física e moralmente, está constantemente assumindo mais e mais esta característica. Como Damodar e Bhavani Rao estão automaticamente sintonizados, as suas auras ajudam, em vez de repelir e impedir experiências fenomênicas. Depois de algum tempo você poderá alcançar o mesmo; isso depende de você. Forçar fenômenos quando há dificuldades magnéticas e outras está proibido, e tão estritamente proibido como, para o caixa de um banco, gastar o dinheiro que apenas lhe foi confiado. O sr. Hume não pode compreender isso e, portanto, está "indignado" por terem falhado todos os diversos testes que ele secretamente preparou para nós. Eles exigiriam dez vezes mais desgaste de energia, pois que ele os envolveu com uma aura que não é das mais puras: a da desconfiança, da raiva e da zombaria antecipada. Até mesmo fazer isso por você, tão longe da Sede Central, seria impossível, exceto pelos magnetismos que O. e B.R. trouxeram com eles – e eu não poderia fazer mais.

K.H.

P.S. – Talvez, no entanto, eu possa registrar para você a data de hoje, 11 de março de 1882.

Carta nº 51 (ML-120) Recebida em março de 1882

Veja a nota introdutória à Carta nº 50.

À "senhora" do sr. Sinnett.

Use o cabelo anexo numa fita de *algodão* (e se preferir, num bracelete metálico) um pouco abaixo da sua axila *esquerda*, sob o ombro

esquerdo. Siga o conselho que lhe será dado por Henry Olcott. É bom e nada temos a objetar. Não abrigue maus sentimentos contra um inimigo ou alguém que tenha prejudicado você, pois o ódio atua como um antídoto e pode prejudicar o efeito até *deste cabelo*.

K.H.

Carta nº 52 (ML-144) Recebida em 14 de março de 1882

Veja a nota introdutória à Carta nº 50.

Impossível: nenhum poder. Escreverei através de Bombaim.

K.H.

Carta nº 53 (ML-136) Datada de 17 de março de 1882

Esta é uma carta de H.P.B. para Sinnett. Olcott e Bhavani Rao tinham acabado de deixar Allahabad rumo a outras cidades em seu giro, e os Sinnett tinham convidado H.P.B. para visitá-los. A carta parece dizer respeito basicamente a explicações sobre por que ela não podia, ou não queria, aceitar o convite.

A carta faz referência a Deb, cujo nome completo era Gwala K. Deb. O seu nome místico era aparentemente Dharbagiri Nath. Há um mistério considerável em torno da relação entre este chela e um outro mais jovem, chamado Babaji, ou Bawaji.

O nome verdadeiro de Babaji era S. Krishnamachari, mas ele adotou o nome Babaji quando se juntou à equipe da sede central da Sociedade Teosófica em Bombaim, entre 1880 e 1881. Nessa época ele abandonou seu nome original. Em certa ocasião, o Mahatma K.H. desejava mandar dois chelas para Sinnett, que estava, então, em Simla. K.H. escolheu um de seus discípulos, Gwala K. Deb, que (segundo o autor de Damodar[1]*) era provavelmente tibetano, e R. Keshava Pillai, um inspetor de polícia em Nellore, que tinha se tornado um chela leigo em provação. Entretanto, como Deb estava no Tibete recebendo um determinado treinamento oculto e não podia*

[1] Menção ao livro *Damodar*, de Sven Eek, T.P.H., Adyar, 1978, 720 pp. Veja as pp. 537-538. (N. ed. bras.)

ir em seu corpo físico, Babajee permitiu que Deb usasse o seu corpo naquela ocasião. O nome místico de Deb era Dharbagiri Nath, mas parece que Babajee continuou a usar esse nome, ocasionalmente, depois que a experiência mística havia terminado.

Quando H.P.B. viajou para a Europa pela última vez, Babajee pediu para acompanhá-la e cuidar dela. Depois de muita insistência, ela finalmente consentiu. Mais tarde, ele voltou-se contra ela e causou-lhe grande quantidade de problemas. O Mahatma K.H. escreveu: "O homenzinho fracassou". Assim ele "pôs um ponto final na história de mais um discípulo dos Mestres". Babajee recebeu dinheiro para retornar à Índia, onde morreu no esquecimento alguns anos depois.

Quando H.P.B. estava na Europa, a condessa Wachtmeister, que estava com ela enquanto escrevia A Doutrina Secreta, *escreveu uma "carta particular e confidencial" para Sinnett na qual dizia, "não se preocupe mais com os dois Dharbagiri Nath –* há dois *– mas há também um Mistério. Infelizmente, minha língua está presa. Provavelmente, se tudo fosse conhecido, Babajee ficaria louco ou cometeria suicídio. Dharbagiri Nath é seu nome de mistério, como suponho que poderia ser também o nome de mais uns vinte...Babajee é um chela, embora não seja o chela adiantado que finge ser". (Veja* Letters of H.P.B. to Sinnett, *Carta nº 140)*

Surpreendentemente, nesta época, Sinnett recebeu uma carta assinada "Dharbagiri Nath" (Veja Letters of H.P.B to Sinnett, *nº 177) dizendo: "Não creio que haja alguém que tenha o nome 'Dharbagiri Nath' além de mim mesmo, porque é um nome puramente sânscrito, que não achei mencionado nos Puranas nem usado em parte alguma da Índia. O nome refere-se a uma colina secreta da qual nada se divulga – 'o morador da colina de capim Darbha'. Darbha é um capim sagrado indiano usado diariamente por brâmanes para cerimônias..." Se esta carta era proveniente de Gwala Deb ou de Babajee – ou mesmo de outra pessoa – provavelmente jamais saberemos. A situação fica mais confusa, certamente, devido ao fato de que nem tudo pôde ser dito a respeito.*

17 de março

Meu caro senhor Sinnett,

Seu convite foi lido com surpresa.

Não foi "surpresa" que eu mesma fosse convidada, mas que você tenha me convidado *outra vez* como se minha presença não tivesse sido suficiente! O que posso eu fazer de útil a qualquer um neste mundo, exceto fazer com que alguns me olhem surpresos, outros se ponham a especular sobre a minha esperteza como impostora, e uma pequena minoria me olhe com aquele sentimento de assombro que é geralmente reservado para "monstros" exibidos em museus ou aquários? Isto é um *fato*, e eu já tive provas suficientes disso para não colocar o meu pescoço no laço outra vez, se puder evitá-lo. A minha ida para alojar-me em sua casa, mesmo por alguns poucos dias, só seria causa de decepção para você e de tortura para mim.

Mas você não deve levar a mal estas palavras. Sou simplesmente sincera com você. Você e a sra. Sinnett, especialmente ela, têm sido sempre os meus melhores amigos aqui; mas é precisamente porque os considero assim, que me sinto obrigada, em vez de lhes causar um aborrecimento prolongado, a recusar o seu bondoso convite. Além disso, como *um meio* para comunicações entre você e K.H. (pois suponho que você não me convida apenas *pour mes beaux yeux*[2]) sou completamente inútil, agora. Há um limite para a resistência, há um limite para o maior dos sacrifícios. Trabalho para eles fiel e desinteressadamente há anos, e o resultado foi que arruinei a minha saúde, desonrei meu nome ancestral, fui denegrida por cada verdureiro da rua Oxford e cada vendedor de peixe do mercado de Hungerford que tenha se tornado funcionário público e – afinal, não fiz bem algum a eles, muito pouco para a Sociedade e absolutamente nenhum para o pobre Olcott ou para mim mesma. Acredite-me, somos melhores amigos situados a uma distância de várias centenas de milhas um do outro do que a alguns passos. Além disso, o Chefe disse que há algo novo pendendo sobre as nossas cabeças. Ele e K.H. juntaram as suas sábias cabeças e estão se preparando para *trabalhar*, segundo me dizem. Temos poucos meses até novembro, e se as coisas não se esclarecerem completamente até essa época e não se infundir um sangue novo à Fraternidade e ao Ocultismo, a melhor coisa a fazer é irmos para casa dormir. Pessoalmente, para mim, de qualquer modo, é um assunto de muito pouca importância. Também se aproxima com rapidez a ocasião em que há de soar *a hora do meu triunfo*. Será então que também poderei provar aos que *especulavam* sobre mim, aos que acreditavam e aos que não acreditavam, que nenhum deles chegou sequer à distância de cem milhas da verdade. Passei pelo *inferno* na terra, mas antes de deixá-la prometo a mim mesma um triunfo tamanho, que fará os Ripon e seus católicos romanos, e os Baly e o bispo Sargeant com os seus asnos protestantes, relincharem tão forte quanto for possível a seus pulmões. E agora, você pensa realmente que ME conhece, meu querido senhor Sinnett? Acredita que por haver conhecido – segundo pensa – a minha casca física e o meu cérebro; e embora possa ser um analista perspicaz da natureza *humana*, foi além pelo menos das primeiras cutículas do meu *Verdadeiro Eu?* Você cometeria um grave erro se pensasse assim. Sou considerada por todos vocês como *insincera* porque até

---

[2] *Pour mes beaux yeux* – "por meus belos olhos", em francês. (Ed. C.)

agora só mostrei ao mundo a verdadeira sra. Blavatsky *externa.* É como se vocês se queixassem da *falsidade* de uma rocha de superfície irregular, coberta de musgo, ervas e lama, por haver colocado uma inscrição dizendo: "Eu *não* sou feita de musgo e lama; seus olhos enganam vocês porque são incapazes de ver sob a casca externa", etc. Você deve entender a alegoria. Não estou *alardeando superioridade,* porque não digo se dentro desta rocha pouco atraente há um palácio residencial ou uma cabana humilde. O que digo é isto: você *não me conhece;* porque seja o que for que exista *dentro* da casca, *não é o que você pensa;* e, portanto, julgar-me como alguém que é *insincero* é o maior erro do mundo, além de ser uma flagrante injustiça. *Eu* (o verdadeiro "EU" interno) estou em uma prisão e não posso mostrar-me como sou apesar de todo o desejo que posso ter de fazê-lo. Por que motivo então, eu deveria, já que falo de mim como *sou* e como sinto que sou, por que deveria eu ser considerada responsável pela porta *externa* da prisão e *sua* aparência, se eu não a construí nem a decorei?

Mas tudo isso será para você apenas um aborrecimento. "A pobre velha está louca de novo" – dirá você. E permita-me profetizar que haverá um dia em que você acusará também K.H. de havê-lo *enganado*, apenas por deixar de dizer a você o que ele não tem o *direito* de dizer a ninguém. Sim, você blasfemará *até mesmo contra ele*, pois sempre terá esperanças secretamente, de que ele possa fazer *uma exceção a seu favor.*

Por que um discurso tão extravagante, aparentemente inútil, como o contido nesta carta? Porque a hora está próxima; e depois de ter provado o que eu tenho que provar, vou inclinar-me respeitosamente e sair da refinada sociedade ocidental – e não existirei mais. Todos vocês poderão então assobiar pelos Irmãos. PODE CRER.[3]

É claro que aquilo foi uma piada. Não; você *não me odeia; você apenas sente* uma espécie de *desprezo* amigável, indulgente e *benévolo* por H.P.B. Você tem razão neste ponto, de acordo com o que você *conhece* daquela que está disposta a ser reduzida a pedaços. Talvez você ainda possa descobrir seu erro em relação à outra parte, que está bem escondida. Deb está agora comigo, Deb "baixinho", como nós o chamamos, porque parece um garoto de 12 anos, apesar de ter mais de 30. Um pequeno rosto com traços finos e delicados, dentes de pérola, cabelos longos, olhos rasgados como amêndoas e um gorro chinês-tártaro de cor púrpura sobre a cabeça. Ele é o meu "herdeiro da Salvação" e tenho trabalho a fazer com ele. Não posso e não tenho o direito de abandoná-lo agora. Tenho que passar o meu trabalho

---

[3] PODE CRER. No original, "GOSPEL", "Evangelho". Trata-se de uma expressão idiomática. (N. ed. bras.)

a ele. É a minha mão *direita* (e a mão esquerda de K.H.) para o embuste e a falsa aparência.

E agora – Deus o abençoe. É melhor *não ficar irritado* com nada que eu faça ou diga; apenas, como uma amiga, uma *verdadeira amiga,* digo-lhe que, enquanto você não mudar sua maneira de viver, não deve esperar nenhuma *exceção.*

Atenciosamente,

H.P.B.

Meu sincero afeto à sra. Sinnett e um beijo para o pequeno e querido Dennie.

Carta nº 54 (ML-35) Recebida em 18 de março de 1882

Esta é a carta mandada "através de Bombaim" que havia sido prometida pelo Mahatma K.H. em sua curta nota: "Impossível: nenhum poder. Escreverei através de Bombaim": (Carta nº 52 [ML-144]).

Carta de K.H. Recebida em Allahabad, 18 de março de 1882.

Você não compreendeu bem o significado da minha nota de 11 de março, meu bom amigo. Eu disse que é fácil produzir fenômenos, quando existem as condições necessárias, mas não disse que mesmo a presença de Olcott e Mallapura em sua casa produzia um fluxo de força suficiente para as experiências que você propõe.

Estas últimas eram bastante razoáveis do seu ponto de vista e não o critico em nada por solicitá-las. Pessoalmente, talvez eu gostasse que você as pudesse ter – para a sua satisfação pessoal, e não para a do público, pois, como você sabe, a convicção nestes casos deve ser alcançada através da experiência individual. Testemunhos de segunda mão nunca satisfizeram realmente a ninguém, a não ser às mentes crédulas (ou melhor, não-céticas). Nenhum espírita que lesse na sua segunda edição[1] a simples descrição das experiências que você mencionou para mim atribuiria, nem por um momento, os fatos a algo que não fosse mediunidade; e você e sua esposa provavelmente seriam incluídos por eles no conjunto dos fatores mediúnicos. Imagine tal coisa! Não – espere a sua oportunidade; você está reunindo lentamente material para o que nós

[1] Refere-se à 2ª edição do livro *O Mundo Oculto*, de A.P. Sinnett. (N. ed. bras.)

chamamos aqui, como você sabe, de verdadeiro dgiü[2], aproveite-o o melhor que puder. Não são os fenômenos *físicos* que trarão convicção algum dia aos corações dos que não acreditam na "Fraternidade", mas sim os fenômenos da *intelectualidade*, da *filosofia* e da lógica, se posso me expressar deste modo. Veja os "ensinamentos espíritas" de +, transmitidos por Oxon – o mais intelectual e culto dos médiuns. Leia-os e – tenha compaixão! Você não vê então *onde nós* "queremos chegar", como diz O.? Você não compreende que, se não fosse pelo seu intelecto extraordinário e pela ajuda a ser obtida graças a ele, o Chohan teria fechado há muito tempo qualquer porta de comunicação entre nós? Sim, meu amigo, leia e estude, porque há um propósito. Você pareceu aborrecido e decepcionado ao ler as palavras "Impossível: nenhum poder aqui. Escreverei através de Bombaim"[3]. Essas oito palavras me custaram oito dias de trabalho de recuperação – no estado em que me encontro no momento. Mas você *não sabe* o que quero dizer: está desculpado.

Você não ocultará de si mesmo as dificuldades de desenvolver o seu esquema de "graus". Eu quis que você o desenvolvesse em seu próprio ritmo, "à medida que o espírito o inspirasse". Pois embora você não pudesse ter êxito completo ao tentar traçar um esquema adequado às necessidades da Ásia e da Europa, poderia encontrar algo que fosse bom para uma ou outra, e outro esforço poderia suprir o que faltasse. Os asiáticos são tão pobres, em geral, e os livros tão inacessíveis para eles nestes dias de decadência, que você pode ver claramente como deve ser diferente um plano de cultura intelectual – como preparação para experimentos práticos que visem desenvolver poder psíquico neles próprios. Nos tempos antigos esta necessidade era suprida pelo Guru, que guiava o chela através das dificuldades da infância e da juventude, e lhe dava através de ensinamento oral tanto alimento para o seu crescimento mental e psíquico quanto através de livros, ou mais. A necessidade de um "guia, filósofo e amigo" (e quem merece melhor esse tríplice título?) nunca poderá ser atendida, por mais que você tente. A única coisa que você pode fazer é preparar o intelecto; o impulso para a "cultura da alma" deve ser dado pelo indivíduo. Três vezes felizes são aqueles que rompem o círculo vicioso da influência moderna e surgem acima das névoas!

---

[2] Verdadeiro conhecimento, que é diferente do conhecimento das coisas efêmeras. (N. da 3ª edição)

[3] O Mahatma acrescenta agora a palavra "*aqui*", que não consta da Carta nº 52. (N. ed. bras.)

Para voltar a seus graus; será que você não está traçando linhas demasiado vagas entre os três ou quatro primeiros grupos? Que critério você usa para identificar os seus respectivos estados mentais? Como se prevenir contra o mero estudo apressado e superficial, a cópia e a redação sem autenticidade? Muitos jesuítas espertos poderiam passar por todos os seus graus, inclusive chegar até o sexto e o sétimo: você os admitiria, então, na segunda seção? Lembre-se das lições do passado e de Carter Blake[4]. É perfeitamente possível – como disse Moorad Ali Beg e Olcott confirmou para você – para quem passou os primeiros cinco estágios, adquirir "faculdades ocultas" no sexto. Mais ainda, isso pode ser feito sem a ajuda dos estágios, adotando tanto o método dos Arhats como o dos Dasturs, dos Iogues, ou dos Sufis; entre cada um desses grupos de místicos tem havido muitos que nem sabem ler ou escrever. Se falta a idiossincrasia psíquica, nenhuma cultura a suprirá. E a mais elevada destas escolas técnicas e práticas é aquela em que nós, os seus *correspondentes interessados* – fomos treinados.

Tudo o que está acima não foi dito para causar-lhe desânimo, e sim para estimulá-lo. Se você é um verdadeiro anglo-saxão, nenhum obstáculo destruirá o seu entusiasmo; e se a minha Visão não foi enevoada, este é o seu caráter – *au fond.* Nós temos uma palavra para todos os aspirantes: TENTE.

E agora, algo em relação à sua risada em setembro passado diante dos perigos imaginários que há para quem produz fenômenos, perigos que crescem na proporção da magnitude dos fenômenos produzidos e da impossibilidade de refutá-los. Lembre da experiência proposta de trazer até aqui um exemplar do *Times.* Meu bom amigo, se os fenômenos insignificantes (porque são insignificantes em comparação com o que poderia ser feito) demonstrados por Eglinton provocaram um ódio tão amargo, evocando diante dele cenas de prisão por *falso testemunho*, qual não seria o destino da pobre "Velha Senhora"! Vocês ainda são bárbaros, apesar de toda a sua proclamada civilização.

E agora em relação a Morya. (Isto *fica estritamente entre nós e não deve ser dito nem à sra. Gordon).* Eglinton estava se preparando para partir, deixando na mente da pobre senhora G. o temor de que havia sido enganada; de que não existiam "Irmãos", já que Eglinton *havia negado a sua existência*, e que os "Espíritos" estavam silenciosos em

---

[4] Um cidadão inglês que esteve presente no momento da organização da Sociedade Teosófica Britânica em 27 de junho de 1878. Foi expulso da Sociedade por caluniar outros membros, mas mais tarde teve permissão para reingressar. (Ed. C.)

relação àquele problema. Então, na semana passada, M. interveio na multidão heterogênea, pegou os fantasmas pela garganta e – o resultado foi a inesperada admissão dos "Irmãos", a sua real existência e a proclamada honra de um conhecimento pessoal com o "Ilustre". A lição, que surge para você e para os outros a partir do episódio acima, pode ser útil no futuro – os acontecimentos devem crescer e desenvolver-se.

Atenciosamente,

K.H.

Carta nº 55 (ML-89) Recebida em 24 de março de 1882[1]

Esta carta refere-se ao jovem médium inglês, William Eglinton (1857-1933), que foi para a Índia com a finalidade expressa de investigar a Teosofia. Ele tinha ouvido falar da sra. Blavatsky e dos "Irmãos" e quis descobrir por si mesmo se ela merecia confiança e se os Irmãos eram seres reais, ou se tudo era uma fraude. Ele se recusava a acreditar nos "Irmãos" porque o seu "Guia" (Ernest) não o havia informado da existência deles, e considerava H.P.B. apenas mais uma médium que fingia ser algo mais elevado. Na Índia ele estava, nessa ocasião, passando algum tempo com o tenente-coronel W. Gordon e sua esposa, que moravam em Howrah, um subúrbio de Calcutá. Os Gordon eram espíritas, mas também membros da Sociedade Teosófica, devotados a H.P.B. e Olcott e leais à Sociedade. Entretanto, Eglinton não encontrou o cel. Olcott nem H.P.B. durante todo o tempo em que esteve na Índia, e somente os conheceu dois anos mais tarde, quando eles estavam em Londres. Hume interessou-se por ele e pensou em convidá-lo para Simla; parecia que os próprios Mahatmas pensaram em levá-lo para lá para treinamento, pois estavam tentando achar alguém que pudesse atuar para eles em lugar de H.P.B. Isso não foi possível e Eglinton permaneceu em Calcutá enquanto esteve na Índia. Retornou para a Inglaterra, embarcando em 15 de março de 1882, no navio S.S. Vega, ainda cético quanto à existência dos Mahatmas.

No dia 22, algumas horas depois que o Vega havia deixado o Ceilão (sua primeira escala fora da Índia), K.H. visitou Eglinton em seu "Mayavi rupa" (o "corpo ilusório" que os Mahatmas são capazes de criar) e eles

---

[1] Porém, esta carta foi escrita antes do dia 21, como fica claro no final do seu primeiro parágrafo. (N. ed. bras.)

tiveram uma longa conversa. Dois dias depois, dia 24, quando o Vega estava 500 milhas afastado no mar, foram transmitidas instantaneamente (ou quase instantaneamente) cartas do Vega para Bombaim; e de lá (junto com alguns outros assuntos), de novo, quase instantaneamente, para a casa do cel. Gordon e sua esposa, em Howrah.

A sra. Gordon descreveu a entrega fenomênica da carta de Eglinton. Ela afirmou que o cel. Olcott havia deixado Bombaim em 17 de março, rumo a outra cidade, e de lá foi para Howrah, de modo que ele estava presente quando a carta de Eglinton foi recebida. No dia 22, H.P.B. mandou um telegrama para a sra. Gordon que chegou no dia 23, dizendo que K.H. tinha visto Eglinton no Vega. Este telegrama confirmava outro, mandado por Olcott na noite anterior. Um telegrama posterior pediu aos Gordon e a Olcott para fixarem uma hora em que pudessem estar juntos. Eles mencionaram 9 da manhã, hora de Madras, no dia 24. Os três sentaram-se formando um triângulo, com o vértice para o norte. Depois de alguns minutos, Olcott viu do lado de fora da janela aberta os Mahatmas M. e K.H. Um deles apontou para dentro do quarto, acima da cabeça da sra. Gordon. Então uma carta caiu e as imagens dos Mahatmas se desvaneceram. A sra. Gordon relata o que aconteceu em seguida:

"Voltei-me e peguei o que havia caído em cima de mim, e achei uma carta com a letra do sr. Eglinton, datada do dia 24, a bordo do Vega; uma mensagem da sra. Blavatsky, datada do dia 24 em Bombaim, escrita no verso de três de seus cartões de visita; também um maior, como os cartões de que o sr. Eglinton tinha um pacote e usava em suas sessões. Neste último cartão estava a letra de K.H., bem conhecida por nós, e algumas palavras na letra do outro 'Irmão', que estava com ele do lado de fora da janela, e que era o chefe de Olcott. Todos esses cartões e a carta estavam unidos por um pedaço de fio de seda..."

A carta de Eglinton afirmava a sua "completa crença nos Irmãos".

Como uma nota adicional interessante, havia um post-scriptum *assinado por seis pessoas afirmando que elas tinham visto a chegada, em Bombaim, da carta de Eglinton.*

Em uma carta escrita para Sinnett, da Inglaterra, datada de 28 de abril de 1882, Eglinton diz: "Estou certo de que, se eu estivesse em qualquer outra situação diferente da de um médium que ganha sua vida com os seus dons, os Irmãos teriam condições de se manifestar com grande clareza e segurança". O Mahatma K.H. inseriu uma nota nesta carta, enquanto ela estava em trânsito, dizendo: "Isto serve para provar que homens vivos podem aparecer – através de médiuns excelentes como este – em Londres, mesmo estando em Tsi-gadze, Tibete".

Recebido em Allahabad em 24 de março de 1882.

Reservado

Bom amigo, não vou reiterar novamente, ao mandar esta carta, as muitas observações que poderiam ser feitas sobre várias objeções que temos o direito de levantar contra os fenômenos espíritas e seus médiuns. Nós temos cumprido nosso dever, e porque a voz da verdade chegou por um canal que agradava a poucos, foi considerada falsa, e junto com ela o Ocultismo. O tempo para argumentar já passou, e está próxima a hora em que ficará claro para o mundo que a Ciência Oculta, em vez de ser, nas palavras do Dr. R. Chambers, "a própria superstição" – como eles podem estar inclinados a crer – será reconhecida como a explicação e a eliminadora de todas as superstições. Por razões que você apreciará, embora inicialmente possa estar inclinado a considerar *injustas* (em relação a você mesmo) estou disposto a fazer algo desta vez que até agora nunca fiz: isto é, *personificar-me sob outra forma* e, talvez, outro caráter. Portanto, você não necessita invejar Eglinton pelo prazer de *me ver* em pessoa, de falar comigo e de ser "deixado mudo de assombro" por mim, ou pelos resultados da minha visita a ele, a bordo do "Vega". O fato ocorrerá entre os dias 21 e 22 deste mês, e quando você ler esta carta será uma "visão do passado", caso Olcott envie hoje a carta a você.

Talvez você diga que "todas as coisas estão envoltas em mistério, nós explicamos mistérios com outros mistérios". Bem, bem; para você, que foi avisado com antecedência, não será um mistério, já que, por várias razões, uma mais plausível do que a outra, eu o escolho como confidente. Uma delas é poupá-lo de um sentimento de involuntária inveja (a palavra é estranha, não?) quando souber do fato. Como ele verá alguém completamente diferente de K.H., *embora ainda seja K.H.*, *você* não necessita sentir-se tratado com injustiça por seu amigo trans-himalaiano. Outra razão é poupar ao pobre homem a suspeita de que esteja jactando-se; a terceira *e principal*, embora não seja a última, é que a Teosofia e seus seguidores devem ser, finalmente, defendidos. Eglinton está a caminho do seu país e se na sua volta, *não tivesse sabido nada* dos Irmãos, haveria um dia doloroso de provações para os pobres H.P.B. e H.S.O. O sr. Hume nos criticou por não termos aparecido para Eglinton. Ele riu e nos desafiou a fazê-lo diante de Fern e outros. Por razões que ele pode ou não apreciar, mas que você compreenderá, nós não podíamos fazer, ou melhor, não o faríamos, enquanto E. estivesse na Índia. Nós tínhamos também razões muito boas para proibir H.P.B., de se corresponder com ele ou de mencioná-lo muito em *The Theosophist*. Mas agora que ele já se foi e estará no dia 22 a centenas de milhas de distância, no oceano, e que nenhuma sus-

peita de fraude pode ser levantada contra qualquer um dos dois, chegou o momento da *experiência.* Ele pensa que *a* colocará em prova, mas é ele que será testado.

Assim pois, meu fiel amigo e *defensor*, fique preparado. Como eu vou recomendar a Eglinton que, por sua vez, recomende discrição à senhora Gordon, e como a boa senhora pode sentir-se inclinada a levar demasiadamente longe a indicação e tomá-la *a la lettre,*[2] eu dou a você antecipadamente uma *indicação* para ela, com o objetivo de fazê-la falar.

Agora em relação ao sr. Hume. Ele *tem* trabalhado para nós, e certamente tem direito à nossa consideração – até agora. Eu teria satisfação em escrever a ele, se não fosse a possibilidade de que a visão da minha letra familiar produza uma mudança para pior em seus sentimentos, antes que ele se dê ao trabalho de ler o que tenho a dizer. Você pode, por favor, realizar a delicada tarefa de avisá-lo do que agora lhe escrevo? Conte a ele que há pessoas – *inimigos* – que estão ansiosas por surpreender a "velha senhora" cometendo FRAUDES, armando-lhe uma armadilha, por assim dizer, e por essa mesma razão, estou decidido a resolver a questão de uma vez por todas. Diga-lhe que, aproveitando a sugestão e o conselho dele, eu, K.H., aparecerei diante de Eglinton em *propria persona* e *in actu* no mar entre os dias 21 e 22 deste mês, e que se tiver êxito em trazer ao bom senso o rebelde que nega os "Irmãos", a sra. Gordon e seu esposo serão notificados do fato *imediatamente.* Isto é tudo. Nós temos esperado de propósito para não fazer a nossa experiência antes da partida dele, e agora – PRETENDEMOS AGIR.

Sempre atenciosamente,

K.H.

Até o dia 25 de março espera-se que o sr. Sinnett mantenha os seus lábios tão fechados como estarão após sua morte – ou dentro de setenta anos[3]. *Nem uma só alma*, exceto a sra. S., sua boa senhora, deve conhecer uma palavra desta carta. Isto é o que espero da sua amizade, que agora ponho à prova. Ao sr. Hume – você pode escrever agora mesmo, de modo que a carta possa ser recebida por ele dia 24 à tarde. O seu futuro depende disto, do seu silêncio.

K.H.

---

[2] *A la lettre* – "ao pé da letra", em francês. (N. ed. bras.)

[3] No original, *"three score and ten hence"*. Uma expressão pela qual o Mahatma dá ênfase à necessidade de segredo. (N. ed. bras.)

Carta nº 56[1] (ML-100) 25 de março de 1882

Este é, na verdade, um adendo feito pelo Mahatma K.H. a uma carta de H.P.B. para Sinnett, datada de 25 de março de 1882. A carta de H.P.B. tem a ver com o episódio do Vega; o assunto do adendo de K.H. não tem relação com o conteúdo da carta de H.P.B., com a exceção de uma ou duas frases indiretas. A frase "o novo guia" se refere a um comentário feito por H.P.B. em sua carta: "Agora resta saber que espécie de 'guia' Eglinton verá em K.H."

A carta de K.H. se refere a uma proposta de Hume de ir para o Tibete e encontrar os Adeptos, uma idéia que K.H. considera "insana". Ele deseja que Sinnett persuada Hume a não levá-la adiante.

A frase final refere-se a cartas relativas ao episódio do Vega, no qual Hume evidentemente seria incluído, junto com a sra. Gordon – uma possibilidade que foi vetada pelo Maha-Chohan.[2]

O novo "guia" tem, enquanto isso, que dizer algumas palavras a você. Se você dá alguma importância às nossas *relações futuras*, é melhor tentar fazer com que o seu amigo e colega, o sr. Hume, abandone a sua idéia insana de ir ao Tibete. Será que ele realmente pensa que, a menos que o permitamos, ele ou mesmo um exército de Pelings[3], poderá nos encontrar, ou regressar com a notícia de que somos, afinal, apenas a "luz da lua", como ele nos chama? Louco é o homem que pensa que até mesmo o governo britânico é suficientemente forte, rico e poderoso para ajudá-lo a realizar o seu plano insano! Aqueles que desejamos que nos conheçam nos encontrarão na própria fronteira. Aqueles que colocaram contra si os Chohans, como ele fez, não nos encontrariam, ainda que fossem até Lhasa com um exército. A tentativa dele de realizar seu plano assinalará a separação absoluta entre o mundo de vocês e o nosso. A idéia dele de pedir ao governo permissão para ir ao Tibete é ridícula. Encontrará perigos a cada passo, e não ouvirá nem mesmo as notícias mais remotas sobre nós ou sobre onde estamos[4]. Na noite passada uma

---

[1] Esta comunicação está escrita de modo que suas linhas cruzam as linhas de uma carta de H.P.B. para A.P.S.; os assuntos das duas cartas, no entanto, não se relacionam. (N. da 1ª ed.)

[2] A Carta de H.P.B., com este adendo de K.H., foi publicada como Carta II em *Letters of H.P. Blavatsky to A.P. Sinnett.* (N. ed. bras.)

[3] Pelings – europeus, estrangeiros. (N. ed. bras.)

[4] Hume *não* fez esta tentativa. (Ed. C.)

carta seria transmitida a ele e à senhora Gordon. O Chohan *o proibiu*. Você foi alertado, bom amigo – aja de modo coerente.

K.H.

Carta nº 57 (ML-122) Datada de 27 de abril de 1882

Curiosamente, esta carta é datada de Londres, Inglaterra, em 27 de abril. Não há explicação para isso. Em Reader's Guide to the Mahatma Letters to A.P. Sinnett,"[1] *de George E. Linton e Virginia Hanson, comenta-se – "pode-se talvez cogitar que ela tinha sido transmitida através de Eglinton como um teste da sua habilidade e da possibilidade de ele ser aproveitado para essa finalidade se retornasse à Índia". Isto é indicado em* Letters of H.P.B. to Sinnett, Cartas 193 e 193A, p.361. *(Veja os textos no Anexo II desta edição brasileira das* Cartas dos Mahatmas.)

Meu bom amigo: embora o sr. Eglinton tenha prometido retornar no final de junho, ele não poderá fazê-lo, depois do perigo que o ameaçou em Calcutá no mesmo dia da sua partida, a menos que seja totalmente protegido contra a repetição de uma ocorrência tão infeliz. Se o sr. Hume está ansioso em tê-lo consigo, que lhe ofereça, por falta de algo melhor, o posto de secretário particular, por um ano ou mais, agora que o sr. Davison[2] está ausente. Se você ou o sr. Hume estão realmente ansiosos por *ver-me* (ou mais precisamente, ver *meu Eu astral),* existe uma oportunidade para vocês. H.P.B. está demasiado velha e não é bastante passiva. Além disso, ela já prestou serviços demais para que a obriguemos a isso. Com o sr. Eglinton, se ele estivesse disposto, a coisa ficaria fácil. Aproveite, pois, a oportunidade oferecida; dentro de um ano SERÁ TARDE DEMAIS.

Atenciosamente,

K.H.

Londres, 27 de abril.
Ao senhor A.P. Sinnett,
Editor do Pioneer, Allahabad.

---

1 "Guia do Leitor das Cartas dos Mahatmas Para A.P. Sinnett". (N. ed. bras.)

2 Um ornitologista que durante certo tempo trabalhou para Hume. (Ed. C.)

Carta nº 58 (ML-130) Datada de 7 de maio de 1882

Esta carta é de T. Subba Row, o brilhante brâmane advaita que se opunha à comunicação de qualquer ensinamento oculto aos ocidentais. H.P.B. e o Mahatma M. (que era o Mestre dele) estavam solicitando que ele ajudasse a instruir o inglês.

Triplicane,
Madras, 7 de maio de 1882.

Ao senhor A.P. Sinnett
Editor do Pioneer, etc., etc., etc.
Prezado Senhor,

A sra. Blavatsky pediu-me várias vezes nos últimos três meses que lhe desse aquelas instruções práticas da nossa Ciência Oculta que me fosse permitido dar a uma pessoa em sua posição: e agora recebo ordem de ______ no sentido de ajudá-lo até certo ponto a erguer uma parte do primeiro véu do mistério. É quase desnecessário dizer-lhe que dificilmente se pode esperar que os Mahatmas assumam a tarefa de instrução e acompanhamento pessoal de principiantes como o senhor, por mais sincero e decidido que possa ser em sua crença na existência deles, na realidade da sua ciência, e nos esforços que faz para investigar os mistérios dessa ciência. Quando você souber mais sobre eles e sobre a vida peculiar que levam, estou seguro de que não os culpará por não lhe dar *pessoalmente* a instrução que você está tão ansioso por receber deles.

Gostaria de informá-lo de que a ajuda aqui prometida lhe será dada desde que você aceite as seguintes condições:

(1) Deve dar-me sua palavra de honra de que nunca revelará a qualquer pessoa, pertencente ou não à Sociedade, os segredos que lhe serão comunicados, a menos que obtenha previamente minha autorização.

(2) Deve levar um tipo de vida que seja completamente coerente com o Espírito das regras que já lhe foram dadas para sua orientação.

(3) Deve reiterar a sua promessa de promover, no que estiver ao seu alcance, os objetivos da Associação Teosófica.

(4) Deve agir estritamente de acordo com a orientação que lhe será dada junto com a instrução aqui prometida.

Devo também acrescentar aqui que, qualquer coisa parecida a um estado mental oscilante em relação à realidade da Ciência Oculta e à eficácia do processo indicado provavelmente impedirá a produção do resultado desejado.

Ao enviar-me uma resposta a esta carta, espero que você tenha a bondade de me dizer se está familiarizado com o alfabeto sânscrito e se pode pronunciar *correta e claramente* as palavras sânscritas.

Permaneço a seu dispor.

Atenciosamente,

T. Subba Row

Carta nº 59[1] (ML-132) Sem indicação de data

As cartas nº 59 e 60 devem ser consideradas em conjunto porque, na verdade, não são duas cartas, mas uma. A carta nº 59 consiste de trechos de uma carta de T. Subba Row ao Mahatma M. relativa a instruções para Sinnett.[2]

Sinnett havia escrito para Subba Row e este remeteu a carta para o Mahatma M. com os comentários abaixo. O Mahatma K.H. copiou-os da carta de Subba Row para benefício de Sinnett, já que aparentemente ele pensa que o Mahatma M. pode não dar atenção imediata à carta. A seguir, a Carta 59.

Trechos que copiei, para seu benefício – sensibilizado pela sua impaciência – da carta para o "Rishi M." Veja a minha nota.

Certamente ele enfrentaria consideráveis inconvenientes se fosse obrigado a mudar completamente o seu modo de vida. Você verá pelas cartas que ele está bastante ansioso para conhecer com antecedência a natureza dos Siddhis ou poderes de fazer maravilhas, que se espera que ele obtenha por meio do processo ou ritual que pretendo prescrever-lhe.

---

[1] Faltam partes desta carta. Os comentários na caligrafia de K.H. estão impressos em negrito. (N. da 1ª ed.)

[2] A Carta foi mandada ao Mahatma através de H.P.B. Por isso, ao final do texto, há o endereçamento para ela. (N. ed. bras.)

A força com a qual entrará em contato por meio do processo em questão, sem dúvida, desenvolverá nele poderes extraordinários de clarividência, tanto no que se refere à visão como ao som em algumas de suas correlações superiores; e o nosso Rishi – M. – considera que as mais altas dessas correlações levam o candidato através *dos três primeiros estágios de iniciação*, se ele estiver devidamente qualificado para isso.

Mas não tenho condições de assegurar AGORA ao sr. Sinnett que lhe ensinarei alguma das correlações mais elevadas. O que pretendo ensinar-lhe agora é a preparação preliminar necessária para estudar tais correlações . . . . minha proposta em consideração.

Como tenho estado me deslocando para lá e para cá desde a minha chegada aqui, não pude completar o meu segundo artigo sobre o livro do sr. Oxley.

Mas farei um esforço para terminá-lo o antes possível.

Por ora despeço-me,

Atenciosamente,

T. Subba Row

À Sra. H.P. Blavatsky, etc. Coconada, 3 de junho de 1882.

Meu caro amigo: eu o aconselho enfaticamente a não empreender agora uma tarefa que está além das suas forças e dos seus meios, *pois uma vez tendo assumido o compromisso,* se você quebrasse a sua promessa, isso o afastaria por anos, se não para sempre, de qualquer progresso a mais. Desde o princípio eu disse ao Rishi "M." que a intenção dele era amável mas seu plano era precipitado. Como você poderia, em sua situação, assumir tal trabalho? Com o Ocultismo não é possível brincar. Ele exige *tudo* ou nada. Li a sua carta a S.R.,[3] que a enviou a Morya, e vejo que você não compreende os princípios básicos do ...... X.[4]

---

[3] S.R. – Subba Row. (N. ed. bras.)

[4] Continua na Carta 60 (ML-76). (Ed. C.)

Carta nº 60 (ML-76)[1] Sem data

Esta é uma continuação dos comentários do Mahatma K.H. na carta nº 59 (ML-132) que, de algum modo, foi separada da primeira parte da carta. O fato de o papel ser diferente pode explicar por que as duas partes não foram conservadas juntas.

X......treinamento do *Chela*. O pobre Subba Row se encontra em uma "situação difícil"; essa é a razão por que ele não responde a você. De um lado ele tem a indômita H.P.B. que faz enorme pressão sobre Morya pedindo-lhe que *recompense* você, e o próprio Morya, que satisfaria, se pudesse, as suas aspirações; de outro lado, ele se encontra diante da intransponível muralha chinesa das regras e da *Lei.* Creia-me, meu bom amigo; aprenda o que é possível nas circunstâncias – isto é – a *filosofia* dos fenômenos e nossas doutrinas sobre a Cosmogonia, o homem interno, etc. Subba Row o ajudará a aprender isso, embora os seus termos, por ser um brâmane iniciado e por limitar-se ao ensinamento esotérico *brahmânico,* sejam diferentes dos da terminologia dos "Arhats budistas". Mas, em essência são a mesma coisa – *idênticos,* na realidade.

Meu coração se emociona quando leio a sincera e generosa carta do sr. Hume; especialmente pelo que percebo nas entrelinhas. Sim; para alguém que olha do ponto de vista dele, nossa política deve parecer egoísta e *cruel.* Gostaria de ser o Mestre! Em cinco ou seis anos espero tornar-me meu próprio "guia", e então as coisas terão que mudar um pouco. Mas mesmo César acorrentado não pode livrar-se das correntes e transferi-las para Hippo ou Thraso, o carcereiro. Esperemos. Não posso pensar no sr. Hume sem recordar, cada vez, uma alegoria da minha própria terra: o gênio do Orgulho que vigia um tesouro, uma riqueza inesgotável de todas as virtudes humanas, o divino presente de Brahmam ao homem. O gênio adormeceu sobre o seu tesouro, agora, e uma por uma as virtudes estão aparecendo timidamente .... Será que ele despertará antes que todas elas se libertem das ataduras a que estiveram presas a vida toda? Esta é a questão –

K.H.

---

[1] A primeira parte desta Carta consta da Carta 59 (ML-13), ao final de uma Carta de Subba Row para H.P.B. que foi escrita em papel de arroz, fino, enquanto a continuação está em um papel inteiramente diferente, semelhante a pergaminho. (N. da 1ª edição)

Carta nº 61[1] (ML-17) Datada de junho de 1882

Novamente diversas cartas devem ser consideradas em conjunto. A Carta nº 61 é uma carta de perguntas e respostas; a Carta nº 62 é chamada "Anexo" *e contém alguns comentários a que o Mahatma se refere em suas respostas na Carta 61 como "Anexos" I, II e III. São elaborações mais detalhadas das respostas que ele deu na carta nº 61. A carta nº 63 não é uma carta diferente, na verdade, mas uma continuação da Carta 62, que ficou separada.*

Estas duas cartas constituem um reinício dos ensinamentos técnicos. Deve-se lembrar de que não havia nenhuma definição clara de termos naquela época, o que pode causar alguma confusão ao se tentar compreender o tema.

Presume-se que o leitor tenha conhecimento dos ensinamentos sobre rondas e raças, globos, cadeias, etc. Os conceitos são apresentados no livro O Budismo Esotérico, *de A. Sinnett*[2]*. Livros posteriores também tratam do assunto, especialmente* A Doutrina Secreta, *de H.P.B.*

Recebida em Simla, em junho de 1882.

1) Alguns homens da quinta ronda já começaram a aparecer na terra. Em que eles se distinguem dos da quarta ronda da sétima encarnação terrestre? Eu suponho que estejam na primeira encarnação da quinta ronda e que se atingirá um tremendo adiantamento quando as pessoas da quinta ronda alcançarem a sua sétima encarnação.

1) Os videntes e clarividentes natos como a sra. Kingsford e o sr. Maitland; os grandes Adeptos de qualquer país; os gênios, tanto nas artes como na política ou nas reformas religiosas. Ainda não apresentam grandes diferenças físicas; é muito cedo para isto, que virá mais tarde.

É assim mesmo, se você olhar o Anexo nº I[3] encontrará a explicação.

2) Mas se um homem da 1ª – 5ª ronda[4] se devotasse ao ocultismo e se tornasse um Adepto, ele poderia ficar livre de outras encarnações terrenas?

---

1 As respostas de K.H. às perguntas do sr. Sinnett estão impressas em negrito. (N. da 1ª edição)

2 Publicado no Brasil pela Editora Pensamento. (N. ed. bras.)

3 Veja a Carta nº 62 (ML-18). (Ed. C.)

4 Presume-se que se trata da 1ª raça da 5ª ronda. (Ed. C.)

2) Não; com a exceção de Buda, um ser da sexta ronda que, por ter percorrido com tanto acerto a carreira em suas encarnações anteriores, ultrapassou até mesmo os seus antecessores. No entanto, um homem como este só se encontra a cada *bilhão* de criaturas humanas. Ele se diferenciou dos outros homens tanto na aparência física, como na espiritualidade e no conhecimento. No entanto, ele só se libertou de outras encarnações neste planeta; e, quando os últimos homens da sexta ronda do terceiro anel saírem desta terra, o Grande Instrutor terá que reencarnar no próximo planeta. Só que, como ele renunciou à bem-aventurança e ao repouso nirvânicos em função da salvação de seus semelhantes, renascerá no mais elevado – o *sétimo* anel do planeta superior. Até então ELE *inspirará*[5] a cada dez mil anos (digamos melhor e acrescentemos que "já tem inspirado") um indivíduo escolhido, que em geral transforma os destinos de nações. (Veja *Ísis,* Vol I, pp. 34 e 35)[6]

3) Existe alguma diferença espiritual essencial entre o homem e a mulher, ou o sexo é um mero acaso de cada nascimento, e o futuro do indivíduo oferece em última análise as mesmas oportunidades?

3) Um mero acaso, como você diz. Geralmente um trabalho do acaso, embora guiado pelo carma individual, pelas aptidões morais, pelas características e ações da encarnação anterior.

4) Considero que a maior parte das classes superiores de países civilizados agora na terra é composta de pessoas do sétimo "anel" (isto é, da sétima encarnação terrestre) da quarta ronda. Os aborígines australianos pertencem, segundo entendo, a um anel inferior? Qual? E será que as classes menos adiantadas e inferiores dos países civilizados pertencem a vários anéis ou ao anel imediatamente inferior ao sétimo? E será que todas as pessoas do sétimo anel nascem nas classes superiores ou algumas podem ser encontradas entre os pobres?

4) Não necessariamente. O refinamento, a polidez e a educação brilhante no sentido que *você* dá a estas palavras têm muito pouco a ver com a Lei superior da Natureza. Tome um africano do sétimo anel ou um mongol do quinto anel e você poderá educá-lo, se começar do berço – e transformá-lo, com a exceção do seu aspecto físico, no mais completo cavalheiro inglês. Mas ele ainda será apenas um papagaio *externamente* intelectual. (Veja Anexo nº II[7])

---

[5] Inspirará – *will overshadow,* no original, também significa: protegerá, supervisará. (N. ed. bras.)

[6] *Ísis Sem Véu* – de H. Blavatsky, Ed. Pensamento, Vol I, pp. 125-126. (N. ed. bras.)

[7] Os Anexos I, II e III estão na Carta 62. (N. ed. bras.)

5) A Velha Senhora me disse que a maior parte dos habitantes deste país são, em certos aspectos, menos avançados que os europeus, embora mais espirituais. Eles estão em um anel inferior da mesma ronda – ou a diferença se refere a algum princípio dos ciclos nacionais que nada tem a ver com o progresso individual?

5) A maior parte dos povos da Índia pertence à mais velha ou mais primitiva ramificação da quinta raça humana. Eu quis que M. terminasse a carta dele para você com um curto sumário acerca das últimas teorias científicas dos eruditos, etnógrafos e naturalistas ocidentais, para poupar-me trabalho. Leia o que ele escreveu e depois consulte meu Anexo nº III.

Qual a explicação para "Ernest" e o outro guia de Eglinton? São elementários que extraem a vitalidade consciente dele ou elementais disfarçados? Quando "Ernest" pegou aquela folha do caderninho de notas do "Pioneer", o que ele fez para obtê-la, sem recorrer à mediunidade para isso?

Posso assegurar-lhe que não vale a pena você estudar *agora* a verdadeira natureza dos "Ernest", "Joey" e "outros guias" porque, a menos que você fique a par do desenvolvimento das *degradações* das escórias elementais e dos sete princípios do homem, sempre se sentirá incapaz de compreender o que eles *realmente* são; não há regras escritas para eles, e muito dificilmente pode esperar-se que tenham para com seus amigos e admiradores a cortesia de colocar em prática a verdade, o silêncio e a paciência. Se alguém tem relações com eles, como é o caso de alguns médiuns físicos *sem alma* – eles se encontrarão. Caso contrário, é melhor deixá-los sozinhos. Eles gravitam apenas em torno dos seus semelhantes – os médiuns, e a sua relação não se estabelece a não ser que seja *forçada* por traficantes de fenômenos, tolos e pecaminosos. Eles são tanto elementários como elementais[8] – na melhor das hipóteses uma confusão rasteira, enganosa e degradante. Você quer alcançar demasia-

---

[8] *Elementários ou elementares* – são os corpos astrais de pessoas quase sempre egoístas ou perversas que já morreram e que, antes de morrer, haviam perdido contato com seu eu divino e imortal. Normalmente não têm consciência própria, embora possam obtê-la em certas condições, inclusive através de contato com um médium. Os *elementários* de pessoas de bom coração têm pouca coesão e se desfazem logo depois da morte. Os de pessoas maldosas podem durar longo tempo. (Ver *Glossário Teosófico*, de H.P. Blavatsky, Ed. Ground). *Elementais* – são os espíritos dos elementos: terra, ar, fogo e água. Também chamados de *espíritos da natureza,* e denominados pelos cabalistas de *gnomos* (espíritos da terra), *silfos* (espíritos do ar), *salamandras* (espíritos do fogo) e *ondinas* (espíritos da água). Quando os *elementais* são usados por *elementários*, podem enganar seres humanos ingênuos ou crédulos. (N. ed. bras.)

do conhecimento de imediato, meu caro amigo: não é possível conquistar de um golpe todos os mistérios. Veja, no entanto, o Anexo – que na realidade é uma carta.

Não conheço Subba Row, que é discípulo de M. Pelo menos, ele sabe muito pouco de mim. No entanto, sei que ele *nunca* aceitará vir até Simla. Mas se receber ordens de Morya ensinará de Madras, isto é, corrigirá os manuscritos como M. fez, ele os comentará, responderá a perguntas e será muito, *muito* útil. Ele sente uma perfeita reverência e adoração por – H. P. B.

K. H.

Carta nº 62 (ML-18) Datada de junho de 1882

Este é o Anexo à Carta nº 61. Veja os comentários à Carta nº 60.

Recebida em Simla, junho de 1882.

ANEXO

(I) Cada Individualidade Espiritual tem uma gigantesca jornada evolutiva a executar, um tremendo progresso giratório a realizar. Primeiro – no início de uma grande rotação *Mahamanvantárica*, desde o primeiro até o último dos planetas portadores de seres humanos, como em cada um deles, a mônada tem que passar através de sete raças humanas sucessivas. Desde o descendente mudo do macaco (este último muito diferente das espécies agora conhecidas) até a atual *quinta* raça, ou melhor, variedade, e através de mais duas, antes de terminar a sua jornada apenas nesta terra; e a seguir no próximo[1], mais alto, cada vez mais elevado... Mas limitaremos a nossa atenção somente a esta[2]. Cada uma das sete raças cria sete ramificações menores a partir do Ramo Central; e o homem tem por sua vez que evoluir através de cada uma delas antes de passar à raça imediatamente mais elevada, e isto – *sete vezes*. Você fará bem em abrir completamente os seus olhos, meu bom amigo, e sentir-se perplexo; é assim. As ramificações menores caracterizam vários tipos de espécimes da humanidade – física ou espiritualmen-

[1] Próximo planeta. (N. ed. bras.)

[2] Esta terra. (N. ed. bras.)

te – e nenhum de nós pode ignorar um só degrau da escada. Com tudo isso *não* há reencarnação tal como ensina a Vidente de Londres, a senhora A. K., porque os intervalos entre os renascimentos são tão incomensuravelmente grandes que não permitem idéias fantásticas como as dela. Por favor, tenha em conta que, quando digo "homem", estou-me referindo a um ser humano do nosso tipo. Existem outras e inumeráveis cadeias manvantáricas de globos que abrigam seres inteligentes – tanto no nosso sistema solar como fora dele – coroamentos ou ápices do ser evolucionário em suas respectivas cadeias; alguns física e intelectualmente inferiores, e outros incomensuravelmente superiores ao homem da nossa cadeia. Mas não iremos além do ato de mencioná-las, neste momento.

O homem tem, pois, que passar através de cada raça, efetuando sete entradas e saídas, umas após outras, e desenvolvendo o intelecto sucessivamente desde o grau mais inferior até o mais elevado. Em resumo, o seu ciclo terrestre, com seus anéis e subanéis, é a contrapartida exata do Grande Ciclo – só que em miniatura. Tenha novamente presente que os intervalos, mesmo entre essas "reencarnações raciais", são enormes, e que mesmo o mais obtuso dos bosquímanos africanos tem de colher a recompensa do seu carma, da mesma forma que o seu irmão, também bosquímano, que pode ser seis vezes mais inteligente que ele.

Os etnógrafos e antropólogos de vocês fariam bem se mantivessem sempre presente esta invariável lei setenária que está presente em todas as atividades da Natureza. Desde Cuvier – o falecido grande mestre da Teologia Protestante – cujo cérebro inundado pela Bíblia fez com que dividisse a humanidade em apenas três variedades distintas de raças – até Blumenbach, que as dividiu em cinco – todos eles estavam errados. Somente Pritchard, que profeticamente sugeriu *sete*, chegou perto do alvo. Li no *Pioneer* do dia 12 de junho, que me foi enviado por H. P. B., uma carta sobre a *Teoria do Macaco* escrita por A. P. W.[3] que contém uma excelente exposição da hipótese de Darwin. O último parágrafo, página 6, coluna 1, poderia ser considerado – ressalvados uns poucos erros – como uma *revelação* dentro de um milênio pouco mais ou menos, se o texto for preservado. Lendo as nove linhas que se seguem à linha 21 (contando de baixo para cima), você tem um *fato* cuja prova poucos

---

[3] Um longo trecho desta carta aparece no livro *The Early Teachings of the Masters*, de C. Jinarajadasa, p. 19. (N. da 3ª edição)

naturalistas já estão preparados para aceitar.[4] A quinta, sexta e sétima raças da *Quinta Ronda* – já que cada raça sucessiva evolui e mantém o ritmo, digamos assim, com as rondas do "Grande Ciclo" – e já que a quinta raça da quinta ronda tem que mostrar uma diferenciação, tanto física e intelectual quanto moral, em relação à sua quarta "raça" ou "encarnação terrestre", você tem razão ao dizer que "um tremendo avanço será obtido quando as pessoas da quinta ronda alcançarem a sua sétima encarnação."

(II) Nem a riqueza nem a pobreza, o nascimento humilde ou elevado têm qualquer influência na questão, pois tudo isso é o resultado do seu carma. Tampouco o que você chama de civilização tem muito a ver com o progresso. O teste é o homem *interno*, a espiritualidade, a iluminação do cérebro físico pela luz da inteligência espiritual ou divina. Os australianos, os esquimós, os bosquímanos, os *veddahs*, etc., são todos ramificações laterais do ramo que vocês chamam de "homens da caverna" ou seja a *terceira* raça (a *segunda*, de acordo com a sua Ciência) que

---

[4] A seguir, o trecho citado da Carta de A.P.W., e que C. Jinarajadasa reproduziu em *The Early Teachings of the Masters*. As nove linhas mencionadas pelo Mahatma aparecem em negrito:

"Darwin nunca sustentou que o homem era descendente do macaco. Ele alegava que o homem havia descendido de um "animal semelhante ao macaco", do qual o macaco, também, era uma ramificação. Mas disso não se segue que o macaco algum dia se transformará em homem. A diferenciação começou em algum período remoto; e à medida que o tempo passe, a distância entre eles se ampliará indefinidamente. Darwin ilustrou a doutrina da evolução com uma árvore genealógica na qual o tronco ou base representa uma origem comum e coletiva; os seus ramos maiores e ramos menores representam desenvolvimentos e diferenciações. O tronco sobe constantemente criando ramos em todas as direções, e estes, por sua vez, criam ramificações menores, o que tipifica as variadas formas de vida amplamente diferentes umas das outras em caráter e em tempo, de tal modo que, se comparadas sem referência à base de origem, seriam consideradas criações distintas e específicas, ao invés de apenas evoluções. **O homem, ocupando a posição de rei da criação, é um ramo menor que ocupa o pináculo da árvore. Mas em última instância ele deve comprovar que é apenas um ramo lateral, sendo superado por sua vez por raças superiores de seres que se desenvolveram a partir dele, e tão diferentes dele, ou mais, quanto ele é diferente do animal semelhante ao macaco do qual ele indubitavelmente descendeu – porque a árvore continua o seu crescimento e o fim ainda não está próximo.** Os ramos maiores e ramos menores que deixam de crescer são as formas interrompidas de vida, condenadas a uma decadência final na "luta pela existência". Aquelas que estão em decadência são formas que não podem existir em "condições alteradas de vida", enquanto as que morreram assinalam a extinção das muitas formas cujos fósseis estão sepultados nos estratos da crosta terrestre. A "sobrevivência dos mais aptos" nas condições predominantes, sejam elas quais forem, é a lei universal." (N. ed. bras.)

evoluiu no globo. São os remanescentes dos homens das cavernas do sétimo anel, os remanescentes "que pararam de crescer e são as formas paralisadas de vida, condenadas à decadência final na luta pela existência", segundo as palavras *do seu correspondente.*

Veja "Ísis", Capítulo I,[5] "...a Essência Divina (Purusha), como um arco luminoso", passa a formar um círculo, a cadeia mahamanvantárica; e tendo atingido o ponto mais elevado (ou o seu primeiro ponto de partida) se curva de novo e retorna à terra (o primeiro globo), trazendo em seu vórtice um tipo mais elevado de humanidade", e assim sete vezes. Ao aproximar-se de nossa terra vai-se obscurecendo mais e mais até que, ao tocar o chão, torna-se tão negra como a noite – ou seja, é matéria *exteriormente,* estando o Espírito ou Purusha oculto sob a quíntupla armadura dos primeiros cinco princípios. Veja agora as três linhas grifadas na página 5:[6] em vez de "humanidade" leia "raças humanas", em vez de "civilização" leia *"evolução espiritual dessa raça particular",* e você terá a verdade que teve de ser ocultada naquela etapa experimental e incipiente da Sociedade Teosófica.

Veja de novo o último parágrafo da página 13 e o primeiro da 14,[7] e observe as linhas grifadas acerca de Platão. Depois veja a p. 32,[8] lembrando as diferenças entre os *Manvantaras*, tal como estão ali calculados, e os MAHAMANVANTARAS (sete rondas completas entre dois Pralayas – os quatro Yugas retornam *sete* vezes, *uma vez* para *cada raça*). Tendo feito isso, pegue a pena e calcule. Isso fará com que você diga uma praga – mas isso não piorará muito o seu carma, pois ele é surdo à irreverência nascida dos lábios. Leia atentamente, a esse respeito (não sobre o ato de praguejar e sim sobre a evolução), a última linha da p. 301, "e aqui vem um mistério..."[9] e continue até a página 304. Não foi retirado o véu de "Ísis", mas foram feitos rasgões suficientemente grandes para permitir rápidos vislumbres a serem completados pela intuição do estudante. Nessa mistura de citações de várias verdades filosóficas e esotéricas propositalmente veladas, observe a nossa doutrina, que agora está sendo ensinada parcialmente aos europeus, pela primeira vez.

(III) Como disse em minha resposta às suas notas, a maior parte dos povos da Índia – com exceção dos Mongóis *Semíticos* (?) – pertence à ramificação mais antiga da atual *quinta* raça humana, que evoluiu na Ásia Central há mais de um milhão de anos. Como a Ciência Ocidental

---

[5] Veja a p. 101, Vol. I de *Ísis Sem Véu,* Ed. Pensamento, SP. (N. ed. bras.)

[6] P.5 da edição em inglês de *Ísis Sem Véu* de H.P.B. Na edição brasileira, veja a p. 104 do Volume I da obra. (N. ed. bras.)

[7] Veja a segunda metade da p. 110 do Vol. 1 de *Ísis Sem Véu,* de H.P.B. (N. ed. bras.)

[8] Página 124, Vol. I, *Ísis Sem Véu.* (N. ed. bras.)

[9] Penúltimo parágrafo da p. 17, *Ísis Sem Véu,* Vol. II. (N. ed. bras.)

encontra boas razões para a teoria de que seres humanos habitaram a Europa 400.000 anos antes da nossa era – isso não pode chocá-lo a ponto de impedi-lo de beber vinho na hora do jantar. No entanto, a Ásia, assim como a Austrália, África, América e a maior parte das regiões do norte – têm os seus remanescentes da quarta, e mesmo da terceira raça (homens das cavernas e Ibéricos).[10] Ao mesmo tempo, nós temos mais homens do sétimo anel da quarta raça do que a Europa, e mais do primeiro anel da quinta ronda, já que, como são mais antigos que as ramificações européias, nossos homens surgiram naturalmente mais cedo. O fato de que são "menos avançados" em civilização e refinamento afeta muito pouco a espiritualidade deles. O carma é um animal que permanece indiferente aos sapatos finos e às luvas brancas de pelica. As suas facas e garfos, óperas e salas-de-visita tampouco acompanharão vocês em seu progresso, assim como os trajes cor de folha seca da estética britânica não impedirão os seus donos e usuários de haver nascido entre aqueles que serão considerados – façam o que fizerem – pelos homens das próximas sexta e sétima rondas como os "selvagens" comedores de carne e bebedores de vinho do "período da "Royal Society". Depende de você, portanto, imortalizar o seu nome de modo a forçar as futuras raças mais elevadas, a dividir a nossa era e chamar a subdivisão de "período Pleisto-Sinnético"[11], mas isso jamais poderá ocorrer enquanto você trabalhar mantendo a impressão de que "os propósitos que temos em vista podem ser alcançados com uma temperança e uma disciplina *razoáveis".* A Ciência Oculta é uma amante ciumenta e não permite uma sombra de auto-indulgência; e ela é algo "fatal" não só para a vida comum de uma pessoa casada mas também para o consumo de carne e *vinho.* Receio que os arqueólogos da sétima ronda, quando cavarem e descobrirem a futura Pompéia do Punjab, Simla, um dia, ao invés de encontrar as preciosas relíquias da "Eclética" Teosófica, acharão apenas alguns restos petrificados de vidro da "quota de permissividade". Esta é a profecia mais recente que circula por Shigatse[12].

---

[10] Há duas regiões chamadas ibéricas. Uma é a de Espanha e Portugal. A outra é a Ibéria asiática, no Cáucaso, atual Geórgia. O Mahatma se refere aqui a esta última. (N. ed. bras.)

[11] Trocadilho com o nome de Sinnett em relação ao termo *pleistocênico*, que significa o período geológico recente, ou pleistoceno, em que havia a ocorrência periódica de eras glaciais. Pode-se considerar também que estamos em uma era interglacial dentro do pleistoceno. Assim, holoceno (era geológica atual), faz parte do pleistoceno. (N. ed. bras.)

[12] Os Mahatmas escrevem o nome desta cidade tibetana de vários modos diferentes. Usamos a maneira moderna. (N. da 3ª edição)

E agora vejamos a última questão. Bem, como eu digo, os "guias" são tanto elementais como elementários, e não há nem mesmo uma decente "metade a metade", mas a própria espuma na caneca da cerveja mediúnica. As várias "faltas" de tais folhas de papel ocorreram durante a estadia de E. em Calcutá, na atmosfera da sra. G. – já que ela recebia freqüentemente cartas de você. Era então fácil para as criaturas, ao seguirem o desejo inconsciente de E., atrair outras partículas desintegradas da caixa que pertence a você, de forma a criar um duplo. Ele é um forte médium, e se não fosse por sua natureza intrinsecamente boa e outras qualidades positivas, fortemente contrabalançadas por vaidade, preguiça, cobiça por dinheiro e outras qualidades da civilização moderna, como uma total falta de *vontade*, ele daria um notável *Dugpa*; e, no entanto, como eu disse, ele é um "bom sujeito" em cada detalhe; *espontaneamente* sincero, mas quando sob controle mediúnico – o contrário. Se eu pudesse, eu o salvaria de...

Nota da Terceira Edição – Nas duas primeiras edições há uma nota editorial indicando que falta o resto desta carta. Um estudante percebeu, agora, que a parte que falta é, claramente, a Carta nº 63 (ML-95).

Carta nº 63[1] (ML-95) Datada de junho de 1882

Veja os comentários à carta nº 61.

Esta carta está em duas folhas de papel diferentes, com tinta azul escura. A primeira folha é de um papel grosso, dobrado, com a inscrição timbrada "Governo das Províncias do Noroeste e Oudh". (O sr. Hume havia sido antes funcionário distrital das Províncias do Noroeste.) A segunda folha é de um papel fino, com o timbre "The Pioneer, Allahabad". Já que Sinnett levantou a questão do transporte de papel de cartas por meios ocultos em sua pergunta seguinte à pergunta e à resposta número cinco, é possível conjeturar que K.H. tenha retirado uma folha de papel de Sinnett e uma de Hume, para escrever nelas este pedaço do Anexo, talvez apenas para demonstrar como era fácil fazê-lo.

... uma vida tão infame. Farei o melhor que puder para transformá-lo em um vegetariano e um abstêmio. A abstinência *total* de car-

[1] O começo desta carta está na Carta nº 62 (ML-18). (N. da 3ª edição)

ne e licores é recomendada muito sabiamente pelo sr. Hume, se ele quiser ter bons resultados. Estando em boas mãos, E. fará um bem imenso à S.T. na Índia, mas para isso ele tem que passar por um treinamento de purificação. M. teve que prepará-lo durante seis semanas antes da sua partida; caso contrário teria sido impossível para mim projetar até mesmo o *reflexo* do meu "duplo". Eu já disse a você, meu bom amigo, que o que ele viu *não era eu.* Tampouco serei capaz de projetar aquele reflexo para você – a menos que ele esteja completamente purificado. Portanto, do modo como as coisas estão agora, não tenho uma palavra a dizer contra as condições do sr. Hume, tal como foram expressas na última carta "oficial" dele, e devo apenas dar a ele de todo coração minhas congratulações. Pela mesma razão é impossível para mim responder a ele e a suas perguntas neste momento. Que ele tenha paciência, por favor, na questão de E. Há conspirações sujas sendo armadas, germinando em Londres entre os espíritas; e eu não tenho de modo algum certeza de que E. resistirá à maré que ameaça submergi-lo se eles não obtiverem dele pelo menos uma retratação parcial. Nós nos afastamos da nossa política e foi feito o experimento com ele no "Vega" apenas para beneficiar alguns teosofistas anglo-indianos. O sr. Hume havia expressado surpresa pelo fato de que nem os "espíritos" de E. sabiam nada de nós, e de que apesar do interesse da causa nós não aparecemos nem sequer para ele. Por outro lado, os espíritas de Calcutá, e a sra. Gordon com eles, estavam exultantes, e o coronel G. os acompanhava. Os "seres queridos desencarnados" tinham uma aura de santidade, e os "Irmãos" estavam com a estima pública um pouco em baixa. Muitos de vocês pensaram que nossa aparição para E. iria "salvar a situação" e forçar o espiritismo a aceitar as alegações da Teosofia. Bem, nós atendemos os desejos de vocês. M. e eu estávamos determinados a mostrar que não havia fundamento para tais esperanças. O fanatismo e a cegueira dos espíritas, alimentados pelas motivações egoístas de médiuns profissionais, são ilimitados, e os oponentes estão, agora, desesperados. Nós devemos deixar que todo o curso natural dos acontecimentos se desenvolva, e só poderemos ajudar na crise que se aproxima ajudando a fazer com que a freqüência de desmascaramentos seja cada vez maior. Nunca seria útil *forçar* acontecimentos, porque isto só faria mais "mártires", abrindo pretextos para uma nova loucura.

Assim, por favor, tenha paciência. O sr. Hume – basta para isto que ele mantenha suas decisões – tem diante de si uma grande e nobre tarefa: o trabalho de um verdadeiro fundador de uma nova era social e

de uma reforma filosófica e religiosa. É algo tão vasto e tão esplêndido que se nós agora finalmente chegarmos a um acordo, como eu espero, ele terá bastante o que fazer durante o intervalo que é necessário para que eu teste e prepare Eglinton. Escreverei para o sr. Hume e responderei a cada um dos pontos levantados por ele dentro de alguns dias, explicando a situação tal como a vejo. Enquanto isto, você fará bem mostrando esta carta a ele. O comentário de você sobre *Perfect Way* é mais perfeito que a concepção de quem o escreveu. Agradeço a você, meu amigo, por seus bons serviços. Você está começando a atrair a atenção do Chohan. Se tivesse conhecimento da importância que *isso* tem, não estaria calculando em detalhes a recompensa que você merece por certos serviços recentes mencionados.

Fraternalmente,

K.H.

Carta nº 64 (ML-131) Datada de 26 de junho de 1882

Esta é uma carta de T. Subba Row para Sinnett. Deve-se lembrar que H.P.B. estivera tentando persuadi-lo a transmitir instruções a Sinnett sobre alguns dos ensinamentos esotéricos mais profundos. O Mahatma M., mais tarde, disse a Subba Row que ensinasse algo ao inglês.

Subba Row então escreveu uma carta para o sr. Sinnett (Carta nº 58), estabelecendo as condições que o inglês teria que aceitar para que a instrução ocorresse. Sinnett respondeu a Subba Row expressando uma concordância de certo modo hesitante e com restrições, e colocando algumas condições que os dois ingleses desejavam impor, da sua parte.

Subba Row mandou esta carta para o Mahatma M., dando sua opinião sobre as possibilidades relacionadas com esta instrução. Sinnett escreveu para o Mahatma K.H. para saber o que Subba Row havia dito sobre ele, fazendo algumas críticas contra as rígidas condições que haviam sido impostas para que o ensino pudesse ser realizado. O Mahatma K.H. extraiu alguns comentários da carta de Subba Row (que estava então em poder do Mahatma M.), com a permissão de M., e os mandou para Sinnett, aconselhando este último, ao mesmo tempo, no sentido de não empreender uma tarefa além das suas forças e possibilidades, e indicando que não estava de acordo com a proposta do Mahatma M. de que Sinnett fosse instruído realmente como discípulo – considerando que isto estava além das possibilidades de Sinnett (veja a Carta nº 59).

Carta nº 64

Ao Sr. A.P. Sinnett, etc. etc. etc. Conconada.
Prezado Senhor: 26 de junho de 1882.

Peço que me desculpe amavelmente por não haver mandado até agora uma resposta à sua carta. A concordância *com restrições,* que você decidiu expressar em relação às condições estabelecidas por mim, necessitou uma consulta aos Irmãos para saber a opinião e as ordens deles. E agora lamento informar que qualquer coisa semelhante a uma instrução prática sobre o ritual da Ciência Oculta é impossível nas condições que você propõe. Até onde sei, nenhum estudante de filosofia oculta jamais teve êxito em desenvolver seus poderes psíquicos sem manter o tipo de vida recomendado para tais estudantes; e não está dentro das possibilidades do instrutor abrir uma exceção no caso de qualquer estudante. As regras estabelecidas pelos instrutores antigos da Ciência Oculta são inflexíveis; e não é deixada ao critério de qualquer instrutor a opção de colocá-las ou não em prática, conforme a natureza das circunstâncias existentes. Se considera impraticável mudar o seu modo atual de vida, você só terá que esperar pela instrução prática até o momento em que estiver em condições de fazer os sacrifícios que a Ciência Oculta exige; e atualmente deve contentar-se com as instruções teóricas que seja possível transmitir-lhe.

É quase desnecessário dizer-lhe, agora, que a instrução prometida a você na minha primeira carta, sob as condições nela estabelecidas, desenvolveria em você os poderes que lhe capacitariam, seja para ver os Irmãos, seja para conversar com eles clarividentemente. O treinamento oculto, uma vez começado, iria, com o decorrer do tempo, necessariamente desenvolver tais poderes. Você estaria adotando uma visão muito limitada da Ciência Oculta se considerasse que a mera aquisição de poderes psíquicos é o resultado mais elevado, e o único desejável, do treinamento oculto. A mera aquisição do poder de fazer coisas extraordinárias jamais poderá assegurar imortalidade ao estudante da Ciência Oculta, a menos que ele tenha aprendido o modo como pode transferir gradualmente o seu sentido de individualidade do seu corpo material corruptível para o Não-Ser incorruptível e eterno representado pelo seu sétimo princípio. Peço que considere este como o real objetivo da Ciência Oculta e veja se as regras que você é exortado a obedecer são necessárias ou não para produzir esta poderosa transformação.

Nas circunstâncias atuais, os Irmãos pediram-me que assegurasse a você e ao sr. Hume que eu estaria inteiramente disposto a dar aos dois a instrução teórica de que eu seja capaz sobre a filosofia da antiga religião bramânica e do budismo esotérico.

Viajarei deste lugar para Madras no dia 30 deste mês. Atenciosamente.

T. Subba Row

Carta nº 65[1] (ML-11) Recebida em 30 de junho de 1882

Esta é a primeira de uma série de três cartas do Mahatma K.H. a A.O.Hume.

Recebida por A.O.H., 30 de junho de 1882.

A simples prudência me causa preocupação diante da idéia de assumir meu novo papel de "instrutor". Se M. só o satisfez em pequena medida, receio dar-lhe satisfação ainda menor, já que além de estar limitado em minhas explicações – porque há mil coisas que não poderei revelar devido a meu voto de silêncio – eu tenho muito menos tempo livre à minha disposição do que ele. De qualquer modo, farei o melhor que posso. Que não se diga que deixei de reconhecer o seu atual desejo sincero de ser útil à Sociedade, e portanto à humanidade, porque estou profundamente consciente do fato de que ninguém melhor que você, na Índia, tem condições de dispersar as névoas da superstição e do erro do povo lançando luz sobre os problemas mais obscuros. Mas antes de responder suas perguntas e explicar qualquer coisa mais da nossa doutrina, terei que prefaciar minhas respostas com uma longa introdução. Em primeiro lugar, e novamente, quero chamar sua atenção para a tremenda dificuldade de encontrar termos apropriados em inglês para transmitir à mente européia culta até mesmo uma noção aproximadamente correta dos vários assuntos que teremos de tratar. Para ilustrar o que quero dizer irei sublinhar em vermelho as palavras técnicas adotadas e usadas pelos seus cientistas e que, contudo, são absolutamente enganosas, não só quando usadas em assuntos tão transcendentais, mas também quando usadas sozinhas em seu próprio sistema de pensamento.

Para compreender minhas respostas você terá antes de tudo que pensar na eterna Essência, o Swabhavat, não como um elemento composto que vocês chamam de espírito-matéria, mas como o elemento único para o qual a língua inglesa não tem uma palavra. Ele é ao mesmo tempo passivo e ativo, puro Espírito-Essência em sua condição absoluta e de repouso, pura matéria em seu estado finito e condicionado – mesmo como um gás imponderável ou como este grande desconhecido que a ciência tem preferido chamar de *força*. Quando os poetas falam do "oceano ilimitado da imutabilidade", devemos encarar a expressão apenas como um paradoxo cômico, já que sustentamos que não há nada

[1] Transcrita de uma cópia que tem a letra do sr. Sinnett. (N. da 1ª edição)

parecido com imutabilidade – pelo menos em nosso Sistema Solar. Imutabilidade, dizem os teístas e cristãos, "é um atributo de Deus", e em seguida eles dão àquele Deus todas as qualidades e atributos mutáveis e variáveis, cognoscíveis e incognoscíveis, e acreditam que resolveram o insolúvel e encontraram a quadratura do círculo. A isto nós respondemos: se *aquilo* a que os teístas chamam de Deus, e a ciência chama de *"força"* e *"energia potencial"*, se tornasse imutável por apenas um instante durante o Maha-Pralaya – um período em que mesmo *Brahm*[2], o arquiteto criador do universo, é descrito como havendo desaparecido no não-ser – então não poderia haver *manvantara*, e só o espaço reinaria inconsciente e supremo na eternidade do tempo. No entanto, o teísmo, quando fala da imutabilidade mutável, não é mais absurdo que a ciência materialista quando fala da "energia potencial latente" e da indestrutibilidade da matéria e da força. O que devemos considerar como indestrutível? É aquele algo invisível que movimenta a matéria ou a energia dos corpos em movimento? O que sabe a ciência moderna da força propriamente dita, ou digamos das forças, da causa ou das causas do movimento? Como pode haver uma coisa tal como *energia potencial,* isto é, uma energia que tem poder latente *inativo,* já que é energia *somente enquanto está movimentando matéria,* e se *ela deixasse em algum momento de movimentar* a *matéria, deixaria de existir,* e com isto a própria matéria deixaria de existir? Será a palavra força um termo mais feliz em algum aspecto? Cerca de trinta e cinco anos atrás um certo dr. Mayer[3] formulou a hipótese, agora aceita como axioma, de que a força, no sentido em que a palavra é usada pela ciência moderna, assim como a matéria, é *indestrutível;* isto é, quando deixa de estar manifesta sob uma forma, ela ainda existe e apenas *passou a alguma outra forma.* E no entanto os seus homens de ciência não descobriram um só caso em que uma *força* é transformada em outra, e o sr. Tyndall diz aos oponentes dele que "em nenhum caso a força que produz movimento é aniquilada ou transformada em algo diferente". Além disso temos uma dívida com a ciência moderna pela nova descoberta de que existe uma relação quantitativa entre a energia dinâmica que produz alguma coisa e a "coisa" que é produzida. Sem dúvida, existe uma relação quantitativa entre causa e efeito, entre a quantidade de energia usada por alguém para quebrar o nariz do seu próximo e o dano causado àquele nariz, mas isto

---

2 *Brahm*, isto é, *Brahma,* o deus hindu. (N. ed. bras.)

3 Trata-se do dr. Julius Robert von Mayer (1814-1878), médico alemão conhecido por seu anúncio em 1842 da teoria mecânica do calor. (Ed. C.)

não resolve em nada o mistério do que eles gostam de chamar de correlações, já que é fácil de provar (e isto de acordo com a mesma ciência) que nem o movimento nem a energia são indestrutíveis, e que as forças físicas não são de modo algum conversíveis uma na outra. Eu as examinarei detalhadamente usando a sua própria fraseologia e veremos se as teorias deles são capazes de servir como barreiras às nossas "doutrinas assombrosas". Como estou preparando-me para propor um ensinamento diametralmente oposto ao deles, é bastante natural que eu retire do chão o lixo científico, para que o que tenho a dizer não caia em solo demasiado obstruído, gerando apenas ervas inúteis. "Esta *matéria-prima* potencial e imaginária não pode existir sem forma", diz Raleigh, e ele está certo na medida em que a *matéria-prima* da ciência existe apenas na imaginação deles. Poderão eles dizer que a mesma quantidade de energia está desde sempre movimentando a matéria do Universo? Certamente não, enquanto eles ensinarem que quando os elementos do cosmo material, elementos que tiveram primeiro que se manifestar em seu estado gasoso não-combinado, estavam unindo-se, a quantidade de energia que movimentava a matéria era um milhão de vezes maior que agora, quando *nosso globo está esfriando*. Pois, para onde foi o calor que foi gerado por este tremendo processo de construção de um universo? Para as câmaras desocupadas do espaço, dizem eles. Muito bem, mas se o calor saiu para sempre do *universo material* e a energia operativa na terra nunca, e em momento algum, foi igual, então como podem eles tratar de defender a idéia da "quantidade inalterável de energia", aquela energia potencial que um corpo pode às vezes exercer, a FORÇA que passa de um corpo para outro produzindo movimento e que ao mesmo tempo não é "aniquilada ou transformada em algo diferente"? "Sim", ouvimos a resposta, "mas nós ainda sustentamos a sua indestrutibilidade; enquanto ela se mantiver *conectada com matéria,* nunca poderá deixar de existir, seja mais ou menos." Vejamos se isto é verdade. Eu lanço um tijolo para um pedreiro que está construindo o teto de um templo. Ele o agarra e o cimenta no teto. A gravidade foi reduzindo a energia do impulso que começou o movimento do tijolo para cima, e a energia dinâmica do tijolo ascendente, até que ele *deixou de subir*. Neste momento ele foi agarrado e colocado no teto. O movimento e a energia dinâmica do tijolo em ascensão foram absolutamente *aniquiladas*. Outro exemplo dos próprios livros-textos deles. Você dispara uma arma de fogo apontada para o alto, situado ao pé de um morro, e a bala se aloja em uma fenda da rocha, *no* mesmo morro. Nenhuma força natural pode movê-la, por um período indefinido; portanto, a bala, tanto como o tijolo,

perdeu sua energia potencial. "Todo o movimento e energia que foram tirados da bala em ascensão pela gravidade foram aniquilados, nenhum outro movimento ou energia tem lugar e a gravidade não teve acréscimo de energia." Não é verdade, então, que a energia é indestrutível! Como é então que a sua grande autoridade ensina ao mundo que "em nenhum caso a força que produz o movimento é aniquilada ou transformada em algo diferente"?

Estou perfeitamente consciente da sua resposta e dou estas ilustrações apenas para mostrar como são enganosos os termos usados pelos cientistas, como são vacilantes e incertas as suas teorias e, finalmente, como são *incompletos* todos os seus ensinamentos. Mais uma objeção e terei terminado. Eles ensinam que todas as forças físicas, entre tantos nomes específicos como gravidade, inércia, coesão, luz, calor, eletricidade, magnetismo, afinidade química, são conversíveis uma na outra? Neste caso a força geradora deve cessar de existir à medida que a força produzida se torna manifesta. "Uma bala de canhão em vôo se movimenta só a partir da sua própria força inerente de inércia." Quando ela causa o impacto, ela produz calor e outros efeitos, mas sua força de inércia não é diminuída em nada. Será necessária tanta energia quanto antes para colocá-la em movimento novamente com a mesma velocidade. Podemos repetir o processo mil vezes, e enquanto a quantidade de matéria permanecer a mesma, a sua força de inércia será a mesma em quantidade. O caso da gravidade é igual. Um meteoro cai e produz calor. A gravidade é considerada como a causa disso, mas a força da gravidade sobre o corpo caído não diminuiu. A *atração química* atrai e mantém unidas as partículas, e a colisão delas produz calor. Será que a força de atração passou para o calor? Não, de modo algum, já que ao atrair as partículas, fazendo com que elas se unam de novo sempre que se separam, a atração química prova que *não* sofre diminuição, porque as mantém unidas tão firmemente como antes. Eles dizem que o calor gera e produz eletricidade, no entanto eles não encontram diminuição de calor no processo. A eletricidade produz calor, dizem? Eletrômetros mostram que a corrente elétrica passa através de um mau condutor, um fio de platina, digamos, e aquece este último. Precisamente a mesma quantidade de eletricidade, sem perda de eletricidade, *nenhuma diminuição.* O que, então, se converteu em calor? Novamente, afirma-se que a eletricidade produz magnetismo. Tenho na mesa diante de mim eletrômetros primitivos para perto dos quais vêm *chelas* o dia todo para recuperar os seus poderes nascentes. Não percebo nenhum decréscimo na eletricidade estocada. Os chelas são magnetizados, mas o magnetis-

mo deles, ou melhor, o dos *seus bastões*, não é *aquela* eletricidade sob uma nova máscara. Assim como a luz de mil velas de cera acendidas na chama do lampião do *Fo* não é a chama deste último. Portanto, se de acordo com o lusco-fusco incerto da ciência moderna é uma verdade axiomática "que durante processos vitais só ocorre a *conversão* e nunca a *criação* de matéria ou força" (o movimento orgânico do dr. J.R. Mayer, em sua relação com a nutrição), para nós isto é apenas uma meia-verdade. Não se trata nem de *conversão* nem de *criação*, mas de algo para o que a ciência moderna ainda não tem nome.

Talvez agora você possa entender melhor a dificuldade que teremos de enfrentar. A ciência moderna é o nosso melhor aliado. No entanto, é geralmente esta mesma ciência que se transforma em arma para quebrar as nossas cabeças. De qualquer modo, você terá de levar em conta (a) que nós reconhecemos somente *um* elemento na Natureza (seja espiritual ou físico), fora do qual não pode haver Natureza, já que ele é a própria *Natureza*[4], e o qual, como o *Akasha,* permeia o nosso sistema solar; cada átomo é parte dele; ele não só permeia tudo o que há no *espaço* mas é o espaço de fato, que pulsa como em um sono profundo durante os pralayas, e é o Proteu[5] universal, a Natureza sempre ativa durante os Manvantaras; (b) que, conseqüentemente, espírito e matéria são *um*, pois são apenas uma diferenciação de estados, não de essências, e o filósofo grego que sustentava que o Universo era um animal enorme havia compreendido o significado da mônada pitagórica (que se torna dois, depois três △ e finalmente, tendo se transformado na tétrade ou quadrado perfeito, assim emanando para fora de si *quatro* e para dentro três[6] [△] forma o sete sagrado) e assim estava muito adiante de todos os cientistas da época atual; (c) que as nossas noções de "matéria cósmica" são diametralmente opostas às da ciência ocidental. Talvez, se lembrar tudo isso, nós tenhamos êxito em transmitir a você pelo menos os axiomas elementares da nossa filosofia esotérica mais corretamente que até agora. Não tenha medo, meu amável irmão; sua vida não está termi-

---

4 **Não no sentido de *Natus*, "nascido", mas Natureza como a soma total de tudo que é visível e invisível, das formas e mentes, o agregado das causas e dos efeitos conhecidos (e desconhecidos), o universo, em resumo, infinito, incriado e ilimitado, e que também não tem um começo.** (Nota do Mahatma).

5 Proteu – um deus do mar da Grécia antiga. Filho de Poseidon, o Oceano, Proteu era o guarda dos rebanhos marinhos de seu pai. Capaz de assumir qualquer forma externa, ele só podia ser vencido enquanto dormia, se fosse fortemente amarrado. Era um deus benigno. (N. ed. bras.)

6 No original em inglês, "evolving out of itself *four* and involuting three". (N. ed. bras.)

nando e não se extinguirá antes que você tenha completado sua missão. *Nada mais* posso dizer, a não ser que o Chohan permitiu que eu dedicasse meu tempo livre a instruir aqueles que querem ser instruídos, e você terá bastante trabalho para "soltar" seus "Fragmentos" em intervalos de dois ou três meses. Meu tempo é *muito limitado,* no entanto farei o que posso. Mas *nada* posso prometer além disso. Terei de manter silêncio em relação aos Dhyan Chohans e tampouco posso revelar a você os segredos relativos aos homens da sétima ronda. A percepção das etapas mais elevadas do ser humano neste planeta não pode ser alcançada pela mera aquisição de conhecimento. Nem volumes inteiros com a informação mais perfeitamente construída poderiam revelar ao homem a vida nas regiões mais elevadas. A pessoa tem que obter conhecimento dos fatos espirituais através da experiência pessoal e da observação direta, pois, como diz Tyndall, "os fatos quando olhados diretamente são vitais e, quando passam para o terreno das palavras, metade da sua vitalidade é tirada". E o fato de que você reconhece este grande princípio da observação pessoal, e não demora para colocar em prática o que você obteve em matéria de informação útil, talvez seja a razão por que o até aqui implacável Chohan, meu Mestre, finalmente me permitiu dedicar, até certo ponto, parte do meu tempo ao progresso da Eclética[7]. Mas eu sou apenas *um* e vocês são muitos, e nenhum dos meus Colegas Irmãos, com a exceção de M., me ajudará neste trabalho; nem mesmo o nosso semi-europeu Irmão grego, que há poucos dias afirmou que "quando cada membro da Eclética no Morro houver se tornado um Zetético[8], então ele verá o que pode fazer por eles". Como você sabe, há uma possibilidade muito pequena de que isto ocorra. Há homens que buscam conhecimento até sentirem um cansaço mortal, mas mesmo estes não sentem muita impaciência por ajudar o seu próximo com o que sabem; disso surge uma frieza, uma mútua indiferença que torna aquele *que sabe* incoerente consigo mesmo e desarmonioso com o que o rodeia. Visto do nosso ponto de vista, o mal é muito maior no lado espiritual que no lado material do homem; por isso os meus sinceros agradecimentos a você e meu desejo de chamar sua atenção para um rumo que ajude a

---

[7] A Sociedade Teosófica Eclética de Simla. (N. da 3ª edição)

[8] Zetético – possível alusão aos Zetes, gêmeos da mitologia grega que criaram asas nos ombros, símbolo da capacidade de transcender. Por outro lado, em grego *zeteis* significa buscar, investigar, conforme lembra o tradutor da edição espanhola de *Las Cartas de los Mahatmas* (Editora Teosófica Ltda., Barcelona, 1994, p. 92). (N. ed. bras.)

obter um progresso verdadeiro e resultados mais amplos ao tornar o seu conhecimento um ensino permanente na forma de artigos e panfletos.

Mas para a obtenção do objetivo a que você se propõe, isto é, para uma compreensão mais clara das teorias extremamente abstrusas e inicialmente incompreensíveis da nossa doutrina oculta, nunca deixe que a serenidade da sua mente seja perturbada durante as suas horas de trabalho literário, nem antes de começar a trabalhar. É sobre a serena e plácida superfície da mente imperturbada que as visões captadas do mundo invisível encontram uma representação no mundo visível. De outro modo você buscaria em vão aquelas visões, aqueles raios de luz súbita que já ajudaram a resolver tantos problemas menores, e que são os únicos que podem colocar a verdade diante dos olhos da alma. É com zeloso cuidado que temos de proteger nosso plano mental de todas as influências adversas que surgem diariamente em nossa passagem pela vida terrestre.

Muitas são as questões que você formula em suas várias cartas. Posso responder apenas algumas. Em relação a Eglinton, peço a você que aguarde pelos acontecimentos. Em relação à sua amável senhora, a questão é mais séria e não posso assumir a responsabilidade de fazê-la mudar de dieta tão ABRUPTAMENTE **como você sugeriu. Ela pode abandonar a carne a qualquer momento e isso nunca lhe fará mal; quanto à bebida alcoólica com a qual a sra. H. vem há muito sustentando o seu sistema, você mesmo sabe os efeitos fatais que pode haver sobre uma constituição debilitada se esta última for subitamente privada do seu estimulante. A vida física dela não é uma existência real sustentada por uma reserva de forças vitais, mas uma existência artificial, alimentada pelo espírito da bebida alcoólica, por pequena que seja a quantidade. Enquanto uma constituição forte poderia recobrar forças depois do primeiro choque de uma mudança tal como a proposta, as indicações são de que ela cairia em declínio. O mesmo ocorreria se a sua principal sustentação fosse o ópio ou o arsênio. Novamente, não prometo nada, no entanto farei o que puder neste sentido. "Conversar com você e ensinar-lhe através da luz astral?" Um desenvolvimento tal do seu poder físico de audição, como você chama o *Siddhi*[9] de ouvir sons ocultos, não seria de modo algum a questão fácil que você imagina. Isso nunca foi feito por nenhum de nós, porque uma regra de ferro diz que qualquer poder que o indivíduo obtenha *deve ser adquirido por ele mesmo.* E, quando conquistados e prontos para o uso, os poderes continuam mudos e**

---

[9] *Siddhi* – poder oculto ou psíquico. (N. ed. bras.)

adormecidos em sua potencialidade, como as rodas e o mecanismo dentro de uma caixa de música; e só então se torna fácil dar corda e colocá-los em movimento. É claro que *agora* você tem mais chances que meu zoófago amigo Sinnett, que, mesmo que renunciasse à alimentação com animais ainda sentiria um desejo ardente por este tipo de comida, um desejo sobre o qual ele não teria controle, e então o impedimento seria o mesmo, neste caso. No entanto, todo homem seriamente decidido *pode* adquirir tais poderes de modo prático. Esta é a característica central da questão: não há mais distinção entre as pessoas neste caso do que em relação à questão de para quem o sol brilhará ou a quem o ar dará vitalidade. Os poderes de toda a natureza estão diante de você; *pegue os que puder.*

Pensarei sobre a sua sugestão em relação à caixa. Teria que haver algum mecanismo para evitar a descarga de força, quando a caixa estivesse carregada, durante o transporte ou depois; farei uma avaliação e buscarei conselho ou, mais precisamente, permissão. Mas devo dizer que a idéia é completamente repugnante para nós, como tudo que sugere uma semelhança com espiritismo e mediunidade. Nós teríamos total preferência por usar métodos naturais, como na última transferência de carta minha para você. Foi um dos *chelas* de M. que a deixou para você no abrigo de flores, onde ele entrou, invisível para todos, embora estivesse em seu corpo natural, assim como ele havia entrado muitas vezes no seu museu e em outras salas, sem ser percebido por nenhum de vocês, durante e depois da estada da "Velha Senhora". Mas a menos que M. lhe diga para fazer isso, ele *nunca* o fará, e foi por isso que a carta de você para mim permaneceu sem ser notada. Você tem um sentimento injusto em relação a meu Irmão, meu caro, porque ele é melhor e mais poderoso que eu – pelo menos ele não é tão limitado e tão restrito como eu. Pedi a H.P.B. para mandar a você um bom número de cartas filosóficas de um teosofista holandês em Penang – um em quem estou interessado: você pede mais trabalho e aqui está alguma coisa. São traduções, originais dos textos de Schopenhauer que estão em maior afinidade com as nossas doutrinas dos *Arhats.* O inglês não é fluente, mas o material é valioso. Se você estiver disposto a usar alguma parte dele, recomendarei que entre em contato direto com o sr. Sanders, M.S.T.,[10] o tradutor. O valor filosófico de Schopenhauer é tão bem conhecido nos países ocidentais que uma comparação ou confrontação do ensinamento dele sobre vontade, etc., com os que você recebeu de nós pode ser instrutiva. Sim,

[10] M.S.T. – membro da Sociedade Teosófica. (N. ed. bras.)

estou perfeitamente disposto a examinar as suas 50 ou 60 páginas e fazer notas nas margens; prepare-as, certamente, e mande-as para mim seja através do pequeno "Deb" ou Damodar, e Djual Kool as transmitirá. Dentro de muito poucos dias, talvez amanhã, suas duas perguntas serão amplamente respondidas por mim.

Enquanto isso, fraternalmente,

K.H.

P.S. A tradução tibetana ainda não está pronta.

Carta nº 66 [1] (ML-14) Recebida em 9 de julho de 1882

Nesta ocasião, Hume ainda estava escrevendo a série de artigos para The Theosophist *que foi intitulada* Fragments of Occult Truth[2]. *Mais tarde ele cansou do empreendimento e Sinnett o prosseguiu, completando a série e desenvolvendo a partir dela seu livro* O Budismo Esotérico. *No entanto, Hume tinha um intelecto aguçado e questionador e naquele momento estava trabalhando com Sinnett na tentativa comum de adquirir um conhecimento da filosofia oculta.*

Depois da seção de perguntas e respostas desta carta há um diagrama preparado pelo Mahatma K.H. e intitulado O Homem em um Planeta, *cuja explicação está na página que lhe segue.*

Carta de K.H. respondendo perguntas. Recebida por A.O.H., 9 de julho de 1882.

(1) Entendemos que o ciclo de necessidade do nosso sistema solar, que carrega consigo o ser humano, consiste de treze globos objetivos, dos quais o nosso é o mais inferior, com seis acima dele no ciclo ascendente, e seis no ciclo descendente, havendo um décimo-quarto mundo ainda mais inferior que o nosso. Isso está correto?

(1) O número não está completamente correto. Há sete globos objetivos e sete globos subjetivos (acabo de receber permissão para dar-lhe o número exato); os mundos das causas e os mundos dos efeitos. Os primeiros têm nossa terra ocupando o ponto de conversão inferior, onde

---

[1] Transcrita de uma cópia com a caligrafia do sr. Sinnett. (N. da 1ª edição)

[2] *Fragmentos da Verdade Oculta.* (N. ed. bras.)

a relação espírito-matéria se equilibra. Mas não se dê ao trabalho de começar a fazer cálculos, mesmo sobre esta base correta, porque você só ficará perplexo, já que as infinitas ramificações do número sete (o que constitui um dos nossos maiores mistérios) são extremamente interligadas e interdependentes em relação aos sete princípios da Natureza e do homem – e este número é o único que tenho permissão (por enquanto) para dar a você. O que posso revelar eu o faço em uma carta que estou exatamente a ponto de terminar.

(2) Nós entendemos que, abaixo do homem, você não registra três reinos, como nós (mineral, vegetal e animal), mas sete. Por favor, enumere-os e explique-os.

(2) Abaixo do homem há três reinos na região objetiva e três na região subjetiva, formando, com o homem, um setenário. Dos três primeiros, dois só podem ser concebidos por um iniciado; o terceiro é o reino Interior, sob a crosta da terra, a que poderíamos dar um nome mas que nos sentiríamos constrangidos de descrever. Estes sete reinos estão precedidos de outros e numerosos estágios e combinações, de natureza setenária.

(3) Entendemos que a mônada, ao começar no mundo mais elevado da série descendente, aparece lá em um envoltório mineral e então passa através de uma série de sete envoltórios representando os sete estágios[3] em que o reino mineral está dividido, e, feito isso, ela passa para o planeta seguinte e faz o mesmo (eu propositadamente nada digo dos mundos de resultados, onde a mônada assume em seu desenvolvimento o resultado do que ela experimentou no mundo anterior e a preparação necessária para o próximo) e assim sucessivamente através das treze esferas, fazendo um total de 91 existências minerais. (a) Isso é correto? (b) Neste caso, quais são os estágios que devemos considerar no mundo mineral? E também, (c) como a mônada sai de um envoltório mineral para outro; no caso da vegetalização e da encarnação, a planta e o animal morrem, mas até onde sabemos o mineral não morre: então, como a mônada na primeira ronda sai de uma metalificação para outra? (d) E cada molécula separada do metal tem uma mônada, ou só aqueles grupos de moléculas em que é observável uma estrutura definida, como os cristais?

---

[3] Estágios – *classes* no original. (N. ed. bras.)

(3) Sim, em nossa cadeia de mundos ela começa no globo "A" da série descendente e, passando por todas as evoluções e combinações preliminares dos três primeiros reinos, ela se descobre envolta em sua primeira forma mineral (no que eu chamo de raça quando falo do homem, e no que nós podemos chamar de estágio em geral – do estágio I – nesse ponto. Só que ela passa por *sete* ao invés de "pelas treze esferas", inclusive omitindo os "mundos de resultados" intermediários. Havendo passado pelos seus sete grandes estágios de metalificação (boa palavra esta)[4], com suas ramificações setenárias, a mônada dá nascimento ao reino vegetal e passa ao planeta seguinte "B".

(a) Como você vê agora, exceto em relação aos números. (b) Os seus geólogos dividem as pedras, creio, em três grandes grupos – arenito, granito e calcário; ou sedimentário, ígneo e orgânico, segundo as suas características físicas, assim como os psicólogos e espiritualistas dividem o homem na trindade de corpo, alma e espírito. Nosso método é totalmente diferente. Dividimos os minerais (e também os outros reinos) de acordo com suas propriedades ocultas, isto é, de acordo com a proporção relativa dos sete princípios universais que eles contêm. Lamento decepcioná-lo, mas não posso, não tenho autorização para responder sua pergunta. No entanto, para ajudar você em uma questão de simples nomenclatura, eu o aconselho a estudar perfeitamente os sete princípios no homem, e a dividir do mesmo modo, correspondentemente, os sete estágios dos minerais. Por exemplo, o grupo sedimentário corresponderia ao corpo composto (quimicamente falando) do homem, ou seu primeiro princípio; o grupo orgânico corresponderia ao segundo princípio (alguns o classificam como terceiro), ou *jiva,* etc., etc. Você deve exercitar sua própria intuição nisso. Deste modo você poderá intuir certas verdades até mesmo em relação às propriedades delas. Estou totalmente disposto a ajudá-lo, mas as coisas devem ser divulgadas *gradualmente.* (c) Por *osmose*[5] oculta. O mineral faz o mesmo, só que com intervalos mais longos, já que seu corpo rochoso é mais duradouro. Ele morre ao final de cada ciclo *manvantário,* ou no fim de uma "Ronda", você diria. Isso é explicado na carta que estou preparando para você. (d) Toda molécula é parte da Vida Universal. A alma do homem (seus quarto e quinto princípios) é apenas uma combinação de entidades que progrediram

---

[4] Metalificação: no original, *inmetaliation*. (N. ed. bras.)

[5] *Osmose* é a tendência de um fluido passar através de uma membrana semipermeável para uma solução em que sua concentração seja mais baixa, equalizando assim as condições. (N. ed. bras.)

do reino inferior. A superabundância ou preponderância de uma combinação sobre outra determinará, freqüentemente, os instintos e as paixões de um homem, a menos que estes sejam controlados pela influência suavizadora e espiritualizante do sexto princípio.

(4) Repare, por favor, que nós chamamos de uma "ronda" o Grande Ciclo que a mônada percorreu no reino mineral, o qual consideramos conter treze (sete) estações, ou mundos objetivos, mais ou menos materiais. Em cada uma destas estações ela realiza o que chamamos um "anel mundial", que inclui sete metalificações, uma em cada um dos sete estágios daquele reino. Isso é aceito como nomenclatura e é correto?

(4) Acredito que isso levará a mais confusão. Nós concordamos em chamar de Ronda a passagem de uma mônada do globo "A" ao globo "Z" (ou "G") através do seu envolvimento em todos e em cada um dos quatro reinos, isto é, como mineral, vegetal, animal e homem ou pelo reino dos Devas. A expressão "anel mundial" está correta. M. aconselhou fortemente o sr. Sinnett a estabelecer uma nomenclatura antes de dar qualquer passo adiante. Alguns fatos isolados foram dados a vocês até agora *par contrebande* e de acordo com o princípio do contrabando. Mas agora, já que vocês parecem real e seriamente determinados a estudar e utilizar nossa filosofia, é hora de começarmos a trabalhar seriamente. O fato de que somos obrigados a negar a nossos amigos uma descrição da Matemática superior não é motivo para que nos recusemos a ensinar-lhes aritmética. A mônada não percorre apenas "anéis mundiais" ou sete grandes metalificações, vegetalizações, zoonificações (?) e encarnações – mas uma infinidade de subanéis ou vórtices subordinados, todos em séries de sete. Assim como o geólogo divide a crosta terrestre em grandes divisões, subdivisões, compartimentos menores e zonas, e o botânico divide suas plantas em ordens, classes e espécies, e o zoólogo divide os objetos do seu estudo em classes, ordens e famílias, nós também temos nossas classificações arbitrárias e nossa nomenclatura. Mas além de tudo isso ser incompreensível para você, teriam de ser escritos volumes e mais volumes a partir dos livros de Kiu-te[6] e outros. Os comentários sobre eles são ainda piores. Estão cheios dos cálculos ma-

---

[6] Obras tibetanas sobre temas ocultos, que consistem, segundo as informações disponíveis, de 35 volumes de escritos populares e de sete volumes de escritos esotéricos, com cerca de 14 volumes de comentários. As Estâncias de Dzyan, na obra *A Doutrina Secreta*, correspondem ao primeiro volume dos comentários sobre os sete textos secretos de Kiu-te. (Ed. C.)

temáticos mais abstrusos, cujas chaves estão em mãos apenas dos nossos adeptos mais elevados, já que, como eles mostram a infinidade das manifestações fenomênicas na condição de projeções laterais da Força *única*, eles são, também, secretos. Portanto, duvido que tenha permissão para transmitir a você agora alguma coisa além da mera idéia unitária ou central. De qualquer modo, farei o melhor possível.

(5) Nós consideramos que, em *cada um* dos outros seis reinos que você assinala, uma mônada percorre de modo similar uma ronda completa, parando em cada uma das trezes estações, e lá realizando em cada uma um anel mundial de sete vidas, uma em cada um dos sete estágios em que cada um dos seis reinos mencionados é dividido. Está isso correto e, neste caso, você pode dizer quais são os sete estágios destes seis reinos?

(5) Se pela palavra *reinos* são mencionados os sete reinos ou regiões da terra – e não vejo como isso poderia mencionar outra coisa – a questão é respondida em minha resposta à sua pergunta (2), e neste caso cinco, dos sete, já estão enumerados. Os dois primeiros estão relacionados, assim como o terceiro, com a evolução dos elementais e do Reino Interior.

(6) Se estamos certos, então o total de existências antes do período humano é 637. Isso é correto? Ou haverá sete existências em cada estágio de cada reino, 4.459? Ou quais são os números totais e como se dividem? Um ponto mais. Nesses reinos inferiores, o número de vidas, digamos assim, é invariável, ou ele varia, e, neste caso, como, por que, e dentro de que limites?

(6) Como não tenho permissão para dizer-lhe toda a verdade, nem para divulgar os números de frações isoladas, não posso satisfazê-lo dando o número total. Fique certo, meu caro irmão, de que para quem não busca tornar-se um ocultista prático estes números nada significam. Mesmo nossos chelas elevados têm acesso negado a estes detalhes até o momento da sua iniciação ao adeptado. Estas cifras, como já disse, são tão profundamente interligadas com os mais profundos mistérios psicológicos que divulgar a chave para tais números seria colocar o cetro do poder ao alcance de todos os homens inteligentes que lessem o seu livro. Tudo o que posso dizer é que dentro do Manvantara Solar o número de existências ou atividades vitais da mônada é fixo, mas há variações locais em sistemas *menores*, mundos individuais, rondas e anéis mundiais, de acordo com as circunstâncias. E, em relação a isso, lembre também que as *personalidades* humanas são freqüentemente *destruídas*, enquan-

to que as entidades, individuais ou compostas, completam todos os círculos[7] de necessidade, pequenos e grandes, sob qualquer forma que seja.

(7) Até aqui esperamos estar razoavelmente corretos, mas quando chegamos ao homem ficamos confusos.

(7) O que não é de estranhar, já que vocês não receberam as informações certas.

(7a) A mônada como homem (a partir do macaco-homem) faz uma ou sete rondas tais como definidas acima?

(7a) Como macaco-homem ele faz exatamente tantas rondas e anéis como qualquer outra raça ou *estágio*, isto é, faz uma ronda, e em todos os planetas, de "A" a "Z", tem de atravessar sete raças principais de homem-semelhante-a-macaco, com o mesmo número de sub-raças, etc., etc. (veja as notas suplementares), que a raça descrita acima.

(7b) Em cada ronda, o seu círculo mundial consiste de sete vidas em sete raças (49) ou só de sete vidas em uma raça? Não temos certeza sobre o modo como você usa a palavra raça, se há uma só raça para cada estação de uma ronda, isto é, uma raça para cada círculo mundial, ou se há sete raças (com suas sete ramificações e uma vida em cada uma delas, em cada caso) em cada círculo mundial. Além disso, a partir do seu uso das palavras "e o homem tem por sua vez que evoluir através de cada uma delas antes de passar à raça imediatamente mais elevada, e isso – *sete vezes"*[8], nós não temos certeza de que não há sete vidas em cada ramificação, como você as chama, e que chamaremos de sub-raças, se lhe parecer aceitável. Deste modo, agora pode haver sete rondas, cada uma com sete raças, cada uma com sete sub-raças, cada uma com sete encarnações = 13 x 7 x 7 x 7 x 7 = 31.213 vidas, ou uma ronda com sete raças e sete sub-raças e uma vida em cada = 13 x 7 x 7 = 637 vidas ou novamente 4.459 vidas. Por obséquio, corrija-nos neste ponto, dizendo qual é o número normal de vidas (o número exato irá variar devido ao número de deficientes mentais, crianças, etc., que não contam) e como se distribuem.

(7b) Como na raça descrita acima: isto é, em cada planeta – nossa terra inclusive – o homem tem que percorrer sete anéis através de sete raças (um em cada uma), e sete multiplicado por sete ramificações. Há sete raças-raízes e sete sub-raças ou ramificações. A nossa doutrina con-

---

[7] Possivelmente "ciclos" de necessidade. (Nota da 3ª edição)

[8] Estas palavras do Mahatma estão no primeiro parágrafo da Carta nº 62. (N. ed. bras.)

sidera a antropologia um sonho absurdo e vazio dos religiosos e se limita à etnologia. É possível que a minha nomenclatura tenha erros; você tem toda a liberdade, neste caso, de mudá-la. O que eu chamo de "raça" talvez você chame de "linhagem", embora o termo sub-raça expresse melhor o que nós queremos dizer do que o termo "família" ou "divisão" do gênero homo. No entanto, para esclarecê-lo nesta questão como colocada até aqui eu direi: uma vida em cada uma das sete raças-raízes; sete vidas em cada uma das 49 sub-raças, ou 7 x 7 x 7 = 343 e some mais sete. E depois uma série de vidas em ramificações de raças, fazendo com que o total de encarnações de um homem em cada estação ou planeta seja 777. O princípio de aceleração e retardamento funciona de modo a eliminar todas as linhagens inferiores, deixando apenas uma, mais elevada, para o último anel. Não é muito para dividir por um período de alguns milhões de anos que o homem passa em um planeta. Vamos considerar apenas um milhão de anos – antes uma suposição e agora algo aceito por sua ciência – como correspondendo a todo o período do homem sobre nossa terra nesta ronda; e atribuindo uma média de um século para cada vida, vemos que enquanto ele passa, em todas suas vidas neste planeta (nesta ronda), apenas 77.700 anos, esteve 922.300 anos nas esferas subjetivas. Não é muito encorajador para os reencarnacionistas extremamente modernos que lembram das suas várias existências passadas!

Se você quiser fazer alguns cálculos, não esqueça que nós computamos acima apenas as vidas normais completas, com consciência e responsabilidade. Nada foi dito em relação às falhas da Natureza nos abortos, aos deficientes mentais congênitos, às mortes de crianças em seus primeiros ciclos setenários, nem sobre as *exceções*, das quais não posso falar. Você tem de lembrar, igualmente, que a vida humana média varia enormemente de acordo com as Rondas. Embora eu seja obrigado a reter informação sobre muitos pontos, caso você consiga resolver sozinho quaisquer dos problemas, será meu dever dizê-lo. Tente resolver o problema das 777 encarnações.[9]

(8) "M" disse que toda a humanidade está na quarta ronda; a quinta ronda ainda não começou mas iniciará em pouco tempo. Isso foi um lapso? Caso contrário, comparando tal afirmação com as suas observações atuais, concluímos que toda a humanidade está na quarta ronda (embora em outro lugar você pareça dizer que estamos na quinta ronda). E que as pessoas mais elevadas da terra agora pertencem à primeira sub-raça da quinta raça, a maioria à sétima

---

[9] Na carta 132 da presente edição, H.P.B. reforça e esclarece certos aspectos desta questão específica. (N. ed. bras.)

sub-raça da quarta raça, mas com remanescentes das outras sub-raças da quarta raça e da sétima sub-raça da terceira raça. Esclareça-nos bem, por favor, a este respeito.

(8) "M" conhece muito pouco da língua inglesa e *detesta* escrever. Mas mesmo eu poderia muito bem ter usado esta expressão. Algumas gotas de chuva não fazem uma monção, embora a pressagiem. A quinta ronda não começou em nossa terra e as raças e sub-raças de uma ronda não devem ser confundidas com as de outra ronda. A humanidade da quinta ronda poderá ser considerada como tendo "iniciado" quando, no planeta precedente ao nosso, não houver um só homem daquela ronda e, na nossa terra, não houver nem um só da quarta ronda. Devo dizer também que os homens isolados da quinta ronda (e eles são muito poucos e escassos) que aparecem entre nós como precursores[10] não geram descendentes da quinta ronda em sua passagem pela terra. Platão e Confúcio foram homens da quinta ronda, e o nosso Senhor[11] foi um homem da sexta ronda (falarei do mistério do seu avatar em minha próxima carta), e até mesmo o filho de Gautama Buddha foi apenas um homem da quarta ronda.

Nossos termos místicos, na desajeitada tradução do sânscrito para o inglês, são tão confusos para nós como são para vocês – especialmente para "M". A menos que, ao escrever a vocês, um de nós tome sua pena como *adepto* e a use desde a primeira até a última palavra nesta condição, ele está de fato tão sujeito a "lapsos" como qualquer outro homem. Não, nós não estamos na quinta ronda, mas homens da quinta ronda têm estado nascendo há alguns milhares de anos. Mas o que é um período de tempo tão pequeno em comparação até mesmo com um milhão dos vários milhões de anos que abrange a ocupação da terra pelo homem em uma só ronda?

K.H.

Examine cuidadosamente, por favor, algumas coisas adicionais que lhe dou nas últimas páginas soltas. Damodar recebeu ordens de mandar a você a carta nº 3 de Terry[12] – um bom material para o folheto número 3 de *Fragments of Occult Truth.*

---

[10] *Avant couriers,* no original. (N. ed. bras.)

[11] O Senhor Buddha. (N. ed. bras.)

[12] William Terry era um membro australiano da Sociedade Teosófica. Ele havia feito diversas perguntas sobre idéias teosóficas que pareciam bastante importantes, e Sinnett e Hume decidiram dar longas respostas a elas. Foi a partir destas correspondências que a série de artigos *Fragments of Occult Truth* começou a surgir. (Ed. C.)

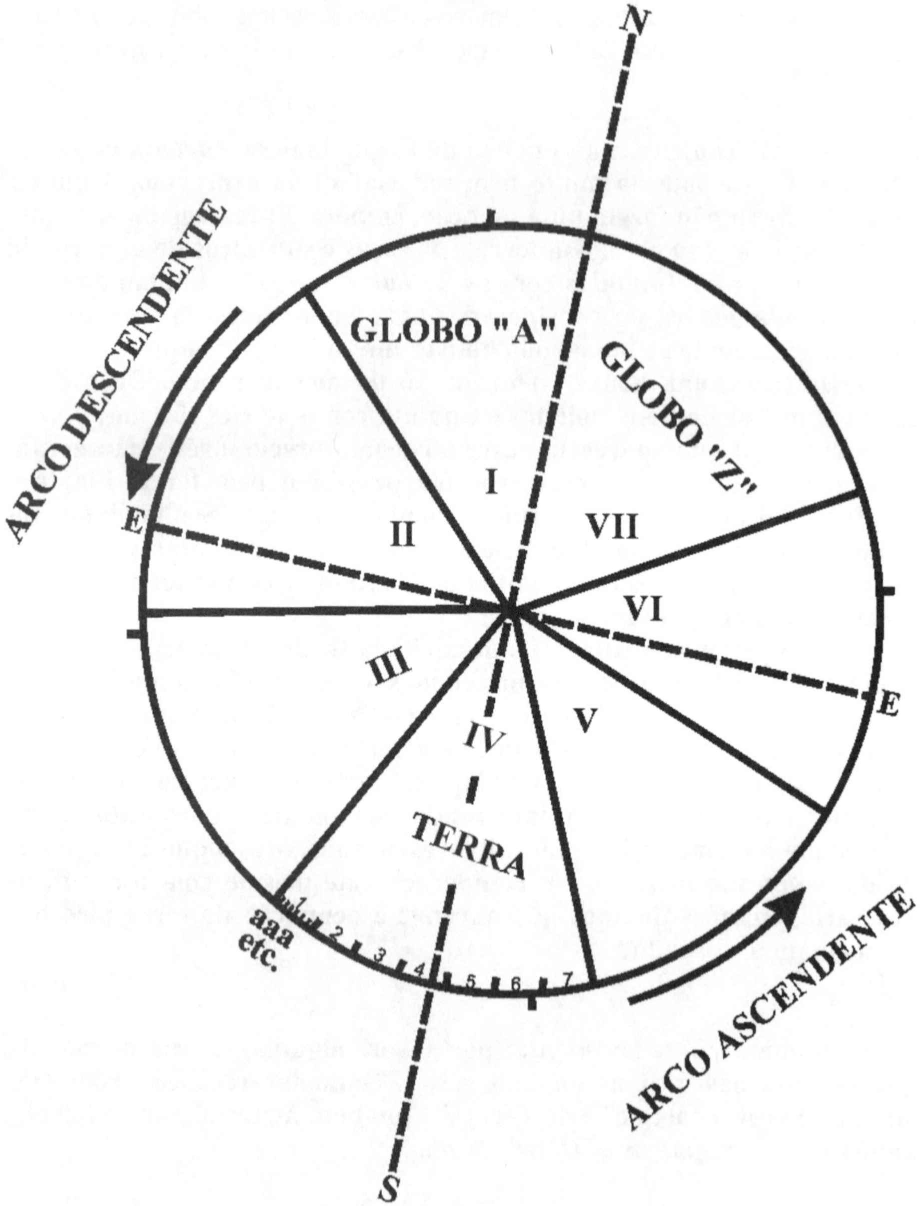

O HOMEM EM UM PLANETA[13]

[13] Veja as notas explicativas na página seguinte. (N. da 1ª ed.)

Esta figura representa em termos gerais o desenvolvimento da humanidade em um planeta, digamos, em nossa terra. O homem evolui em sete grandes raças ou raças-raízes; 49 raças menores, e as raças subordinadas ou ramificações; as raças menores, derivadas destas últimas, não são mostradas.

O arco indica a direção tomada pelo impulso evolucionário.

I, II, III, IV, etc. são as grandes raças ou raças-raízes.

1, 2, 3, etc., são as raças menores.

a, a, a são as raças subordinadas ou ramificações.

"N" é o ponto inicial e terminal da evolução no planeta.

"S" é o ponto axial em que o desenvolvimento se equilibra ou se ajusta na evolução de cada raça.

"E" são os pontos equatoriais, onde o intelecto no arco descendente supera a espiritualidade e onde, no arco ascendente, a espiritualidade ultrapassa o intelecto.

(Até aqui, o texto está na letra de D.K. – o resto na de K.H. – A.P.S.)

P.S. Com sua pressa, D.J.K. fez com que a figura ficasse um pouco inclinada e fora da perpendicular, mas servirá como um memorando em rascunho. Ele a desenhou para representar o desenvolvimento em um só planeta; mas acrescentei uma palavra ou duas para que possa ser aplicada também (como pode) a toda uma cadeia manvantárica de mundos.

K.H.

NOTAS SUPLEMENTARES

Sempre que surgir alguma questão sobre evolução ou desenvolvimento em qualquer Reino, não esqueça que tudo começa sob a lei setenária de séries nas suas correspondências e por sua relação mútua em toda a natureza.

Na evolução do homem há um ponto mais elevado, um ponto mais baixo, um arco descendente, e um arco ascendente. Como é o "Espírito" que se transforma em "matéria" e (não a "matéria" que se eleva, mas) a matéria *se transforma novamente em espírito*, naturalmente a evolução da primeira raça e da última em cada planeta (como em cada ronda) deve ser mais etérica, mais espiritual; a quarta, a mais inferior, a mais física (progressivamente, claro, em cada ronda) e ao mesmo tempo

– *como a inteligência física é a manifestação velada da inteligência espiritual* – cada raça que surge no arco descendente deve ser mais fisicamente inteligente que sua predecessora, e cada uma, no arco ascendente, tem uma forma mais refinada de mentalidade combinada com intuição espiritual.

A primeira raça (ou estirpe) da primeira ronda, depois de um manvantara *solar* (espere amavelmente por minha próxima carta antes de deixar-se ficar outra vez perplexo ou confuso – ela explicará muitas coisas) seria, portanto, uma raça de homens-deuses, de formas quase impalpáveis, e assim é; mas então surge para o estudante a dificuldade de reconciliar esse fato com a idéia da evolução do homem a partir do *animal* – por mais elevada que seja sua forma entre os antropóides. No entanto os fatos são compatíveis, para qualquer um que se mantenha fiel a uma analogia estrita entre as operações dos dois mundos, o visível e o invisível – um só mundo, na realidade, já que trabalhamos, digamos assim, dentro dele. Pois bem, há, *deve haver,* "fracassos" nas raças etéreas dos muitos tipos de *Dhyan Chohans* ou *Devas,* assim como entre os homens. Ainda assim, como estes fracassos são demasiado evoluídos e espiritualizados para serem obrigados a retroceder, perdendo a condição de *Dhyan Chohans* e caindo no vórtice de uma nova evolução primordial através dos reinos inferiores – o que ocorre, então, é o seguinte. Quando um novo sistema solar deve surgir, estes *Dhyan Chohans* são (lembre a alegoria hindu dos *Devas* caídos que Shiva lançou no Andarah[1] e a quem Parabrahm permite considerarem este estado como intermediário, uma esfera em que eles podem preparar-se, através de uma série de renascimentos, para um estado mais elevado – uma nova regeneração) trazidos pelo influxo "para adiante" dos elementais e permanecem como uma força espiritual latente e inativa na aura do mundo nascente de um novo sistema até que o estágio da evolução humana é alcançado. Então o carma os atingiu e eles terão que aceitar até a última gota do cálice amargo da retribuição. Eles se tornam então uma Força *ativa,* e se misturam com os elementais, ou *entidades* que evoluíram do reino animal puro para desenvolver, pouco a pouco, o tipo pleno da humanidade. Nesta mistura eles perdem sua elevada inteligência e a espiritualidade da condição de Devas para recuperá-las ao final do sétimo anel da sétima ronda.

Assim, nós temos:

---

[1] Possivelmente *Antarala* (estado intermediário). (N. da 3ª ed.)

1ª Ronda – Um ser etéreo – *não-inteligente*, mas super-espiritual. Em cada uma das subseqüentes raças, sub-raças e raças menores da evolução, ele se transforma mais e mais em um ser encapsulado ou encarnado, mas ainda predominantemente etéreo. E, como o animal e o vegetal, ele desenvolve corpos monstruosos, que correspondem ao seu ambiente grosseiro.

2ª Ronda – Ele ainda é gigantesco e etéreo, mas adquirindo mais firmeza e mais densidade corporal – um homem mais físico, e no entanto ainda menos inteligente que espiritual; porque a mente tem uma evolução mais lenta e mais difícil que a estrutura física, e a mente não se desenvolve tão rapidamente como o corpo.

3ª Ronda – Ele tem agora um corpo perfeitamente concreto e compacto; inicialmente a forma de um macaco gigantesco, e é mais inteligente (ou, melhor, mais astucioso) que espiritual. Porque agora, no arco descendente, ele atingiu o ponto onde a sua espiritualidade primordial é eclipsada ou dominada pela mentalidade nascente. Na segunda metade desta terceira ronda esta estatura gigantesca diminui, seu corpo melhora em textura (talvez um microscópio pudesse ajudar a demonstrar esse ponto) e ele se torna um ser mais racional – embora ainda seja mais um macaco que um anjo humano.

4ª Ronda – Nesta ronda o intelecto tem um enorme desenvolvimento. As raças mudas irão adquirir a *nossa* fala humana em nosso globo, no qual, a partir da quarta raça, a linguagem é aperfeiçoada e o conhecimento das coisas físicas aumenta. Neste ponto, a meio caminho da quarta ronda, a humanidade passa *o ponto axial do círculo manvantárico menor* (além disso, no ponto médio da evolução de cada grande raça ou raça-raiz, em cada ronda, o homem passa pelo equador do seu percurso naquele planeta, e a mesma regra se aplica a toda a evolução ou às sete rondas do Manvantara menor – 7 rondas ÷ 2 = 3 1/2 rondas). Neste ponto, então, o mundo está coberto de resultados da atividade intelectual e *declínio espiritual.* Na primeira metade da quarta raça, nascem as ciências, as artes, a literatura e a filosofia, eclipsadas em uma nação, renascendo em outra, com a civilização e o desenvolvimento espiritual avançando em remoinhos de ciclos setenários como o resto; enquanto que é apenas na segunda metade que o Ego espiritual começará sua real luta com o corpo e a mente para manifestar os seus poderes transcendentes. Quem ajudará na próxima luta gigantesca? Quem? Feliz o homem que ajuda uma mão que está ajudando.

5ª Ronda – O mesmo desenvolvimento relativo, e a mesma luta contínua.

6º Ronda.

7º Ronda.

Sobre estas não há necessidade de falar.

Carta nº 67 [1] (ML-15) Recebida em 10 de julho de 1882

De K. H. a A. O. H. Recebida em 10 de julho de 1882.

(1) Cada forma mineral, vegetal, planta, animal, contém sempre dentro de si aquela entidade que inclui a potencialidade de desenvolvimento até chegar a ser um espírito planetário? Há neste momento atual, nesta terra atual, tal essência, espírito ou alma – o nome não importa – em cada mineral, etc.?

(1) Invariavelmente; só que é melhor chamá-lo de *germe* de uma futura entidade, e é o que tem sido durante eras. Pense no feto humano. Desde o momento da sua primeira instalação até completar o seu sétimo mês de gestação, ele repete em miniatura os ciclos mineral, vegetal e animal pelos quais passou em seus invólucros anteriores, e só durante os dois últimos meses desenvolve a sua futura entidade humana. Esta só fica completa durante o sétimo ano da criança. No entanto, ela existiu sem nenhum *acréscimo* ou *decréscimo* durante eternidades e mais eternidades, antes de percorrer seu caminho, *através* e *no* útero da mãe natureza, como faz agora no corpo de sua mãe terrena. Tem razão um sábio filósofo, que confia mais em sua intuição que nos ditados da ciência moderna, ao dizer: "Os estágios da existência intra-uterina do homem são um registro condensado de algumas das páginas que faltam na história da Terra". Assim, você deve olhar para trás e ver as entidades animais, minerais e vegetais. Você deve encarar cada entidade em seu ponto inicial na trajetória manvantárica como o átomo cósmico primordial já diferenciado pela primeira vibração da respiração vital do manvantara.[2] Porque a potencialidade que finalmente se torna um espírito planetário perfeito está à espreita naquele átomo cósmico primordial e, na realidade, é ele. Atraído por sua "afinidade *química*" (?) para a combinação com outros átomos semelhantes, a soma total de tais átomos unidos se tornará, em seu devido tempo, um globo habitado por homens, depois dos estágios da nuvem, da espiral, da esfera de neblina de fogo e da condensação, consolidação, contração e esfriamento do planeta. Mas, veja bem, nem todo globo se torna um "carregador de *homens*". Eu simplesmente afirmo o fato, sem deter-me mais neste assunto. A grande dificuldade de compreender a idéia do processo acima

---

[1] Transcrita de uma cópia feita com a caligrafia do sr. Sinnett. (Ed. C.)

[2] Parece haver nesta frase uma referência ao que a astrofísica moderna chama de "Big-Bang". (N. ed. bras.)

está na probabilidade de formar concepções mentais mais ou menos incompletas do trabalho do elemento *único*, da sua inevitável presença em cada átomo imponderável, e da sua subseqüente, incessante e quase ilimitável multiplicação de novos centros de atividade, sem que seja afetada, de modo algum, a sua própria quantidade original. Vamos tomar uma tal agregação de átomos, destinada a formar nosso globo, e depois, lançando um olhar superficial sobre o conjunto, seguir o trabalho especial de tais átomos. Chamaremos o átomo primordial de A. Como este não é um centro circunscrito de atividade, mas o ponto inicial do remoinho manvantárico de evolução, dá lugar a novos centros que nós podemos chamar de B, C, D, etc., incalculavelmente. Cada um destes pontos capitais dá lugar a centros menores a, b, c, etc. E estes últimos, ao longo da evolução e da involução, no devido tempo, se tornam A', B', C', etc., e assim formam as raízes, ou são as causas do desenvolvimento de novos gêneros, espécies, classes, etc., até o infinito. Pois bem, nem o A primordial nem os seus átomos companheiros ou os a', b' e c' que derivaram deles perderam uma só partícula da sua força original ou essência vital devido à evolução dos seus derivados. A força não é transformada em algo diferente, como eu já mostrei em minha carta, mas com o desenvolvimento de um novo centro de atividade a partir de *dentro* de si mesma, ela se multiplica até o infinito sem jamais perder uma partícula da sua natureza, seja em quantidade, seja em qualidade. No entanto, ela adquire algo mais em sua diferenciação à medida que progride. Esta "força", digamos assim, mostra-se verdadeiramente indestrutível, mas *não* tem correlações e *não* é conversível no sentido aceito pelos membros da R.S.[3], porém, ao invés disso, pode-se dizer que ela *cresce* e *se expande* tornando-se "algo diferente" enquanto nem a sua própria potencialidade nem o seu ser são, em absoluto, afetados pela transformação. Nem ela pode ser corretamente chamada de *força*, já que esta última é apenas o atributo de Yin-sin (Yin-sin, ou a única "Forma de existência", e também Adi-Buddhi ou Dharmakaya, a essência mística universalmente difundida) quando se manifesta no mundo fenomênico dos sentidos, isto é, apenas seu velho conhecido, Fohat. Veja em relação a isso o artigo de Subba Row, "Aryan Arhat Esoteric Doctrines"[4], sobre os princípios setenários no homem; o comentário dele sobre os seus *Fragments*, pp. 94 e 95. O brâmane iniciado a chama (a Yin-sin e Fohat) de Brahman e

---

[3] R.S. – Royal Society. A mais antiga sociedade científica na Grã-Bretanha e uma das mais antigas da Europa, organizada no século 17. (N. ed. bras.)

[4] O texto *"The Aryan-Arhat Esoteric Tenets on the Sevenfold Principle in Man"* está publicado no livro *Esoteric Writings*, de Subba Row, T.P.H., Índia, 1980. (N. ed. bras.)

Shakti, quando se manifesta como esta força. Nós talvez estejamos aproximadamente corretos se a chamarmos de *vida infinita*, a fonte de toda vida visível e invisível, uma essência inexaurível, sempre presente; em resumo, Swabhavat. (S. em sua aplicação universal, e Fohat quando se manifesta em todo o nosso mundo fenomênico, ou, mais precisamente, o universo visível, portanto em suas limitações.) Ela é pravritti quando ativa, nirvritti quando passiva. Chame-a de Shakti ou Parabrahma, se quiser, e diga, junto com os advaitas (Subba Row é um deles) que Parabrahm, mais Maya, se torna Ishwar, o princípio criativo – um poder normalmente chamado de Deus, que desaparece e morre com o resto quando vem o pralaya. Ou você pode ficar com os filósofos budistas do norte e chamá-la de *Adi-Buddhi*, a suprema e absoluta inteligência que tudo permeia, com sua Divindade que se manifesta periodicamente – "Avalokiteshvara" (uma natureza manvantárica inteligente, coroada pela humanidade) – o nome místico dado por nós às hostes de Dhyan Chohans (N. B., os Dhyan Chohans solares, ou a hoste apenas do nosso sistema solar) considerados coletivamente, hoste esta que representa a fonte-mãe, a soma agregada de todas as inteligências que existiram, existem ou algum dia existirão, seja na nossa corrente de planetas carregados de homens, ou em qualquer parte ou porção do nosso sistema solar. E isso levará você, por analogia, a ver que, por sua vez, *Adi-Buddhi* (como implica a própria tradução literal do seu nome) é a inteligência agregada das inteligências universais, inclusive a dos Dhyan Chohans, e até mesmo os da ordem mais elevada. Isso é tudo o que ouso dizer a você agora sobre este assunto especial, porque receio já haver transcendido o limite. Portanto, sempre que falo de humanidade, sem especificações, você deve entender que não estou falando da humanidade da nossa quarta ronda como nós a vemos nesta partícula de barro no espaço, mas de toda a hoste que já evoluiu.

Sim, como está descrito em minha carta, existe apenas um elemento e é impossível compreender nosso sistema sem que uma concepção correta dele esteja firmemente fixada em nossa mente. Você deve, portanto, perdoar-me se eu me fixo no assunto mais tempo do que parece necessário. Mas, a menos que este grande fato primário seja firmemente compreendido, o resto parecerá ininteligível. Este elemento, então, é o – para falar metafisicamente – único substrato ou causa permanente de todas as manifestações do universo fenomênico. Os antigos falavam dos cinco elementos cognoscíveis, éter, ar, água, fogo, terra, e do único elemento incognoscível (para os não-iniciados), o sexto princípio do universo, que podemos chamar de Purush Shakti, enquanto que falar do sétimo princípio fora do santuário podia ser punido com a morte. Mas estes cinco são apenas os aspectos diferenciados do uno. Assim como o homem é um ser setenário, o universo também é – o microcosmo setenário está para o macrocosmo setenário assim como a gota de chuva está para a nuvem de onde ela caiu e para onde, em seu devido tempo, retornará. Naquele elemento único são abrangidas ou incluídas todas as tendências para a evolução do ar, da água, do fogo, etc. (desde o puramente abstrato até as condições concretas deles) e quando estes últimos são chamados de elementos, isso é feito para indicar as suas potencialidades produtivas para inúmeras mudanças de formas ou evoluções de modo de ser. Representemos a quantidade desconhecida como X; esta quantidade é o princípio imutável único e eterno – e A, B, C, D, E, cinco dos seis princípios menores ou componentes do mesmo; isto é, os princípios da terra, água, ar, fogo e éter (*akasha*), segundo a ordem da espiritualidade deles e começando com o mais inferior. Há um sexto princípio que responde ao sexto princípio *Buddhi*, no homem. (Para evitar confusão, lembre que ao ver a questão do ponto de vista da escala descendente, o abstrato Todo ou princípio eterno seria numericamente designado como o primeiro, e o universo fenomênico como o sétimo, quer pertencesse ao homem ou ao universo – e vista do outro ponto de vista a ordem numérica seria exatamente oposta.) Mas não temos autorização para mencionar o seu nome, exceto entre iniciados. No entanto, eu posso sugerir que ele está conectado com o processo intelectual mais elevado. Vamos chamá-lo de N. E, além destes, há, sob todas as atividades do universo fenomênico, um impulso energizador que flui de X – chame-o de Y. Colocada algebricamente, nossa equação seria, portanto, A + B + C + D + E + N + Y = X. Cada uma destas seis letras representa, pode-se dizer, o espírito ou a abstração do que você chama de elementos (a sua pobre língua inglesa não me oferece outra palavra). Este espírito controla toda a linha de evolução, ao longo do ciclo manvantárico inteiro, em seu próprio departamento. A *causa* que informa, vivifica, impele e faz evoluir por detrás das incontáveis manifestações naquele departamento da Natureza. Vamos trabalhar melhor a idéia com um simples exemplo. Considere o Fogo. D – o princípio ígneo primário residente em X – é a causa última de cada manifestação fenomênica do fogo em todos os globos da cadeia. As causas próximas são as agências ígneas surgidas secundariamente, que controlam de modo separado as *sete* descidas do fogo em cada planeta (pois cada elemento tem seus sete princípios e cada princípio tem seus sete subprincípios, e estas agências secundárias, antes de fazê-lo, se tornam por sua vez causas primárias). D é um composto setenário cujo fragmento mais elevado é espírito puro. Tal como nós o vemos em nosso globo, ele está em sua condição mais grosseira e mais material, tão grosseira, à sua maneira, como a situação do homem em seu invólucro físico. No globo imediatamente anterior ao nosso, o fogo era menos grosseiro que aqui: no globo anterior àquele, menos ainda. E assim o corpo da chama foi mais e mais puro e espiritual, menos e menos grosseiro e material, em cada planeta antecedente. No primeiro de todos na cadeia manvantárica, ele apareceu como um brilho objetivo quase puro – o Maha Buddhi, o sexto princípio da *luz eterna.* Como nosso globo está no fundo do arco, onde a matéria se mostra, junto com o espírito, em sua forma mais grosseira –, quando o elemento fogo se manifestar no globo imediatamente posterior ao nosso, no arco ascendente, ele será menos denso do que como nós o vemos. A sua qualidade espiritual será idêntica àquela que o fogo possuía no globo anterior ao nosso, na escala descendente; o segundo globo da escala ascendente corresponderá em qualidade ao segundo globo anterior ao nosso na escala descendente, etc. Em cada globo da cadeia há sete manifestações do fogo, das quais a primeira é comparável em qualidade espiritual com a última manifestação do planeta imediatamente anterior: o processo se reverte, como você deduzirá, com o arco oposto. As miríades de manifestações específicas destes seis elementos universais são por sua vez apenas as derivações, ramos ou ramificações da única e singular "Árvore da Vida" primordial.

Considere a árvore genealógica da vida da raça humana e outras de Darwin, mantendo sempre em mente o velho e sábio axioma "como embaixo, assim é em cima" – isto é, o sistema universal de correspondência – e tente compreender por analogia. Assim você verá que nesse dia, nesta terra atual, em cada mineral, etc., há um tal espírito. Direi mais. Cada grão de areia, cada pedra arredondada ou rochedo de granito é aquele espírito cristalizado ou petrificado. Você hesita. Pegue um livro elementar de geologia e veja o que a ciência afirma lá sobre a formação e o crescimento de minerais. Qual é a origem de todas as rochas, sejam sedimentares ou ígneas? Pegue um pedaço de granito e de arenito, e você verá que um está composto de cristais, e outro de grãos de várias pedras (as rochas orgânicas, ou pedras formadas a partir de restos de plantas e animais que viveram, um dia, não servirão para o nosso objetivo atual; elas são os restos de evoluções subseqüentes, enquanto nós estamos ocupados apenas em relação às primordiais). Pois bem, as rochas sedimentárias e ígneas são compostas, as primeiras de areia, cascalho e barro, e as últimas, de lava. Então, basta estabelecer a origem das duas. O que encontramos? Descobrimos que uma foi composta por

três elementos ou, mais precisamente, por três manifestações diferentes do *único* elemento – terra, água e fogo –, e a outra foi similarmente composta (embora sob condições físicas diferentes), a partir de matéria cósmica – a própria *matéria-prima* imaginária é uma das manifestações (6º princípio) do elemento único. Como, então, poderíamos duvidar de que um mineral contém em si uma centelha do *Uno*, do mesmo modo que tudo o mais nesta natureza objetiva?

(2) Quando o pralaya começa, o que acontece com o Espírito que não avançou até se tornar um homem?

(2) ... O período necessário para que sejam completados os sete anéis locais ou terrestres – e também podemos chamá-los – anéis globais (para não mencionar as sete Rondas nos manvantaras menores, seguidos pelos seus sete pralayas menores) – o término do ciclo chamado mineral é imensuravelmente mais longo que o de qualquer outro reino. Como você pode deduzir por analogia, cada globo, antes de atingir seu período adulto, deve passar por um período de formação – que também é setenário. A Lei na Natureza é uniforme, e a concepção, formação, o nascimento, progresso e desenvolvimento da criança só diferem do processo do globo em magnitude. O globo tem dois períodos de dentição e de crescimento capilar – as suas primeiras rochas, que ele também descarta, abrindo espaço para as novas – e suas samambaias e musgos, antes que consiga florestas. Assim como os átomos no corpo mudam a cada sete anos, o globo também renova as suas camadas a cada sete ciclos. O corte de uma parte dos campos carboníferos de Cape Breton mostra sete solos antigos com restos do mesmo número de florestas, e se nós pudéssemos cavar mais profundamente, outras sete seções seriam encontradas na continuação...

Há três espécies de pralayas e manvantaras:

1. O Maha pralaya e Maha manvantara,
ou pralaya e manvantara universais.

2. O pralaya solar e o manvantara solar.

3. O pequeno pralaya e o pequeno manvantara.

Quando o pralaya nº 1 se completa, o manvantara universal começa. Então todo o universo deve ser redesenvolvido de novo. Quando o pralaya de um sistema solar ocorre, ele afeta só o sistema solar. Um pralaya solar = 7 pequenos pralayas. Os pequenos pralayas, mencionados sob o nº 3, dizem respeito apenas à nossa pequena cadeia de globos, carregados ou não de humanidades. A nossa Terra pertence a uma destas cadeias.

Além disso, dentro de um pequeno pralaya há uma condição de *descanso* planetário ou, como dizem os astrônomos, "morte", como a da nossa atual lua – na qual o corpo rochoso do planeta sobrevive mas o impulso vital foi embora. Imaginemos, por exemplo, que a nossa terra faça parte de um grupo de sete planetas ou mundos habitados por humanidades, cujo arranjo é mais ou menos elíptico. A nossa terra está exatamente no ponto inferior e central da órbita de evolução, isto é, na metade do caminho – e chamaremos o primeiro globo de A, e o último de Z. Após cada pralaya[5] solar, há uma *completa* destruição do nosso sistema, e depois de cada p. solar começa a absoluta reforma objetiva do nosso sistema, e a cada vez tudo é mais perfeito que antes.

Pois bem, o impulso vital alcança "A", ou melhor, aquilo que está destinado a se tornar "A" e que, até o momento, é pó cósmico. É formado um centro na matéria nebulosa da condensação do pó solar disseminado através do espaço e uma série de três evoluções invisíveis aos olhos físicos ocorre numa sucessão, isto é, são desenvolvidos três reinos de elementais ou forças da natureza: em outras palavras, a alma animal do futuro globo é formada; ou, como diria um cabalista, os gnomos, as salamandras e as ondinas são criadas. Assim pode ser percebida a correspondência entre o globo-mãe e seu filho, o homem. Ambos têm seus sete princípios. No globo-mãe, os elementais (dos quais há no total sete espécies) formam, (a) um corpo grosseiro, (b) o seu duplo fluídico (linga shariram), (c) seu princípio vital (jiva); (d) o seu quarto princípio, kama rupa, é formado pelo seu impulso criativo, trabalhando do centro para a circunferência, (e) seu quinto princípio (alma animal ou Manas, inteligência física) está corporificado no reino vegetal (em germe) e no reino animal; (f) seu sexto princípio (ou alma espiritual, Buddhi) é o homem, (g) e seu sétimo princípio (Atma) está em uma película de akasha espiritualizado que o rodeia. Com as três evoluções completadas, o globo palpável começa a se formar. O reino mineral, o quarto em toda a série, mas o primeiro neste cenário, abre o caminho. Seus depósitos são no começo vaporosos, suaves e maleáveis, tornando-se duros e concretos só no sétimo anel. Quando este anel é completado, ele projeta sua essência para o globo B – que já está passando pelos estágios preliminares de formação, e a evolução mineral começa naquele globo. Neste momento a evolução do reino vegetal começa no globo A. Quando este último completou seu sétimo anel, a sua essência passa para o globo B. Nesta ocasião a essência mineral avança para o globo C e os germes do reino animal

---

[5] Aqui possivelmente a palavra certa é "manvantara" e não "pralaya". (N. ed. bras.)

entram no globo A. Quando o animal completa sete anéis lá, seu princípio vital vai para o globo B, e as essências do vegetal e do mineral se movimentam para diante. Então surge o homem no globo A, uma antecipação etérea do ser compacto que ele está destinado a se tornar em nossa terra. Produzindo sete raças matrizes com muitas ramificações de sub-raças, ele, como os reinos precedentes, completa seus sete anéis e é, então, transferido sucessivamente para cada um dos globos que estão mais adiante, até Z. Desde o início o homem tem todos os sete princípios incluídos nele em germe, mas nenhum está desenvolvido. Estaremos certos se o compararmos a um bebê; ninguém jamais viu o fantasma de um bebê nos milhares de histórias correntes sobre fantasmas, embora a imaginação de uma mãe amorosa possa ter sugerido a ela, em sonhos, a imagem do seu bebê perdido. E isso é muito sugestivo. Em cada uma das rondas ele faz com que um dos princípios se desenvolva completamente. Na primeira ronda sua consciência em nossa terra é entorpecida, débil e envolta em sombras, algo como a consciência de um bebê. Quando ele atinge a nossa terra na segunda ronda ele já se tornou responsável até certo grau; na terceira ele se torna inteiramente responsável. Em cada estágio e em cada ronda, seu desenvolvimento mantém o mesmo ritmo do globo no qual ele está. O arco descendente de A até nossa terra é chamado de sombrio, e o arco ascendente até Z é chamado de "luminoso". ... Nós, homens da quarta ronda, já estamos atingindo a segunda metade da quinta raça da nossa humanidade da quarta ronda, enquanto que os homens (os poucos que chegaram antecipadamente) da quinta ronda, embora ainda estejam apenas em sua primeira raça (ou mais precisamente, estágio), são, mesmo assim, incomparavelmente mais elevados que nós – espiritual, se não intelectualmente; já que, tendo completado o desenvolvimento integral deste quinto princípio (alma intelectual), eles chegaram mais perto do que nós e estão em contato mais direto com o seu sexto princípio, Buddhi. Naturalmente são muitos os indivíduos diferenciados, mesmo na quarta r., já que os germes de princípios não estão desenvolvidos igualmente em todos, mas esta é a regra.

... O homem chega ao globo "A" depois de os outros reinos terem continuado avançando. (Dividindo nossos reinos em sete, os últimos quatro são o que a ciência exotérica classifica como três. As entidades respectivas destes são divididas por nós em germinal, instintiva, semiconsciente, e completamente consciente)... Quando todos os reinos tiverem atingido o globo Z, eles não se movimentarão mais adiante para reentrar no globo A na precedência do homem, mas sob uma lei de retardamento, que opera desde o ponto central – ou terra – até Z, e que equilibra um princípio de aceleração no arco descendente, eles terão recém-terminado a sua evolução respectiva de gêneros e espécies quando o homem atingir seu desenvolvimento mais elevado no globo Z – nesta ou em qualquer outra ronda. A razão disso está no tempo muito maior requerido por eles para desenvolver as suas infinitas variedades, se os compararmos com o homem; a velocidade relativa de desenvolvimento *nos anéis*, portanto, aumenta naturalmente à medida que avançamos na escala desde o mineral. Mas estas diferentes proporções são ajustadas pelo fato de o homem parar mais tempo nas esferas interplanetárias de descanso, para sua felicidade ou aflição – de modo que todos os reinos terminam seus trabalhos simultaneamente no planeta Z. Por exemplo, no nosso globo nós vemos a manifestação da lei do equilíbrio. Desde a primeira aparição do homem, seja com ou sem fala, até sua aparição atual como um ser da quarta e da próxima quinta ronda, a intenção estrutural da sua organização não mudou radicalmente, e as características etnológicas, embora variadas, não afetam de modo algum o homem *como ser humano*. O fóssil do homem ou seu esqueleto, seja do período daquele ramo mamífero do qual ele é o ponto mais alto, seja ciclope ou pigmeu, ainda pode ser reconhecido à primeira vista como de restos humanos. Plantas e animais, enquanto isso, têm se tornado cada vez mais diferentes do que eram... O esquema com seus detalhes setenários seria incompreensível para o homem se este não tivesse o poder, como foi comprovado pelos Adeptos mais elevados, de desenvolver prematuramente o sexto e o sétimo sentidos – os quais serão atributos naturais de todos nas rondas correspondentes. Nosso Senhor Buddha – um homem da 6ª r. – não teria aparecido em nossa época, por maiores que fossem seus méritos acumulados em nascimentos prévios, se não fosse por um *mistério*... Os indivíduos não podem ultrapassar a humanidade da sua própria ronda em mais do que um degrau, porque é matematicamente impossível – você diz (com efeito): se a fonte da vida flui incessantemente, deveria haver homens de todas as rondas na terra em todos os tempos, etc. A idéia do descanso planetário pode eliminar a má interpretação sobre este ponto.

Quando o homem se aperfeiçoou no que diz respeito a uma determinada ronda no globo A, ele desaparece dali (como fizeram certos vegetais e animais). Gradualmente, este Globo perde sua vitalidade e finalmente atinge o estágio da lua, isto é, a morte, e assim permanece enquanto o homem está fazendo seus sete anéis em Z, e passando seu período intercíclico antes de começar sua próxima ronda. O mesmo ocorre com cada globo, no devido tempo.

E agora, já que o homem, ao completar seu sétimo anel sobre A, apenas começou o seu primeiro anel em Z, e como A morre quando ele o deixa e vai para B, etc., e como ele deve também permanecer na esfera intercíclica depois de Z, como faz sempre que está entre dois planetas, até que o impulso anime novamente a cadeia, claramente ninguém pode estar mais do que uma ronda à frente dos seus semelhantes. E somente Buddha constitui uma exceção em virtude do *mistério*. Temos homens da quinta ronda entre nós porque estamos na metade final do nosso anel setenário terrestre. Na primeira metade isso não poderia ter acontecido. As inúmeras miríades da nossa humanidade da quarta ronda que nos ultrapassaram e completaram os seus sete anéis em Z tiveram tempo de passar seu período intercíclico e começaram sua nova ronda e trabalho no globo D (o nosso). Mas como pode haver homens da 1ª, 2ª, 3ª, 6ª e 7ª rondas? Nós representamos as três primeiras, e a sexta só pode vir depois de longos intervalos e prematuramente através de Buddhas (somente sob condições preparadas) e a última mencionada, a sétima, não surgiu ainda. Seguimos a trajetória de um homem ao sair de uma ronda e entrar no estado nirvânico entre Z e A. A foi deixado morto na última ronda. Quando a nova ronda começa, ela agarra o novo influxo de vida, volta a despertar para a vitalidade e produz todos os seus reinos, desde a ordem mais elevada até a última. Depois que isso se repetiu sete vezes ocorre um pequeno pralaya; os globos da cadeia não são destruídos por desintegração e dispersão das suas partículas mas passam *para o abscôndito*[6]. Dali eles reemergerão por sua vez durante o próximo período setenário. Dentro de um período solar (de um p. e um m.) há sete períodos menores como este, em uma escala ascendente de desenvolvimento progressivo. Para recapitular, há na ronda sete anéis planetários ou terrestres para cada reino e um obscurecimento para cada planeta. O pequeno manvantara é composto de sete rondas, 49 anéis e sete obscurecimentos; o período solar de 49 rondas, etc.

Os períodos com manvantara e pralaya são chamados pelo Dikshita[7] de "manvantaras e pralayas de Surya[8]". O pensamento fica

[6] No original, "pass *in abscondito.*" Abscôndito, aqui, significa o oculto, o misterioso. A idéia corresponde precisamente ao conceito de ordem implícita que o físico David Bohm criaria na última quarta parte do século vinte: veja a obra *A Totalidade e a Ordem Implicada,* de David Bohm, Ed. Cultrix, SP. (N. ed. bras.)

[7] *Dikshita*; iniciado, em sânscrito. (N. ed. bras.)

[8] *Surya;* Sol, em sânscrito. (N. ed. bras.)

confuso ao especular sobre quantos dos nossos pralayas solares devem ocorrer antes da grande Noite cósmica – mas ela virá.

... Nos pequenos pralayas não há um começo *de novo* – só a retomada da atividade interrompida. Os reinos vegetal e animal que no final do pequeno manvantara tenham atingido um desenvolvimento apenas parcial não são destruídos. Sua vida ou entidades vitais, e você pode chamar algumas delas de *nati* se quiser – também encontram sua noite e seu descanso correspondentes – também têm seu próprio Nirvana. E por que não deveriam, estas entidades fetais e infantis? Todas elas, como nós, são derivadas do elemento único... Assim como nós temos nossos Dhyan Chohans, eles têm em seus vários reinos guardiões elementais, e são tão bem cuidados em seu conjunto como a humanidade é bem cuidada. O elemento único não só enche o espaço e *é* o espaço, mas também interpenetra cada átomo de matéria cósmica.

Quando chega a hora do pralaya solar – embora o processo do progresso do homem em sua sétima e última ronda seja precisamente o mesmo, cada planeta, em vez de apenas passar do visível para o invisível, quando o homem o abandona, é aniquilado. Com o começo da sétima Ronda do sétimo pequeno manvantara, cada reino já atingiu agora seu último ciclo, e só permanece em cada planeta, depois da saída do homem, a *maya* das formas que um dia existiram e viveram. Com cada passo que ele dá nos arcos descendente e ascendente, à medida que se movimenta adiante de Globo em Globo, o planeta deixado para trás se torna uma forma crisaloidal[9] vazia. Com a sua saída, há uma saída dos seres para fora de cada um dos reinos a que pertencem. Mesmo esperando para passar a formas mais elevadas no tempo devido, eles são liberados: porque até o dia daquela evolução eles descansarão em seu sono letárgico no espaço – até serem novamente energizados e lançados à vida no novo manvantara solar. Os velhos elementais descansarão até serem chamados para transformarem-se por sua vez nos corpos de entidades minerais, vegetais e animais (em uma outra cadeia de globos mais elevada), em seu caminho para tornarem-se entidades humanas (veja *Ísis*), enquanto que as entidades germinais das formas mais baixas – e naquele tempo de perfeição geral restarão apenas umas poucas destas – ficarão suspensas no espaço como gotas de água subitamente transformadas em pequenos pedaços de gelo. Elas irão descongelar com o primeiro alento quente do manvantara solar e formarão a alma dos

---

[9] *Crisaloidal*, isto é, de certo modo semelhante à crisálida, a forma intermediária do processo de transformação da lagarta em borboleta. (N. ed. bras.)

globos futuros... O lento desenvolvimento do reino vegetal é garantido pelo longo descanso interplanetário do homem... Quando o pralaya solar chega, toda a humanidade purificada se funde no Nirvana, e daquele Nirvana inter-solar ela renascerá em sistemas mais altos. A cadeia de mundos é destruída e desaparece como a sombra de um muro quando a luz é extinta. Temos todas as indicações de que neste exato momento o pralaya solar começa, enquanto dois pralayas menores terminam em algum lugar.

No começo do manvantara solar, os elementos até aqui subjetivos do mundo material, agora espalhados na forma de pó cósmico, ao receberem seu impulso dos novos Dhyan Chohans do novo sistema solar (os mais elevados entre os mais antigos foram para níveis superiores) – formarão eles próprios as ondulações primordiais da vida e, separando-se em centros diferenciados de atividade, se combinarão em uma escala graduada de sete estágios de evolução. Como qualquer outro orbe do espaço, a nossa Terra, antes de obter sua materialidade última – e nada, agora neste mundo, poderia dar a você uma idéia do que é este estado de matéria – tem de passar através de uma escala de sete estágios de densidade. Eu digo escala de propósito, já que a escala diatônica[10] dá a melhor ilustração possível do movimento rítmico e perpétuo do ciclo ascendente e descendente de Swabhavat – graduado, como está, por tons e semitons.

Entre os membros cultos da sua Sociedade você tem um teosofista que, mesmo sem ter familiaridade com a nossa doutrina oculta, captou intuitivamente a idéia de um pralaya e um manvantara solar. Estou me referindo ao famoso astrônomo francês Flammarion[11] – *La Résurrection et la Fin des Mondes* (cap. 4). Ele fala como um autêntico vidente. Os fatos são como ele supõe, com pequenas variações. Em conseqüência do esfriamento secular (mais precisamente envelhecimento e perda de força vital), solidificação e ressecamento dos globos, a terra chega ao ponto em que começa a ser um conglomerado sem consistência. O período da produção de crianças passou. Seus filhos estão todos alimentados, seu período de vida acabou. Então "suas massas constituintes deixam de obedecer às leis de coesão e agregação que as mantêm juntas". E tornando-se como um cadáver que, abandonado ao trabalho da destruição,

---

[10] Escala diatônica – escala musical que avança de acordo com a sucessão natural dos tons e semitons. Há uma identidade entre esta imagem usada pelo adepto e o conceito de *música das esferas ou harmonia proporcional do cosmo*, idéia usada 24 séculos antes por Pitágoras, na Grécia. (N. ed. bras.)

[11] Camille Flammarion, membro da ST e amigo de H.P.B. (N. ed. bras.)

deixa cada molécula que o compõe livre para separar-se definitivamente do corpo, e para obedecer no futuro ao impulso de novas influências, a atração da lua (gostaria que ele soubesse toda a extensão da influência perniciosa dela) assumiria a tarefa da demolição produzindo uma onda de maré com partículas de terra, ao invés de uma maré aquática.

O erro dele está em que acredita ser necessário muito tempo para a ruína do sistema solar: somos informados de que ela ocorre num piscar de olhos, mas não sem muitas advertências preliminares. Outro erro é a suposição de que a terra cairá no sol. No pralaya solar, o sol é o primeiro a desintegrar-se.

... Penetre a natureza e a essência do sexto princípio do universo e do homem e você terá compreendido o maior mistério deste nosso mundo: e por que não – você não está rodeado por ele? As suas diferentes manifestações, mesmerismo, força ódica, etc. – são todas elas diversos aspectos da força única, que pode ser bem ou mal aplicada.

Os graus de iniciação de um Adepto assinalam os sete estágios em que ele descobre o segredo dos princípios setenários na natureza e no homem e desperta seus poderes adormecidos.

Carta nº 68 [1] (ML-16) Recebida em julho de 1882

Esta carta contém perguntas de Sinnett e respostas do Mahatma K.H. É conhecida como a "Carta do Devachan", porque diz respeito principalmente a esse estado que o ser humano alcança entre as encarnações.

A carta começa com uma referência a uma carta "no último Theosophist"*. Está na edição de junho de 1882, pp. 225-226. É assinada por "um teosofista escocês". Esse era provavelmente um homem chamado Davidson, um cientista, ornitólogo que certa vez trabalhou para Hume em função do seu* hobby *com pássaros, cumprindo a função de secretário particular. A carta estava intitulada* Seeming Discrepancies (Aparentes Discrepâncias)*. Seu autor abordava o que considerava algumas diferenças entre afirmações feitas em um dos artigos da série* Fragments of Occult Truth*, escrita naquela época por Hume e mais tarde por Sinnett, e certas passagens em* Ísis Sem Véu*, a primeira obra de H.P.B. As aparentes discrepâncias se referiam a fenômenos espíritas. Ele também perguntava sobre o significado da palavra "Devachan".*

---

[1] As respostas de K.H. às perguntas de Sinnett estão em negrito. (N. da 3ª ed.)

(1) Os comentários acrescentados a uma carta publicada no último *Theosophist*, página 226, coluna 1, me parecem muito importantes, e parecem condicionar – não digo que entrem em contradição com – grande parte do que nos foi dito até agora em relação ao espiritismo.

Nós já havíamos ouvido falar sobre uma condição espiritual da vida na qual o Ego, redesenvolvido, desfrutava de uma existência consciente durante algum tempo em outro mundo, antes da reencarnação; mas esse aspecto da questão tem sido até este momento desprezado. Agora algumas afirmações explícitas são feitas sobre ela; e estas sugerem outras perguntas.

No Devachan (emprestei meu *Theosophist* a um amigo e não o tenho à mão para fazer a referência, mas, se lembro corretamente, este é o nome dado ao estado de beatitude espiritual descrito) o novo Ego retém a completa lembrança da sua vida na terra, aparentemente. É isso o que ocorre ou há algum mal-entendido, neste ponto, da minha parte?

(1) O Devachan, ou terra de "Sukhavati"[2], é descrito *alegoricamente* pelo próprio nosso Senhor Buddha. O que ele disse pode ser encontrado no Shan-Mun-yih-Tung. Diz o Tathagata:

"Muitos milhares de miríades de sistemas de mundo mais além desse (nosso), há uma região de bem-aventurança chamada *Sukhavati*... Esta região está rodeada de *sete* fileiras de grades, *sete* filas de vastas cortinas, *sete* filas de árvores ondulantes; esta santa moradia de Arhats é governada pelos Tathagatas (Dhyan Chohans) e pertence aos Bodhisatwas. Ela tem *sete* preciosos lagos, no meio dos quais fluem águas cristalinas que têm *'sete e uma'* propriedades, ou qualidades que a distinguem (os 7 princípios que emanam do UM). Esse, oh Sariputra[3], é o 'Devachan'. A sua divina flor Udumbara[4] lança uma raiz *na sombra de cada terra*, e floresce para todos os que a alcançam. Os que nasceram na região abençoada são verdadeiramente felizes, não há mais aflições ou tristezas para eles *naquele ciclo*... Miríades de Espíritos (*Lha*) vão até lá para descansar e depois *retornam para suas próprias regiões*[5]. Também, oh

---

[2] *Sukhavati* – Literalmente "terra pura", ou "terra feliz", em sânscrito. A noção popular do paraíso de Buddha Amitabha. (N. ed. bras.)

[3] *Sariputra* – Um dos principais discípulos de Buddha. (N. ed. bras.)

[4] *Udumbara* – Palavra sânscrita. Um lótus gigantesco consagrado a Buddha, que floresce, diz a tradição, a cada 3.000 anos. Além do lótus, também há a árvore udumbara (ficus glomerata), cuja flor ocorre muito raramente. *A Voz do Silêncio,* de H.P.B., afirma: "Os Arhats e os Sábios de visão sem limites são tão raros como a flor da árvore Udumbara" (aforismo nº 172 na edição da Ed. Pensamento). (N. ed. bras.)

[5] **Aqueles que não terminaram seus anéis terrestres.** (Nota do Mahatma)

Sariputra, muitos dos que nascem naquela terra de alegria são Avaivartyas...,"[6] etc., etc.

(2) Pois bem, exceto no fato de que a duração da existência no Devachan é limitada, há uma semelhança muito grande entre essa condição e o Céu da religião comum (omitindo-se as idéias antropomórficas a respeito de Deus).

(2) Certamente, o novo Ego, depois de renascer, retém durante certo tempo – proporcional à sua vida terrestre, uma "completa lembrança da sua vida na terra."[7] (Veja sua pergunta anterior.) Mas ele *nunca* pode retornar à terra, do Devachan, e este último tampouco tem – mesmo omitindo todas as "idéias antropomórficas de Deus" – qualquer semelhança com o paraíso ou céu de qualquer religião, e foi a imaginação literária de H.P.B. que sugeriu a ela a maravilhosa comparação.

(3) Bem, a questão importante é, quem vai para o Céu, ou Devachan? Esta condição só é atingida pelos poucos que são muito bons, ou pelos muitos que não são muito ruins – depois do lapso, no caso destes, de uma incubação ou gestação inconsciente mais longa?

(3) "Quem vai para o Devachan?" O Ego pessoal, é claro, mas beatificado, purificado, sagrado. Cada Ego – a combinação do sexto e do sétimo princípios – que, depois do período de gestação inconsciente, renasce no Devachan, é necessariamente tão puro e inocente quanto um bebê recém-nascido. O mero fato de haver renascido mostra a preponderância do bem sobre o mal em sua personalidade anterior. E, enquanto o (mau) carma fica de lado por algum tempo para segui-lo em sua futura encarnação terrestre, ele traz consigo para este Devachan o carma das suas boas ações, palavras e pensamentos. "Mau" é um termo relativo para nós – como já lhe foi dito mais de uma vez – e a Lei de Retribuição é a única lei que nunca falha. Portanto, todos aqueles que não caíram no lodo do pecado e da bestialidade irrecuperáveis – vão para o Devachan. Eles terão de pagar por seus pecados, voluntários e involuntários, mais tarde. Enquanto isso, eles são recompensados; recebem os *efeitos* das *causas* produzidas por eles.

---

[6] **Literalmente, aqueles que nunca retornarão – os homens da sétima ronda, etc.** (Nota do Mahatma)

[7] **Veja acima a primeira das suas perguntas.** (Nota do Mahatma)

Naturalmente se trata de um *estado;* um estado, digamos assim, de *intenso egoísmo*, durante o qual o Ego colhe a recompensa do seu *altruísmo* na terra. Ele está completamente envolvido na bênção de todas as suas afeições, preferências e pensamentos pessoais terrestres, e colhe o fruto das suas ações meritórias. Nenhuma dor, nenhuma aflição, e nem mesmo a sombra de uma tristeza surge para escurecer o horizonte iluminado da sua pura felicidade; porque é um estado de perpétua "Maya". ... Já que a percepção consciente da *personalidade* do indivíduo na terra é apenas um sonho passageiro, esta percepção também será a de um sonho no Devachan – só que cem vezes mais intensa. Isso é tão verdade, de fato, que o Ego feliz é incapaz de ver através do véu as maldades, aflições e angústias a que os que ele amou na terra podem estar sujeitos. Ele vive naquele doce sonho com os que ama – quer tenham ido antes ou ainda permaneçam na terra; ele os têm perto de si, tão felizes, tão abençoados e tão inocentes como o próprio sonhador desencarnado; e no entanto, exceto raras visões, os habitantes do nosso planeta denso não o sentem. É aí, durante *esta* condição de completa Maya que as almas ou Egos astrais dos sensitivos puros e amorosos, operando sob a mesma ilusão, pensam que suas pessoas queridas descem até eles na terra, quando são os seus próprios Espíritos que se elevam até os outros no Devachan. Muitas das comunicações espirituais *subjetivas* – a maior parte delas quando os sensitivos têm mente pura – são reais; mas é extremamente difícil para o médium não-iniciado fixar em sua mente as imagens verdadeiras e corretas do que ele vê e ouve. Alguns dos fenômenos chamados de psicografia (embora mais raramente) são também reais. O espírito do sensitivo fica odilizado[8], digamos assim, pela aura do Espírito que está no Devachan, e se transforma durante alguns minutos *naquela personalidade desencarnada*, escrevendo com a letra desta última, com sua linguagem e seus pensamentos, como eles eram durante sua vida. Os dois espíritos ficam misturados como se fossem um; e a preponderância de um sobre o outro durante tais fenômenos determina a preponderância da *personalidade* nas características demonstradas em tais escritos e nas "falas em transe". O que você chama de "rapport" é na verdade uma identidade de vibrações moleculares entre a parte astral do médium encarnado e a parte astral da personalidade desencarnada. Acabo de ver um artigo sobre o *olfato* escrito por um professor inglês (que farei com que seja comentado no *Theosophist* e sobre o qual

[8] *Odilizado* – palavra derivada de *od,* que vem do grego, *odos*, passagem, trânsito. *Od* é a luz pura doadora de vida para o corpo denso, isto é, consiste em um fluido magnético. Neste contexto específico, a palavra *odilizado* significa *magnetizado.* (N. ed. bras.)

direi algumas palavras)[9] e descobri nele algo que se aplica ao nosso caso. Assim como, na música, dois sons diferentes podem formar parte de um acorde[10] e ser distinguíveis separadamente, sendo que esta harmonia ou dissonância depende das vibrações sincrônicas e períodos complementares, do mesmo modo há um *rapport* entre o médium e a "entidade" quando as suas moléculas astrais se movimentam harmonizadamente. E a questão sobre se a comunicação refletirá mais a idiossincrasia pessoal de um ou de outro é determinada pela intensidade relativa dos dois conjuntos de vibrações na onda composta no *Akasha*. Quanto menos idênticos os impulsos vibratórios, mais mediúnica e menos espiritual será a mensagem. Deste modo, então, avalie o estado moral do seu médium pelo estado moral da Inteligência que supostamente o controla, e os seus testes de autenticidade não deixarão nada a desejar.

(4) Ou haverá grande variedade de condições dentro dos limites, digamos assim, do Devachan, de modo que cada um cai em um estado adequado para si, de onde nascerá em condições mais baixas ou mais elevadas no próximo mundo de causas? É inútil multiplicar as hipóteses. Queremos alguma informação que sirva de base.

(4) Sim, há muita diversidade nos estados do Devachan, e é exatamente como você diz. Há tantas variedades de bem-aventurança como, na terra, há tonalidades de percepção e de capacidade de apreciar tal recompensa. É um paraíso feito de idéias, produzido em cada caso pelo próprio Ego, e preenchido por ele com o cenário movimentado pelos fatos e povoado pelas pessoas que ele esperaria encontrar nesta esfera de bem-aventurança compensatória. E é esta variedade que guia o Ego pessoal temporário até a corrente que o levará a renascer em uma condição mais baixa ou mais elevada no mundo seguinte de causas. Tudo está tão harmoniosamente ajustado na natureza – especialmente no mundo subjetivo – que nenhum erro pode jamais ser cometido pelos Tathagatas – ou Dhyan Chohans – que guiam os impulsos.

(5) Aparentemente, um estado puramente espiritual só poderia ser desfrutado por entidades altamente espiritualizadas nesta vida. Mas há miríades

---

9 Refere-se ao artigo do professor William Ramsay em *Nature*, 22/junho/1882. O Mahatma escreveu ou inspirou um comentário publicado em *The Theosophist* em agosto de 1882 sob o título *The Harmonics of Smell (A Escala Harmônica do Olfato)*. (N. ed. bras.)

10 Um acorde é um complexo sonoro que resulta da emissão simultânea de três ou mais sons de freqüências diferentes. (N. ed. bras.)

de pessoas muito boas (moralmente) que não estão espiritualizadas de modo algum. Como podem elas adequar-se para passar, com suas lembranças desta vida, de uma dimensão material para uma dimensão espiritual da existência?

(5) É uma "dimensão espiritual" apenas em contraste com nossa própria e grosseira "dimensão material" e, como já foi dito, são estes graus de espiritualidade que constituem e determinam a grande "diversidade" de condições dentro dos limites do Devachan. Uma mãe de uma tribo selvagem não é menos feliz que uma mãe de um palácio real, com seu filho perdido de volta aos braços; e embora como Egos verdadeiros as crianças mortas prematuramente antes do aperfeiçoamento da sua entidade setenária não encontrem seu caminho para o Devachan, mesmo assim a fantasia amorosa da mãe encontra a criança lá, e nenhuma delas deixa de encontrar aquele ou aquela pelo qual seu coração anseia. Pode-se dizer que é apenas um sonho, mas, afinal, o que é a própria vida objetiva exceto um espetáculo de vívidas irrealidades? Os prazeres experimentados por um indígena pele-vermelha em seus "felizes campos de caça" naquela Terra de Sonhos não são menos intensos que o êxtase sentido pelo *connoisseur*[11] que passa longas *eras* enlevado pela delícia de escutar sinfonias divinas tocadas por coros e orquestras angelicais imaginários. Assim como não é culpa do pele-vermelha haver nascido como um "selvagem" com instinto de matar – embora ele tenha causado a morte de muitos animais inocentes – se, contudo, ele foi um bom pai, um bom filho, marido, por que ele não deveria desfrutar da *sua* quota de recompensa? O caso seria muito diferente se os mesmos atos cruéis tivessem sido feitos por uma pessoa civilizada e culta, apenas por esporte. O selvagem, ao renascer, simplesmente ocupará um lugar inferior na escala, devido ao seu desenvolvimento moral imperfeito; enquanto que o carma do outro estará manchado de delinqüência moral...

Todos os egos, exceto aquele que, atraído pelo seu magnetismo grosseiro, cai na corrente que o arrastará para o "planeta da Morte", o satélite tanto mental quanto físico da nossa terra – estão capacitados para passar a uma condição relativamente "espiritual", de acordo com a sua condição prévia na vida e seu modo de pensamento. Pelo que sei e recordo, H.P.B. explicou ao sr. Hume que o sexto princípio humano não poderia existir nem ter existência *consciente* no Devachan como algo puramente espiritual, a menos que assimilasse alguns dos atributos

---

[11] *Connoisseur* – conhecedor, em francês. (N. ed. bras.)

mentais mais abstratos e puros do quinto princípio ou alma animal, seu *manas* (mente) e sua memória. Quando o homem morre os seus segundo e terceiro princípios morrem com ele; a tríade inferior desaparece, e o quarto, o quinto, o sexto e o sétimo princípios formam o *quaternário* sobrevivente. (Releia a página 6 de *Fragments of O.T.*[12]) A partir de então há uma luta "mortal" entre as dualidades Superior e Inferior. Se vencer a superior, o sexto, tendo atraído para si a quinta-essência do *Bem* do quinto – as suas afeições mais nobres, as suas aspirações puras (embora *terrestres*), e as porções mais espiritualizadas da sua mente – segue o seu divino *irmão mais velho* (o 7º) até o estado de "gestação"; e o quinto e o quarto permanecem associados como uma *casca*[13] vazia (a expressão é perfeitamente correta) que vagueia pela atmosfera terrestre tendo perdido metade da memória pessoal, e com os instintos mais animais completamente despertos durante um certo período de tempo – em resumo, um "Elementário". Este é o guia angelical do médium comum. Se, por outro lado, for a Dualidade Superior a derrotada, é o quinto princípio que assimila tudo o que possa restar no sexto de lembrança pessoal e percepções da sua individualidade pessoal. Mas com todo este material adicional, ele não permanecerá em *Kama-loka* – "o mundo do Desejo" ou a atmosfera da nossa terra. Em muito pouco tempo, como uma palha flutuando dentro do campo de atração dos vórtices e buracos do Maelstrom[14], ele é capturado e arrastado para o grande remoinho dos Egos humanos; enquanto o sexto e o sétimo – agora são uma MÔNADA *individual* puramente espiritual – que, nada tendo restado em si da última personalidade, e não tendo de passar por nenhum período regular de "gestação" (já que não há um Ego *pessoal* purificado para renascer) depois de um período mais ou menos prolongado de Descanso inconsciente no Espaço ilimitado se verá renascida em outra personalidade no planeta seguinte. Quando chega o período da "Consciência Individual Completa" – que precede o período da Consciência *Absoluta* no Pari-Nirvana – esta vida *pessoal* perdida se torna algo como uma página arrancada no grande *Livro das Vidas*, sem que nem mesmo uma palavra desconexa tenha sido deixada para assinalar a sua ausência. A mônada purificada nem perceberá nem lembrará dela na série de vidas passadas – o que faria, se tivesse ido para o "Mundo das Formas" (rupa-loka) – e

---

[12] *Fragments of Occult Truth* foi publicado em *The Theosophist* em 1881-1883. (N. da 3ª ed.)

[13] A palavra *shell* também pode ser traduzida como *carapaça*. Alguns tradutores usam "cascarão". (N. ed. bras.)

[14] *Maelstrom* – remoinho famoso, na costa da Noruega. (N. ed. bras.)

seu olhar retrospectivo não perceberá nem o mais leve sinal de que ela aconteceu. A luz de Samma-Sambuddh –

"...aquela luz que brilha além do nosso campo de visão mortal
A luz de todas as vidas em todos os mundos" –

não lança raio algum sobre aquela vida *pessoal* na série de vidas passadas.

A favor da humanidade, tenho a dizer que esta total obliteração de uma existência dos registros do Ser Universal não ocorre com freqüência suficiente para somar uma grande porcentagem. Na verdade, assim como o muito mencionado "deficiente mental congênito", uma coisa como essa é um *lusus naturae*[15] – uma exceção, não uma regra.

(6) E de que modo uma existência espiritual, na qual tudo mergulhou no sexto princípio, é compatível com aquela consciência de vida material individual e pessoal que deve ser atribuída ao Ego no Devachan, se ele retém sua consciência terrestre como foi afirmado na nota em *The Theosophist?*

(6) Acredito que a questão esteja agora suficientemente explicada: o sexto e o sétimo princípios, separados dos outros, constituem a "Mônada" eterna, imortal, mas também *inconsciente.* Para despertar para a vida a consciência nela latente, especialmente a consciência de uma individualidade *pessoal,* é necessária a combinação da mônada com os atributos superiores do quinto princípio – a "Alma animal"; e é isso que faz o *Ego* etéreo que vive e desfruta da bem-aventurança no Devachan. O Espírito, ou as emanações puras do Uno, forma a tríade superior com o sexto e o sétimo princípios – nenhuma das duas emanações é capaz de assimilar nada que não seja bom, puro e sagrado; portanto, nenhuma lembrança sensual, material ou impura pode seguir a memória purificada do Ego até a região da bem-aventurança. O Carma destas lembranças de más ações e maus pensamentos atingirá o Ego quando ele mudar sua *personalidade* no mundo seguinte de causas. A *Mônada* ou "Individualidade Espiritual", permanece imaculada *em todas as situações.* "Não há dor ou sofrimento para os que nasceram lá (no *Rupa-loka* do Devachan); porque esta é a Terra-pura. Todas as regiões no espaço possuem tais terras (*Sakwala*), mas esta terra de bem-aventurança é a mais pura." No *Jnana Prasthana Shastra* afirma-se que "através da pu-

---

[15] *Lusus naturae* – uma ilusão, um equívoco da natureza, em latim. (N. ed. bras.)

reza pessoal e meditação intensa, nós superamos os limites do Mundo do Desejo, e entramos no Mundo das Formas".

(7) O período de gestação entre a Morte e o Devachan tem sido concebido até este momento por mim, em todos os casos, como muito longo. Agora se afirma que ele é em certos casos de apenas alguns dias, e em nenhum caso (isso fica implícito) é maior do que alguns anos. Isso parece estar claramente afirmado, mas pergunto se pode ser confirmado explicitamente, porque é um ponto do qual dependem muitas outras coisas.

(7) Outro belo exemplo da costumeira desordem em que são mantidas as estruturas mentais da sra. H.P.B. Ela fala de "Bardo" e nem sequer diz a seus leitores o que isso significa. Assim como no quarto-de-escrever dela a confusão é dez vezes confusa, também na sua mente estão amontoadas idéias em pilhas tão caóticas que, quando ela quer expressá-las, o final vem antes do início. "Bardo" não tem nada a ver com a duração do tempo no caso a que você se refere. "Bardo" é o período entre a morte e o renascimento, e pode durar desde alguns anos até um kalpa[16]. Ele se divide em três subperíodos; (1) quando o *Ego*, libertado da sua forma mortal, entra no Kama-loka[17] (a morada dos Elementários); (2) quando ele entra em seu "Estado de Gestação"; (3) quando ele renasce no *Rupa-loka* do Devachan. O subperíodo (1) pode durar desde alguns minutos até *vários* anos – a expressão "alguns anos" fica enigmática e totalmente inútil sem uma explicação mais completa; o subperíodo (2) é "muito longo", como você diz, às vezes mais longo até do que se pode imaginar, porém proporcional à força espiritual do Ego; o subperíodo (3) dura na proporção do bom CARMA, depois do que a *mônada* reencarna novamente. A afirmativa do *Agama Sutra* – "Em todos estes *Rupa-lokas,* os Devas (Espíritos) estão igualmente sujeitos a nascimento, decadência, velhice e morte" – significa apenas que um Ego nasce lá, depois começa a decair e finalmente "morre", isto é, cai naquela condição inconsciente que precede o renascimento; e o Shloka[18] termina com estas palavras: "À medida que os devas emergem destes céus, eles entram novamente no mundo inferior", isto é, eles deixam um mundo de bem-aventurança para renascer em um mundo de causas.

---

[16] Um *kalpa* é geralmente entendido como o período de um Dia e uma Noite de Brahma, equivalente a 4.320 milhões de anos. É também entendido como o período de manifestação de um Universo. (N. ed. bras.)

[17] **Em tibetano, *Yuh-Kai*.** (Nota do Mahatma)

[18] *Shloka* ou *Sloka* – em sânskrito, o equivalente a "versículo". (N. ed. bras.)

(8) Neste caso, e considerando que o Devachan *não* é apenas uma herança exclusiva de adeptos e pessoas quase tão elevadas quanto eles, *há* uma condição de existência equivalente ao Céu realmente acontecendo, da qual a vida da Terra pode ser observada por um número imenso daqueles que se foram antes! (9) E por quanto tempo? Este estado de beatitude espiritual dura anos? décadas? séculos?

(8) Com toda certeza, "o Devachan *não* é apenas uma herança exclusiva de adeptos", e decididamente há um "céu" – se você *tem* que usar este termo astro-geográfico cristão – para "um número imenso daqueles que se foram antes". Mas "a vida da Terra" não pode ser *observada* por nenhum deles, devido à Lei da Bem-aventurança somada a Maya, como já foi colocado.

(9) Anos, décadas, séculos e milênios, freqüentemente multiplicados por alguma coisa mais. Tudo depende da duração do Carma. Encha de óleo a pequena xícara de Den[19], e o reservatório de água de uma cidade, acenda ambos e veja qual arde mais tempo. O *Ego* é a mecha e o Carma é o óleo, a diferença na quantidade deste último (na xícara e no reservatório) sugere a você a grande diferença na duração de vários *Carmas.* Cada efeito deve ser proporcional à causa. E, como os prazos de existência encarnada de um homem correspondem apenas a uma pequena proporção dos seus períodos de existência internatal no ciclo manvantárico, também os bons pensamentos, palavras, e ações de qualquer destas "vidas" em um globo causam efeitos que, para manifestar-se, exigem muito mais tempo do que a evolução das causas ocupou. Portanto, quando você lê nos *Jats* e em outras histórias *fabulosas* das escrituras budistas que esta ou aquela boa ação foi recompensada por longos *kalpas* de bem-aventurança, não sorria diante do exagero absurdo, mas tenha presente o que eu disse. Você sabe que de uma pequena semente surgiu uma árvore que agora já vive há 22 séculos; estou falando da árvore Anuradha-pura *Bo.* Você tampouco deve rir se em algum momento encontrar o *Pinda-Dana* ou qualquer outro *Sutra* budista e ler: "Entre o *Kama-loka* e o *Rupa-loka* há um local, a moradia de 'Mara' (Morte). Este Mara, cheio de paixão e luxúria, destrói todos os princípios virtuosos como uma pedra mói milho[20]. Seu palácio tem 7000 *yojanas* qua-

---

[19] Den, em inglês, é uma forma simplificada de Dennis, nome do pequeno filho de Alfred Sinnett. (N. ed. bras.)

[20] **Este Mara, como você bem pode pensar, é a imagem alegórica da esfera chamada "Planeta da Morte" – o remoinho onde desaparecem as vidas condenadas à destruição. É entre *Kama-loka* e *Rupa-loka* que a luta ocorre.** (Nota do Mahatma)

dradas, e é rodeado por um muro *setenário"*, porque agora você se verá mais preparado para compreender a alegoria. E também, quando Beal, Burnouf ou Rhys Davids, na inocência das suas almas materialistas e cristãs, cometem a indulgência de fazer traduções como as que geralmente fazem, nós não atribuímos maldade aos comentários deles, já que eles não têm mais conhecimento. Mas o que pode significar o seguinte: "Os nomes dos Céus" (uma tradução errada; *lokas* não são *céus,* mas localidades ou moradias) de Desejo, Kama-loka, são chamados assim porque os seres que os ocupam estão sujeitos aos desejos de comida, bebida, sono e amor. Eles são também chamados de moradias das *cinco* (?) ordens de criaturas sensíveis – Devas, homens, asuras[21], animais, quadrúpedes[22], espectros" (*Lautan Sutra*, trad. por S. Beal). Estas significam simplesmente que, se o reverendo tradutor estivesse um pouco mais familiarizado com a verdadeira doutrina, ele teria (1) dividido os Devas em duas categorias, e chamado ambas de "Rupa-devas" e "Arupa-devas" (os Dhyan Chohans "com forma" ou "objetivos" e os "sem forma" ou subjetivos), e (2) teria feito o mesmo com a sua categoria de "homens", já que há *cascas* e "Mara-rupas" – isto é, corpos condenados à aniquilação. Todas estas categorias são:

(1) "*Rupa-devas*" – *Dhyan Chohans*[23] que possuem formas;
(2) "*Arupa-devas*" – *Dhyan Chohans* que não possuem formas;
} Ex-HOMENS

(3) "*Pisachas"* – espectros (que têm dois princípios);
(4) "*Mara-rupa"* – condenados a *morrer* (com três princípios);

(5) *Asuras* – Elementais – que têm a forma humana;
(6) *Animais Quadrúpedes* – Elementais de 2ª classe – elementais animais;
} FUTUROS HOMENS

(7) Almas *Rakshasas* (Demônios) ou Formas astrais de feiticeiros; homens que atingiram o grau mais alto de conhecimento da arte proibida. Mortos ou vivos, eles *enganaram,* por assim dizer, a natureza; mas isso é

---

[21] Asuras – não-deuses, em sânscrito. Espectros e elementais que não são benéficos. (N. ed. bras.)

[22] No original, *beasts*, literalmente *bestas*. Animais quadrúpedes, superiores. (N. ed. bras.)

[23] **Os Espíritos Planetários da nossa Terra não são os mais elevados, como você pode imaginar, já que, como Subba Row afirma na sua crítica da obra de Oxley, nenhum Adepto Oriental gostaria de ser comparado a um anjo ou *Deva*.** (Nota do Mahatma)

apenas temporário – até que o nosso planeta entre em *obscurecimento*, após o que, *nolens volens*[24], eles terão que ser *aniquilados.*

São estes *sete* grupos que formam as principais divisões dos Habitantes do mundo subjetivo ao nosso redor. É no grupo número 1 que estão os Governantes *inteligentes* deste mundo de Matéria, os quais, com toda essa inteligência, são apenas instrumentos cegamente obedientes do UM; os agentes ativos de um Princípio Passivo.

E assim são mal-interpretados e mal traduzidos quase todos os nossos Sutras; no entanto, mesmo nesta massa confusa de doutrinas e palavras, para alguém que conhece ainda que superficialmente a *verdadeira* doutrina há um terreno firme onde pisar. Assim, por exemplo, ao enumerar os sete *lokas* do "*Kama-loka*", o *Avatamsaka Sutra* menciona como *sétimo* o "Território da Dúvida". Pedirei a você para lembrar este nome porque teremos de voltar a falar nele. Cada "mundo" destes dentro da Esfera de Efeitos possui um Tathagata, ou "Dhyan Chohan" – para protegê-lo e vigiá-lo, não para interferir nele. Naturalmente, de todos os homens, os espíritas serão os primeiros a rejeitar e jogar nossas doutrinas "no limbo das superstições destruídas". Se nós assegurássemos a eles que cada uma das "Terras de Verão" deles tem sete casas de hóspedes, com o mesmo número de "espíritos-guias" para serem "chefes" *nelas,* e os chamássemos de "anjos", São Pedro, João, e São Ernest, eles viriam até nós de braços abertos. Mas quem já ouviu falar de Tathagatas e Dhyan Chohans, Asuras e Elementais? Absurdo! Mesmo assim, felizmente somos reconhecidos – pelos nossos amigos (sr. Eglinton, pelo menos) – como tendo "certo conhecimento das Ciências Ocultas" (Veja *Light*). E assim, mesmo esta migalha de "conhecimento" está a serviço de você, e me ajuda agora a responder sua pergunta seguinte:

Há alguma condição intermediária entre a beatitude espiritual do Devachan e a vida sombria e sem esperança dos *restos* elementais semiconscientes dos seres humanos que perderam seu sexto princípio? Porque, neste caso, isso poderia dar um *locus standi*[25], em imaginação, aos Ernest e aos Joey dos médiuns espíritas – o melhor tipo de "espíritos"guias. Caso afirmativo, certamente aquele deve ser um mundo muito populoso, do qual deve vir grande quantidade de comunicações "espirituais"?

---

[24] *Nolens volens*, "querendo ou não", em latim. (N. ed. bras.)

[25] *Locus standi* – em latim, um lugar de permanência. (N. ed. bras.)

Lamentavelmente, não, meu amigo; não que eu saiba. Do "Sukhavati" para baixo, até o "Território da Dúvida", há uma variedade de Estados Espirituais; mas não sei de nada como uma tal "condição intermediária". Contei a você sobre os Sakwalas (embora eu não possa enumerá-los, porque seria inútil); e mesmo sobre *Avitchi* – o "Inferno" do qual não há retorno[26], e nada mais tenho a dizer sobre o assunto. A "sombra sem esperança" tem que fazer o melhor que puder. Logo que sai do Kama-loka e cruza a "Ponte Dourada" que leva às "Sete Montanhas Douradas", o Ego não pode mais confabular com médiuns negligentes. Nenhum "Ernest" ou "Joey" jamais retornou do Rupa Loka – muito menos de Arupa Loka – para ter uma agradável conversa com mortais.

Naturalmente há um "tipo melhor" de *restos;* e as "cascas", ou "andarilhos terrestres", como são chamadas aqui, não são *todas* más. Mas mesmo aquelas que são boas são transformadas em más, durante algum tempo, através dos médiuns. As "cascas" bem podem não dar importância, no entanto, já que nada têm a perder. Mas há outro tipo de "espíritos" que saem do nosso campo de visão, os *suicidas* e os *mortos em acidentes.* Os dois tipos podem comunicar-se, e ambos têm que pagar caro por tais visitas. E agora novamente tenho de explicar o que quero dizer. Bem, os deste tipo são o que os espíritas franceses chamam "les esprits soufrants".[27] São uma exceção à regra, pois terão de permanecer dentro da atração da terra e em sua atmosfera – o Kama-loka – até o exato último momento do que teria sido a duração natural das suas vidas. Em outras palavras, aquela onda particular de vida-em-evolução deve prosseguir até a sua praia. Mas é um pecado e uma crueldade reviver sua memória e intensificar seu sofrimento dando a eles a possibilidade de viver uma vida artificial; uma possibilidade de *sobrecarregar o seu carma,* ao colocar diante deles a tentação de portas abertas, isto é, médiuns e sensitivos, pois terão que pagar um preço alto por cada um destes prazeres. Explicarei. Os *suicidas* que, tolamente pensando em fugir da vida, descobrem que ainda estão vivos – têm bastante sofrimento à sua espera, a começar por esta própria vida. Seu castigo é a intensidade desta última. Havendo perdido pelo ato imprudente seu sétimo e

---

[26] Em *Abhidharma* Shastra (Metafísica), lemos: "Buddha ensinou que nos *arredores de todos os Sakwalas* há um intervalo negro, *sem luz do Sol ou da Lua* para aquele que cai nele. *Não há renascimento* a partir dele. É o Inferno *frio,* o grande *Naraka".* Isso é Avitchi. (Nota do Mahatma)

[27] "Os espíritos sofredores". (N. ed. bras.)

sexto princípios – embora não para sempre, já que podem recuperar os dois – em vez de aceitar seu castigo, e aproveitar suas possibilidades de redenção, eles freqüentemente são levados a *lamentar* a vida e tentados a recuperar um controle sobre ela por meios pecaminosos. Em Kama-loka, a terra dos desejos intensos, eles podem gratificar seus desejos terrenos apenas através de um intermediário *vivo;* e ao fazê-lo, ao final do período natural, eles geralmente perdem sua *mônada* para sempre. Quanto às vítimas de acidentes, sua sorte é ainda pior. A menos que eles tenham sido tão bons e puros que sejam atraídos imediatamente para dentro do *Samadhi* Akáshico, isto é, caiam em um estado de sono pacífico, um sono cheio de sonhos agradáveis, durante o qual não lembram do acidente, mas movem-se e vivem entre seus amigos e suas cenas familiares até que seu período de vida natural termine, quando se redescobrem tendo nascido no Devachan – seu destino é melancólico. Sombras infelizes, se foram pecadores e sensuais, eles vagueiam sem rumo – (não *cascas,* porque sua conexão com seus dois princípios mais elevados não está completamente quebrada) até que chegue a hora da sua morte. Tendo perdido a vida em pleno fluxo das paixões terrenas, que os atam a cenas familiares, eles são seduzidos pelas oportunidades que os médiuns oferecem de gratificá-las vicariamente. Eles são os *Pisachas,* os *Incubi* e *Succubi*[28] dos tempos medievais. Os demônios da sede, da gula, luxúria e avareza, *elementários* de intensa astúcia, maldade e crueldade, que induzem suas vítimas a fazer crimes horríveis, e festejam a sua concretização! Eles não só arruínam suas vítimas; estes vampiros psíquicos, levados adiante pela corrente dos seus impulsos infernais, finalmente, no momento estabelecido para o término do seu período natural de vida, são carregados pela aura da terra para regiões onde, durante eras, passam por sofrimentos extraordinários e terminam sendo inteiramente destruídos[29].

Mas se a vítima de acidente ou violência não for nem muito boa nem muito má – uma pessoa mediana – pode ocorrer o seguinte. Um médium que o atrair criará para ela a coisa mais indesejável; uma nova combinação de Skandas e um novo e mau Carma neste caso. Mas deixe-

---

[28] *Pisachas*, de acordo com os Puranas (antigas lendas e narrativas hindus), são demônios ou gênios maus. *Incubi* são íncubos, demônios masculinos. *Succubi* são súcubos, demônios femininos. (N. ed. bras.)

[29] É importante registrar, para evitar conclusões precipitadas, que o Mahatma esclarece melhor a situação pós-morte dos acidentados no item (1) da Carta 70C, que responde ao item (1) da Carta 70A, e também nas Cartas 71 e 76. O Devachan e os estados posteriores à morte são abordados também na Carta nº 104. (N. ed. bras.)

me dar-lhe uma idéia mais clara sobre o que quero dizer com Carma neste caso.

Em relação a isto, deixe-me antes dizer que, já que você parece tão interessado no assunto, a melhor coisa que pode fazer é estudar as duas doutrinas – do Carma e do Nirvana – do modo mais profundo que puder. A menos que você esteja completamente familiarizado com estes dois princípios, que formam a chave dupla para a metafísica do Abhidharma, você sempre se verá perdido ao tentar compreender o resto. Temos vários tipos de Carma e Nirvana em suas várias aplicações – em relação ao Universo, ao mundo, aos Devas, Buddhas, Bodhisatvas, homens e animais – e Nirvana inclui os seus sete reinos. Carma e Nirvana são apenas dois dos sete grandes MISTÉRIOS da metafísica budista; e somente quatro dos sete são conhecidos pelos melhores orientalistas, e ainda assim muito imperfeitamente.

Se você perguntar a um monge budista erudito o que é Carma – ele dirá a você que Carma é o que um cristão poderia chamar de Providência (apenas em um certo sentido) e um maometano *Kismet*, destino (de novo, em certo sentido). Dirá que é esta doutrina fundamental que ensina que, assim que qualquer ser sensível morre, seja homem, deva ou animal, um novo ser surge, e ele reaparece em outro nascimento, no mesmo ou em outro planeta, sob condições criadas por ele mesmo. Ou, em outras palavras, que o Carma é o poder orientador, e *Trishna* (em páli *Tanha*) a sede ou desejo de vida sensível, a próxima força ou energia, a resultante da ação humana (ou animal) que, a partir dos velhos *Skandhas*[30], produz o novo grupo que forma o novo ser e controla a natureza do próprio nascimento. Ou, para torná-lo ainda mais claro, o *novo* ser é recompensado e punido pelos atos meritórios e maus atos do ser *velho*; o Carma representa um Livro de Registros no qual todos os atos do homem, bons, maus ou indiferentes, são cuidadosamente anotados para seu débito e crédito – por ele mesmo, digamos, ou mais precisamente pelas próprias ações dele. Lá onde a ficção poética cristã criou e vê um Anjo "Registrador" Guardião, a lógica budista, severa e realista, mostra sua real presença percebendo a necessidade de que cada causa tenha seu efeito. Os oponentes do Budismo têm dado grande destaque à alegada injustiça de que o autor escape e a vítima inocente seja força-

[30] Destaco que na segunda, como na primeira edição do seu livro *O Mundo Oculto,* o mesmo erro de impressão ocorre, e a palavra *Skandha* é escrita como Shandba – na página 130. Do modo como está agora, parece que eu me expresso de uma maneira extremamente original, para um *suposto* Adepto. (Nota do Mahatma)

da a sofrer – já que o autor dos atos e quem sofre são seres diferentes. O fato é que, embora em certo sentido eles possam ser considerados diferentes, em outro sentido *eles são idênticos.* O "ser velho" é o progenitor – pai e mãe ao mesmo tempo – do "novo ser". É o anterior que cria e dá forma a este último, na realidade; e muito mais do que qualquer pai carnal. E uma vez que você tenha dominado bem o significado dos Skandhas você verá o que quero dizer.

É o grupo de Skandhas que forma e constitui a individualidade física e mental que nós chamamos de homem (ou qualquer ser). Este grupo consiste (no ensinamento exotérico) de cinco Skandhas, isto é: *Rupa*, as propriedades ou atributos materiais; *Vedana*, sensações; *Sanna,* idéias abstratas; *Samkara,* tendências tanto físicas quanto mentais; e *Vinnana*, poderes mentais, uma ampliação do quarto, significando as predisposições mentais, físicas e morais. Nós acrescentamos a eles dois outros, cujos nomes e naturezas você pode aprender mais adiante. No momento é suficiente fazer com que saiba que eles estão conectados com, e são produtores de, *Sakkayaditthi*, a "heresia ou ilusão da individualidade" e de *Attavada,* "a doutrina do Eu", sendo que ambos (no caso do quinto princípio, a alma) levam à *maya* da heresia e da crença na eficácia de vãos rituais e cerimônias, em orações e em intercessão.[31]

Bem, retorno à questão da identidade entre o *velho* homem e o *novo* "Ego". Devo lembrá-lo mais uma vez de que até mesmo a sua ciência aceitou o fato antigo, muito antigo, ensinado pelo nosso Senhor[32], isto é, que um homem de qualquer idade, embora seja o mesmo do ponto de vista da sensibilidade, fisicamente não é o mesmo que era alguns anos antes (nós dizemos *sete* anos, e estamos preparados para defender e provar esta afirmativa); na linguagem budista, os *Skandhas* dele mudaram. Ao mesmo tempo eles estão sempre e incessantemente trabalhando

---

31 No livro *The Early Teachings of the Masters*, que publica grande parte das Cartas para Sinnett, C. Jinarajadasa acrescenta em uma nota de pé de página: "Dos dez 'grilhões' existentes no Caminho da Libertação, os três últimos são: (1) *Sakkayaditthi*, a ilusão do eu, (2) *Vichikicheha*, dúvida, e (3) *Silabbataparamasa*, crença na eficácia de ritos e cerimônias". (N. ed. bras.)

32 **Veja o *Abhidharma Kosha Vyakhya,* o *Sutta Pitaka,* qualquer livro budista do Norte; todos eles mostram Gautama Buddha dizendo que nenhum destes Skandhas é a alma; já que o corpo está constantemente mudando, e que nem o homem, nem o animal ou a planta são jamais os mesmos durante dois dias ou mesmo dois minutos consecutivos. "Mendicantes: lembrem-se de que não há no homem *princípio permanente* algum, e que só o discípulo *versado*, que adquire sabedoria, sabe o que está dizendo ao pronunciar as palavras 'Eu sou'."** (Nota do Mahatma)

na preparação do molde abstrato, a "particularização" do futuro *novo* ser. Bem, então, se é justo que um homem de 40 anos tenha satisfação ou sofra devido às ações do homem de 20 anos, também é igualmente justo que o ser de um novo nascimento, que é essencialmente idêntico ao do nascimento anterior, sinta as conseqüências daquele Eu ou daquela personalidade geradora. As suas leis ocidentais, que punem o filho inocente de um pai culpado ao privá-lo de seu pai, de seus direitos e propriedades; a sua sociedade civilizada, que rotula com a infâmia a filha inocente de uma mãe imoral e criminosa; a sua Igreja Cristã e suas escrituras, que ensinam que "O Senhor Deus castiga pelos pecados dos pais até a terceira e a quarta geração"; não é tudo isso muito mais injusto e cruel do que qualquer coisa feita pelo Carma? Em vez de punir o inocente junto com o culpado, o Carma *vinga* e *recompensa o inocente*, o que nenhum dos seus três poderes ocidentais acima mencionados pensou alguma vez em fazer. Mas talvez, diante da nossa observação fisiológica, os objetores possam responder que é só o corpo que muda, há apenas uma transformação molecular, que nada tem a ver com a evolução mental; e que os *Skandhas* representam não só uma série de qualidades materiais, mas também um conjunto de qualidades mentais e morais. Mas há, pergunto eu, seja uma sensação, seja uma idéia abstrata, uma tendência da mente ou um poder mental, que se pudesse qualificar como um movimento absolutamente não-molecular? Será que mesmo uma sensação ou o mais abstrato dos pensamentos, que é *algo*, pode sair do *nada*, ou ser nada?

Muito bem, as causas que produzem o "novo ser" e determinam a natureza do Carma são, como já foi dito – *Trishna* (ou "Tanha") – ânsia, desejo de existência sensível, e *Upadana*, que é a realização ou consumação de *Trishna* ou daquele desejo. E o médium ajuda ambos a despertar e a transformá-los *nec plus ultra*[33] em um Elementário, seja ele um suicida ou uma vítima[34]. A regra é que uma pessoa que tenha uma morte natural permaneça "desde algumas horas até uns poucos anos" dentro da atração da terra, isto é, no *Kama-loka*. Mas há exceções, no caso dos suicidas e daqueles que têm uma morte violenta em geral.

Conseqüentemente, um destes Egos, por exemplo, que estivesse destinado a viver, digamos, 80 ou 90 anos, mas que se matou ou foi morto por acidente, vamos supor, aos 20 anos – teria que passar no *Kama-loka* não "alguns anos", mas neste caso 60 ou 70 anos, como um Elemen-

---

[33] *Nec plus ultra* – "não mais além", em latim. Nada mais que um Elementário. (N. ed. bras.)

[34] **Só as Cascas e os *Elementais* passam incólumes, embora a moralidade dos sensitivos não seja de modo algum melhorada pelo contato.** (Nota do Mahatma)

tário, ou mais precisamente um "andarilho terrestre", já que ele não é, infelizmente para ele, nem mesmo uma "casca". Felizes, três vezes felizes, em comparação, são aquelas entidades desencarnadas que dormem seu longo sono e vivem em sonhos no seio do Espaço! E pobres daqueles cuja *Trishna* os atraia para os médiuns, e pobres destes últimos, que os colocam em tentação com um *Upadana* tão fácil. Pois ao agarrar-se a eles e satisfazer sua sede de vida, o médium ajuda a desenvolver neles – é de fato a causa de – um novo conjunto de Skandhas, um novo corpo, com tendências e paixões muito piores que as do corpo anterior. Todo o futuro deste novo corpo será determinado, deste modo, não só pelo Carma de demérito do conjunto ou grupo anterior, mas também pelo do novo conjunto do futuro ser. Se pelo menos os médiuns e espíritas soubessem, como eu disse, que cada novo "anjo-guia" a que eles dão as boas-vindas em êxtase é induzido por eles a um *Upadana* que produzirá uma série de males indescritíveis para o novo Ego, o qual renascerá sob a sua sombra abominável, e que a cada sessão espírita – especialmente com materialização – eles multiplicam as causas de sofrimento, causas que farão o infeliz Ego fracassar em seu nascimento espiritual, renascer na pior das suas existências – eles seriam, talvez, menos liberais na sua hospitalidade.

E agora você pode entender por que nos opomos com tanta força ao espiritismo e à mediunidade. E você também entenderá por que, para satisfazer o sr. Hume – pelo menos em um aspecto – eu me coloquei em uma *situação difícil* com o Chohan e, *mirabile dictu!*[35] – com os dois sahibs "os jovens cujos nomes são" – Scott e Banon[36]. Para seu divertimento, pedirei a H.P.B. que lhe mande com esta uma página do "papiro de Banon", um artigo dele que termina com um severo espancamento literário do meu pobre eu. Sombras dos Asuras, em que paixão ela caiu ao ler esta crítica um tanto desrespeitosa! Lamento que ela não imprima o texto, devido a considerações sobre a "honra da família", segundo a expressão do "Deserdado". Quanto ao Chohan, a questão é mais séria, e

---

35 *Mirabile dictu!* – em latim, "coisa admirável de dizer!" Em seguida, *"sahibs"* é o nome que se dava na Índia aos europeus. Já as palavras *"os jovens cujos nomes são"* constituem uma alusão a Guppy, personagem de Charles Dickens no romance *Bleak House,* segundo C. Jinarajadasa em *The Early Teachings of the Masters.* (N. ed. bras.)

36 Ross Scott viajou da Inglaterra para a Índia com os fundadores. Ele foi secretário da Sociedade Teosófica Eclética de Simla. Banon era o capitão A. Banon, membro da Sociedade Teosófica, um oficial do exército inglês. (N. da Ed. C.) Ross Scott, funcionário público, casou-se com a filha do sr. Hume, segundo C. Jinarajadasa em *The Early Teachings of the Masters.* (N. ed. bras.)

ele ficou muito longe de estar satisfeito com o fato de que eu tenha deixado Eglinton pensar que era *eu mesmo*. Ele havia permitido que esta prova do poder de um *homem vivo* fosse dada aos espíritas através de um médium deles, mas havia deixado o programa e os detalhes para nós próprios; daí sua insatisfação com certas conseqüências fúteis. Digo a você, meu caro amigo, que eu estou bem menos livre para fazer o que quiser do que você em relação às questões do *Pioneer*. Nenhum de nós, exceto os mais altos *Chutuktus*[37], é completamente mestre. Mas estou fazendo uma digressão.

E agora que muito já lhe foi dito e que lhe expliquei grande quantidade de questões, você pode também ler esta carta à nossa irreprimível amiga, a sra. Gordon[38]. As razões dadas *podem* jogar alguma água fria sobre o zelo espiritual dela, embora eu tenha minhas razões para duvidar disso. De qualquer modo, a carta pode mostrar a ela que não é contra o *verdadeiro* espiritismo que nós nos colocamos, mas apenas contra a mediunidade e as manifestações físicas indiscriminadas – especialmente materializações e possessões-em-transe. Se fosse possível explicar aos espíritas pelo menos a diferença entre *individualidade* e *personalidade*, entre imortalidade *individual* e *pessoal* e algumas outras verdades, eles seriam persuadidos mais facilmente de que os Ocultistas podem estar firmemente convencidos da imortalidade da *mônada*, e ao mesmo tempo negar a imortalidade da alma, o veículo do Ego *pessoal;* que eles podem acreditar firmemente nos Egos *desencarnados* do *Rupa-loka,* praticando eles próprios comunicações e diálogos com tais Egos, e no entanto podem rir da idéia insana de "apertar a mão" de um "Espírito"!; que, finalmente, tal como a questão está colocada, os Ocultistas e os Teosofistas é que são os verdadeiros espíritas, enquanto a seita moderna que usa este nome é composta apenas de fenomenalistas *materialistas.*

E já que estamos discutindo "individualidade" e "personalidade", é curioso que H.P.B., ao torturar o pobre cérebro do sr. Hume com suas explicações confusas, jamais tenha pensado – até receber a explicação dele mesmo sobre a diferença que existe entre individualidade e personalidade – que era a mesma doutrina que havia sido ensinada a ela: a doutrina de *Pacceka-Yana* e de *Amata-Yana.* Os dois termos, tal como usados acima por ele, são a tradução correta e literal dos nomes técnicos

---

37 *Chutuktus* – Termo tibetano que significa uma encarnação de um Buddha ou de um *bodhisattwa.* (N. ed. bras.)

38 A sra. Alice Gordon, esposa do coronel Gordon, que dá um testemunho sobre os fenômenos de H.P.B. no livro *O Mundo Oculto.* (N. ed. bras.)

páli, sânscritos, e mesmo sino-tibetanos para as muitas *entidades pessoais* combinadas em uma *Individualidade* – a longa série de vidas que emana da mesma MÔNADA Imortal. Você terá de lembrá-las:

(1) O *Pacceka Yana* (em sânscrito "Pratyeka") significa literalmente o "veículo pessoal" ou Ego pessoal, uma combinação dos cinco princípios inferiores. Enquanto –

(2) O *Amata-Yana* (em sânscrito, "Amrita") é traduzido como "o veículo imortal", ou a *Individualidade*, a Alma Espiritual, ou a *mônada* Imortal – uma combinação do quinto, do sexto e do sétimo.[39]

Parece-me que uma das nossas grandes dificuldades ao tratar de entender a evolução das coisas está em que ignoramos até agora as divisões dos sete princípios. Cada um deles têm por sua vez, conforme é dito a nós, os seus sete elementos: é possível dizer-nos algo mais com relação à constituição setenária do quarto e do quinto princípios, especialmente? É evidentemente na divisibilidade deles que está o segredo do futuro e de muitos fenômenos psíquicos aqui, durante a vida.

Completamente certo. Mas quero permissão para ter dúvidas em relação à possibilidade de que, com as explicações desejadas, a dificuldade será removida e você será capaz de desvendar "o segredo dos fenômenos psíquicos". Você, meu bom amigo, a quem eu tive o prazer de ouvir uma ou duas vezes tocando o seu piano nos calmos intervalos entre as atividades formais e o jantar com carne-bovina-e-claret[40] **– diga-me, você poderia presentear-me com uma das grandes sonatas de Beethoven tão facilmente quanto faz com uma das suas valsas? Por favor, por favor, tenha paciência! No entanto, eu não negaria minha ajuda a você de modo algum. Você terá o quarto e o quinto princípio, divididos em raízes e ramos, em uma folha solta anexa, se eu tiver tempo**[41]**. E agora, por quanto tempo você pretende abster-se dos pontos de interrogação?**

Atenciosamente,

K.H.

---

[39] **Para evitar uma nova surpresa e confusão com a notícia de que o quinto atua em companhia do sexto e do sétimo, veja, por favor, a página 3 e seguintes desta Carta.** (Nota do Mahatma) O Mahatma se refere à resposta (5) desta Carta nº 68. (N. ed. bras.)

[40] *Claret*; isto é, vinho tinto. (N. ed. bras.)

[41] ***Não* tive tempo. Seguirá dentro de um ou dois dias.** (Nota do Mahatma)

P.S. Espero agora ter afastado todas as causas de repreensões – apesar da minha demora em responder às suas perguntas – e que meu caráter esteja novamente a salvo de acusações. Você e o sr. Hume já receberam mais informações sobre a Filosofia A. E.[42] do que jamais foi transmitida a *não-iniciados*, até onde sei. A sua sagacidade, meu caro amigo, já lhe terá sugerido há muito tempo que não é tanto devido às suas virtudes pessoais combinadas – embora o sr. Hume, devo confessar, tenha avançado muito desde a sua *conversão* – nem às minhas simpatias pessoais por nenhum de vocês, quanto a outras razões, muito claras. De todos os nossos semichelas vocês dois são os que mais provavelmente usarão para o bem geral os fatos que lhes foram transmitidos. Vocês devem vê-los como algo que lhes foi dado em confiança para o benefício de toda a Sociedade; para ser passado adiante, e empregado e reempregado de muitas maneiras e de todas as maneiras que forem boas. Se você (sr. Sinnett) quiser dar uma satisfação a seu amigo trans-himalaiano, não deixe passar nenhum mês sem escrever um *Fragment* longo ou curto, para a revista, publicando-o depois como um livreto – já que você os chama assim. Você pode assiná-los como "Um Discípulo Leigo de K.H.", ou de qualquer modo que você preferir. Não ouso pedir o mesmo favor do sr. Hume, que já fez mais do que devia em outro aspecto.

Não responderei neste momento sua questão sobre a sua relação com o *Pioneer*[43]: algo pode ser dito a favor das duas alternativas. Mas pelo menos não tome nenhuma decisão apressada. Estamos no final do ciclo, e você está ligado à S.T.

Se meu Carma ajudar, pretendo responder amanhã a longa e amável carta pessoal do sr. Hume. A abundância de manuscritos da minha parte, ultimamente, mostra que eu consegui um pouco de tempo livre; o seu aspecto borrado, com muitas emendas e correções, mostra também que meu tempo livre tem surgido aos pedaços, com constantes interrupções, e que a minha escrita tem sido feita em lugares incertos, aqui e ali, com os materiais que consigo obter. Se não fosse pela REGRA que nos proíbe usar qualquer poder antes que todos os meios comuns tenham sido tentados e falharem, eu poderia, naturalmente, ter dado a você uma ótima "precipitação" em relação a caligrafia e redação. Eu me consolo em relação à aparência lamentável das minhas cartas com a

---

[42] A.E. – Possivelmente Arcana (ou Antiga) e Esotérica. (N. ed. bras.)

[43] Referência às dificuldades que Sinnett vinha tendo com os proprietários do jornal *The Pioneer*. (Ed. C.)

idéia de que talvez você não dê menos valor a elas por causa destas marcas da minha limitação pessoal, devido às dificuldades de beira de estrada, que vocês, ingleses, habilmente reduzem a um mínimo com seus recursos e instrumentos. Como a sua senhora certa vez amavelmente comentou, isso afasta muito eficazmente a impressão de que se trata de milagres, e nos torna como seres humanos, entidades mais pensáveis – uma sábia reflexão pela qual agradeço a ela.

H.P.B. está em desespero: o Chohan negou permissão para que M. a deixe avançar a caminho daqui este ano além da Rocha Negra, e M. muito friamente fez com que ela desfizesse suas malas. Trate de consolá-la se você puder. Além disso, ela é realmente mais necessária em Bombaim que em Penlor. Olcott está a caminho de Lanka, e Damodar fez as malas para Poona por um mês; suas austeridades tolas e trabalho duro abalaram sua constituição física. Terei que cuidar dele, e talvez retirá-lo, se as coisas se encaminharem para o pior.

Neste exato momento posso dar-lhe alguma informação sobre a questão tão discutida de permitirmos fenômenos. As operações egípcias dos seus abençoados compatriotas envolvem tamanhas conseqüências locais para o corpo de Ocultistas que ainda permanece lá e para aquilo que eles estão protegendo, que dois dos nossos adeptos já estão lá, havendo-se somado a alguns irmãos Drusos, e três outros estão a caminho. Foi-me oferecido o agradável privilégio de ser testemunha ocular da carnificina humana – mas recusei, agradecendo.[44] É para grandes emergências como esta que a nossa Força está estocada, e portanto não ousamos desperdiçá-la em um elegante tamasha.[45]

Dentro de cerca de uma semana – novas cerimônias religiosas, novas bolhas resplandecentes para divertir os bebês, e mais uma vez estarei ocupado noite e dia, pela manhã, ao meio-dia e no início da noite. Às vezes sinto um sentimento passageiro de tristeza pelo fato de que os Chohans não tenham tido a feliz idéia de permitir-nos o "luxo" de pos-

---

[44] Controlado por forças conjuntas inglesas e francesas, o Egito mostrava desde 1879 sinais crescentes de movimentação nacionalista. Em 1882, o líder popular Arabi Pasha comandou uma revolta. No começo do ano o governo egípcio assumiu posições independentes das forças coloniais, e Arabi assumiu o Ministério da Guerra. As frotas inglesas e francesas foram deslocadas para Alexandria em maio. Em junho, houve um massacre naquela cidade, mas a resistência prosseguiu. Em 11 de julho, os ingleses bombardearam os fortes da cidade. Uma força expedicionária inglesa esmagou as forças de Arabi em 13 de setembro. A Carta do Mahatma foi recebida precisamente em julho de 1882. (N. ed. bras.)

[45] *Tamasha* é um fenômeno, uma exibição de poderes ocultos. (N. ed. bras.)

suir um pouco de tempo livre. Ah, o descanso final! Aquele Nirvana onde – "ser uno com a Vida, e, no entanto, não viver". Ah, ah, tendo compreendido pessoalmente que:

> **"... a alma das Coisas é doce,**
> **A Essência do Ser é Descanso Celestial,"**

sente-se necessidade de – DESCANSO eterno!

Atenciosamente,

K.H.

Carta nº 69 (ML-69) Sem data

Nenhuma data foi anotada. No entanto, já que o Mahatma está obviamente respondendo certas questões de Sinnett inspiradas pela carta do Devachan, a carta a seguir deve ter sido escrita não muito depois dela.

Estou sinceramente satisfeito, meu "discípulo", pelo fato de que você me escreve conforme foi acertado – quer tenha ou não alguma questão especial para colocar-me. É impossível, nas suas condições de saúde atuais, que você traga ao seu cérebro físico a consciência dos planos superiores de existência, no entanto lembre que o sentido de renovação magnética não é um indicador correto de benefícios espirituais, e você pode inclusive obter um progresso espiritual maior enquanto o seu desenvolvimento psíquico aparenta estar paralisado.

Agora, as respostas às suas perguntas.

(1) Nos ensinamentos esotéricos, os lokas "Brahma", "Pitri" e "Deva" são estados de consciência que pertencem às várias hierarquias etéreas ou tipos de Dhyanis e Pitris (os "criadores" e "ancestrais" da humanidade) e de Devas; alguns muito mais elevados que o homem (espiritualmente), outros – entre os tipos de Devas – muito atrás no arco descendente de evolução, e destinados a alcançar o estágio humano somente em um Manvantara futuro. Exotericamente estes lokas representam Nirvana, Devachan e o mundo Astral. O significado dos termos Devachan e Deva-loka é idêntico; "chan" e "loka" significam igualmente *lugar* ou *moradia.* "Deva" é uma palavra usada muito indiscriminadamente em textos orientais, e às vezes é apenas um biombo.

(2) Você estará certo referindo o "Real Conhecimento" e a "Verdadeira Causa" do verso citado ao plano mais elevado de iluminação espiritual; a "escuridão maior" em que o perfeito "Siddha" finalmente imerge por este meio é aquela *Absoluta Escuridão* que é *Absoluta Luz.* O Real Conhecimento de que se fala aqui não é um estado mental, mas espiritual, e implica total união entre o Conhecedor e o Conhecido.

Espero que estas breves respostas possam lançar toda a luz que você necessitava sobre estes pontos.

Com sincera boa vontade,

Atenciosamente,

K.H.

Carta nº 70A[1] (ML-20A) Recebida em agosto de 1882

Estas três cartas (70A, 70B e 70C) causariam muita confusão se não houvesse algum conhecimento do seu pano de fundo.

Em outubro de 1881, The Theosophist *publicou um artigo de Eliphas Levi intitulado "Death" (Morte). Este artigo pode ser encontrado agora como Anexo I em* The Letters of H.P. Blavatsky to A.P. Sinnett, *a partir da página 369. Eliphas Levi e este artigo são mencionados várias vezes nas* Cartas dos Mahatmas; *o texto foi objeto de alguma discussão e diferenças de opinião.*

Eliphas Levi era um pseudônimo do abade francês Alphonse Louis Constant. Os Mahatmas falavam com muita consideração de Eliphas Levi e seu conhecimento oculto. Quando seu artigo "Morte" foi publicado em The Theosophist, *havia uma nota da editora, H.P.B., que dizia: "O falecido Eliphas Levi foi o mais culto Cabalista e Ocultista dos tempos atuais, e tudo o que escreveu é precioso para nós na medida em que ajuda a fazer um estudo comparado com as Doutrinas Ocultas Orientais, e pela luz lançada sobre os dois sistemas – o oriental e o ocidental – para provar ao mundo que eles... são um só em seus princípios metafísicos principais". Havia tam-*

[1] A carta original de A.O.H. para K.H. mostra algumas passagens numeradas e sublinhadas com lápis azul por K.H. Elas estão sublinhadas também aqui. Os números referem-se às respostas de K.H., que estão mais adiante (na Carta 70C). (N. da 1ª ed.)

bém muitos comentários à margem feitos pelo Mahatma K.H. Eles estão reproduzidos no Anexo de Letters of H.P.Blavatsky to A.P. Sinnett.[2]

Um membro da Sociedade Teosófica, de nome N.D. Khandalawala, escreveu à editora destacando que, naquele mesmo número de The Theosophist, *um dos artigos da série* Fragments of Occult Truth *parecia estar em direta contradição com as afirmações feitas pela nota da editora que acompanhava o artigo de Eliphas Levi. "Evidentemente", dizia o sr. Khandalawala, "há uma lacuna aqui". Ele pedia esclarecimentos. Quando recebeu a carta do sr. Khandalawala, H.P.B. a mandou para o Mahatma K.H. Este a devolveu com um bilhete que se materializou e cujo texto é o seguinte:*

"Mande isto para o sr. Sinnett. Tendo já recebido de mim todas as explicações necessárias, ele não me recusará o favor pessoal que agora peço dele. Que ele esclareça por sua vez seus irmãos teosofistas escrevendo uma resposta a essa questão para o próximo Theos., e que assine como 'Um Chela Leigo'".

H.P.B. passou a carta do sr. Khandalawala, junto com a nota precipitada de K.H., para Sinnett. Ele foi ver Hume (que estava em Simla no momento) para discutir o assunto. Isso sugeriu a Hume algumas questões em relação a um artigo da série Fragments, *no qual estava trabalhando naquele momento, e ele escreveu ao Mahatma K.H. A carta de Hume é a nº 70A (ML-20A).*

Então Sinnett escreveu para H.P.B tentando esclarecer alguns dos pontos da carta do sr. Khandalawala. Esta é a carta nº 70B (ML-20B). H.P.B. referiu esta carta ao Mahatma K.H., que reagiu tanto à carta de Sinnett como à de Hume escrevendo as respostas às perguntas de ambos no verso da carta de Sinnett.

Estudar o conteúdo destas três cartas se torna bastante complicado porque algumas das questões levantadas tanto na 70A como na 70B são respondidas na 70C. No entanto, o Mahatma inseriu números ou letras para identificar as passagens, e assim, indo e voltando entre as três cartas, encontra-se alguma ordem.

---

[2] E são reproduzidos, com o texto de Eliphas Levi, também no documento "Apêndice LBS I", incluído no Anexo II da presente edição das *Cartas.* (N. ed. bras.)

Carta nº 70B

Recebida em agosto de 1882.

10[X]

Meu prezado Mestre,

A propósito de *Fragments* nº 3, do qual você receberá em pouco tempo uma cópia para revisão, eu disse que estava longe de satisfatório embora eu tivesse feito o melhor possível.

Era necessário adiantar a doutrina da Sociedade até outro estágio, de modo a abrir gradualmente os olhos dos espíritas – por isso introduzi, como a questão mais crucial, a visão do suicídio, etc., dada em sua última carta a S.

Bem, é isso que me parece mais insatisfatório e levará a várias questões que me sentirei embaraçado para responder.

Nossa primeira doutrina é que a maioria dos fenômenos objetivos se deve a cascas. Cascas com 1 ½ e 2 ½ princípios, isto é, princípios inteiramente separados dos seus sexto e sétimo princípios.

Mas como um desenvolvimento **(1)** ulterior, admitimos que há *alguns espíritos,* isto é, 5º e 4º princípios, não inteiramente separados dos seus sexto e sétimo, que também podem ser ativos na sala de sessões. Estes são os espíritos de suicidas e de vítimas de acidentes ou violência. Aqui a doutrina é de que cada onda particular de vida livre deve avançar até sua praia designada e, com a exceção dos muito bons, todos os espíritos divorciados prematuramente dos seus princípios inferiores devem permanecer na terra, até que chegue a hora predestinada do que deveria ser a morte natural.

Isto está muito bem, mas se é assim fica claro que, em oposição à nossa doutrina anterior, as cascas serão poucas e os espíritos muitos. **(2)**

Pois qual diferença pode haver, para pegar o caso dos suicidas, se estes estiverem conscientes ou inconscientes, se o homem explode seu próprio cérebro, ou só bebe ou abusa do sexo até a morte, ou se ele se mata pelo excesso de estudo? Em cada um destes casos, igualmente, a hora normal e natural da morte é antecipada e o resultado é um espírito e não uma casca – ou, novamente, que diferença faz se um homem é enforcado por assassinato, morto em uma batalha, em uma estação de trem ou em uma explosão de pólvora, afogado, ou morre por queimaduras, ou derrubado por cólera ou pela peste, pelo paludismo ou qualquer uma das outras mil e uma doenças epidêmicas cujas sementes não estavam no início em sua constituição, mas foram introduzidas em conseqüência de ele visitar por acaso uma determinada localidade ou passar por uma determinada experiência, algo que ele poderia ter evitado? Igualmente em todos os casos a hora normal da morte é antecipada e o resultado será um espírito, ao invés de uma casca.

Calcula-se que na Inglaterra nem 15% da população alcançam seu período normal de morte – e o que dizer das febres e da subnutrição e suas seqüelas? Receio que a porcentagem não seja muito maior nem mesmo aqui, onde as pessoas são na sua maior parte vegetarianas e em geral vivem em condições sanitárias menos favoráveis.

Então, deste modo, a maior parte de todos os fenômenos físicos dos espíritas deveria aparentemente envolver estes espíritos e não cascas. Eu ficaria contente de receber mais informação sobre este ponto.

Há um segundo ponto **(3)**; muito freqüentemente, segundo entendo, uma parcela bastante grande de pessoas boas que morrem de mortes *naturais* permanece algum tempo na atmosfera terrestre – desde alguns dias até alguns anos –; por que elas não podem se comunicar? E se elas podem, este é um ponto de extrema importância que não deveria ter sido subestimado.

(4) E em terceiro lugar, é um fato que milhares de espíritos aparecem em círculos puros e ensinam a mais alta moralidade, e ainda mais, expõem algo muito parecido com a verdade em relação ao mundo invisível (veja os livros de Allan Kardec[3] dos quais páginas e mais páginas são idênticas ao que você mesmo ensina) e não é razoável supor que estes sejam nem cascas nem maus espíritos. Mas você não nos deu nenhuma abertura para qualquer grande grupo de espíritos puros e elevados – e até que toda a teoria esteja adequadamente estabelecida e haja o lugar devido para eles, que constituem o que me parece um fato bem e completamente estabelecido, você nunca convencerá os espíritas. Ouso dizer que é a velha história – apenas uma parte da verdade é contada a nós e o resto é reservado – se for assim, é como cortar a garganta da Sociedade. Seria melhor não dizer *nada* ao mundo *externo* do que dizer meias-verdades cujo caráter incompleto as pessoas percebem imediatamente, o que tem como resultado uma rejeição com desprezo do que é verdadeiro, embora eles não possam[4] aceitá-lo neste estado fragmentário.

Com amizade,

A. O. Hume.

---

[3] Espírita francês, autor de inúmeros livros, entre eles *O Livro dos Espíritos* e *O Evangelho Segundo o Espiritismo,* obras editadas pela Federação Espírita Brasileira. *O Livro dos Espíritos* foi publicado pela primeira vez em 1857, em Paris. (N. ed. bras.)

[4] Ao invés de "embora eles não possam", o correto pareceria ser "porque eles não podem". (Nota da 3ª edição)

Carta nº 70B[1] (ML-20B) Recebida em agosto de 1882

Veja os comentários à Carta nº 70A.

Recebida em agosto de 1882.

Simla, 25 de julho.

Minha Cara Velha Senhora,

Comecei a tentar responder a carta de N.D.K. imediatamente, de modo que se K.H. realmente quisesse que o texto aparecesse neste número "próximo" imediato do *Theosophist,* que circulará com data de agosto, ainda estaríamos em tempo.[2] Mas logo fiquei confuso. É claro que não recebemos informação que cubra claramente a questão agora levantada, embora eu suponha que deveríamos ser capazes de combinar os pedaços em uma resposta. A dificuldade surge ao dar a real explicação do enigma de Eliphas Levi na nota escrita por você no *Theosophist* de outubro.

Se ele se refere ao destino desta raça da humanidade existente atualmente, sua afirmativa de que a maioria intermediária de Egos é ejetada da natureza ou aniquilada está em direto conflito com o ensinamento de K.H. ‡[3] Eles não morrem sem memória, se eles retêm memória no devachan e novamente recobram memória (até mesmo de personalidades passadas, como páginas de um livro) no período de completa consciência individual que precede o período de absoluta consciência em Pari-Nirvana.

Mas ocorreu-me que E.L. pode ter estado vendo a humanidade como um todo, e não apenas os homens da quarta ronda. Grandes grupos de personalidades da quinta ronda estão destinados a perecer, penso eu, e estes poderiam ser a porção intermediária inútil da humanidade a que ele se refere. Mas, neste caso, as mônadas espirituais individuais, segundo eu entendo a questão, não perecem, aconteça o que acontecer, e se uma mônada alcançasse a quinta ronda com todas as suas personalidades prévias preservadas nas páginas do seu livro, aguardando um futuro exame, ela não seria ejetada e aniquilada porque algumas das suas páginas da quinta ronda fossem "inade-

[1] Carta do sr. Sinnett para H.P.B., no verso das páginas que são parte de uma longa carta de K.H. (Carta 70C, ML-20C) sobre perguntas de Hume. As passagens sublinhadas foram marcadas assim em azul por K.H. (N. da 1ª ed.)

[2] A carta de N.D.K. apareceu – junto com a resposta – no *Theosophist* de novembro de 1882. (N. ed. bras.)

[3] Veja a Carta 70C (ML-20C). (N. da 1ª ed.) Este símbolo ‡ assinala comentário do Mahatma sobre este item logo na abertura da Carta 70C. (N. ed. bras.)

quadas para publicação". Então, novamente, há uma dificuldade de reconciliar as duas afirmações.

X. Mas, outra vez, será concebível que uma mônada espiritual, embora sobrevivendo à rejeição das suas páginas da terceira e da quarta rondas, não possa sobreviver à rejeição de páginas da quinta e da sexta rondas? Esta impossibilidade de viver boas vidas nestas rondas significa a aniquilação de todo o indivíduo, que jamais chegará, então, à sétima ronda?

Mas por outro lado, se for assim, o caso de Eliphas Levi não seria coberto por tal hipótese, porque muito antes disso os indivíduos que houvessem se tornado co-trabalhadores da natureza para o mal teriam sido eles próprios aniquilados pelo obscurecimento do planeta **X.** entre a quinta e a sexta rondas, se não pelo obscurecimento entre a quarta e a quinta, porque para cada ronda há um obscurecimento, conforme nos é dito. **(5)** Há outra dificuldade aqui porque, como alguns membros da quinta ronda já estão aqui, não fica claro quando o obscurecimento ocorre. Será depois dos *avant couriers*[4] da quinta ronda, que não contarão como iniciadores da quinta, e esta época só começará de fato depois que a raça existente tiver decaído totalmente? – mas esta idéia não é aceitável.

Tendo chegado até este ponto em minhas reflexões ontem, fui até Hume para ver se ele poderia resolver o quebra-cabeças e tornar-me capaz de escrever o que se esperava para esta entrega do correio. Mas ao olhar o assunto e examinar de novo o *Theosophist* de outubro, chegamos à conclusão de que a única explicação possível é que o texto do *Theosophist* de outubro está completamente errado e em total contradição com o nosso ensinamento posterior. Será esta realmente a solução? Não penso assim, porque então K.H. não teria me recomendado reconciliar as duas.

Mas você verá que neste momento, com a maior boa vontade do mundo, sou completamente incapaz de fazer a tarefa que me foi destinada, e se meu caro Guardião e Mestre olhar amavelmente para estas anotações verá o dilema em que estou colocado.

E então, do modo que causar menos transtorno para ele, seja através de você ou diretamente, talvez ele indique a linha que a explicação requerida deveria adotar. Está claro que isso não pode ser feito para a edição de agosto, mas me inclino a acreditar que ele nunca pretendeu tal coisa, já que o tempo está tão curto.

Todos nós estamos muito preocupados com você, trabalhando em excesso em meio ao calor e aos insetos. Quando houver terminado a edição de agosto, talvez você possa escapar para cá e descansar um pouco entre nós.

---

4 *Avant-couriers* – precursores, em francês. (N. ed. bras.)

Você sabe como ficaríamos contentes de vê-la em qualquer momento. Enquanto isso, meus próprios planos individuais estão um pouco incertos. Pode ser que eu tenha de retornar a Allahabad, para deixar Hensman livre para ir como correspondente especial ao Egito. Estou lutando com unhas e dentes com os proprietários para evitar isso – mas durante alguns dias, ainda, o resultado da luta será incerto.

Sempre atenciosamente,

A.P.S.

P.S. Como você pode querer imprimir a carta neste número, eu a devolvo anexa, mas espero que este possa *não* ser o caso, e que você a mande de volta para mim, para que eu possa realizar devidamente minha pequena tarefa, com a ajuda de algumas palavras quanto à linha a ser seguida.

Carta nº 70C (ML-20C) Recebida em agosto de 1882

Veja os comentários à Carta nº 70A.

Recebida em agosto de 1882.

‡ Exceto pelo fato de que ele constantemente usa os termos "Deus" e "Cristo", que vistos esotericamente significam simplesmente "Bem" – no seu duplo aspecto do abstrato e do *concreto,* e nada mais dogmático que isto – Eliphas Levi não está em nenhum conflito *direto* com nossos ensinamentos. É de novo uma palha que voou de um monte de feno e é acusada pelo vento de pertencer ao feno. *A maior parte* daqueles que você pode chamar, se quiser, de candidatos ao *Devachan,* morre e renasce no Kama-loka "sem memória"; apesar de que (e precisamente porque) eles obtêm uma parte da memória de volta no Devachan. Não podemos chamar isso de memória *completa,* mas sim de memória parcial. Você dificilmente chamaria de "lembrança" um sonho seu; alguma cena ou cenas específicas, dentro de cujos estreitos limites você encontraria algumas poucas pessoas – aquelas que você mais amou, com um amor que não morre, aquele sentimento sagrado que é o único a sobreviver, e – nem a menor lembrança de qualquer outro acontecimento ou cena? *Amor* e *Ódio* são os únicos sentimentos *imortais*, os únicos sobreviventes da destruição do *Ye-dhamma,* ou o mundo fenomê-

nico. Imagine-se, então, no Devachan, com aqueles que você pode ter amado com tal amor imortal, com as cenas familiares, feitas de sombras, conectadas a eles formando o pano de fundo, e um perfeito vazio em relação a tudo o mais que se relacione à sua vida interior, social, política e literária. E então, diante daquela existência espiritual puramente meditativa, daquela felicidade pura que, conforme a intensidade dos sentimentos que a *criaram*, dura desde alguns anos até vários milhares de anos, chame-a de "memória pessoal de A.P. Sinnett", se puder. Terrivelmente monótona! – você pode pensar. Nem um pouco – eu respondo. Você experimentou monotonia durante – digamos – aquele momento que você considerava *na época*, e considera *agora* – como o momento da mais alta bem-aventurança que já sentiu? Claro que não. Bem, você não experimentará mais tédio do que nesta situação quando estiver lá, naquela passagem através da Eternidade na qual um milhão de anos não é mais longo que um segundo. Lá, onde não há consciência de um mundo externo, não pode haver discernimento para marcar as diferenças; e portanto não há percepção de contrastes entre monotonia e variedade; em resumo, nada fora daquele sentimento imortal de amor e atração simpática cujas sementes são plantadas no quinto[1], cujas plantas florescem exuberantemente no quarto e ao redor dele; mas cujas raízes devem penetrar profundamente no sexto princípio, para que possa sobreviver aos grupos inferiores. (E agora me proponho a matar dois pássaros com uma só pedra – a responder as perguntas sua e do sr. Hume ao mesmo tempo) – lembrem-se, ambos, de que nós próprios *criamos* nosso *devachan,* assim como nosso *avitchi*, enquanto ainda estamos na terra, e principalmente nos últimos dias e mesmo momentos das nossas vidas sensíveis e intelectuais. Aquele sentimento que é mais forte em nós naquela hora suprema; quando, como em um sonho, os eventos de uma longa vida são colocados na mais exata ordem dentro do período de alguns segundos em nossa visão[2] – aquele sentimento se tornará o formador da nossa bem-aventurança ou desgraça, o *princípio vital* da nossa futura existência. Nesta, nós não temos um ser substancial, mas só uma existência atual e momentânea, cuja duração não tem influência nem efeito sobre, nem relação com o seu ser, o qual, como qualquer outro efeito de uma causa transitória, será tão passageiro como ela, e por sua vez se desvanecerá e deixará de existir. A lembrança real e completa

---

[1] No quinto princípio, Manas, a mente. Já o quarto princípio é a sede dos sentimentos e das paixões animais. (N. ed. bras.)

[2] **Esta visão ocorre quando a pessoa já é considerada morta. O cérebro é o último órgão que morre.** (Nota do Mahatma)

das nossas vidas virá apenas ao final do ciclo menor – não antes. Em Kama Loka aqueles que retêm sua memória não desfrutarão dela na hora suprema de recordação. Aqueles que *sabem* que estão mortos em seu corpo físico só podem ser adeptos ou – feiticeiros; e estas duas são as exceções à *regra geral.* Como ambos foram "co-trabalhadores da natureza", o primeiro para o *bem,* o segundo para o *mal,* no trabalho dela de criação e no de destruição, eles são os únicos que podem ser chamados de *imortais* – no sentido cabalístico e esotérico, é claro. A imortalidade completa ou verdadeira – que significa uma existência *sensível* ilimitada, não pode ter intervalos ou paradas, nenhuma interrupção da autoconsciência. E mesmo as *cascas* daqueles bons homens cuja página não estará faltando no grande livro de Vidas no portal do Grande Nirvana, mesmo eles recuperarão sua memória e uma aparente autoconsciência somente depois que o sexto e o sétimo princípios, com a essência do 5º (este último tem de dar o material até mesmo para aquela lembrança parcial da personalidade que é necessária para o objetivo do Devachan), tiverem ido para o seu período de gestação, *não antes.* Mesmo no caso de suicidas e daqueles que tiveram uma morte violenta, mesmo no caso deles a consciência requer um certo tempo para estabelecer o seu novo centro de gravidade, e produzir, como *sir* W. Hamilton diria, a sua "percepção própria" que dali em diante permanecerá distinta da "sensação própria". Assim, quando o homem morre, a sua "Alma" (quinto prin.) se torna inconsciente e perde toda memória tanto das coisas internas como das coisas externas. Se sua estada em Kama Loka tiver de durar apenas alguns momentos, ou horas, dias, semanas, meses ou anos; se ele teve uma morte natural ou violenta; se isto ocorreu na juventude ou na velhice, e se o Ego era bom, mau ou indiferente, em todos estes casos a sua consciência o deixa tão subitamente quanto a chama deixa o pavio, quando assoprada. Quando a vida se retira da última partícula de matéria do cérebro, as suas faculdades perceptivas são extintas para sempre, e seus poderes espirituais de cogitação e volição (em resumo, todas aquelas faculdades que nem são inerentes à, nem possíveis de adquirir pela, matéria orgânica) se extinguem por certo tempo. O seu *Mayavi-rupa* pode freqüentemente ser lançado à objetividade, como nos casos de aparição após a morte; mas a menos que ele seja projetado com conhecimento[3] (seja latente ou potencial), ou devido à intensidade do desejo de ver ou de aparecer a alguém, disparada pelo cérebro agonizante, a aparição será simplesmente automática; não ocorrerá devido a qualquer atração simpática, ou a qualquer ato de volição, assim como o

---

3 Faltam aqui, possivelmente, as palavras "do projetor". (N. da 3ª ed.)

reflexo de uma pessoa que passa inconscientemente perto de um espelho é independente do desejo da pessoa.

Tendo assim explicado a posição, vou resumir e perguntar novamente por que se deveria pensar que o que é dado por Eliphas Levi e exposto por H.P.B. está "em conflito direto" com meu ensinamento. E.L. é um ocultista e um cabalista, e ao escrever para aqueles que supõe conhecerem os rudimentos dos princípios cabalísticos, usa a fraseologia peculiar da sua doutrina, e H.P.B. faz o mesmo. A única omissão de que ela é culpada é não ter acrescentado a palavra "Ocidental" após as duas palavras "Doutrina Oculta" (veja a terceira linha da *nota* da Editora). Ela é uma fanática à sua maneira, e é incapaz de escrever com qualquer coisa parecida a ordem e calma, ou de lembrar que o público em geral necessita todas as explicações lúcidas que para ela podem parecer supérfluas. E, como você certamente dirá – "mas este é também *nosso* caso, e você parece esquecer isso" – darei a você mais algumas explicações. Como foi colocado na margem do texto do *Theosophist* de outubro, a palavra "imortalidade" tem um significado completamente diferente para os iniciados e ocultistas. Nós chamamos de "imortal" apenas a *Vida* una na sua coletividade universal e inteira ou Absoluta Abstração; aquilo que não tem nem começo nem fim, nem qualquer interrupção em sua continuidade. Será que o termo se aplica a alguma outra coisa? Certamente não. Por isso os primeiros caldeus tinham vários prefixos para a palavra "imortalidade", um dos quais é um termo grego, raramente usado – imortalidade *paneônica*, isto é, que começa com o *manvantara* e termina com o *pralaya* do nosso Universo Solar. Ela dura a era, ou o "período" da nossa *pan*, ou "*toda* natureza". Imortal, então, na eternidade *paneônica,* é aquele cuja nítida consciência e percepção do *Eu sob qualquer forma* não sofre interrupção alguma em nenhum momento, nem por um segundo, durante o período da sua *Egoidade.* Estes períodos são vários, e cada um deles tem seu nome específico nas doutrinas secretas dos caldeus, gregos, egípcios e arianos, e bastaria que elas fossem passíveis de tradução – o que não é verdade, pelo menos enquanto a idéia envolvida permanecer inconcebível para a mente ocidental – para que eu pudesse dá-las a você. É suficiente para você por enquanto saber que um homem, um Ego como o seu ou o meu, pode ser imortal de uma Ronda para a outra. Digamos que eu comece minha imortalidade nesta quarta Ronda atual, isto é, tendo me tornado um *adepto completo* (o que infelizmente não sou) detenho à vontade a mão da Morte, e quando sou finalmente obrigado a submeter-me a ela, meu conhecimento dos segredos da natureza me coloca em uma posição em que posso conservar mi-

nha consciência e nítida percepção do Eu como um objeto da minha própria consciência e cognição reflexiva; e evitando assim todos esses desmembramentos de princípios, que *normalmente* ocorrem depois da morte física do membro médio da humanidade, permaneço como Koothoomi em meu Ego por toda a longa série de nascimentos e vidas ao longo dos sete mundos e Arupa-lokas, até que finalmente chego de novo a esta terra entre os homens da quinta raça, na plenitude da quinta Ronda. Eu teria sido, neste caso "imortal" durante um período (para você) inconcebivelmente longo, que abrangeria muitos bilhões de anos. E no entanto, serei eu *verdadeiramente* imortal, por tudo isso? Se eu não fizesse os mesmos esforços que faço agora, para garantir-me outra licença semelhante da Lei da Natureza, Koothoomi desapareceria e poderia transformar-se em um sr. Smith ou um inocente Babu, quando seu período de licença terminasse. Há homens que se transformam nestes seres poderosos, há homens entre nós que podem tornar-se imortais durante o resto das Rondas, e então assumir seu lugar designado entre os mais altos Chohans, os "Ego-Espíritos" Planetários *conscientes.* É claro que a Mônada "nunca morre aconteça o que acontecer", mas Eliphas fala dos Egos *pessoais*, não espirituais, e você caiu no mesmo erro (e de modo muito natural, também) que C.C.M.[4]; embora eu deva confessar que a passagem em *Ísis* foi colocada de modo muito pouco hábil, conforme já havia dito a você em relação a este mesmo parágrafo em uma das minhas cartas há muito tempo. Eu tive que "exercer minha habilidade" na questão, segundo dizem os ianques, mas consegui resolver o problema, creio, como receio que terei de fazer muitas outras vezes antes que o assunto com *Ísis* esteja terminado. A obra realmente deveria ser *reescrita,* pelo bem da honra da família.

X Isto é certamente *inconcebível*; portanto, não há utilidade prática em discutir o assunto.

X Você entendeu mal o ensinamento, porque não sabia o que agora lhe foi comunicado: (a) quem são os verdadeiros *co-trabalhadores* da natureza; e (b) que não são *todos* os co-trabalhadores maldosos que caem na oitava esfera e são aniquilados[5].

---

[4] C.C.M. – C.C. Massey, Presidente da Loja de Londres da S.T. e um dos fundadores originais da Sociedade em 1875. (N. ed. bras.)

[5] **Aniquilados *subitamente como Egos e personalidades humanos,* permanecendo naquele mundo de pura matéria sob várias formas materiais durante uma extensão inconcebível de tempo antes que possam retornar à matéria primitiva.** (Nota do Mahatma)

O potencial para o *mal* é tão grande no homem quanto – lamentavelmente até maior que – o potencial para o *bem.* Uma exceção à regra da natureza, aquela exceção que no caso dos adeptos e feiticeiros se torna por sua vez uma *regra*, tem por sua vez suas próprias exceções. Leia cuidadosamente a passagem que C.C.M. deixou sem citar – nas pp. 352-353, *Ísis,* volume 1, parágrafo 3[6]. Novamente ela deixa de afirmar claramente que o caso mencionado diz respeito apenas àqueles feiticeiros poderosos cuja colaboração com a natureza para o mal dá a eles condições de forçá-la, e assim ela lhes dá também a imortalidade paneônica. Mas, ah, que tipo de imortalidade, e como a aniquilação é preferível às vidas que eles têm! Você não vê que tudo o que você encontra em *Ísis* está delineado, precariamente esquematizado – nada completo nem inteiramente revelado? Bem, chegou o momento, mas onde estão os trabalhadores para uma tarefa tão tremenda?

Diz o sr. Hume (veja as partes marcadas na carta anexa[7] – 10 [X] e 1, 2, 3). E agora, quando você tiver lido as objeções àquela doutrina extremamente *insatisfatória* – como o sr. Hume a qualifica – uma doutrina que você teria que aprender primeiro como um todo, antes de estudá-la por partes – correndo o risco de não satisfazer você nem um pouco mais, irei tratar de explicá-la.

(1)[8] Embora não estejam "inteiramente separados dos seus sexto e sétimo princípios" e sejam bastante "poderosos" na sala de sessões, no entanto, até o dia em que eles teriam tido uma morte natural, eles estarão separados dos princípios mais elevados por um golfo. O sexto e o sétimo permanecem passivos e negativos, enquanto, em casos de *morte acidental*, os grupos mais altos e os mais baixos atraem mutuamente um ao outro. Em caso de Egos bons e inocentes, além disso, estes últimos gravitam irresistivelmente em torno do sexto e do sétimo, e assim – ou dormem rodeados por sonhos felizes ou dormem um sono sem sonhos, profundo, até que soe a hora. Com um pouco de reflexão e a lembrança da justiça eterna e da harmonia das coisas, você verá por quê. A vítima, seja boa ou má, *não é responsável* por sua morte, mesmo que sua morte ocorra devido a alguma ação em vida ou nascimento anterior; foi um ato, em resumo, da Lei de Retribuição; mesmo assim não foi resultado *direto* de um ato deliberadamente cometido pelo Ego *pessoal* daquela

---

6 Veja *Ísis Sem Véu*, de H.P. Blavatsky, Ed. Pensamento, vol. II, p. 60, começando na quinta linha a contar do alto da página. (N. ed. bras.)

7 Veja a Carta 70A (ML-20A). (N. da 1ª ed.)

8 Veja o número (1) em negrito assinalado pelo Mahatma na Carta 70A. (N. ed. bras.)

vida durante a qual ele foi morto. Se tivesse podido viver mais, ele poderia ter compensado seus pecados anteriores ainda mais eficientemente; e mesmo agora o Ego, tendo sido obrigado a pagar o débito daquele que o originou (o Ego anterior), está livre dos golpes da justiça retributiva. Os Dhyan Chohans, que não participam da orientação do Ego humano *vivo*, protegem a vítima indefesa quando ela é violentamente lançada fora do seu elemento em um novo elemento, antes que esteja amadurecida, preparada e pronta para ele. Nós dizemos a você o que sabemos, *porque fomos levados a aprender isso por experiência pessoal.* Você sabe o que quero dizer, e NÃO POSSO DIZER MAIS NADA! Sim; as vítimas, sejam boas ou más, dormem, e acordam somente *na hora do julgamento final*, que é aquele momento de luta suprema do sexto e do sétimo contra o quinto e o quarto, no portal do estado de gestação. E mesmo depois disso, quando o sexto e o sétimo, carregando uma porção do quinto, entram em seu Samadhi Akáshico, mesmo então pode ocorrer que o espólio espiritual do quinto resulte ser demasiado fraco para renascer no Devachan; em cujo caso ele se revestirá naquele mesmo momento com um novo corpo, o "Ser" subjetivo criado com o carma da vítima (ou não vítima, conforme for o caso), e entrará em uma nova existência terrena, seja neste ou em qualquer outro planeta. Em nenhum caso, então, com a exceção dos suicidas e das cascas, há qualquer possibilidade de que qualquer um seja atraído para uma sala de sessões. E é *claro* que "este ensinamento *não* está em oposição à nossa doutrina anterior", e que embora as "cascas" possam ser muitas, os Espíritos são *muito* poucos.

(2)[9] Há uma grande diferença em nossa humilde opinião. Nós, que olhamos para o fato de um ponto de vista que seria muito inaceitável para empresas de seguro de vida, dizemos que há muito poucos, se existir algum, entre os homens que se abandonam aos vícios enumerados acima, que se sentem perfeitamente seguros de que um tal tipo de ação os levará no final à morte prematura. Este é o castigo de Maya. Os "vícios" não escaparão da sua penalidade; mas é a *causa*, não o *efeito*, que será punida, especialmente no caso de um efeito imprevisto embora provável. Um homem que encontra sua morte em uma tempestade no mar é tão *suicida* quanto um outro que se mata com "excesso de estudo". A água pode afogar um homem, e o trabalho cerebral em excesso pode produzir um amolecimento do cérebro que o levará embora. Em

[9] Veja o número (2) em negrito, marcado pelo Mahatma na Carta 70A. (N. ed. bras.)

tal caso ninguém deveria atravessar o *Kalapani*[10] e nem mesmo banhar-se, por medo de desmaiar nele e afogar-se (pois todos nós sabemos de casos assim), e tampouco um homem deveria cumprir seu dever, muito menos sacrificar-se, nem mesmo por uma causa elogiável e altamente benéfica, como muitos de nós – (H.P.B., por exemplo) – fazem. O sr. Hume a chamaria de *suicida* se ela caísse morta no meio do seu trabalho atual? A *motivação* é tudo, e o homem é punido no caso de responsabilidade *direta*, nunca em outros casos. No caso da vítima, a hora natural da morte foi antecipada *acidentalmente*, enquanto no caso do suicida a morte é provocada voluntariamente e com um conhecimento completo e consciente das suas conseqüências imediatas. Assim um homem que causa sua própria morte em um ataque de insanidade temporária *não* é um suicida, para grande tristeza e freqüente aborrecimento das companhias de seguro de vida. Ele tampouco se torna vítima das tentações do Kama Loka, mas cai no sono como qualquer outra vítima. Um Guiteau[11] não permanecerá na atmosfera terrestre com seus princípios superiores sobre ele – inativos e paralisados, *porém* lá. Guiteau entrou em um estado durante cuja duração ele estará *sempre atirando no seu presidente,* e assim lançando em confusão e embaralhando os destinos de milhões de pessoas; neste estado, ele estará sendo *sempre julgado* e *sempre enforcado.* Banhando-se nos reflexos dos seus atos e pensamentos – especialmente aqueles que ele se permitiu no patíbulo,[12] .... seu destino. Quanto àqueles que foram "derrubados pela cólera ou pela peste, ou pelo paludismo", eles não poderiam ter sucumbido se não tivessem as condições para o desenvolvimento de tais doenças desde o nascimento.

"Então, a maior parte dos fenômenos físicos dos espíritas", meu caro irmão, *não* "ocorre com estes espíritos", mas de fato – com "cascas".

(3)[13] "Os espíritos de pessoas boas bastante comuns que têm mortes naturais permanecem... na atmosfera terrestre desde alguns dias até

---

[10] Em sânscrito, "as águas negras", uma designação simbólica do oceano. (N. ed. bras.)

[11] Guiteau atirou no presidente norte-americano Garfield em 2 de julho de 1881, e Garfield morreu em setembro dos ferimentos recebidos, segundo C. Jinarajadasa registra em *The Early Teachings of the Masters* (Kessinger Publishing Co., Montana, EUA, p. 81). Charles J. Guiteau foi mais tarde condenado à morte e executado. (N. ed. bras.)

[12] Duas linhas foram apagadas, aqui, no original. (N. da 1ª ed.)

[13] Veja o número (3) em negrito na Carta 70A. (N. ed. bras.)

alguns anos"; a duração depende da disponibilidade deles para encontrar a *criatura* deles, não seu criador; um assunto muito abstruso sobre o qual você aprenderá mais tarde, quando também estiver mais preparado. Mas por que eles deveriam "comunicar-se"? Aqueles que você ama se comunicam com você durante o sono deles, objetivamente? Os espíritos de vocês, em momentos de perigo, ou de intensa simpatia, vibrando na mesma corrente de pensamento – o que em tais casos cria uma espécie de fio telegráfico espiritual entre seus dois corpos – podem encontrar-se e imprimir um no outro suas memórias; mas neste caso vocês são corpos *vivos*, não *mortos*. Mas como pode um 5º princípio *inconsciente* (veja acima) impressionar ou comunicar-se com um organismo vivo, a menos que ele já tenha se tornado uma *casca?* Se, por certas razões, eles permanecerem neste estado de letargia durante vários anos, os espíritos dos vivos podem subir até eles, como já foi dito a você; e isso pode ocorrer ainda mais facilmente que no Devachan, onde o *espírito* está demasiado envolvido em sua bem-aventurança pessoal para prestar muita atenção a um elemento intruso. Digo mais: eles *não podem*.

(4)[14] Lamento contradizer sua afirmativa. Não sei de "milhares de espíritos" que aparecem em círculos – e além disso, realmente não conheço "um círculo perfeitamente *puro*" – que "ensina a mais alta moralidade". Espero não ser classificado como difamador, em acréscimo a outros nomes atribuídos a mim ultimamente, mas a verdade me compele a declarar que Allan Kardec não foi completamente imaculado durante sua vida, nem se tornou um espírito *muito puro* desde então. Quanto ao fato de ensinar "a mais alta moralidade", nós temos um Dugpa-Shammar não muito longe de onde estou residindo. Homem inteiramente notável. Não muito poderoso como feiticeiro, mas extremamente poderoso como bêbado, ladrão, mentiroso e – orador. Neste último *papel* ele poderia dar pontos de vantagem em uma competição e vencer os srs. Gladstone[15], Bradlaugh[16] e até mesmo o Rev. H.W. Beecher – que é um pregador da moralidade de eloqüência inigualável, e um transgressor dos Mandamentos do Senhor também inigualável nos

---

[14] Veja o número (4) em negrito na Carta 70A. (N. ed. bras.)

[15] William Gladstone, o mais importante primeiro-ministro inglês do século 19, segundo a *Encyclopaedia Britannica* de 1967. Foi quatro vezes primeiro-ministro. Em 1882, data desta carta, estava em sua segunda administração (1880-1885). (N. ed. bras.)

[16] Charles Bradlaugh, livre-pensador inglês, reformador social, companheiro de atividades e amigo de Annie Besant. (N. ed. bras.)

EUA. Este Lama Shapa-tung, quando sedento[17], pode fazer uma imensa audiência de "gorros-amarelos" leigos derramar todo o seu estoque anual de lágrimas com a narrativa do seu arrependimento e de seu sofrimento, durante a manhã, e depois ficar bêbado à noite e roubar toda a vila ao mesmerizar seus habitantes induzindo-os a um sono profundo. Pregar e ensinar moralidade tendo um objetivo em vista significa muito pouco. Leia o artigo de "J.P.T." em *Light* e o que eu digo estará corroborado.

(Para A.P.S. (5).)[18] O "obscurecimento" ocorre só quando o último homem de qualquer Ronda já passou para a esfera de efeitos. A natureza está demasiado bem regulada, muito matematicamente regulada para causar erros no exercício das suas funções. O obscurecimento do planeta no qual estão agora evoluindo as raças da humanidade da quinta Ronda estará, naturalmente, "atrás dos poucos *avant couriers*[19]" que estão aqui agora. Mas antes de chegar este momento nós teremos que separar-nos e interromper nossos contatos como Editor do *Pioneer* e seu humilde correspondente.

E agora, havendo mostrado que o número de outubro do *Theosophist* não estava *completamente errado*, nem estava "em contradição com o ensinamento mais recente", poderá K.H. pedir que você "reconcilie os dois"?

Para reconciliar você ainda mais com Eliphas, eu lhe mandarei um certo número dos manuscritos dele que nunca foram publicados, em uma letra grande, clara, bonita, com meus comentários ao longo dos textos. Nada melhor do que isto para dar a você a chave dos enigmas cabalísticos.

Tenho de escrever esta semana para o sr. Hume; para consolá-lo e mostrar que, a menos que ele tenha um forte desejo de viver, não precisa preocupar-se com o *Devachan*. A menos que um homem *ame* bem ou *odeie* igualmente bem, não estará nem no Devachan nem em Avitchi. "A natureza cospe os mornos para fora da boca" – isto significa apenas que ela aniquila os seus Egos *pessoais* (não as cascas, e tampouco o sexto princípio) no Kama Loka e no Devachan. Isto não os impede de renascer imediatamente – e, se suas vidas não tiverem sido *muito* más, não há razão para que a Mônada eterna não encontre a página daquela vida intacta no Livro da Vida.

K.H.

---

[17] Isto é, quando está sóbrio. (N. ed. bras.)

[18] Veja o nº (5) marcado em negrito pelo Mahatma na Carta 70B. (N. ed. bras.)

[19] Precursores, em francês. (N. ed. bras.)

Carta nº 71[1] (ML-19) Recebida em 12 de agosto de 1882

A "Carta sobre Teosofia" à qual estas duas notas estão anexadas foi endereçada a Stainton Moses em Londres, destinada à publicação na revista Light, *a publicação periódica dos espíritas daquela cidade. Sinnett havia mandado cópia – uma "prova" – do texto para que o Mahatma K.H. fizesse seus comentários.*

Na cópia da segunda das cartas dirigidas a Stainton Moses, Sinnett faz a afirmativa: "Acho difícil explicar uma condição das coisas sob exame... por falta de um conhecimento prévio da sua parte em relação à doutrina oculta... tendo em vista o modo como a natureza recompensa e pune seus filhos por seus atos nesta vida..." No ponto em que menciona que Moses não tem um "conhecimento prévio" da doutrina oculta, Sinnett inseriu um comentário entre parênteses: "(a situação real dos fatos, isto é, tal como conhecidos pelos adeptos e descritos por eles com tanta confiança como os movimentos dos planetas são descritos pelos astrônomos como sendo o que são) ..." No comentário à margem feito pelo Mahatma K.H. depois das palavras "como conhecidos pelos adeptos..." ele acrescentou as palavras que abrem esta Carta nº 71: "Sim, verdadeiramente conhecidos *e também confiantemente* descritos *pelos adeptos, de quem..."*

Sinnett escreveu mais adiante em sua carta: "Bem, as vítimas de acidentes, às vezes, embora raramente, e as vítimas de suicídio, podem comunicar-se conosco através de médiuns, e aquilo que se comunica é a entidade real do homem que um dia viveu, salvo algumas circunstâncias excepcionais, das quais de agora em diante..." Neste ponto aparece o comentário à margem do Mahatma: "Casos excepcionais, meu amigo..."

Outro ponto interessante é uma curta carta, com a letra de K.H., dirigida a Sinnett e recebida por ele em 22 de agosto de 1882, cerca de dez dias depois que a carta nº 71 fora recebida. Ela está incluída em Letters of Blavatsky to A.P. Sinnett, *p. 365, Carta 201. O Mahatma diz: "Fiz algumas alterações e providenciei para que uma nota de pé de página fosse acrescentada às suas 'Letters' (Cartas). De qualquer modo, sempre há um perigo, penso, de ver que nossas idéias foram substituídas por imagens concretas e falsas nas mentes dos seus leitores. Se você conseguir transmitir a eles apenas a verdade relativa, não absoluta, você terá feito um grande benefício ao público."*

---

[1] Fragmentos com a letra de K.H. (N. da 1ª. ed.)

Anexado às provas de correção da Carta sobre Teosofia.
Recebido em 12 de agosto de 1882.

Sim; verdadeiramente *conhecidos* e também confiantemente *descritos* pelos adeptos, de quem –

"Nenhuma cortina esconde as esferas elísias,
Nem estas pobres cascas de pó semitransparente
Porque tudo o que cega a visão do espírito
É orgulho e ódio e luxúria..."
(Publicação não autorizada)

Casos excepcionais, meu amigo. Os suicidas *podem* e geralmente fazem isso, mas os outros não. Os bons e puros dormem um sono calmo e bem-aventurado, cheio de visões felizes da vida terrestre, e não terão consciência de já estar para sempre além daquela vida. Aqueles que não foram nem bons nem maus dormirão um sono sem sonhos, ainda calmo; enquanto que os maus irão sofrer, na proporção de sua brutalidade, as angústias de um pesadelo durante anos: as suas idéias se tornarão coisas vivas; as suas paixões perversas – substância real, e eles receberão de volta sobre suas cabeças toda a dor que lançaram sobre outros. A realidade e os *fatos,* se descritos, dariam um *Inferno* bem mais terrível até mesmo que o imaginado por Dante!

Carta nº 72[1] (ML-127) Recebida em 13 de agosto de 1882

Este texto é uma cópia, com a letra de Sinnett, de trechos de cartas dirigidas a ele e Hume. Pode-se presumir que Sinnett passou os originais para Hume.

Trechos de Cartas de K.H. para A.O.H. e A.P.S.
Recebidas em torno de 13 de agosto de 1882.

Uma de suas cartas começa com uma citação de uma carta minha: "Lembre-se de que não há nenhum princípio permanente dentro do homem" – frase que vejo acompanhada de uma colocação sua, "E quanto ao sexto e ao sétimo princípios?" A isso eu respondo, nem At-

[1] Os trechos têm a letra do sr. Sinnett. (N. da 1ª ed.)

ma nem Buddhi jamais estiveram *dentro* do homem – um pequeno axioma metafísico que você pode estudar com proveito em Plutarco e Anaxágoras. Este último fez de seu νους αυτοχρατης[2] o espírito poderoso por si mesmo, o *nous* que era o único a reconhecer *noumena,* enquanto Plutarco ensinava, com base em Platão e Pitágoras, que o *demonium* ou este *nous* sempre permanecia fora do corpo; que ele flutuava ou *inspirava,* digamos assim, a extremidade da cabeça humana; é apenas a opinião vulgar que sustenta que ele está dentro. Diz Buddha: "Você deve libertar-se inteiramente de todos os elementos de impermanência que compõem o corpo, para que seu corpo possa tornar-se permanente. O permanente nunca se mistura com o impermanente, embora os dois sejam um. Mas é apenas quando todas as aparências externas foram afastadas que resta aquele princípio único da vida que existe independentemente de todos os fenômenos externos. Ele é o fogo que queima na luz eterna, quando o combustível é gasto e a chama extinta; porque aquele fogo não está nem na chama nem no combustível, nem tampouco dentro dos dois, mas acima, abaixo e em toda parte – (Parinirvana Sutra kuan XXXIX).

... Você quer adquirir dons. Comece a trabalhar e tente desenvolver lucidez. Esta última não é dom, mas uma possibilidade universal comum a todos. Como Luke Burke coloca, "os deficientes mentais e os cachorros a têm, e freqüentemente em um grau mais notável que os homens mais intelectuais". Isto ocorre porque nem os deficientes mentais nem os cachorros usam suas faculdades de raciocínio, mas permitem que suas percepções naturais e instintivas atuem plenamente.

... Você usa demasiado açúcar em sua comida. Quanto a frutas, pão, chá, café e leite, use-os tão livremente quanto quiser, mas nada de chocolate, gorduras ou massas, e só muito pouco açúcar. A fermentação produzida pelo açúcar, especialmente neste seu clima, é muito prejudicial. Os métodos usados para desenvolver lucidez em nossos chelas podem ser facilmente usados por você. Todo templo tem uma sala escura, cuja parede norte está inteiramente coberta com uma lâmina de metal misto, feito principalmente de cobre, muito bem polido e com uma superfície capaz de refletir coisas tão bem como um espelho. O chela senta em um pequeno banco isolado, um assento de três pernas colocado em um receptáculo de vidro grosso e fundo plano; o lama

---

[2] *Nous autokrates.* (N. da 3ª ed.)

operador se senta em iguais condições; os dois formam um triângulo com a parede-espelho. Um ímã apontando para o Pólo Norte é suspenso sobre a coroa da cabeça do chela, sem tocá-la. Depois que o operador fez a coisa começar ele deixa o chela sozinho olhando a parede, e após a terceira vez ele não é mais necessário.

Carta nº 73 (ML-113) Recebida em agosto de 1882

Edmund W. Fern estava trabalhando como secretário de Hume e provavelmente morando em sua casa. Ele era um pouco sensitivo, psiquicamente, e os Mahatmas consideravam que ele tinha um potencial relativamente significativo em relação ao processo de transmissão de mensagens. Ele ingressou na Sociedade Teosófica e foi eleito secretário da Sociedade Teosófica Eclética, de Simla. O Mahatma M. interessou-se por ele e o aceitou como discípulo em provação.

Evidentemente, Fern aborrecia Hume e este escreveu sobre isso mais tarde ao Mahatma K.H., passando a dar instruções aos Mahatmas sobre o que eles deveriam fazer em relação à questão. A carta dele ao Mahatma K.H. colocou este em uma posição embaraçosa.

O Mahatma K.H. responde a Hume (na carta que segue), mas manda a carta a Sinnett para que a leia antes de passá-la a Hume. Fern fracassou em sua provação, mais tarde, e foi expulso da Sociedade Teosófica.

Em 27 de novembro (1882), enquanto estava em Bombaim, Olcott anotou: "Um Irmão apareceu no terraço de baixo para alguns delegados. M.·. ordena-me expulsar Fern. Não foram dadas razões. O que está acontecendo?"[1] *Em 6 de dezembro, o próprio Fern veio ver Olcott e explicou certas questões que o coronel percebeu que faziam necessária a sua expulsão. As razões não eram de natureza psíquica, mas diziam respeito a transações de negócios, talvez em relação à Sociedade Teosófica Eclética de Simla. Em determinada ocasião, antes do fracasso final de Fern, o Mahatma K.H. escreveu-lhe uma carta de advertência, aparentemente a segunda advertência que ele lhe fazia. (Veja* Cartas dos Mestres de Sabedoria, *comp. por C. Jinarajadasa, Carta 75, 2ª série. Ed. Teosófica, 1996, pp. 255-258.)*

---

[1] Esta citação foi feita equivocadamente pela edição cronológica em língua inglesa das *Cartas dos Mahatmas.* Estamos reproduzindo corretamente o trecho citado do livro *Cartas dos Mestres de Sabedoria,* editado por C. Jinarajadasa. (N. ed. bras.)

Carta nº 74

Reservado

Meu caro amigo,

Perdoe-me, por favor, por perturbá-lo com meus próprios assuntos – mas embora eu seja *forçado* pelo Chohan a responder, na verdade não sei se estou dentro ou fora dos limites das suas normas de cortesia. Devo escrever uma longa carta para você sobre algo que me preocupa e quero que você me aconselhe. Estou em uma posição extremamente desagradável, colocado entre o risco de trair um amigo – e o *código de honra* de você (o amigo em questão não é você). Espero poder colocar inteira confiança em sua amizade pessoal e, *claro*, sua honra.

Honra! Que noções estranhas, muito estranhas você parece ter sobre esta coisa sagrada! Não se assuste porque na verdade a coisa toda é mais cômica do que perigosa. No entanto, há o perigo de perder o sr. Hume.

Amanhã escreverei mais detalhadamente. Fern é um pequeno asno, mas é clarividente, e também um pouco alucinado. Mas o sr. Hume é demasiado severo com ele. O garoto pensa que, se formos mitos ou *impostores*, irá descobrir-nos. Bem, onde está a maldade em tal alucinação? No entanto, H. *trai* a confiança dele e me manda uma carta com uma extensão de quase três metros com conselhos sobre como podemos superar nossas dificuldades! Ele deseja ser nosso benfeitor e fazer jus à nossa eterna gratidão por evitar que M. caia mais uma vez na *armadilha* de Fern. Eu mandaria a você a carta dele, se ela não estivesse classificada como "reservada e confidencial"; e eu não seria um "cavalheiro" aos olhos dele se ele percebesse uma tal quebra de confiança. Bem, quero que você leia esta carta, de qualquer modo, e deixo a seu critério mandá-la a ele ou destrui-la. Se você não quiser que ele saiba que você a leu – bem, ponha um selo sobre ela e a coloque na caixa de correio. Eu não penso que ele procurará você como confidente esta vez. No entanto, posso estar errado. Em pouco tempo você saberá mais.

Afetuosamente,

K.H.

Carta nº 74[1] (ML-30) Recebida em agosto de 1882

Esta é a carta anexada à carta nº 73. É a resposta do Mahatma K.H. à carta de Hume reclamando sobre Fern. No começo da carta nº 73, ele diz

[1] A parte da carta de A.O. Hume citada por K.H. é um fac-símile materializado que tem a própria letra de A.O.H., e as passagens sublinhadas foram destacadas assim por K.H. (N. da 1ª edição)

que é "forçado" pelo Chohan a responder à carta de Hume, mas que não sabe se está "dentro dos limites das suas normas de cortesia". Por isso ele manda esta resposta a Hume para que Sinnett a leia antes de enviá-la ao destinatário.

Há uma estreita relação entre várias cartas recebidas neste período, e no final da carta seguinte (nº 75) o Mahatma M. anexa um bilhete pedindo a Sinnett que não entregue esta carta (nº 74) a Hume. Provavelmente Sinnett seguiu este conselho; caso contrário o seu original (já que é dirigida a Hume) não estaria no Museu Britânico com as outras cartas dos Mahatmas. Trata-se de uma carta importante, que estabelece com muita clareza a atitude dos Mahatmas em relação ao chelado e àqueles que buscam tal meta. Obviamente, Sinnett a manteve guardada com suas próprias cartas. Ela diz respeito principalmente às dificuldades que os Mahatmas estavam enfrentando com Hume, e especialmente as que se relacionavam com o secretário dele, Fern. Aparentemente Hume havia escrito uma carta anterior ao Mahatma K.H. sobre Fern, que o Mahatma não respondeu.

A carta se refere a uma "armadilha" que Hume pensava que Fern havia planejado contra o Mahatma M. (e na qual, pensava Hume, M. havia caído). Esta se relacionava com um artigo que Fern havia escrito sobre uma "visão" que ele havia tido (ou que fantasiava haver tido) algum tempo antes. Hume escreveu que, com o objetivo de testar *o Mahatma M., Fern queria saber "se Morya gostaria que (seu artigo) fosse publicado, e Morya respondeu que gostaria, caindo completamente na armadilha." Nesta visão, havia três seres misteriosos: o "guru", "o Poderoso", e "o Pai", o último dos quais era o Mahatma Morya. Depois de alguns comentários, Morya (no relato feito por K.H. das suas reações) disse que aquilo tudo era ridículo, e que "não falaremos mais sobre o assunto".*

Reservado

Meu caro Irmão.

Talvez, uma semana atrás, eu dificilmente teria deixado de aproveitar esta oportunidade de dizer que a sua carta sobre o sr. Fern é uma descrição tão completamente errada do estado de espírito e, sobretudo, da atitude de M. em relação ao jovem cavalheiro mencionado, quanto poderia ser produzida por sua total ignorância do objetivo que ele busca alcançar – e eu não teria dito nada mais. Mas agora as coisas mudaram; e embora você tenha "vindo a *saber*" que nós "não tínhamos realmente

o poder de ler as mentes" como *havia sido alegado,* no entanto, nós sabemos o suficiente sobre o espírito com que minhas últimas cartas foram recebidas, e sobre a insatisfação produzida – para suspeitar, se não para saber, que, embora a verdade possa ser freqüentemente mal recebida, chegou o momento em que devo falar franca e abertamente com você. Mentir é um refúgio dos fracos, e nós somos suficientemente fortes, mesmo com todas as deficiências que você tem o prazer de descobrir em nós, para temer muito pouco a verdade; tampouco temos tendência a *mentir* apenas porque seria do nosso interesse parecer sábios em relação a assuntos que ignoramos. Assim, talvez pudesse ter sido mais prudente dizer que você sabia que nós não tínhamos realmente o poder de ler mentes, a menos que nos colocássemos *completamente en rapport* com, e concentrássemos uma atenção integral sobre a pessoa cujos pensamentos quiséssemos conhecer – já que aquilo seria um *fato* inegável, ao invés de uma mera pretensão gratuita como agora parece em sua carta. Seja como for, vejo agora apenas dois caminhos diante de nós, sem qualquer caminho intermediário. A partir de agora, se o seu desejo é de que trabalhemos juntos, devemos fazê-lo sobre a base de uma perfeita compreensão. Você estará em total liberdade para dizer-nos – já que você parece, ou melhor, levou a si mesmo a acreditar sinceramente – que a maior parte de nós, devido ao mistério que nos rodeia, vive de aparentar que sabemos o que na realidade *não* sabemos; enquanto eu, por exemplo, estarei igualmente livre para dizer o que posso pensar de você, se você prometer ao mesmo tempo que não rirá disso *ostensivamente,* alimentando um ressentimento *internamente* (algo que, apesar dos seus esforços, você raramente consegue evitar) mas que, caso eu esteja errado, você o provará com uma demonstração mais substancial que uma mera negativa. A menos que você se comprometa através de uma promessa como essa, é completamente inútil para qualquer um de nós perder tempo em controvérsias e correspondência. Melhor apertar as mãos astralmente, através do espaço, e esperar até que, ou você tenha adquirido o dom de discernir a verdade da falsidade em um grau maior do que você possui agora; ou fique claro que nós não somos mais que impostores (ou, ainda pior, fantasmas mentirosos); ou, finalmente, que algum de nós esteja em condições de demonstrar nossa existência para você mesmo ou para o sr. Sinnett – não astralmente, porque isso poderia apenas reforçar a teoria do "Espírito", mas – visitando-o pessoalmente.

Já que se torna completamente impossível convencê-lo de que, mesmo *nós,* ocasionalmente *lemos* pensamentos de outras pessoas, pode-

rei ter esperanças, ao menos, de que você nos atribua suficiente conhecimento da língua inglesa para não haver compreendido inteiramente mal sua carta muito clara? E de que acredite em mim quando digo que, havendo-a compreendido perfeitamente, respondo-a de modo igualmente claro, "Meu caro Irmão, você está clamorosamente errado do início ao fim!" Toda sua carta está baseada em uma *concepção errônea*, uma total ignorância dos "elos perdidos", os únicos que poderiam haver dado a você uma verdadeira chave para toda a situação. O que você *pode* querer dizer com o seguinte?

> **Meu caro Mestre,**
>
> **<u>Entre vocês, vocês estão estragando completamente Fern – é mil vezes lamentável</u> – porque ele é realmente um bom sujeito e tem um intenso desejo de conhecimento oculto – e vontade forte e grande capacidade de automortificação – tenho certeza de que ele seria útil para os propósitos de vocês; mas a presunção dele está tornando-se intolerável, e ele está se tornando um confirmado produtor de ficção e <u>isso se deve a vocês todos. Ele enganou completamente Morya!!</u> desde o início – e ele tem estado mentindo persistentemente a Sinnett para manter a ilusão de que ele <u>consegue que Morya confie segredos a ele</u> e que o aceite como chela, e agora ele pensa que pode enfrentar qualquer um. <u>Morya responde caindo completamente na armadilha... esta fraude começou sem dúvida em (seu) nosso interesse... etc. etc. etc.</u>**

É desnecessário que eu repita outra vez o que disse antes; isto é, que até receber a sua primeira carta sobre Fern, eu não havia dado sequer *um* momento de atenção a ele. Quem, então, entre *nós*, estraga o jovem cavalheiro? Será Morya? Bem, é fácil perceber que você sabe ainda menos dele do que ele, segundo você pensa, sabe do que se passa em sua cabeça. "Ele enganou completamente Morya". Ele fez isso? Lamento ser obrigado a confessar que, de acordo com o seu código ocidental, pareceria exatamente o contrário; que foi meu querido Irmão que "enganou" o sr. Fern – se este termo, que soa mal, não tivesse outro significado entre nós, e também outro nome. Isto, naturalmente, pode parecer ainda mais "revoltante" a você, já que mesmo o sr. Sinnett, que é apenas um eco, na questão, de qualquer outro homem da sociedade inglesa, considera o fato totalmente revoltante para os sentimentos do cidadão inglês médio. Este outro nome é PROVAÇÃO; algo pelo qual todo chela que não quer permanecer simplesmente ornamental tem *no-*

lens volens[2] que passar durante um período mais ou menos prolongado; algo que, pelo próprio motivo de ser indubitavelmente baseado naquilo que vocês, ocidentais, sempre veriam como um sistema de *engano* ou fraude – fez com que eu, que conhecia as idéias européias melhor que Morya, sempre tenha me recusado a aceitar ou mesmo a considerar qualquer um de vocês dois como – *chelas*. Assim, o que você agora considerou erradamente como "engano" vindo do sr. Fern, você teria atribuído a M., se você tivesse pelo menos sabido um pouco mais sobre nossos procedimentos; quando a verdade é que um é completamente irresponsável em relação a muito do que está fazendo agora, e o outro está realizando aquilo sobre o qual advertiu honestamente o sr. Fern com antecedência; aquilo que – se você leu, como diz, a correspondência – deve ter percebido pela carta de H.P.B. para Fern, de Madras, que, com o zelo dela em favor de M., ela escreveu a ele em Simla, com a esperança de assustá-lo e fazê-lo desistir. Um chela em provação tem permissão para pensar e fazer o que quiser. Ele é advertido e informado previamente: "Você será tentado e enganado pelas aparências; dois caminhos se abrirão diante de você, os dois levando à meta que você está tentando alcançar; um, fácil, e este o levará mais rapidamente ao cumprimento das ordens que você pode receber; o outro, mais árduo, mais longo; um caminho cheio de pedras e espinhos que o farão pisar em falso mais de uma vez; e no final do qual você pode, talvez, chegar a um fracasso, depois de tudo, e ser incapaz de executar as ordens dadas para um pequeno trabalho particular – mas, enquanto este caminho fará com que as dificuldades enfrentadas por você devido a ele sejam todas contabilizadas a seu favor a longo prazo, o outro, o caminho fácil, só pode oferecer a você uma gratificação momentânea, uma realização fácil da tarefa". O chela tem toda liberdade, *e freqüentemente muitas razões, do ponto de vista das aparências,* para suspeitar que seu Guru é "um impostor", uma palavra elegante. Mais que isso: quanto maior e mais sincera sua indignação – seja ela expressada com palavras ou esteja fervendo em seu coração – tanto mais adequado ele é, e mais qualificado para tornar-se um *adepto*. Ele é livre para usar, e não terá que responder pelo fato de empregar até mesmo as palavras e expressões mais abusivas em relação às ações e ordens do seu guru, uma vez que ele saia vitorioso da provação; uma vez que ele resista a todas e cada uma das tentações; que rejeite todas as seduções; e comprove que nada, nem mesmo a promessa daquilo que ele considera mais valioso que a vida, daquela *bênção*

---

2 "Querendo ou não", em latim. (N. ed. bras.)

extremamente preciosa, seu futuro adeptado – é capaz de fazer com que ele se desvie do caminho da verdade e da honestidade, ou forçá-lo a tornar-se um *enganador.* Meu caro senhor, nós dificilmente concordaremos alguma vez em nossas idéias das coisas, e mesmo em relação ao valor das palavras. Você nos chamou em determinada ocasião de *jesuítas;* e, vendo as coisas como você vê, talvez você estivesse certo, até certo ponto, em ver-nos deste modo, já que *aparentemente* nossos sistemas de treinamento não diferem muito. Mas só externamente. Como eu disse certa vez, *eles* sabem que o que eles ensinam *é uma mentira;* e *nós* sabemos que o que nós transmitimos é verdade, a única verdade e nada mais que a verdade. *Eles* trabalham para maior poder e glória (!) *da sua ordem;* nós – para o poder e a glória final dos indivíduos, de unidades isoladas, da humanidade em geral, e estamos contentes de, ou melhor, somos *forçados* a deixar *nossa* Ordem e seus chefes inteiramente no esquecimento. Eles trabalham, e se esforçam, e *enganam*, em função do poder mundano *nesta vida;* nós trabalhamos e nos esforçamos, e deixamos que nossos chelas *sejam temporariamente enganados*, para dar-lhes meios de nunca mais serem enganados a partir de agora, e de ver toda a maldade da falsidade e da mentira, não só nesta vida mas em muitas vidas depois desta. Eles, os jesuítas, sacrificam o princípio interno, o cérebro espiritual do *ego*, para alimentar e desenvolver melhor o cérebro físico do homem pessoal e evanescente, sacrificando toda a humanidade para oferecê-la em holocausto à Sociedade deles – o monstro insaciável que se alimenta com o cérebro e a medula da humanidade, e desenvolvendo um câncer incurável em cada ponto de pele saudável que toca. Nós, os criticados e mal-entendidos Irmãos, tentamos levar os homens a sacrificar a sua personalidade – um relâmpago passageiro – pelo bem-estar de toda a humanidade, portanto pelos seus próprios Egos *imortais,* que são parte dela, assim como a humanidade é uma parte do todo integral, ao qual se reunirá um dia. *Eles* são treinados para enganar; *nós,* para *desenganar*; eles fazem o papel de animais que se alimentam de carniça, confinando alguns poucos pobres e sinceros instrumentos deles – *con amore*, e com objetivos egoístas; nós, deixamos isso para nossos lacaios, os dugpas que trabalham para nós, e lhes damos *carte blanche*[3] por algum tempo, com o único objetivo de extrair toda a natureza *interna* do chela, a maior parte de cujos cantos e recantos permaneceria escura e escondida para sempre, se não fosse dada uma oportunidade para que cada um destes cantos fosse testado. Se o chela conquista ou perde o

[3] *Carta branca,* em francês; total liberdade. (N. ed. bras.)

prêmio é algo que depende apenas dele. Só que você deve lembrar que as nossas idéias orientais sobre "motivações", "sinceridade" e "honestidade" diferem consideravelmente das suas idéias no Ocidente. Ambos acreditamos que é moral dizer a verdade e imoral mentir; mas aqui toda analogia termina e nossas noções passam a divergir em um grau bastante notável. Por exemplo, seria uma coisa extremamente difícil para você dizer-me como é que a sua sociedade ocidental e civilizada, com sua igreja, Estado, política e comércio, puderam em algum momento assumir uma virtude que é completamente impossível de praticar em sentido irrestrito por um homem culto, um estadista, um comerciante, ou qualquer outro que viva no mundo? Poderá qualquer uma das classes mencionadas acima – a fina flor da nobreza da Inglaterra, seus mais orgulhosos fidalgos e mais destacados membros do parlamento, suas damas virtuosas e sinceras – poderá qualquer um deles falar a verdade, pergunto, seja em seu lar, ou em sociedade, durante suas funções públicas ou no círculo familiar? O que você pensaria de um cavalheiro, ou dama, cuja afável polidez de maneiras e suavidade de linguagem não cobrisse falsidade alguma; alguém que, ao encontrar você, lhe diria direta e abruptamente o que pensa de você, ou de qualquer outra pessoa? E onde você pode encontrar aquela pérola de comerciante honesto ou aquele patriota temente a Deus, ou político, ou um simples visitante casual seu, que não *esconde* seus pensamentos todo o tempo, e é obrigado, sob pena de ser visto como um *bruto,* um louco – a *mentir* deliberadamente, e com uma expressão facial enfática, assim que é forçado a dizer o que pensa de você; a menos que por milagre seus sentimentos reais não exijam ser escondidos? *Tudo é mentira, tudo falsidade*, ao redor de nós e em nós, meu irmão; e é por isso que você parece tão surpreso, se não abalado, sempre que encontra uma pessoa que diz a você cara a cara a dura verdade, e também é por isso que parece impossível a você compreender que um homem pode não ter *nenhum* mau sentimento contra você, e até mesmo gostar de você e respeitá-lo por certas coisas, e no entanto dizer-lhe frente a frente o que pensa honesta e sinceramente de você. Ao notar a opinião de M. sobre você expressa em algumas das cartas dele (você não deve sentir-se tão completamente seguro de que porque elas estão com a letra *dele* foram escritas por ele, embora, naturalmente, cada palavra seja aprovada por ele com determinados propósitos), você diz que ele tem "um modo peculiar de expressar-se, para dizer o mínimo". Bem, este "modo" é simplesmente a verdade pura, que ele está disposto a escrever a você, ou mesmo dizer e repetir frente a frente, sem o menor disfarce ou alteração – (a menos que ele tenha permitido de propósito que as expressões fossem exageradas com o mesmo objetivo mencionado acima); e ele é, de todos os homens que conheço, exatamente aquele que faz isso sem a menor hesitação! E devido a isso, você o chama de "um tipo imperioso de sujeito, muito irritado quando encontra oposição", mas acrescenta que você "não atribui a ele por isso maldade alguma, e não gosta menos dele por isso". BEM, ISSO NÃO É VERDADE, meu irmão, e VOCÊ SABE DISSO. No entanto, estou disposto a aceitar a definição em um sentido limitado, e a admitir e a repetir com você (e com ele ao meu lado), que ele é *um tipo muito imperioso* de sujeito, e certamente muito capaz *às vezes* de ficar irritado, especialmente se encontra oposição quando sabe que está certo. Você teria uma idéia melhor dele, se ele *escondesse* sua raiva, *mentisse* para si mesmo e para os de fora, e assim permitisse que eles lhe atribuíssem uma virtude que ele não tem? – É um ato meritório extirpar com suas raízes todos os sentimentos de raiva, de modo a nunca sentir o menor paroxismo de uma paixão que todos nós consideramos pecaminosa, mas é um pecado ainda mais grave, para nós, *fingir* que a raiva foi extirpada. Leia, por favor, "Elixir of Life" número dois, (abril, p. 169, coluna 1, parágrafos 2, 3, 4, 5 e 6). E no entanto, nas idéias ocidentais, tudo é reduzido às *aparências,* mesmo na religião. Um confessor não pergunta a seu penitente se ele *sentiu* raiva, mas se ele *mostrou* raiva a alguém. *"Evitarás ser descoberto* ao mentir, roubar, matar, etc." – este parece ser o principal mandamento dos Senhores deuses da civilização, a Sociedade e a Opinião Pública. Essa é a única razão por que você, que pertence a ela, dificilmente apreciará algum dia caráteres como o de Morya; um homem tão duro consigo mesmo, tão severo com suas falhas, quanto indulgente com os defeitos das outras pessoas, *não em palavras,* mas nos sentimentos mais interiores do seu coração; porque, embora ele esteja sempre pronto a dizer frente a frente qualquer coisa que pense de você, ele sempre foi um amigo mais firme seu do que eu mesmo, que posso freqüentemente hesitar ao ferir os sentimentos de qualquer um, mesmo quando se trata de dizer a mais estrita verdade. Assim, se M. fosse alguém que alguma vez aceitasse dar uma explicação, ele poderia ter-lhe dito: "Meu irmão, em minha opinião você é intensamente egoísta e orgulhoso. Em sua auto-estima e auto-adulação, você geralmente perde de vista o resto da humanidade, e eu realmente acredito que você vê todo o universo como se tivesse sido criado para o homem, e este *homem* é você mesmo. Se não posso aceitar oposição quando sei que estou certo, você pode aceitar ainda menos que o contradigam, mesmo quando sua consciência lhe diz claramente que está errado. Você é incapaz de *esquecer* –

embora eu admita que você é capaz de *perdoar* – o menor desprezo. E, acreditando sinceramente que você foi desprezado desta forma por mim (*ignorado*, como você disse certa vez), até hoje a suposta ofensa exerce uma influência silenciosa sobre todos os seus pensamentos que se relacionam com minha pobre individualidade. E embora o seu grande intelecto sempre vá impedir que quaisquer pensamentos vingativos se afirmem e assim vençam sua melhor natureza, mesmo assim eles não deixam de ter certa influência inclusive sobre suas faculdades de raciocínio, já que você tem prazer (embora dificilmente vá admiti-lo para si mesmo) em conceber maneiras de surpreender-me dando um passo em falso, até o ponto de representar-me em sua imaginação como um *tolo,* um ignorante crédulo capaz de cair nas armadilhas de um – Fern! Vamos raciocinar, meu irmão. Vamos deixar inteiramente de lado o fato de que eu seja um iniciado, um adepto – e raciocinar sobre a posição que as suas faculdades imaginativas criaram para mim, como dois mortais comuns com uma certa dose de bom senso na minha cabeça e uma grande dose da mesma virtude na sua. Se você está disposto a conceder-me algo tão simples, estou pronto a provar-lhe que é absurdo pensar que eu poderia *ter caído* nas malhas de um esquema tão pobre! Você escreve que, com o objetivo de *testar-me,* Fern queria saber 'se Morya gostaria que isso (sua visão) fosse publicado – e Morya responde, caindo completamente na armadilha, que sim, gostaria'. Bem, acreditar nesta última afirmativa é bastante difícil, e basta ter bom senso e poder de raciocínio moderados para perceber que há duas dificuldades insuperáveis para reconciliar sua opinião anterior sobre mim e a crença de que eu fui realmente *pego na armadilha.* 1º: A substância e o texto da visão. Naquela visão havia três seres misteriosos – o 'guru', o 'Poderoso' e o 'Pai', este último sendo este seu humilde servidor. Bem, é difícil acreditar, a menos que me sejam atribuídas as faculdades de um *médium alucinado* – que eu, sabendo bem que até aquele momento nunca havia estado a menos de uma milha de distância daquele jovem cavalheiro, nem o havia jamais visitado em seus sonhos – que eu fosse acreditar na realidade da visão descrita, ou que, pelo menos, minhas suspeitas não tivessem sido levantadas por uma afirmativa tão estranha.

"2º: A dificuldade de reconciliar o fato duplo de eu ser 'um sujeito imperioso' que fica muito *irritado quando encontra oposição,* e minha calma submissão à desobediência, à *rebeldia* de um chela em provação, que, ao saber que 'Morya *queria isso'* – isto é, que a visão dele fosse publicada – e havia de fato prometido reescrevê-la, jamais pensou em obedecer ao desejo desde aquele momento, nem o pobre e insensato guru e

'Pai' pensou mais sobre o assunto. Bem, tudo o que está acima teria ficado claro até mesmo para um homem de intelecto médio. Como aconteceu o inverso, e um homem de poderes intelectuais indubitavelmente grandes e poderes *de raciocínio* ainda maiores foi preso na teia de falsidades mais pobre que se poderia imaginar – a conclusão é imperativa e nenhuma outra pode ser formada: aquele homem permitiu, sem ele mesmo saber, que seu pequeno sentimento de vingança fosse gratificado às custas da sua lógica e do seu bom senso. *Basta,* não falaremos mais disso. Com tudo isso, ao mesmo tempo em que expresso abertamente meu desagrado em relação a seu orgulho e egoísmo em muitas coisas, reconheço francamente e expresso minha admiração por suas muitas outras qualidades admiráveis, por seus méritos excelentes, e seu bom senso em tudo o que não se relaciona diretamente consigo mesmo – em cujos casos você se torna tão imperioso, embora muito mais impaciente – e espero sinceramente que você me perdoe por minha maneira áspera e, de acordo com seu código ocidental de comportamento, *grosseira* de falar. Ao mesmo tempo, como você, direi que não lhe tenho nenhum rancor, gosto de você do mesmo modo – mas o que digo é uma estrita realidade, a expressão de meus sentimentos autênticos, e não apenas palavras escritas para satisfazer um sentido de suposto dever."

E agora, que fiz o papel de porta-voz de Morya perante você, talvez eu possa ter a permissão de dizer algumas palavras de minha parte. Vou começar lembrando-o de que em diferentes ocasiões, especialmente durante os últimos dois meses, você se ofereceu repetidamente como possível *chela*, e o primeiro dever de um *chela* é ouvir sem raiva ou má fé qualquer coisa que o guru possa dizer. Como podemos alguma vez *ensinar*, ou você *aprender*, se tivermos que manter uma atitude completamente alheia a nós e a nossos métodos – a de dois homens da sociedade? Se realmente quer ser um *chela,* isto é, tornar-se recipiente dos nossos mistérios, *você* tem de se adaptar às nossas maneiras, e não nós às *suas*. Enquanto você não fizer isso, é inútil esperar mais do que nós podemos transmitir nas circunstâncias comuns. Você quis ensinar a Morya, e você pode descobrir (e *o fará* se eu tiver a permissão de M. para proceder à minha maneira) que ele lhe ensinou algo, algo que ou nos fará amigos e irmãos para sempre ou – se há mais de *cavalheiro* ocidental em você do que de chela oriental e futuro adepto – você se afastará de nós desgostoso[4] e proclamará isso, talvez, perante todo o

---

[4] Isso é algo que Hume realmente fez. Mais tarde ele se afastou dos Mahatmas e da Sociedade Teosófica. (Ed. C.)

mundo. Nós estamos preparados para isso, e tratamos de acelerar a crise em direção a uma solução ou outra. Novembro se aproxima rapidamente e até lá tudo tem de estar resolvido. A segunda questão: não pense, meu bom irmão, que o sujeito pouco civilizado, *imperioso*, que diz o que pensa honestamente e para o seu próprio bem e, ao mesmo tempo, cuidadosamente, embora sem ser visto, protege você, sua família e reputação de qualquer dano possível – sim, meu irmão, ao ponto de olhar por dias e noites um lacaio muçulmano, rufião, inclinado a buscar vingança contra você, e de destruir de fato os maus planos dele – você não pensa que ele vale dez vezes mais o seu peso em ouro que um Residente inglês, um *cavalheiro,* que destrói sua reputação nas suas costas e que sorri e aperta sua mão com força sempre que o encontra? Você não acha que é muito mais nobre dizer o que se pensa, e tendo dito algo que até você verá naturalmente como impertinência – então prestar para a pessoa tratada assim todo tipo de serviços dos quais ela provavelmente nunca saberá nada, e não só não descobrirá –, do que fazer o que o altamente civilizado coronel ou general Watson e especialmente a senhora dele fizeram, quando ao ver pela primeira vez em suas vidas os dois estranhos em sua casa – Olcott e um juiz nativo em Baroda – usaram como pretexto para atacar a Sociedade *o fato de que você fazia parte dela!* Não repetirei a você as *mentiras* que eles disseram, os exageros e as calúnias feitos contra você pela sra. Watson e corroborados pelo seu esposo – o valente soldado. Olcott ficou tão surpreso e perturbado pelo ataque inesperado, ele, que se sente tão orgulhoso de você pertencer à Sociedade, que apelou em seu assombro a M. Se você tivesse ouvido o que disse este último a seu respeito, e visto como ele apreciava seu trabalho e estado de ânimo atuais, você de bom grado lhe concederia o direito de, em certas ocasiões, ser *aparentemente* grosseiro. Ele proibiu-o de contar qualquer coisa mais do que já havia contado a H.P.B. e que – de modo bem feminino – ela imediatamente transmitiu para o sr. Sinnett; embora estivesse irritada com você na ocasião, até ela se ressentiu profundamente com o insulto e a ofensa feitos contra você – e se deu de fato ao trabalho de olhar o momento do passado em que, como disse a sra. Watson, você estava recebendo hospitalidade em sua casa. Esta é, então, a diferença entre aparentes amigos, pessoas que supostamente desejam o bem e cuja origem é superior e ocidental, e os indivíduos que desejam, de modo igualmente aparente, o mal, e são da raça oriental *inferior.* Além disso, eu lhe dou o direito de sentir raiva em relação a M.; porque ele fez algo que, embora esteja em estrita coerência com nossas regras e métodos, irá, quando for conhecido, despertar profundo ressentimento

por parte de uma mentalidade ocidental, e se eu tivesse sabido a tempo, certamente teria impedido que isso fosse feito. É sem dúvida muito amável da parte do sr. Fern expressar a intenção de "pegar-nos" – "não, é claro, de desmoralizar a Velha Senhora", porque, o que terá a pobre "Velha Senhora" a ver com tudo isso? Mas ele pode ficar completamente à vontade para *pegar-nos* e mesmo para *desmoralizar-nos*, não só para a proteção dele e sua, mas para a proteção de todo o mundo, se isto puder, de alguma maneira, servir de consolo pelo seu fracasso. E ele *irá* fracassar, isto é certo, se continuar jogando um jogo duplo deste modo. A opção de recebê-lo ou não como chela regular pertence ao Chohan. M. tem apenas de fazer com que seja testado, tentado e examinado por todos os meios, de modo que sua real natureza seja atraída para fora. Esta é uma regra tão inexorável, conosco, como é revoltante do seu ponto de vista ocidental, e eu não poderia cancelá-la mesmo que quisesse. Não é suficiente saber completamente o que o chela é capaz de fazer ou não na época e sob as circunstâncias do período de provação. Nós temos de saber do que ele *pode* ser capaz, diante de todos os diferentes tipos de oportunidades. Tomamos todas as precauções. Nenhum de nossos Upasikas ou Yu-posah[5], nem H.P.B. nem O., nem mesmo Damodar, nem qualquer um deles pode ser incriminado. Ele pode ficar à vontade para mostrar qualquer carta em seu poder e divulgar aquilo que lhe foi oferecido como possibilidade para que fizesse (a escolha entre os *dois caminhos* é opção dele), e *o que ele fez de fato*, ou melhor, o que *não* fez. Quando chegar a hora – se em algum momento chegar a hora, para infortúnio dele –, nós temos meios de mostrar quanto disso é verdade, e quanto é falso e inventado por ele. Enquanto isso, tenho um conselho a dar. *Observe* e não diga uma palavra. Ele foi, está sendo e será *tentado* a fazer todo tipo de coisas erradas. Como eu digo, eu não sabia nada do que estava ocorrendo até o outro dia; ao saber que até o meu nome estava indiretamente misturado na *provação*, adverti a quem tinha de advertir, e proibi estritamente que meus próprios assuntos fossem envolvidos na questão. No entanto, ele é um sujeito magnífico para a clarividência, e não é de modo algum tão mau como você o considera. Ele é vaidoso – mas quem não é? Quem de nós está inteiramente livre deste defeito? Ele pode imaginar e dizer o que quiser, mas que *você* tenha se permitido ser tão arrastado por um preconceito cuja existência

---

[5] Provavelmente Upasakas, forma masculina de Upasikas. (N. da 3ª ed.) Os Mahatmas às vezes se referiam a H.P.B. como *Upasika,* isto é, discípula. O termo é sânscrito. (N. ed. bras.)

você nem está preparado para admitir, é demasiado estranho. Você dar crédito sinceramente à afirmativa de que M. foi *enganado* e *pego na armadilha* pelo sr. Fern é algo realmente demasiado ridículo, quando até mesmo O., e não só a "Velha Senhora", nunca acreditou nisso, já que eles sabiam que ele devia estar em provação, e também sabiam o que tal coisa significa. M. se esforçou há alguns dias para provar a você que ele nunca foi *pego*, como você esperava, e que ele ria diante desta idéia, e com toda certeza Olcott lhe dará uma boa prova disso, embora ele esteja no interior do Ceilão neste momento, onde nem cartas – para não falar de telegramas – podem chegar. Tampouco esta "fraude" – se você quer usar o termo – *foi começada em função dos nossos interesses*, pela simples razão de que não temos qualquer interesse nisso – mas no interesse do sr. Fern e da Sociedade, segundo as idéias de H.P.B. Mas por que chamar isso de *fraude?* Ele pediu o conselho dela, perturbou-a e suplicou a ela, e ela lhe disse – "trabalhe pela causa, tente investigar, buscar e assim obter cada evidência possível da existência dos Irmãos. Você vê que eles não virão este ano, mas há um grande número de Lamas que desce todos os anos até Simla e cercanias, e assim, reúna todos os indícios que você puder por si mesmo, e com o sr. Hume, etc." Há algo de errado nisto? Quando ela recebeu o manuscrito que continha a visão dele, ela perguntou a M., e aquele que é chamado no texto de "o Poderoso", de "Pai" e de quantas outras coisas, *disse-lhe a verdade* e deu-lhe ordem para que perguntasse ao sr. Fern se ele o publicaria, dizendo antecipadamente a ela e a O. que ele *não o faria.* O que Morya sabe desta e de outras visões, *só ele sabe*, e nem mesmo eu interferirei jamais em seus modos de treinamento, por mais desagradáveis que eles possam parecer para mim pessoalmente. A "Velha Senhora", já que você me pergunta, naturalmente não sabe de nada. Mas você deve saber que, desde que foi a Baroda, ela tem uma opinião de Fern que é pior até mesmo que a sua. Lá ela ficou sabendo certas coisas dele e de Brookes, e ouviu outras deste último, e ele é, como você sabe, o *Mejnour* de Baroda para Fern[6]. Ela é uma mulher, embora seja uma Upa-si-ka (discípula) e, com exceção das coisas ocultas, dificilmente pode segurar sua língua. Acredito que já é o suficiente sobre isso. Seja o que for que aconteceu ou venha a acontecer, afetará apenas a Fern – mais ninguém.

Ouvi falar da projetada grande *Conversazione* teosófica, e se naquela ocasião *vocês ainda forem teosofistas* é claro que será melhor que ocorra em sua casa. E agora eu gostaria de dizer a você algumas pala-

---

[6] *Mejnour* é um personagem do romance *Zanoni*, de E. Bulwer-Lytton. (N. ed. bras.)

vras de encerramento. Apesar do doloroso conhecimento do seu principal e quase único defeito – um defeito que você mesmo confessou em sua carta para mim, quero que você acredite, meu caro Irmão, quando digo que minha consideração e respeito por você em todas as outras coisas são grandes e muito sinceros. Tampouco é provável que eu esqueça, aconteça o que acontecer, que durante muitos meses, sem esperar ou pedir qualquer recompensa ou vantagem para si mesmo, você trabalhou e se esforçou, dia após dia, pelo bem da Sociedade e da humanidade como um todo, com a única esperança de fazer o bem. E eu peço a você, bom Irmão, que não veja como "repreensões" quaisquer simples observações minhas. Se discuti com você, foi porque fui forçado a fazê-lo, já que o Chohan viu suas sugestões como algo completamente sem precedentes; pretensões, segundo ele, que não devem ser escutadas nem por um momento. Embora você possa ver agora os argumentos dirigidos contra você como "repreensões imerecidas", você deve reconhecer algum dia que estava realmente "querendo concessões não-razoáveis". O fato de que, segundo suas propostas e pressões, *você* (não qualquer outra pessoa) deveria, se possível, ter a permissão de adquirir algum dom em relação a fenômenos, o que seria usado para convencer outros – embora possa ser aceito como sendo simplesmente, *na letra morta,* "uma sugestão para (minha) avaliação", e como algo que *"de modo algum constitui uma reivindicação",* para qualquer um que saiba ler nas entrelinhas aparecia como uma reivindicação de fato definida. Tenho todas as suas cartas, e dificilmente haverá alguma que não transmita o espírito de uma reivindicação determinada, um pedido *merecido*, isto é, uma solicitação daquilo que é *devido* e cuja rejeição lhe dá o direito de sentir-se injustiçado. Não duvido de que esta *não* fosse sua intenção ao escrevê-las. Mas este era seu pensamento secreto, e este sentimento mais interno sempre foi detectado pelo Chohan, cujo nome você usou várias vezes, e que notou o fato. Você subestima o que conseguiu até agora com base na *incoerência*, e por ser incompleto? Eu pedi a você: tome nota das incoerências começando com as que estão – segundo seu ponto de vista, em nossas primeiras discussões *pró* e *contra* a existência de Deus e terminando com as supostas contradições a respeito de "acidentes" e "suicidas". Mande-as para mim e eu lhe provarei que não há nenhuma para quem conhece bem toda a doutrina. É estranho acusar alguém que tem completo controle de seu cérebro de haver escrito algo na quarta-feira e no sábado ou domingo haver esquecido tudo que escreveu e contradizer-se completamente! Eu penso que nem mesmo H.P.B., com sua memória ridiculamente prejudicada, poderia ser acusada de tamanho esquecimento. Em sua opinião "não vale a pena estar trabalhando apenas

para mentes de segunda categoria" e você se propõe, seguindo esta linha de raciocínio, a obter *tudo*, ou abandonar o trabalho inteiramente, se não puder alcançar *imediatamente* um "esquema de filosofia que resista ao exame e às críticas de homens como Herbert Spencer". A isso eu respondo que você peca contra as multidões. Não é entre os Herbert Spencer e os Darwin ou os John Stuart Mill que os milhões de espíritas que agora estão se perdendo intelectualmente poderão ser localizados, mas são eles que formam a maior parte das "mentes de segunda categoria". Se você tivesse ao menos paciência, teria recebido tudo que quisesse para sair da nossa filosofia *especulativa* – a palavra "especulativa" significa que ela teria que permanecer assim, naturalmente, para todos exceto os adeptos. Mas realmente, meu caro irmão, você não está sobrecarregado com aquela virtude. No entanto, eu ainda não consigo ver por que você deveria estar desanimado com a situação.

Aconteça o que acontecer, espero que você não fique ressentido devido às amáveis verdades que ouviu de nós. Por que ficaria? Você rejeitaria a voz da sua consciência sussurrando que você às vezes é exageradamente impaciente, e de modo algum tão tolerante quanto gostaria de ser? É verdade que você tem trabalhado incansavelmente pela causa durante muitos meses e em muitas frentes; mas você não deve pensar que, porque *nunca demonstramos nenhum conhecimento do que você vem fazendo,* ou pelo fato de que nunca reconhecemos nem agradecemos por isso em nossas cartas, nós somos ingratos, ou ignoramos de propósito ou não o que você fez, porque a realidade não é esta. Pois, embora ninguém deva esperar agradecimentos por cumprir seu dever para com a humanidade e a causa da verdade – já que, afinal de contas, quem trabalha pelos outros trabalha apenas para si mesmo – mesmo assim, meu irmão, me sinto profundamente grato pelo que você fez. Não sou muito expressivo, por natureza, mas espero provar a você algum dia que não sou um ingrato, como você pensa. E você próprio, embora tenha sido de fato tolerante em suas cartas para mim, ao não reclamar do que você chama de falhas e incoerências em nossas cartas, ainda assim não levou esta tolerância tão longe ao ponto de deixar que o tempo ou as explicações posteriores cumprissem a tarefa de decidir se as falhas eram reais ou só apareciam como tais ao nível da superfície. Você tem sempre reclamado a Sinnett e mesmo a Fern, no início. Bastaria que você aceitasse durante cerca de cinco minutos imaginar a si mesmo na posição de um guru nativo e de um *chela* europeu para que você percebesse em seguida quão monstruosa parece ser uma relação como a nossa para uma mente nativa; e você não acusaria ninguém de desrespeito. Agora, por favor, entenda-me: eu não estou reclamando; mas o mero fato de

você chamar-me de "Mestre" em suas cartas me transforma em motivo de riso de todos os nossos *Tchutuktus* que sabem algo das nossas relações. Eu nunca teria mencionado este fato, se não estivesse em condições de demonstrá-lo anexando aqui uma carta de Subba Row a mim mesmo, cheia de *pedidos de desculpas,* e outra a H.P.B., igualmente cheia de *verdades sinceras* – já que os dois são chelas, ou melhor, discípulos. Espero não estar cometendo uma indiscrição – no sentido ocidental. Você, por favor, devolverá as duas a mim depois de lê-las e perceber o que elas dizem. Elas são enviadas a você em caráter estritamente confidencial e só para sua instrução pessoal. Você perceberá, nelas, o quanto que vocês, ingleses, devem *desfazer* na Índia antes de ter esperança de *fazer* qualquer coisa de bom no país. Enquanto isso, devo encerrar, reiterando a você mais uma vez a afirmação da minha sincera consideração e estima.

Atenciosamente,

K.H.

Acredite-me, você é demasiado severo e – *injusto,* com Fern.

Carta nº 75 (ML-53) Recebida em 23 de agosto de 1882

Esta carta foi escrita um dia depois que o Mahatma mandou sua nota anexando a longa carta a Hume.

O Mahatma, ao assumir os "pecados" da Fraternidade, equipara-se a Warren Hastings, que aparentemente teve que assumir as conseqüências de quaisquer abusos cometidos pela Companhia da Índia Oriental. Hastings foi o primeiro governador-geral da Índia britânica, e começou sua carreira como funcionário de escritório da Companhia da Índia Oriental no final dos anos 1700. Esta é a "Companhia" mencionada no comentário do Mahatma. A política agressiva de Hastings, de reforma judicial e financeira, recuperou o prestígio britânico na Índia mas encontrou oposição quando ele voltou à Inglaterra. Ele foi acusado de graves crimes e sofreu impeachment. *Mais tarde, no entanto, foi inocentado.*

Estritamente privada e confidencial

Meu paciente – amigo: – Ontem fiz com que uma curta nota fosse enviada pelo correio para você, e ela acompanhava uma longa carta para Hume. Foi registrada em algum lugar da P. Central por um amigo

feliz, *livre.* Hoje, trata-se de uma longa carta para você mesmo, e deve estar acompanhada por uma série de *jeremíadas*[1], uma história dolorosa de uma derrota, que pode ou não fazer você rir, como ri aquele meu volumoso Irmão – mas que me faz sentir como o poeta que não podia dormir bem,

"Porque sua alma mantinha demasiada luz
sob as pálpebras durante a noite".

Ouço você murmurar entre dentes: "Bem, o que será que ele *quer dizer* com isso?" Paciência, meu melhor amigo anglo-indiano, paciência; e quando você tiver sabido da conduta pouco aconselhável do meu irmão travesso, que ri como nunca, você entenderá plenamente por que eu me arrependo de, ao invés de provar na Europa o fruto da Árvore do Conhecimento do Bem e do Mal, não ter ficado na Ásia, em toda a *sancta simplicitas*[2] da ignorância dos *seus* costumes e maneiras, porque então – eu estaria sorrindo, também!

Imagino o que *você* dirá quando souber o segredo terrível! Quero muito saber isso para ficar livre de um pesadelo. Se você fosse encontrar-me agora, pela primeira vez, nas ruelas sombrias da sua Simla, e pedisse de mim *toda* a verdade, eu a diria, de modo muito desfavorável para mim mesmo. Minha resposta a você faria com que o mundo lembrasse – se você fosse suficientemente cruel para passá-la adiante – da famosa resposta dada por Warren Hastings para o "cachorro Jennings" em seu primeiro encontro com o ex-governador depois do seu retorno da Índia: "Meu caro Hastings" – perguntou Jennings – "será possível que você seja o grande velhaco que Burke diz, e o mundo todo está inclinado a acreditar?" – "Posso assegurar a você, Jennings" – foi a triste e suave resposta – "que embora às vezes tenha sido obrigado a parecer um velhaco pela Companhia, eu mesmo nunca fui isso". Eu sou o W.H. pelos pecados da Fraternidade. Mas vamos aos fatos.

Naturalmente você sabe – a "V.S." contou-lhe, penso eu – que quando aceitamos *candidatos* a chela, eles fazem voto de segredo e de silêncio em relação a qualquer ordem que possam receber. O indivíduo tem que comprovar que é adequado para o *chelado* antes que possa des-

---

[1] Lamentações. (N. ed. bras.)

[2] Santa simplicidade. (N. ed. bras.)

cobrir se é apto para o *adeptado*. Fern está sob este tipo de provação e, entre os dois, criaram para mim uma bela confusão! Como você já sabe pela minha carta para Hume, ele não me interessava, eu não sabia nada dele, além das suas faculdades extraordinárias, seus poderes de clariaudiência e clarividência, e a sua ainda mais singular tenacidade de propósito, força de vontade, e outros etcétaras. Um caráter frouxo e imoral durante anos, um Péricles de taverna com um doce sorriso para cada Aspásia das ruas[3], ele havia mudado inteira e subitamente depois de ingressar na Sociedade Teosóf., e "M." tomou-o seriamente sob sua orientação. Não é função minha dizer, nem mesmo a você, o quanto das visões dele é verdade e o quanto é alucinação, ou mesmo, talvez – ficção. Que ele enganou consideravelmente nosso amigo Hume deve ser um fato, já que o sr. Hume me conta as histórias mais incríveis sobre ele. Mas o pior de todo este assunto é o seguinte. Ele o enganou tão bem, de fato, que enquanto H. não acreditava em uma só palavra quando Fern estava falando *a verdade*, quase todas as mentiras ditas por Fern eram aceitas pelo nosso respeitado Presidente da *Eclética* – como verdades evangélicas.

Agora você entenderá prontamente que é impossível para mim fazer um esforço e tirá-lo (H.) do erro, já que F. é chela de M., e eu não tenho *direito* algum – seja legal, social ou de acordo com *nosso* código – de interferir entre os dois. Dos vários problemas, no entanto, este é o menor. Outro dos nossos costumes, quando nos correspondemos com o mundo exterior, é confiar a um chela a tarefa de entregar a carta ou qualquer outra mensagem; e se não for absolutamente necessário, jamais pensamos no assunto. Muito freqüentemente nossas próprias cartas – a menos que contenham algo muito importante e secreto – são escritas em nossas próprias letras por nossos chelas. Assim, no ano passado, algumas das minhas cartas para você foram *precipitadas,* e quando a fácil e cômoda precipitação era interrompida – bem, eu só tinha que concentrar minha mente, assumir uma posição fácil e pensar, e o meu fiel "Deserdado" precisava apenas copiar meus pensamentos, fazendo só ocasionalmente algum erro sério. Ah, meu amigo, tive uma vida fácil com isso até o dia exato em que a *Eclética* iniciou sua existência de altos e baixos ... De qualquer modo, este ano, por motivos que não necessitamos mencionar, tenho de fazer meu próprio trabalho – todo ele, e tenho

---

[3] Péricles, estadista ateniense, cuja amante era Aspásia. (Ed. C)

tido muito trabalho com isso às vezes, e fico impaciente. Como Jean Paul Richter diz em algum lugar, a parte mais dolorosa da nossa dor física é aquela que é incorpórea ou imaterial, isto é, nossa impaciência, e a ilusão de que ela durará para sempre... Havendo um dia permitido a mim mesmo atuar como se estivesse sob esta ilusão, na inocência da minha alma pouco sofisticada, confiei o caráter sagrado da minha correspondência àquele meu *alter ego*, o sujeito rígido e "imperioso", o seu "Ilustre", que tirou vantagem indevida da minha confiança nele e – colocou-me na posição em que agora estou! O traquinas está rindo desde ontem, e para dizer a verdade, eu me sinto inclinado a fazer o mesmo. Mas, como um bom inglês, receio que você fique aterrorizado ao ver a enormidade do crime dele. Você sabe que, apesar das falhas, o sr. Hume é *absolutamente* necessário, até agora, para a S.T. Eu fico às vezes muito irritado com seus sentimentos pequenos e seu espírito de vingança; no entanto, levando em conta o conjunto, tenho que conviver com suas fraquezas, que o levam a aborrecer-se em um momento porque *ainda não é* – e em outro porque *já é* meio-dia. Mas o nosso "Ilustre" não é precisamente desta opinião. Segundo ele, o orgulho e a opinião que o sr. Hume tem de si mesmo o fazem desejar, como diz o nosso ditado, que toda a humanidade tenha só dois joelhos dobrados para fazer *puja*[4] para ele; e M. não vai seguir seus caprichos. Ele não fará nada, é claro, para prejudicá-lo, nem mesmo para importuná-lo propositadamente; ao contrário, ele pretende sempre protegê-lo como tem feito até agora; mas – ele não levantará seu dedo mínimo para tirá-lo do erro.

A substância e a essência do argumento estão resumidas no seguinte:

"Hume riu e caçoou de fenômenos *reais, autênticos* (cuja produção quase nos colocou em desgraça junto ao Chohan), apenas e exclusivamente porque as manifestações não foram planejadas por ele mesmo, nem foram produzidas em homenagem a ele e para seu benefício exclusivo. E agora, que ele fique feliz e orgulhoso de manifestações misteriosas que ele próprio cria e faz. Que ele ironize Sinnett nas profundezas do seu próprio coração orgulhoso, e mesmo ao lançar certas sugestões indiretas aos outros – de que nem mesmo ele, Sinnett, foi muito favorecido. Ninguém tentou jamais um engano *deliberado*, e ninguém teria permissão para tentar qualquer coisa do tipo. Deixou-se que tudo se-

[4] *Puja*: homenagem, saudação. (N. ed. bras.)

guisse o seu curso normal e comum. Fern está nas mãos de dois espertos "habitantes do umbral" – como Bulwer os chamaria – dois *dugpas* mantidos por nós para fazer o papel de animais que se alimentam de carniça[5] e puxar para fora todos os vícios latentes – se existir algum – do candidato; e Fern tem se mostrado, no conjunto, muito melhor e mais moral do que seria de se esperar. Fern só fez o que recebeu ordens de fazer; e mantém silêncio porque este é seu primeiro dever. Quanto a seu jogo de aparências diante de Hume e sua pose diante de si mesmo e dos outros como clarividente, já que ele levou a si mesmo a acreditar nisso, e que são só certos detalhes que podem ser realmente chamados de ficção, ou, para colocá-lo de modo menos suave, *mentiras* – eles não têm causado dano real exceto a ele mesmo. O ciúme e o orgulho de Hume sempre serão obstáculos para que ele aceite a *verdade* tanto quanto a *ficção* ornamental; e Sinnett é suficientemente perspicaz para identificar facilmente as realidades e os sonhos de Fern... Por que, então, deveríamos eu, ou você, ou qualquer outro" – conclui M. – "dar um conselho a alguém que certamente não o aceitará ou, o que será ainda pior, no caso de que perceba com certeza que foi permitido que ele se comportasse como um tolo, irá com ainda mais certeza transformar-se em um *inimigo irreconciliável* da Sociedade, da causa, dos tão sofridos Fundadores, etc.? Deixe-o, então, estritamente sozinho... Ele não será grato por tirá-lo do engano. Ao contrário. Ele esquecerá que ninguém pode ser culpado disso, exceto ele; que ninguém jamais lhe havia dito uma palavra que pudesse levá-lo a suas extra-ilusões; mas se voltará mais ferozmente que nunca contra aqueles *sujeitos* – os adeptos – e os chamará publicamente de impostores, jesuítas e fingidores. Você (eu) deu a ele um autêntico fenômeno *pukka*[6] – e isso deveria convencê-lo da possibilidade de tudo o mais."

Este é o raciocínio de M.; e se eu não estivesse indiretamente envolvido no *quid pro quo*[7] seria também meu raciocínio. Mas agora, devido ao que foi *plantado* por este pequeno macaco de duas caras – Fern, sou levado a perturbar você com um aviso amigável, já que os *nossos* procedimentos não são os *seus* procedimentos – e *vice-versa*.

---

[5] Animais que se alimentam de carniça – *scavengers*, no original, também poderia ser traduzido como "varredores". (N. ed. bras.)

[6] *Pukka* – Palavra do idioma *hindi* que significa "firme, forte, real, espiritualmente autêntico". (N. ed. bras.)

[7] *Quid pro quo, em latim;* confusão, quiproquó, em português. (N. ed. bras.)

Mas agora veja o que ocorreu. Hume ultimamente tem recebido uma boa quantidade de cartas de mim; e eu espero que você siga amavelmente comigo o destino e as várias trajetórias de três delas, desde o momento em que ele começou a recebê-las de modo direto. Tente, também, entender bem a situação e, assim, compreender *minha* posição. Já que nós tínhamos três chelas em Simla – dois regulares e um irregular, o candidato Fern, eu tive a infeliz idéia de *economizar energia,* de economizar como se eu tivesse uma "caixa econômica". Para dizer a verdade, eu queria separar tanto quanto possível a "Sede Central", sob suspeitas, de todos os fenômenos produzidos em Simla; e portanto da correspondência que ocorria entre o sr. Hume e eu. A menos que H.P.B., Damodar e Deb estivessem inteiramente *desconectados*, não haveria maneira de dizer o que poderia, ou não, ocorrer. A primeira carta – a que foi encontrada na estufa – foi dada por mim a M. para que fosse deixada na casa do sr. H. por um dos dois chelas regulares. Ele a entregou a Subba Row, porque ele tinha de vê-lo naquele dia; S.R. a enviou da maneira comum (colocou-a no correio) para Fern, com instruções para que a deixasse na casa do sr. Hume, ou que a mandasse a ele pelo correio, caso temesse que o sr. H. lhe fizesse perguntas – já que Fern *não podia,* não tinha o direito de responder a ele e isso o levaria a dizer uma inverdade. Várias vezes D. Kh. havia tentado penetrar no Castelo Rothney, mas sofreu tanto, todas as vezes, que eu lhe disse para desistir. (Ele está se preparando para iniciação e poderia facilmente falhar em conseqüência disso.) Bem, Fern *não* colocou a carta no correio mas mandou seu amigo – seu dugpa – deixá-la na casa, e este último a colocou na estufa cerca de 2h da manhã. Isso foi *meio* fenômeno, mas H. encarou-o como algo completo, e ficou muito irritado quando M. se recusou, segundo ele, a recolher a resposta pelo mesmo processo. Então eu escrevi para consolá-lo, e lhe disse, tão claramente como podia, sem quebrar a confiança de M. em relação a Fern, que D.K. nada podia fazer por ele, naquele momento, e que era um dos chelas de Morya que havia colocado a carta lá, etc., etc. Acredito que a sugestão feita foi suficientemente ampla e nenhum *engano* foi praticado. A segunda carta, creio, foi lançada na mesa dele por Dj. Khool (a verdadeira grafia de seu nome é Gjual, mas não é assim foneticamente) e, como foi feito por ele mesmo, tratou-se de um fenômeno *pukka* ortodoxo, e Hume não tem motivo para reclamar. Várias cartas foram mandadas para ele de diversas maneiras, e ele pode ficar certo de uma coisa; por mais comuns que sejam os meios pelos quais as cartas chegaram até ele, elas só poderiam ir do Tibete até a Índia fenomenicamente. Mas isso não parece ser levado em consideração por ele. E agora nós chegamos à parte realmente *má* do assunto, uma parte pela qual eu responsabilizo inteiramente M. por havê-la permitido, e desculpo a Fern, *que não podia evitá-la.*

Naturalmente você sabe que eu lhe escrevo isso de modo estritamente confidencial, confiando na sua *honra* e no fato de que, aconteça o que acontecer, você não trairá Fern. Na verdade (e eu olhei de modo extremamente atento a coisa toda) o garoto foi levado a tornar-se culpado de um engano *jesuítico* deliberado mais pelos constantes insultos de Hume, pela sua atitude cheia de suspeitas e pelo seu desprezo deliberado nas refeições e durante as horas de trabalho, do que por quaisquer motivos decorrentes das suas frouxas noções morais. Então as cartas de M. (produção do amigável dug-pa, na verdade ex-dugpa, cujos pecados passados nunca lhe permitirão resgatar seus erros) claramente dizem: "faça, ou assim e assim, ou de tal maneira"; elas o *tentam*, e o levam a imaginar que ao não causar prejuízo a nenhum ser humano, e quando o *motivo* é bom, qualquer ação se torna legítima!!! Eu fui tentado desta maneira na juventude, e havia quase caído duas vezes na tentação, mas fui salvo pelo meu tio de cair na cilada monstruosa; e assim também foi tentado o *Ilustre* – que é um Ocultista *pukka* ortodoxo e segue religiosamente as velhas tradições e os velhos métodos; e da mesma forma qualquer um de vocês seria, se eu os tivesse aceitado como chelas. Mas como eu estava consciente desde o início do que você confessou em uma carta a H.P.B., isto é, que há algo de extremamente revoltante para as melhores mentes européias na idéia de ser testado, de estar em provação – sempre evitei aceitar a oferta do sr. Hume de tornar-se um chela. Isso talvez possa dar a você a chave de toda a situação. No entanto, isto é o que ocorreu: Fern havia recebido uma carta minha através de um chela, com a recomendação de fazer com que chegasse a seu destino *imediatamente.* Eles iam tomar o café da manhã, e não havia tempo a perder. Fern havia lançado a carta sobre uma mesa e deveria tê-la deixado lá, já que então não haveria ocasião para que ele *mentisse.* Mas ele estava aborrecido com H., e criou outro artifício. Colocou a carta nas dobras do guardanapo do sr. H., que, durante o café da manhã, pegou-o e acidentalmente lançou a

carta ao chão, causando um medo terrível em "Moggy" e uma surpresa agradável em Hume. Mas sua velha suspeita voltou (uma suspeita que ele sempre havia alimentado desde que escrevi a ele contando que minha primeira carta foi levada até a estufa por um dos chelas do M., e que *meu* chela podia fazer pouca coisa, embora ele já tivesse visitado todas as partes de casa antes) e Hume olhou com firmeza para Fern e lhe perguntou se havia sido *ele* que a colocara lá. Bem, tenho diante de mim toda a imagem do cérebro de F. naquele momento. Há nele um rápido relâmpago – "isso me salva... porque posso jurar que nunca a coloquei *lá*" (pensando no ponto do chão onde ela havia caído) – e ele responde audaciosamente: "Não". Ele acrescenta mentalmente: "Eu nunca a coloquei LÁ". Então uma visão de M. e um sentimento de intensa satisfação e alívio por não ser responsável por uma mentira direta. Imagens confusas de alguns *jesuítas* que ele havia conhecido, do seu bebê – uma idéia desconectada do seu quarto e imagens do jardim do sr. H., etc. – nem uma idéia sobre *auto*-ilusão! Verdadeiramente, então, nosso amigo foi *pego* apenas uma vez, mas eu faria qualquer coisa para *voltar* àquele evento e substituir minha carta pela mensagem de outra pessoa. Mas você vê como eu fico nesta situação. M. diz que me dá carta branca para dizer qualquer coisa que eu quiser a *você*, mas não quer que eu diga uma palavra a Hume; e jamais perdoaria a você – diz ele, se você interferisse no castigo do orgulho de Hume e no *destino*. Fern não deve realmente ser responsabilizado, porque pensava que, se os resultados são obtidos, os detalhes não têm importância, e porque ele foi criado nesta escola de pensamento, e tem realmente o bem da Causa no coração, enquanto que para Hume a principal e única motivação é realmente egoísmo *de boa fé*, egocentrismo. "Filantropo egoísta" é uma expressão que traça o retrato completo dele.

E agora, quanto ao coronel Chesney[8]. Já que ele teve a real e sincera amabilidade de, aparentemente, perceber *algo* no rosto deste seu pobre e humilde amigo; uma impressão saída, quase certamente, mais das profundezas da imaginação dele do que de qualquer presença real de uma expressão como esta que você menciona, seja na produção de Dj. Khool ou na de M., D.K. ficou com bastante orgulho e pediu minha per-

---

[8] Um amigo de Sinnett, ao que parece; um escritor em quem Sinnett estava tentando despertar interesse pela Teosofia. Sinnett havia mostrado a ele dois retratos do Mahatma K.H. que lhe haviam sido entregues em circunstâncias incomuns. (Ed. C.)

missão para *precipitar* outra imagem semelhante para o cel. Chesney. Naturalmente, a permissão foi dada, embora eu tenha rido da idéia, e M. tenha dito a D.K. que o coronel também riria do que ele pensaria ser minha presunção. Mas D.K. *queria* tentar e então pediu permissão para dar o retrato ele próprio ao cel. Chesney; permissão que foi, na verdade, negada pelo Chohan, que o repreendeu. Mas o retrato estava pronto três minutos depois de eu ter dado minha autorização, e D.K. parecia imensamente orgulhoso dele. Ele diz – e penso que está certo – que esta imagem é a melhor das três. Bem, ela foi do modo usual, *via* Djual Khool, Deb e Fern – já que H.P.B. e Damodar estavam, ambos, em Poona naquele momento. M. estava treinando e testando Fern para um fenômeno – naturalmente um fenômeno *autêntico* – de modo que uma manifestação de pukka pudesse ser produzida na casa do cel. Chesney por Fern; mas, enquanto Fern jurava que necessitava apenas três meses de preparação, M. sabia que ele não poderia estar pronto para esta temporada – e eu penso que ele não estará pronto nem no próximo ano. De qualquer modo, ele confiou o novo retrato a Fern, dizendo a ele que seria melhor mandá-lo pelo correio, porque se o coronel viesse a saber que Fern estava envolvido no fato, ele duvidaria até da sua materialização. Mas D.K. queria que a entrega fosse feita imediatamente, enquanto o cel., como ele disse, "tinha o Mestre *quente* em sua cabeça ainda". E Fern, o jovem tolo e presunçoso, respondeu – "Não; antes de fazer qualquer coisa em relação ao 'pacote' eu devo estudá-lo (ao cel. Chesney) melhor (!!) Eu quero, esta vez obter os melhores resultados possíveis no primeiro momento. Pelo que vi do autor de 'Batalha de Dorking', ainda não pude chegar a uma conclusão sobre ele... Meu pai disse-me que fosse seus 'olhos' e 'ouvidos' – já que ele não tem sempre tempo suficiente – e eu devo descobrir qual é o caráter *com que temos de lidar"!!*

Enquanto isso, eu, temendo que o Mestre Fern pudesse, talvez, colocar o retrato nas dobras do "guardanapo" do cel. Chesney, e produzir alguma "manifestação espiritual com seu pé" – escrevi a você de Poona através de Damodar, dando-lhe uma indicação muito ampla, acredito, a qual, naturalmente, você não entendeu, mas entenderá agora. Enquanto isso, ontem pela manhã D.K. veio e disse-me que Fern ainda tinha o retrato e que ele temia que algum truque tivesse sido feito ou viesse a ser feito. Então eu tirei meu Irmão demasiado indiferente da sua apatia.

Mostrei a ele como era perigosa a situação se deixada nas mãos inescrupulosas de um garoto cujo sentido de moralidade estava ainda mais embotado pelos testes da "provação" e pelo engano que ele considerava quase legítimo e permissível – e finalmente fiz com que ele entrasse em ação. Foi mandado um telegrama para Fern com a *própria* letra de M., esta vez das Províncias Centrais (Bussaval, creio, onde mora um *chela)*, dando ordem a Fern de que mandasse imediatamente o pacote que ele tinha para o coronel, por correio, para o endereço dele – e Fern, conforme verifico, recebeu-o ontem pela manhã, de acordo com o nosso horário (terça-feira, 22). E assim, quando você ouvir falar do assunto, saberá *toda* a verdade.

Proibi estritamente que minhas cartas ou qualquer coisa relacionada com meu trabalho sejam em caso algum dadas a Fern. Assim, o sr. H. e você mesmo ou qualquer outra pessoa em Simla têm minha *palavra de honra* de que Fern não terá mais nada a ver com *meu* trabalho. Mas, meu caríssimo amigo, você deve prometer-me fielmente e para o meu bem que nunca dirá uma palavra do que eu disse a você a qualquer pessoa – muito menos *a Hume* ou Fern; a menos que Fern *force você* com suas mentiras a pará-lo, em cujo caso você pode usar o que julgar adequado disso, para forçá-lo a *ficar quieto*, no entanto, sem jamais permitir que ele saiba como, e por intermédio de quem, você soube dos fatos. Além disso, use o conhecimento a seu critério. Leia minha carta, registrada e mandada em nome de você de Bussaval ontem – ou melhor, minha carta para Hume – cuidadosamente, e pense bem antes de mandá-la a ele; porque esta carta pode levá-lo a um ataque de fúria e de orgulho ferido e fazer com que saia da Sociedade imediatamente. Melhor mantêla, como instrumento para uma futura emergência, para provar a ele que pelo menos sou alguém que não permite sequer que seus inimigos sejam derrotados por meios desonestos. Pelo menos, considero assim os meios que o sr. Fern parece muito inclinado a usar. Mas acima de tudo, bom e fiel amigo, não permita que surja em você mesmo uma concepção errada da real posição da nossa Grande Fraternidade. Por mais escuros e tortuosos que pareçam à sua mente ocidental os caminhos percorridos e o modo como nossos candidatos são trazidos à grande luz – você será o primeiro a aprová-los quando souber *tudo*. Não julgue pelas aparências – porque você poderá assim cometer um grande equívoco, e perder suas próprias possibilidades pessoais de aprender mais. Apenas seja vigilante

e – observe. Se o sr. Hume pelo menos aceitar esperar ele terá mais, muitos mais fenômenos extraordinários para silenciar os críticos do que os que ele teve até agora. Exerça sua influência sobre ele. Lembre-se de que em novembro virá a grande crise, e de que setembro será cheio de perigos. Salve pelo menos nossas relações pessoais da grande destruição. Fern é, psicologicamente, o sujeito mais estranho que já conheci. A pérola está lá dentro, e muito profundamente ocultada pela feia carapaça da ostra. Nós não podemos rompê-la de imediato; nem podemos desperdiçar e jogar fora tais sujeitos. Enquanto *você se protege, proteja-o de Hume.* Geralmente nunca confio em uma mulher mais do que confiaria em um eco; ambos são do gênero feminino porque a deusa Eco – como a mulher – sempre tem a última palavra. Mas com sua esposa ocorre algo diferente, e creio firmemente que você pode confiar a ela o que foi dito acima – se considerá-lo adequado. Mas cuidado com a pobre sra. Gordon. Uma excelente senhora, mas é capaz de falar até *matar de cansaço* a própria Morte. E agora terminei.

Sempre atenciosamente,

K.H.

Não receba isto como elogio, por favor – mas acredite-me quando digo que as suas duas *Cartas,* e especialmente "The Evolution of Man", estão simplesmente ESPLÊNDIDAS. Não tema quaisquer contradições ou incoerências.

Digo outra vez – faça notas delas e mande-as para mim e você verá[9].

Peço a você, amável senhor, que tranque em seu baú a tola carta mandada ontem para Sahib Hume, e deixe que ela fique guardada lá até segundo aviso. Eu digo que ela só causará *prejuízos.* K.H. está excessivamente sensível – e muito – está se tornando, em sua sociedade ocidental, uma verdadeira senhorita.

Atenciosamente,

M.

[9] Estes dois parágrafos estão ainda na letra do Mestre K.H. O último parágrafo está com a letra do Mestre M. (N. da 3ª ed.)

Carta nº 76[1] (ML-21) Recebida em 22 de agosto de 1882

Parece haver alguma dúvida sobre se esta carta não deveria preceder a carta nº 75, mas já que a carta 75 diz respeito às questões discutidas na longa carta para Hume que fora confiada a Sinnett (nº 74), pareceu melhor colocá-la depois da Carta 75. As duas, no entanto, são da mesma época.

A carta nº 76 diz respeito a certos artigos, ou "cartas", que Sinnett havia escrito e mandado para Stainton Moses em Londres, para publicação em Light, *a revista espírita editada por Moses. Elas estavam intituladas* Letters in Esoteric Theosophy, from an Anglo-Indian to a London Theosophist *(Cartas sobre Teosofia Esotérica, de um Teosofista Anglo-indiano para um Teosofista de Londres), e foram publicadas no número de setembro de 1882 de* Light. *Elas não estão entre as cartas mencionadas no curto adendo à carta nº 75, que eram destinadas à publicação em* The Theosophist. *O conteúdo era similar, no entanto. Parece que Sinnett costumava mandar cópias dos textos já compostos ou esboços dos seus artigos para que K.H. os corrigisse ou comentasse.*

Depois de receber a longa carta sobre o Devachan[2], Sinnett escreveu os artigos que são o assunto desta carta. A carta sobre o Devachan dissera muitas coisas sobre espiritismo, suicídios, acidentes, etc., e Sinnett estava sinceramente tentando colocar os ensinamentos em uma forma que pudesse ser compreensível para os leitores ocidentais.

Em algum momento de julho de 1882 ele obteve cópias impressas para correção do texto destas duas cartas, e as mandou para o Mahatma K.H. No entanto, sem esperar pelos comentários do Mahatma, ele mandou cópia da primeira carta para Moses no dia 21 de julho, e, em 11 de agosto, mandou o segundo texto para ele.

Em 12 de agosto, ele recebeu de volta o conjunto de cópias que havia mandado ao Mahatma K.H. Anexada, estava uma breve carta (nº 71). Nela, o Mahatma assinalava o que era aparentemente uma incoerência no que Sinnett havia escrito. Isso teve um forte efeito sobre Sinnett, que escreveu imediatamente para o Mahatma, no mesmo dia 12 de agosto, esta carta nº 76. O Mahatma devolveu a carta com alguns comentários à margem. Assim, novamente, temos os dois lados deste intercâmbio particular de correspondência. Sinnett recebeu a resposta do Mahatma em 22 de agosto.

---

[1] Carta do sr. Sinnett para K.H. com comentários de K.H. impressos em negrito. (N. da 1ª ed.)

[2] A carta sobre o Devachan é a carta nº 68. (N. ed. bras.)

Os comentários à margem estão impressos em negrito no livro, e há um parágrafo acrescentado, também em negrito. Quando o Mahatma devolveu o texto a Sinnett, havia junto uma carta muito curta que não faz parte das Cartas dos Mahatmas, *mas é a carta nº 201 de* Letters of H.P. Blavatsky to A.P. Sinnett, *p. 365. Nela o Mahatma dizia: "Fiz algumas alterações e fiz com que uma nota de pé de página fosse acrescentada às suas 'Letters' (Cartas). De qualquer modo, sempre há um perigo, penso, de ver que nossas idéias foram substituídas por imagens concretas e falsas nas mentes dos seus leitores. Se você conseguir transmitir a eles apenas a verdade relativa, não absoluta, você terá feito um grande benefício ao público."*

Recebida de volta em 22.8.82.

12 de agosto.

Meu caro Guardião,

Receio que estas cartas sobre Teosofia não tenham grande valor, porque trabalhei a partir de uma aceitação demasiado literal de algumas passagens de sua longa carta sobre o Devachan. A base dela parecia ser que os "acidentados", assim como os suicidas, estavam em perigo de ser atraídos para uma sala de sessões. Você escreveu:[3]

"Mas há outro tipo de espírito que sai do nosso campo de visão, os suicidas e os mortos em acidentes. Os dois tipos podem comunicar-se, e ambos têm que pagar caro por tais visitas..." **Correto.**

E mais adiante, depois de falar detalhadamente do caso dos suicidas, você diz:

"Quanto às vítimas de acidente, sua sorte é ainda pior... sombras infelizes... tendo perdido a vida em pleno fluxo das paixões terrenas... eles são os *pisachas*, etc....eles não só arruínam suas vítimas, etc. ..." **Novamente, correto. Tenha presente que estas exceções fortalecem a regra.**

E se não são nem muito boas nem muito más, as "vítimas de acidentes ou de violência" produzem um novo conjunto de *skandhas* a partir do médium que as atrai. **Expliquei a situação na margem das cópias para correção. Veja a nota.**

É neste texto que eu tenho estado trabalhando.

Se isso não deve ser sustentado, ou se de alguma forma que eu ainda não consigo entender as palavras têm um significado diferente daquele que parece pertencer a elas, poderia ser melhor cancelar estas duas cartas totalmente ou deixá-las de lado para uma revisão completa. A advertência é feita em tom muito solene e o perigo é apresentado como demasiado grande, se

[3] Os dois trechos citados a seguir pertencem à carta nº 68. (N. ed. bras.)

existe apenas para suicidas, e na última folha da cópia para correção a eliminação de "acidentes e" torna o resto de certo modo ridículo porque, então, estaremos dividindo os suicidas apenas em pessoas *muito puras e elevadas* de um lado! e as pessoas comuns, etc., de outro.

Parece-me que dificilmente será possível manter mesmo a carta nº 1 – embora ela não inclua o erro, porque ela não teria razão de ser, a menos que fosse seguida pela carta nº 2.

As duas cartas foram enviadas à Inglaterra para Stainton Moses e para *Light* – a primeira pelo correio daqui, em 21 de julho; a segunda saiu ontem, na última mala. Bem, se você decidir que é melhor parar e cancelar as cartas eu estou exatamente a tempo de telegrafar para Stainton Moses na Inglaterra com este objetivo, e farei isso diretamente se receber um telegrama de você ou da Velha Senhora com esta indicação.

Se nada for feito elas aparecerão em *Light* tal como foram escritas – isto é, conforme os manuscritos mandados com a cópia presente, com a exceção de uns poucos pequenos erros que vejo que minha esposa fez ao copiá-las.

Tudo isso está bastante confuso. Aparentemente eu me precipitei ao mandá-las para a Inglaterra, mas pensei que havia seguido as colocações da sua longa carta sobre o devachan de modo bastante fiel. Aguardando ordens,

Sempre seu devotado

A.P.S.

Na margem eu disse "raramente", mas não usei a palavra "*nunca*". Acidentes ocorrem sob as mais variadas circunstâncias; e os homens não morrem apenas *acidentalmente* ou como *suicidas,* mas também são assassinados – algo que nós nem mencionamos. Entendo bem sua perplexidade mas é difícil ajudá-lo. Tenha sempre presente que há exceções para cada regra, e a partir delas há outras exceções colaterais, e esteja sempre preparado para aprender algo novo. Posso facilmente compreender que somos acusados de *contradições* e *incoerências* – sim, e até mesmo de escrever uma coisa hoje e desmenti-la amanhã. O que lhe foi ensinado é a REGRA. Acidentados *bons* e *puros* dormem no Akasha, sem saber da sua mudança; os muito maldosos e impuros sofrem todas as torturas de um pesadelo horrível. Na maior parte dos casos – nem muito boas nem muito más – as vítimas de acidentes ou de violência (inclusive assassinato) – em alguns casos *dormem*, em outros se transformam em *pisachas*[4] da natureza, enquanto uma pequena minoria po-

---

[4] Entidades de natureza má, ou restos de seres humanos, *cascas* que em alguns casos podem atuar como vampiros, roubando energia vital. (N. ed. bras.)

de cair como *vítima* de médiuns e receber novos conjuntos de skandhas a partir dos médiuns que os atraem. Embora seu número possa ser pequeno, seu destino é o mais deplorável. O que eu disse em minhas notas sobre seu manuscrito era uma resposta aos cálculos estatísticos do sr. Hume, que o levavam a inferir que "havia mais espíritos que cascas nas salas de sessões espíritas", em tal caso.

Você tem muito a aprender – e nós temos muito a ensinar, e não nos recusamos a ir até o fim. Mas nós devemos realmente pedir que você não tire conclusões precipitadas. Eu não culpo você, meu caro e fiel amigo, antes culparia a mim mesmo, se alguém pudesse ser culpado pelo fato de que nossos respectivos modos de pensamento e hábitos são tão diametralmente opostos entre si. Como nós estamos acostumados a ensinar chelas que sabem o suficiente para situar-se além da necessidade de usar "se" e "mas" durante as lições – fico demasiado inclinado a esquecer que estou fazendo com você o trabalho geralmente confiado a estes chelas. De agora em diante, empregarei mais tempo para responder suas perguntas. Suas cartas para Londres não podem fazer mal, e certamente, ao contrário, farão bem. Elas estão admiravelmente escritas e as *exceções* podem ser mencionadas, e o tema pode ser coberto de modo completo em uma das suas cartas futuras.

Não faço objeções a que você retire trechos para o coronel Chesney – exceto uma, a de que *ele não é teosofista*. Apenas tenha cuidado, e não esqueça seus detalhes e exceções sempre que explicar suas regras. Lembre ainda: mesmo no caso dos suicidas, há muitos que jamais se permitirão ser arrastados até o vórtice da mediunidade e, por favor, não me acuse de "incoerência" ou *contradição* quando surgir este ponto. Se você pudesse saber *como* eu escrevo minhas cartas e o tempo que posso dar a elas, talvez você se sentisse menos crítico, ou exigente. Bem, e o que você pensa da *idéia* e da *habilidade artística* de Djual Khool? Não lancei um só olhar sobre Simla nos últimos dez dias.

Com amizade,

K.H.

Carta nº 77 (ML-50) Recebida em agosto de 1882

Esta carta, muito breve, parece relacionar-se com as crescentes reclamações de Hume contra Fern e seus constantes esforços para comprovar que os Mahatmas estavam errados em tudo o que estavam fazendo. Aparentemente ele havia escrito outra carta sobre Fern e o Mahatma a estava mandando para Sinnett. Junto com ela está, segundo parece, a resposta do Mahatma, já que ele diz a Sinnett para ler "as duas cartas" antes de entregá-las a Hume; e ele pede a Sinnett para estar junto quando Hume as ler.

No entanto, parece que por mais difícil que Hume pudesse ser do ponto de vista pessoal, e por mais que ele testasse a paciência do Mestre, eles sentiam que ele podia ajudar a Sociedade – o que ele fez de muitas maneiras, durante algum tempo. Naquele momento ele ainda era presidente da Sociedade Eclética de Simla. Pouco depois renunciou ao cargo, entretanto, e em 1884 saiu da Sociedade Teosófica.

O cel. Chesney é mencionado em várias das cartas imediatamente anteriores, e o Mahatma indica que D.K. estivera fazendo algo para ele recentemente. Isso certamente se refere ao retrato que D.K. foi autorizado a produzir para o coronel. Todas as cartas deste período apareceram tão perto umas das outras no tempo que é impossível ter uma certeza absoluta da sua ordem cronológica.

Recebida em agosto de 1882.

Meu caro amigo,

Eu me sinto terrivelmente *puxado para baixo* (mentalmente) por esta incessante atitude de oposição inevitável, e pelos ataques tão contínuos contra nossos baluartes! Durante toda minha vida calma e contemplativa nunca encontrei um homem tão tenaz e tão pouco razoável! Não posso continuar deste modo, gastando minha vida com protestos inúteis; e se você não conseguir exercer sobre ele a sua influência amigável, todos nós teremos que dizer adeus uns aos outros em um dia não distante. Eu estava com o Chohan quando recebi a carta que agora anexo, e o Chohan ficou perfeitamente contrariado, qualificando toda a coisa com o termo tibetano equivalente à "comédia". Não é que ele esteja ansioso para "fazer o bem" ou "ajudar o progresso da S.T.". É, simplesmente, acredite-me ou não – um *orgulho insaciável* nele; um desejo feroz, intenso, de sentir e de mostrar aos outros que ele é "o escolhido", que ele *sabe* aquilo que todos os outros só conseguem vagamente suspeitar. Não proteste, porque é inútil. Nós *sabemos*, e você não sabe. O Chohan escutou outro dia as lamentações tolas mas dolorosamente sinceras da "esposa" e – registrou-as. Este não é um homem que almeja transformar-se em uma "alma perfeita", e aquele que escreve de um irmão teosofista o que ele escreveu a mim sobre Fern – não é teosofista. Que isso seja *estritamente privado*, e não deixe que ele saiba nada além do que ele lerá por si

mesmo em minha carta. Quero que você leia as duas cartas antes de levá-las a ele, e lhe peço que esteja presente *quando ele as ler.*

Verei o que pode ser feito em função do coronel Chesney e acredito que Djual Khool esteja cuidando disso. Pela primeira vez durante minha vida sinto-me *realmente desanimado.* No entanto, pelo bem da Sociedade, eu não gostaria de perdê-lo. Bem, farei *tudo* o que posso, mas tenho sério receio de que ele mesmo ponha tudo a perder algum dia.

Com sincera afeição,

K.H.

Carta nº 78 (ML-51) Recebida em 22 de agosto de 1882

A frase inicial se refere novamente aos dois retratos do Mahatma K.H. que DK estava tentando – ou havia tentado – produzir.

Recebida no dia 22 de agosto de 1882.

Reservado.

Meu bom amigo,

Lembre-se de que no fenômeno pretendido para o coronel Chesney *houve, há e haverá* uma só coisa fenomenal – ou melhor, *um ato de ocultismo* – a imagem deste seu humilde servidor, a melhor das duas produções de D. Khool, sinto dizê-lo – para você. O resto da performance é, apesar do seu caráter misterioso, algo extremamente natural, e que eu não aprovo de modo algum. Mas não tenho o direito de ir contra a política tradicional, por mais que eu preferisse evitar sua aplicação prática.

Mantenha isso estritamente dentro do seu próprio coração amigo até que chegue o momento de comunicar a várias pessoas *que você foi alertado a respeito.* Não ouso dizer mais. As provações são duras em todos os sentidos, e seguramente não obedecem às suas noções européias de confiabilidade e sinceridade. Mas mesmo sentindo-me relutante ao usar tais meios ou mesmo ao permitir que eles sejam usados em relação aos *meus chelas,* ainda assim devo dizer que o engano, a falta de boa fé, e as *armadilhas* (!!) preparadas com a intenção de enganar os Irmãos se multiplicaram tanto nos últimos tempos, e falta tão pouco tempo para aquele dia que decidirá a seleção dos *chelas*, que não posso deixar de pensar que nossos chefes e especialmente M. podem estar certos, afinal

de contas. Com um inimigo, é preciso usar armas iguais ou melhores. Mas não seja enganado pelas aparências. Gostaria de poder ser igualmente franco com o sr. Hume, a quem eu sinceramente respeito, por algumas das suas qualidades autênticas, excelentes, assim como não posso evitar criticá-lo por algumas outras. Quando é que algum de vocês irá saber e compreender o que nós *realmente* somos, ao invés de optar indulgentemente por um mundo de ficção?

Caso o cel. Chesney fale a você de certas coisas, diga-lhe para não confiar nas aparências. Ele é um cavalheiro, e não deve ser vítima de um engano que *jamais foi pensado para ele*, mas apenas como um teste para aqueles que queriam impor-se sobre nós com um coração *impuro*. A crise é iminente. Quem vencerá o desafio?

K.H.

Carta nº 79 (ML-116) Recebida em agosto de 1882

Está escrita na parte dianteira de um envelope de 10 cm x 12 cm, endereçado a Sinnett.

A.P. Sinnett

Meu caro amigo,

Estou mortalmente cansado e aborrecido com toda esta briga. Por favor, leia isso antes de passá-lo ao sr. Hume. Se, como dívida de gratidão, ele exigisse meio quilo de carne, eu não teria nada a dizer, mas meio quilo de palavreado inútil é de fato mais do que até eu mesmo posso suportar!

Sempre atenciosamente,

K.H.

Carta nº 80 (ML-118) Recebida no início do outono de 1882

Esta é uma intrusão fraudulenta em uma correspondência privada. Não tenho tempo nem mesmo para responder suas perguntas – farei isso amanhã ou depois de amanhã. Durante vários dias tenho notado algo como ansiedade nos pensamentos da sua esposa em relação a

"Den"[1]. As doenças infantis raramente são perigosas mesmo quando são um pouco negligenciadas, se a criança tiver uma constituição naturalmente forte; as crianças mimadas caem naturalmente vítimas de contágio.

Eu notei o medo dela de levar para casa consigo os germes da doença, outro dia, na casa do sr. Hume, quando o "Deserdado"[2], que estava vigiando, chamou minha atenção para ela. Não tenha medo *em hipótese alguma.* Espero que você me perdoe se lhe aconselhar costurar o que está anexo em um saquinho pequeno – uma parte já será suficiente – e pendurá-lo no pescoço da criança.

Como sou incapaz de levar até seu lar todo o magnetismo da minha pessoa física, faço o que mais se aproxima disso, mandando-lhe uma mecha de cabelo como um veículo para a transmissão da minha aura de modo compacto. Não permita que ninguém a manuseie exceto a sra. Sinnett. Você fará bem em não aproximar-se demasiado do sr. Fern durante algum tempo.

Atenciosamente,

K.H.

Não diga nada sobre esta nota a pessoa alguma.

---

1 *Den* – refere-se ao filho do casal Sinnett, Percy Edensor Sinnett, conhecido familiarmente como "Denny". (N. ed. bras.)

2 *Deserdado*, isto é, D.K. (N. ed. bras.)

Teosofia Explicada

EM PERGUNTAS E RESPOSTAS

P. Pavri

Este livro apresenta aspectos do vasto ensinamento teosófico em forma de perguntas e respostas. Na confecção desta obra, foram pesquisados mais de setenta livros de admiráveis ocultistas.

O propósito desta publicação é facilitar o estudo de assuntos metafísicos de difícil compreensão, ressaltando-se que a Teosofia não trata de temas de interesse apenas dos filósofos ou eruditas, mas principalmente dos que vivem neste complexo mundo moderno e estão ávidos por respostas coerentes sobre o viver e o morrer.

Tendo em vista o espírito prático da Teosofia, o professor P. Pavri compilou este material visando apresentar aos leitores a essência dos ensinamentos teosóficos, de maneira clara e acessível.

Cartas dos Mestres de Sabedoria

Transcritas e Compiladas por C. Jinarajadasa

O presente volume reúne duas Séries de Cartas escritas entre 1870 e 1900 por Mestres de Sabedoria para os seus discípulos e para os trabalhadores do movimento teosófico. Transcritas e compiladas pelo escritor e ex-presidente da Sociedade Teosófica Internacional C. Jinarajadasa, estas Cartas constituem, um século depois, documentos de valor incalculável, e continuarão a sê-lo por muito tempo, já que o caminho do autoaperfeiçoamento e a busca do discipulado não são fenômenos passageiros na história da humanidade.

Pela primeira vez em português, temos reunidas em um só volume as duas Séries de Cartas, editadas na Índia em 1919 e 1925. "Muitos peregrinos da Senda encontrarão auxílio e inspiração neste livro", escreveu Annie Besant no prefácio à primeira edição da Primeira Série. E, de fato, cada frase destas Cartas está plena de algum ensinamento para quem tem olhos para ler. "O princípio fundamental do Ocultismo é que cada palavra ociosa é registrada, do mesmo modo que uma palavra repleta de significado profundo e sério", diz uma Carta.

"Em Ocultismo não se pode voltar atrás, nem parar", prossegue o texto. Em outra Carta, um *Mahatma* resume o caminho da perfeição citando dois versos do poeta A. Tennyson: "Autorrespeito, autoconhecimento, autocontrole, só estes três dão à vida um poder soberano". Este livro tem sido – e continuará sendo – um instrumento poderoso nas mãos de quem busca o caminho da Sabedoria Divina.

gráfika
papel&cores
(61) 3344-3101
papelecores@gmail.com